Michel Foucault

Estratégia, Poder-Saber

CB043831

O GEN | Grupo Editorial Nacional – maior plataforma editorial brasileira no segmento científico, técnico e profissional – publica conteúdos nas áreas de ciências humanas, exatas, jurídicas, da saúde e sociais aplicadas, além de prover serviços direcionados à educação continuada e à preparação para concursos.

As editoras que integram o GEN, das mais respeitadas no mercado editorial, construíram catálogos inigualáveis, com obras decisivas para a formação acadêmica e o aperfeiçoamento de várias gerações de profissionais e estudantes, tendo se tornado sinônimo de qualidade e seriedade.

A missão do GEN e dos núcleos de conteúdo que o compõem é prover a melhor informação científica e distribuí-la de maneira flexível e conveniente, a preços justos, gerando benefícios e servindo a autores, docentes, livreiros, funcionários, colaboradores e acionistas.

Nosso comportamento ético incondicional e nossa responsabilidade social e ambiental são reforçados pela natureza educacional de nossa atividade e dão sustentabilidade ao crescimento contínuo e à rentabilidade do grupo.

coleção | Ditos & Escritos | **IV**

Michel Foucault
Estratégia, Poder-Saber

3ª Edição

Organização, seleção de textos e revisão técnica:
Manoel Barros da Motta

Tradução:
Vera Lucia Avellar Ribeiro

Dits et écrits
Edição francesa preparada sob a direção de Daniel Defert e
François Ewald com a colaboração de Jacques Lagrange

- O autor e a editora se empenharam para citar adequadamente e dar o devido crédito a todos os detentores de direitos autorais de qualquer material utilizado neste livro, dispondo-se a editora a possíveis acertos posteriores caso, inadvertida e involuntariamente, a identificação de algum deles tenha sido omitida.
- **Atendimento ao cliente: (11) 5080-0751 | faleconosco@grupogen.com.br**
- Traduzido de:
  Dits et écrits
  Copyright © **Éditions Gallimard, 1994**
  All rights reserved.
  Sale is forbidden in Portugal.
- Direitos exclusivos para o Brasil para a língua portuguesa
  Copyright © 2012, 2025 (3ª impressão) by
  Forense Universitária, um selo da Editora Forense Ltda.
  Uma editora integrante do GEN | Grupo Editorial Nacional
  Travessa do Ouvidor, 11
  Rio de Janeiro – RJ – 20040-040
  www.grupogen.com.br
  Venda proibida em Portugal.
- Reservados todos os direitos. É proibida a duplicação ou reprodução deste volume, no todo ou em parte, em quaisquer formas ou por quaisquer meios (eletrônico, mecânico, gravação, fotocópia, distribuição pela Internet ou outros), sem permissão, por escrito, da Editora Forense Ltda.

  2ª edição brasileira – 2010
  3ª edição brasileira – 2012
  3ª edição brasileira – 3ª tiragem – 2025

  Organização, seleção de textos e revisão técnica: Manoel Barros da Motta
  Tradução: Vera Lucia Avellar Ribeiro
  Foto da capa: Jacques Robert

- **CIP – Brasil. Catalogação-na-fonte.**
  Sindicato Nacional dos Editores de Livros, RJ.

F86d
3.ed

Foucault, Michel, 1926-1984
　Ditos e escritos, volume IV: estratégia, poder-saber/Michel Foucault; organização, seleção de textos e revisão técnica Manoel Barros da Motta; tradução Vera Lucia Avellar Ribeiro. – 3. ed. [3ª Reimp.] - Rio de Janeiro : Forense Universitária, 2025.
　　　(Ditos e escritos; 4)
　Tradução de: Dits et écrits
　ISBN 978-85-218-0487-1

　1. Filosofia francesa – Séc. XX. I. Título. II. Série.

12-0888.　　　　　　　　　　　　　　　　　　CDD: 194
　　　　　　　　　　　　　　　　　　　　　　　CDU 1(44)

Sumário

Apresentação à Edição Brasileira...........................	VII
1971 – (Manifesto do GIP)..	1
1971 – (Sobre as Prisões)...	4
1971 – Inquirição sobre as Prisões: Quebremos a Barreira do Silêncio...	5
1971 – Conversação com Michel Foucault.....................	12
1971 – A Prisão em toda Parte..................................	25
1971 – Prefácio à *Enquête dans Vingt Prisons*...............	27
1971 – Um Problema que me Interessa Há muito Tempo É o do Sistema Penal...	31
1972 – Os Intelectuais e o Poder................................	36
1973 – Da Arqueologia à Dinástica.............................	46
1973 – Prisões e Revoltas nas Prisões.........................	59
1973 – Sobre o Internamento Penitenciário..................	67
1973 – Arrancados por Intervenções Enérgicas de nossa Permanência Eufórica na História, Pomos as "Categorias Lógicas" a Trabalhar.......................	79
1974 – Da Natureza Humana: Justiça contra Poder.......	84
1974 – Sobre a Prisão de Attica.................................	129
1975 – Prefácio (*in* Jackson)....................................	142
1975 – A Prisão Vista por um Filósofo Francês.............	148
1975 – Entrevista sobre a Prisão: o Livro e o seu Método...	157
1976 – Perguntas a Michel Foucault sobre Geografia......	172
1976 – Michel Foucault: Crimes e Castigos na URSS e em outros Lugares...	186
1977 – A Vida dos Homens Infames...........................	199
1977 – Poder e Saber...	218
1977 – Poderes e Estratégias...................................	236
1978 – Diálogo sobre o Poder...................................	247
1978 – A Sociedade Disciplinar em Crise.....................	261
1978 – Precisões sobre o Poder. Respostas a certas Críticas..	264
1978 – A "Governamentalidade"................................	275

1978 – M. Foucault. Conversação sem Complexos com
um Filósofo que Analisa as "Estruturas
do Poder" 299
1979 – Foucault Estuda a Razão de Estado 310
1980 – A Poeira e a Nuvem 316
1980 – Mesa-Redonda em 20 de Maio de 1978 328
1980 – Posfácio de *L'impossible Prison* 345
1981 – "*Omnes et Singulatim*": uma Crítica da Razão
Política 348

Índice de Obras 379
Índice Onomástico 381
Índice de Lugares 384
Índice de Períodos Históricos 385
Organização da Obra Ditos e Escritos 386

Apresentação à Edição Brasileira

Construída sob o signo do novo, a obra de Michel Foucault subverteu, transformou, modificou nossa relação com o saber e a verdade. A relação da filosofia com a razão não é mais a mesma depois da *História da loucura*. Nem podemos pensar da mesma forma o estatuto da punição em nossas sociedades. A intervenção teórico-ativa de Michel Foucault introduziu também uma mudança nas relações de poder e saber da cultura contemporânea, a partir de sua matriz ocidental na medicina, na psiquiatria, nos sistemas penais e na sexualidade. Pode-se dizer que ela colabora para efetuar uma mutação de *episteme*, para além do que alguns chamam de pós-estruturalismo ou pós-modernismo.

A edição francesa dos *Ditos e escritos* em 1994 pelas Edições Gallimard desempenha um papel fundamental na difusão de boa parte da obra do filósofo cujo acesso ao público era difícil, ou em muitos casos impossível. Além de suas grandes obras, como *As palavras e as coisas, História da loucura, Vigiar e punir, O nascimento da clínica, Raymond Roussel* e *História da sexualidade*, Foucault multiplicou seus escritos e a ação dos seus ditos, na Europa, nas Américas, na Ásia e no Norte da África. Suas intervenções foram das relações da loucura e da sociedade, feitas no Japão, a reportagens sobre a revolução islâmica em Teerã, e debates no Brasil sobre a penalidade e a política. Este trabalho foi em parte realizado através de um grande número de textos, intervenções, conferências, introduções, prefácios e artigos publicados numa vasta gama de países que vai do Brasil aos Estados Unidos, à Itália e ao Japão. As Edições Gallimard recolheram esses textos, excluindo os livros, em quatro volumes. A edição francesa pretendeu a exaustidão, organizando a totalidade dos textos publicados quando Michel Foucault vivia, embora seja provável que alguma pequena lacuna exista neste trabalho. O testamento de Foucault, por outro lado, excluía as publicações póstumas. Daniel Defert e François Ewald realizaram, assim, um monumental trabalho de edição e estabelecimento dos textos, situando de maneira nova as condições da publicação; controlaram as circunstâncias das traduções, verificaram as citações e erros de tipografia. Jacques Lagrange ocupou-se da bibliografia. Defert elaborou uma cronologia, na verdade uma microbiografia de Foucault, para o primeiro volume, que mantivemos na edição brasileira, em que muitos elementos novos sobre a obra e a ação de Michel Foucault aparecem. Este trabalho eles o fizeram com uma visada ética que, de maneira muito justa, parece-me, chamaram de intervenção mínima. Para isso, a edição francesa de Defert e Ewald apresentou os textos segundo uma ordem puramente cronológica. Esse cuidado não impediu os autores de reconhecerem que a reunião dos textos produziu algo de inédito. O conjunto desses textos constitui um evento tão importante quanto o das obras já publicadas, pelo que complementa, retifica ou esclarece. As numerosas entrevistas – quase todas nunca publicadas em português – permitem atualizar os ditos de Foucault com relação a seus contemporâneos e medir os efeitos de intervenções que permanecem atuais, no ponto vivo das questões da contemporaneidade, sejam elas filosóficas, literárias ou históricas. A omissão de textos produz, por outro lado, efeitos de interpretação, inevitáveis, tratando-se de uma seleção.

A edição brasileira dos *Ditos e escritos* é uma ampla seleção que tem como objetivo tornar acessível ao público brasileiro o maior número possível de textos de Foucault que não estivessem ainda editados em português. Como não nos era possível editar integralmente todos os textos, optamos por uma distribuição temática em alguns campos que foram objeto de trabalho por Foucault.

O quarto volume da série nos apresenta uma sequência de textos inéditos em português sobre as questões cruciais com que se defrontam as lutas que concernem ao funcionamento da prisão na sua dimensão mundial, na França, na Europa Ocidental, nos Estados Unidos – o real dos campos de concentração sob o nazismo e o stalinismo, na antiga União Soviética e na China, uma crítica da racionalidade política e das modalidades do poder no mundo contemporâneo, e, abrindo essa série, os textos sobre a importantíssima ação do GIP.

Participaram do GIP, criado em fevereiro de 1971, além de Foucault, Daniel Defert, Pierre Vidal-Naquet, Jean-Marie Domenach, Claude Mauriac, filósofo, teórico e crítico do teatro, François Regnault, Gilles Deleuze, a criadora do Théâtre du Soleil Ariane Mnouchkine, Jacques-Alain Miller, criador da Associação Mundial de Psicanálise, Hélène Cixous, romancista e crítica literária, Jean Gattégno, Jean Genet. Em dezembro de 1972, o GIP foi dissolvido depois da criação do comitê de ação dos prisioneiros.

Poder e penalidade hoje

Foucault situa a ligação do trabalho de ação política e o da elaboração teórica que produziu *Vigiar e punir* como efeito de um choque criado por seu livro *História da loucura* na Inglaterra e na Itália junto ao círculo de Basaglia no movimento antipsiquiátrico. Diz ele: "Essas pessoas, certamente, desenvolveram seu movimento a partir de suas próprias ideias e de suas próprias experiências como psiquiatras, mas viram no livro que eu escrevera uma espécie de justificativa histórica e, de algum modo, elas o reassumiram, reconsideraram e, até certo ponto, se encontraram..." Foucault percebe então que seu "livro histórico está em via de ter uma espécie de resultado prático". Diz então: "Estou um pouco ciumento, e agora gostaria muito de fazer as coisas eu mesmo. Em vez de escrever um livro sobre a história da justiça que seria, em seguida, tomado por pessoas que poriam praticamente em questão a justiça, eu gostaria de começar por recolocar em questão a prática da justiça, depois, palavra de honra!, se eu ainda estiver vivo, e se não tiver sido posto na prisão, pois bem, escreverei o livro..." (ver p. 34 neste volume). Assim, Foucault redigiu *Vigiar e punir*, editado em 1975, cerca de alguns anos depois de iniciar o movimento contra a prisão em torno do GIP. Mas de que precisamente trata esse livro?

Michel Foucault desdobrou em *Vigiar e punir* e no seu curso "É Necessário Defender a Sociedade" o processo pelo qual nos séculos XVII e XVIII viram-se surgir técnicas de poder centradas ou articuladas sobre o corpo dos indivíduos. Ele analisa todos esses procedimentos pelos quais se assegurava – nas escolas, no exército, nas oficinas, nos hospitais – a distribuição espacial dos corpos individuais: sua separação, seu alinhamento, sua colocação em série e a vigilância que se exercia sobre eles. Descreve a organização em torno dos corpos individuais de todo um campo de visibilidade. Mostra como tais técnicas tomavam esses corpos, tentando aumentar sua força pelos exercícios, adestrando-os. Foucault expõe a racionalidade que age nesse sistema de poder pelo modo estritamente econômico com que opera, da maneira o menos custosa possível, por todo um sistema de vigilância, de hierarquia, de inspeção, de relatórios. É o que chama de tecnologia disciplinar do trabalho. Vigilância pan-óptica e sanção normalizadora vão articular-se em seguida a uma nova modalidade de poder, o poder sobre a vida, que Foucault chama de biopoder. Este se aplica aos vivos, à população e à vida e se articula ao discurso racista e à luta das raças.

A genealogia desse poder vai articular-se à sua investigação sobre o poder pastoral; a governamentalidade, a uma filosofia analítica da política, a uma crítica da razão política. Sua concepção da estratégia, da luta ou das guerras como um lugar decisivo para entender os dispositivos do poder se materializou em análises dos mecanismos de poder da Idade Média e do Antigo Regime das sociedades liberais, nas sociedades que conheceram o fascismo e revoluções socialistas e na Grécia e Roma antigas.

É preciso ressaltar, no entanto, como já o fez Alessandro Fontana, que Foucault nunca escreveu um livro dedicado exclusivamente à questão do poder, e que ele o articulou sempre ao que chamou de experiências fundamentais: a da loucura, a da prisão, a da sexualidade. É à forma com que o poder se exerce, às modalidades de seu exercício na prisão, nos asilos, na polícia que ele dedica suas análises. Essas leituras do poder são ao mesmo tempo contínuas e descontínuas. Foucault retoma suas análises anteriores, deslocando-as, criticando-as, inovando-as, sem que se possa dizer que sejam inteiramente rejeitadas. Poder-se-ia dizer que se trata de um movimento moëbiano, de uma topologia especial que opera simultaneamente nos dois registros: o da continuidade e o da descontinuidade. Assim, se seu discurso pode marcar descontinuidades como em *As palavras e as coisas*, ele pode dizer que não há ninguém mais continuísta do que ele mesmo, que a descontinuidade é, para ele, sempre um problema. Com essa leitura móvel, Foucault nunca propôs uma teoria geral do poder e mesmo reivindicou não ter uma teoria geral, dizendo ser "um empirista cego" (ver p. 224 neste volume).

Foucault chega a dizer que seu problema verdadeiro é o de todo mundo na atualidade: o do poder. Ele situa a emergência desse problema nos anos 1950. Situá-lo como problema de todo mundo pode ser lido de duas formas: como um problema do mundo inteiro e um problema de todos os sujeitos e ao mesmo tempo de cada um. Foucault considera que, em 1955, no momento em que começa a trabalhar, havia duas grandes heranças históricas do século XX. Essas heranças não haviam sido assimiladas e não se dispunha de instrumentos teóricos de análise para elas. Essas duas heranças negras eram o fascismo e o stalinismo. O século XIX encontrara seu problema, sua questão maior, diz Foucault, na miséria e na exploração econômica e na formação da riqueza a partir da miséria mesmo daqueles que produziam a riqueza. Esse fenômeno, que Foucault chama de "formidável escândalo", produzira a reflexão de economistas e historiadores, que procuravam explicá-lo ou justificá-lo. E, diz ele, "no coração de tudo isso, o marxismo" (ver p. 220 neste volume). Foucault pensa, no entanto, que, na Europa Ocidental e no Japão, isto é, nos países que são considerados economicamente desenvolvidos, o problema central, principal, que se apresentava não era o da miséria, mas o do "excesso de poder" (ver p. 220 neste volume). Assim, diz ele, em alguns regimes capitalistas, era o caso do fascismo, e nos regimes socialistas ou que se diziam socialistas, a continuidade do stalinismo, "nos quais o excesso de poder do aparelho de Estado, da burocracia, e (...) igualmente dos indivíduos uns com os outros, constituía alguma coisa de absolutamente revoltante, tão revoltante quanto a miséria do século XIX. Os campos de concentração, que foram conhecidos em todos esses países, foram para o século XX o que as famosas vilas operárias, o que os famosos pardieiros operários, o que a famosa mortalidade operária foram para os contemporâneos de Marx" (ver p. 220 neste volume). Foucault considera que nada dos instrumentos conceituais herdados do século XIX permitia captar bem o problema do poder. Qual era a promessa do século XIX? Era a de que, uma vez resolvido o problema econômico, todos os problemas do excesso de poder suplementar estariam resolvidos. Observa Foucault que o que o século XX descobre vai na direção contrária; podem-se resolver todos os problemas econômicos que se quiser, os excessos de poder permanecem. É o que vai se tornar patente por volta de 1955, quando no contexto da morte de Stalin e do início da guerra da Argélia se podia considerar que os excessos do stalinismo, e mesmo do fascismo, se produziam e se deviam a dificuldades econômicas atravessadas pelo capitalismo em 1929 e pela União Soviética nas décadas de 1920 a 1940. Foucault observa que, "em 1956, (...) o fascismo, tendo desaparecido sob suas formas institucionais na Europa, Stalin estando morto, (...) os húngaros se revoltam em Budapeste, os russos intervêm e o poder soviético, que no entanto não deveria ser coagido pelas urgências econômicas, reagiu como se viu" (ver p. 221 neste volume). Foucault refere-se a um outro evento: a guerra da Argélia; ele diz que, apesar de todos os problemas econômicos, o capitalismo francês podia se abster perfeitamente da Argélia. "Tinha-se de lidar com mecanismos de poder que se embalavam, de algum modo, por si mesmos, além das urgências econômicas fundamentais." Havia então a necessidade de pensar este problema do poder e forjar mecanismos conceituais para fazê-lo. Trata-se então de problema que diz respeito não apenas aos Estados fascistas, revolucionários ou pós-revolucionários, mas também às sociedades ocidentais.

Foucault chega a dizer que todas as pessoas de sua geração, e ele sendo apenas uma, procuraram apreender esse problema do poder. No ponto de mira em que ele se situa, nos anos 1970, considera que esse problema é um fio condutor na elaboração de sua obra. Assim, na *História da loucura* procurou detectar o "tipo de poder que a razão não cessou de querer exercer sobre a loucura, do século XVII até nossa época" (ver p. 221 neste volume). Em *O nascimento da clínica*, procurou definir que "o fenômeno da doença constituiu, para a sociedade, para o Estado, para as instituições do capitalismo (...), uma espécie de desafio ao qual foi preciso responder através de medidas de institucionalização da medicina" (ver p. 221 neste volume). Foucault inclui seu livro *As palavras e as coisas* – aparentemente o mais teórico e distante da política – também na discussão desse problema. Esse livro, diz ele, é um pouco isto, "o balizamento dos mecanismos de poder no interior dos próprios discursos científicos: a qual regra somos obrigados a obedecer, em uma certa época, quando se quer ter um discurso científico (...) sobre a história natural, sobre a economia política? (...) É toda essa ligação do saber e do poder, mas tomando como ponto central os mecanismos de poder, é isso, no fundo, o que constitui o essencial do que eu quis fazer" (ver p. 221-222 neste volume).

Uma questão decisiva é a relação entre o poder e a guerra. Se Foucault considera que é necessário evitar remeter o problema do poder ao esquema proposto pela constituição jurídica da soberania, é necessário pensá-lo segundo as relações de força. Mas o núcleo da questão é: será necessário decifrá-lo segundo o esquema geral da guerra? A guerra pode valer como o que permite analisar as relações de poder? Várias questões estão aí implicadas.

Foucault deu forma bastante clara a isso no resumo de seu curso "É Necessário Defender a Sociedade": "A guerra deve ser considerada como um estado de coisas primeiro e fundamental em relação ao qual todos os fenômenos de dominação, de diferenciação e de hierarquização sociais devem ser considerados como derivados? Os processos de antagonismos, de afrontamentos, de luta entre os indivíduos, grupos ou classes dizem respeito em última instância aos processos gerais da guerra?" ("Resumo do curso 1975-1976", Edições Gallimard-Seuil, Paris, 1997, p. 239-240). Essa formulação recobre a questão que as resume: "o conjunto das noções derivadas da estratégia ou da tática pode constituir um instrumento válido e suficiente para analisar as relações de poder?" ("Resumo do curso 1975-1976", Edições Gallimard-Seuil, 1997, p. 239-240).

Foucault observa que, diferentemente dos estruturalistas – entre os quais não se inscreve –, que procuravam "um método que fosse, senão universalmente válido, ao menos geralmente válido para toda uma série de objetos diferentes: a linguagem, os discursos literários, os relatos míticos, a iconografia, a arquitetura...", seu problema é outro. "Este não é absolutamente meu problema: procuro fazer aparecer essa espécie de camada, (...) como dizem os técnicos modernos, a interface do saber e do poder, da verdade e do poder. É isso. Eis aí meu problema" (ver p. 224 neste volume).

Ao introduzir a dimensão dos micropoderes na análise política, Foucault não teve de modo algum a intenção de diminuir a importância e a eficácia do poder do Estado. Acredita apenas que, ao insistir de forma exagerada sobre seu papel, e sobre seu papel exclusivo, arrisca-se a deixar escapar todos os mecanismos e efeitos de poder que não passam diretamente pelo aparelho de Estado. Esses mecanismos, com frequência, o sustentam bem melhor, o reconduzem, e lhe dão o máximo de eficácia. O exemplo da sociedade soviética para Foucault é probante: lá existiu um aparelho de Estado que mudou de mãos, mas deixou as hierarquias sociais, a vida familiar, o corpo, a sexualidade, quase da mesma forma como se estivessem em uma sociedade capitalista. Foucault procura definir o poder "como não sendo uma instituição, nem uma estrutura, nem um poder estatal, mas um lugar estratégico onde se encontram as relações de forças". Essa tese, formulada por ele como uma questão, é retomada em *A vontade de saber* de forma precisa, em que explora suas consequências: "A análise do poder não deve postular, como dados iniciais, a soberania do Estado, a forma da lei ou a unidade global de uma dominação; estas são antes de mais nada suas formas terminais" (*A vontade de saber*, Rio de Janeiro, Graal/Paz e Terra, p. 88).

O poder é, assim, "a multiplicidade de correlações de força imanentes ao domínio onde se exercem e constitutivas de sua organização; o jogo que através de lutas e afrontamentos incessantes as transforma, reforça, inverte; os apoios que tais correlações de força encontram umas nas outras, formando cadeias ou sistemas ou, ao contrário, as defasagens e contradições que as isolam entre si; enfim, as estratégias em que se originam e cujo esboço geral ou cristalização institucional toma corpo nos aparelhos estatais, na formulação da lei, nas hegemonias sociais" (*A vontade de saber*, p. 88-89). E conclusivamente: "O poder não é nem uma estrutura, não é uma potência de que alguns seriam dotados: é o nome dado a uma situação estratégica complexa numa sociedade determinada" (*A vontade de saber*, p. 89).

Momento decisivo, crucial, ao qual chegará a reflexão de Foucault sobre o poder será pensá-lo articulado aos atos que nos submetem ao governo, a sermos governados. Assim, o poder não será um misterioso atributo do qual se precisaria escavar as origens. Trata-se de "um tipo particular de relações entre indivíduos. E essas relações são específicas: dito de outro modo, elas nada têm a ver com a troca, a produção e a comunicação, mesmo se elas lhe são associadas" (ver p. 376 neste volume). Qual é então o traço distintivo do poder? Diz ele que "alguns homens podem mais ou menos determinar inteiramente a conduta de outros homens – mas nunca de maneira exaustiva ou coercitiva". O exemplo citado por Foucault figura tortura e violência. "Um homem acorrentado e espancado é submetido à força que se exerce sobre ele. Não ao poder. Mas se se pode

Apresentação à Edição Brasileira   XV

levá-lo a falar, quando seu último recurso poderia ter sido o de segurar sua língua, preferindo a morte, é porque o impelimos a comportar-se de uma certa maneira. Sua liberdade foi sujeitada ao poder. Ele foi submetido ao governo. Se um indivíduo pode permanecer livre, por mais limitada que possa ser sua liberdade, o poder pode sujeitá-lo ao governo. Não há poder sem recusa ou revolta em potencial" (ver p. 376 neste volume).

A prisão: impossível e real

Vigiar e punir é o livro que Foucault consagra ao nascimento da prisão, depois de conduzir um movimento que levara a pôr em questão de forma radical não apenas o sistema penitenciário, mas as redes de poder-saber a ele associadas em nossa sociedade. Ele marca na história da repressão um momento central: a passagem da punição à vigilância. Michel Foucault elaborou seu livro tomando a prisão como objeto de análise por duas razões. Em primeiro lugar, ela fora "bastante negligenciada nas análises. Estudavam-se os problemas vistos numa ótica sociológica da população delinquente e o problema jurídico do sistema penal e seu fundamento. Só o livro de Rusche e Kirschheimer "tinha estudado a prática mesma da punição". Em segundo lugar, a razão de Foucault se vinculava a uma leitura nietzschiana: "retomar o tema da genealogia da moral", mas seguindo o fim do que Foucault chama "as tecnologias morais". A pergunta feita por Foucault para compreender o que se pune e por que se pune é: "como se pune? Esta via de pesquisa que ele considera bastante fecunda e que ele já usara na História da loucura era a de perguntar como se opera a separação entre loucura e não loucura". Essa interrogação correspondia também à emergência do problema penal como uma questão atual, não apenas na França, mas também na Itália, na Inglaterra, nos Estados Unidos.

Trata-se, assim, como propõe Michel Foucault, de conceber a punição "como uma função social complexa" (Surveiller et punir, Paris, Ed. Gallimard, 1975, p. 28), não centrando "sua análise apenas nos seus efeitos 'repressivos', mas numa série de efeitos positivos que ela pode induzir". Esta é a primeira regra metódica proposta por Foucault.

A segunda regra geral proposta por Foucault é a de não considerar apenas "os métodos punitivos como simples consequências do direito"; concebê-los, sim, "como técnicas que têm sua especificidade no campo geral das técnicas do poder". O elemento básico dessa regra é "tomar os castigos na perspectiva da tática política".

A terceira regra articula a história do direito penal e a das ciências humanas. Foucault propõe que procuremos a "matriz comum ao mesmo tempo epistemológico-jurídica" (*Surveiller et punir*, p. 28). Nessa leitura a tecnologia do poder está no princípio, no motor da "humanização da pena e do conhecimento do homem" (*Surveiller et punir*, p. 28).

Foucault nota que a fórmula de Mably regularia a penalidade moderna como um assíntoto. Ela diz que o "castigo atinja, se posso dizer, a alma mais que o corpo" (*Surveiller et punir*, p. 22). Ele situa como regra procurar descobrir "a entrada da alma na justiça" e a "inserção com ela de todo um saber científico". Trata-se de pesquisar se isso não é "o efeito de uma transformação da maneira mesma com que o corpo é investido pelas relações de poder" (*Surveiller et punir*, p. 28).

Do livro de Rusche e Kirschheimer Foucault retoma alguns pontos de referência, "balizas essenciais", elementos para uma análise positiva da penalidade.

O primeiro deles leva-nos a desfazer da análise que concebe a penalidade "antes de tudo – senão exclusivamente – como uma maneira de punir os delitos". Trata-se, na verdade, de analisar sistemas punitivos concretos e estudá-los como fenômenos sociais. Foucault ressalta que não dão conta deles nem a "armadura jurídica da sociedade" nem suas "escolhas éticas fundamentais".

Rusche e Kirschheimer colocaram os sistemas punitivos em relação com os sistemas de produção em que seus efeitos operam: assim, eles situam numa economia servil o sistema punitivo, que teria o papel de trazer uma mão de obra suplementar – espécie de "escravidão civil ao lado da que é trazida pelas guerras ou pelo comércio". Papel diverso daquele do sistema feudal, em que o desenvolvimento da produção e da moeda é restrito e onde se assiste "a um brusco crescimento dos castigos corporais". É que nesse sistema o corpo é o único bem acessível.

Com o desenvolvimento da economia mercantil, aparecem "a casa de correção, o hospital geral – isto é, o trabalho forçado, a manufatura penal" (*Surveiller et punir*, p. 30).

Apresentação à Edição Brasileira XVII

Por fim, "o sistema industrial, exigindo um mercado livre de mão de obra, diminuiria no século XIX a parte do trabalho obrigatório nos mecanismos de punição que seriam substituídos por uma detenção com fins corretivos".

Foucault nota que existem "bastantes considerações a fazer sobre esta correlação estrita".

Do que poderíamos chamar a "economia política da punição" de Rusche e Kirschheimer sobre a força de trabalho, vista nesta ótica econômica, Foucault vai reter o que ele chama "uma economia política do corpo". Trata-se do sistema punitivo do corpo: "de suas forças, de sua utilidade, de sua docilidade, de sua repartição ou de sua submissão".

A leitura da racionalidade punitiva a partir de Foucault não se inscreve no esquema proposto por Weber para o estudo da *ratio* ocidental. Do ponto de vista teórico, ela não utiliza o conceito weberiano de tipo ideal. Foucault estabeleceu essa diferença no debate realizado em torno do livro *Vigiar e punir* a partir de dois textos de Jacques Léonard: *A Poeira e a Nuvem* e *Mesa-redonda em 20 de Maio de 1978*. Um debate foi organizado com o filósofo a partir do primeiro texto, em que, além de Foucault e Léonard, tomaram parte Maurice Agulhon, Nicole Castan, Catherine Duprat, François Ewald, Arlette Farge, Alexandre Fontana, Carlo Ginzburg, Remi Gossez, Pascale Pasquino, Michelle Perrot e Jacques Revel. Foucault respondeu às perguntas que foram apresentadas como sendo a de um historiador coletivo. Ele deu um tratamento preciso e importante ao conceito de tipo ideal. Esse conceito tenta *a posteriori* dar conta de um certo número de dados. O tipo ideal – quer seja o calvinismo, a empresa capitalista ou o Estado – constrói-se, como diz Foucault, a partir de princípios gerais que não estão "presentes no comportamento dos indivíduos mas que se compreendem a partir deles". Em Foucault a leitura da racionalidade penal visa a seu funcionamento real nas instituições que não se limitam a desenrolar esse esquema racional no estado puro. Foucault não procede a uma análise de tipo ideal.

A diferença para Foucault frente a Weber se deve a várias razões.

1) A primeira é que o esquema racional da prisão – como o do hospital ou do asilo – não são princípios gerais que só o historiador poderia reencontrar por uma interpretação retrospectiva. São *programas explícitos* (frisado por Foucault). "São

conjuntos de prescrições calculadas e racionais segundo as quais se devem organizar as instituições, ordenar os espaços, regular os comportamentos." Sua parte de idealidade, observa Foucault, é "a de uma programação que ocorre ficar em suspenso, mas não é a de uma significação geral escondida".

2) Foucault ressalta que essa programação diz respeito a formas de racionalidade muito mais gerais. A racionalidade procurada na penalidade carcerária, é o que Foucault procura mostrar, não é o resultado de um cálculo de interesses imediato (do tipo prender é o mais barato), mas "diz respeito a toda uma tecnologia do adestramento humano, da vigilância do comportamento e da individualização dos elementos do corpo social". O que Foucault pretende com o conceito de disciplina, "com a análise da emergência histórica da disciplina", não pode ser visto como a expressão de um tipo ideal – o do "homem disciplinado". A disciplina é para Michel Foucault "a generalização, e o fato de se colocar em conexão técnicas diferentes que obedecem a interesses locais" – quer seja a aprendizagem escolar ou a tropa capaz de manejar o fuzil.

3) Foucault sabe que esses programas não passam jamais integralmente nas instituições. Porém o que pretende demonstrar é que essa diferença "não é a que opõe o ideal puro à impureza desordenada do real". O que interessa mostrar é a flexibilidade e a solidez do dispositivo, isto é, que "estratégias diferentes vêm se opor, se compor, se superpor, e produzir efeitos permanentes e sólidos que se podem compreender em sua racionalidade", se bem que "não estejam de acordo com a programação primeira". Foucault ressalta que programas, tecnologias e dispositivos, nenhum desses conceitos, são um tipo ideal weberiano.

Importância decisiva nessa discussão da diferença com Weber é a ideia complexa que aqui existe do real e da verdade. Foucault procura ver o "jogo de realidades diversas que se articulam umas sobre as outras: um programa, um nexo que o explica, a lei que lhe dá valor coercitivo". Ele observa que "são realidades, de natureza diversa das instituições que lhe dão corpo ou dos comportamentos que aí se ajuntam de forma mais ou menos fiel".

Foucault retoma a argumentação de seus críticos a partir da provocação de Léonard, que contrapõe o imaginário e o real. Os programas seriam da ordem do imaginário, como o sonho, as utopias, "uma espécie de produção imaginária que vocês não têm o direito de substituir à realidade".

Foucault responde que o recurso a Bentham "não se fez com o objetivo de descrever as prisões do século XIX". No entanto, que essa vida real não corresponda aos esquemas dos teóricos não quer dizer que esses esquemas pertençam à dimensão do imaginário ou dos utópicos. Diz Foucault: "Seria fazer do real uma ideia muito limitada". Para Foucault, a elaboração desses esquemas tem uma função prática e estratégica. Eles "respondem a práticas e estratégias diversas".

Esses programas têm efeitos práticos: "*induzem toda uma série de efeitos no real*, cristalizam-se em instituições que informam o comportamento dos indivíduos, servem de grade para a percepção e apreciação das coisas".

Foucault sabe muito bem que os delinquentes foram totalmente "resistentes a toda mecânica disciplinar da prisão; assim como conhece o fato de que a forma das construções e a maneira com que eram administradas pelos diretores e guardiões fizeram delas caldeirões de bruxas em comparação com a bela mecânica benthamiana". Assim, para Foucault, não se trata de um fracasso das programações das condutas desses regimes jurídicos e da produção da verdade a eles associadas. Mas essas programações têm uma dimensão que se pode dizer sem exagero que é ontológica.

Foucault ressalta que se os delinquentes apareceram como impossíveis de serem emendados, se apareceu para o público e mesmo para a *justiça* "uma raça de criminosos", é, observa Foucault, porque "este tipo de programação não se tornou apenas uma utopia na cabeça de alguns fazedores de projetos".

Esses efeitos são "as partilhas do verdadeiro e do falso na maneira pela qual os homens 'se dirigem', 'se governam', se conduzem" eles próprios e os outros. Foucault resume sua formulação assim, de maneira aproximada: "apreender esses efeitos em sua forma de acontecimentos históricos – com o que isto implica para a questão da verdade (que é a questão mesma da filosofia) – é mais ou menos meu tema".

Para isso sua análise recorre a uma série de procedimentos, dentre os quais os mais significativos seriam os da desmultiplicação causal e do polimorfismo progressivo da análise.

A desmultiplicação causal consiste para Michel Foucault em analisar "o acontecimento segundo os processos múltiplos que o constituem". Assim, analisar como acontecimento a prática da encarceração penal – que Foucault opõe à análise da instituição ou à leitura da ideologia – é definir o processo de "penalização" – isto é, inserir as práticas que existiam antes do encarceramento nas formas da punição legal – ou passagem da prisão como lugar de guarda do preso a método punitivo.

Os processos do que Foucault chama de carceralização – isto é, a forma pela qual o aprisionamento, como castigo e forma de correção, tornou-se "uma peça central na penalidade", Foucault pretende que também sejam decompostos: os processos de penalização do internamento são eles próprios constituídos por processos múltiplos, como a constituição de espaços pedagógicos fechados constituídos na base da recompensa e da punição (ver p. 333 neste volume).

Quanto ao polimorfismo progressivo da análise, polimorfismo dos elementos, Foucault ressalta que sua análise a partir da "prisão" vai pôr em jogo "práticas pedagógicas, a formação dos exércitos como carreira, (...) a técnica das armas de fogo" (principalmente o aparecimento do fuzil), "os novos procedimentos da divisão do trabalho" (ver p. 333 neste volume).

No que tange ao polimorfismo das relações descritas, Foucault analisa a transferência de modelos técnicos – como a das arquiteturas de vigilância – ou de um "cálculo tático respondendo a uma situação particular" – crescimento do banditismo ou desordens provocadas pelos suplícios públicos ou inconvenientes do banimento – ou ainda, diz Foucault, aplicação de esquemas teóricos (concernindo à gênese das ideias, à formação dos signos, à concepção utilitarista do comportamento etc.).

Vigiar e punir, publicado em 1975, é o livro que, encontrando um movimento de crítica social generalizado, como observa Agulhon, vai situar "as instituições que foram pensadas e denunciadas como os instrumentos visíveis ou larvares de um imenso projeto de controle social. A escola, o hospital, o asilo, a prisão, a família tornaram-se alguns dos pontos visíveis – os mais visitados também – de um vasto arquipélago institucional (ou, para usar de um outro sistema metafórico, de uma rede indefinidamente ramificada de coerções exercidas pela sociedade sobre si mesma)" (Jacques Revel, "Machines, stratégies, conduites: ce qu'entendent les historiens", in *Au risque de Foucault*, Paris, Éditions du Centre Georges Pompidou, 1997, p. 117).

É o que demonstra *Vigiar e punir* ao construir uma nova anatomia política dos corpos. O nascimento da prisão coincide com o momento "em que se percebeu, segundo a economia do poder, ser mais eficaz e mais rentável vigiar do que punir". A que corresponde esse momento? Diz Foucault que corresponde "à formação, a um só tempo, rápida e lenta de um novo tipo de exercício do poder, no século XVIII e no início do século XIX. Foucault lembra que todos conhecem as grandes perturbações, os reajustamentos institucionais que fizeram com que se mudasse de regime político, a maneira como as delegações de poder à cabeça do sistema estatal foram modificadas. Mas o que parece importante, estrategicamente decisivo para Foucault, são "a mecânica do poder" e sua forma capilar de existir. O poder encontra o próprio grânulo dos indivíduos, atinge seus corpos, vem inserir-se em seus gestos, suas atitudes, seus discursos, sua aprendizagem, sua vida cotidiana. O século XIX encontrou um regime por assim dizer sináptico do poder, do seu exercício no corpo social. A mudança de poder oficial foi ligada a esse processo, mas através de decalagens. Foucault considera que essa mudança de estrutura fundamental foi o que permitiu que fosse realizada essa modificação dos pequenos exercícios do poder. Esse poder disciplinar do que tem de específico possui uma história, não nasceu sozinho nem existiu sempre. Foucault descreve seus pontos iniciais de nascimento na Idade Média, no seu curso sobre o poder psiquiátrico (*Le pouvoir psychiatrique*, Gallimard, 2002). Quanto à sua origem, Foucault diz que ele seguiu uma "trajetória de certa forma diagonal através da sociedade ocidental" (*ibidem*, p. 42-43).

Para Michel Foucault, tomando como eixo temporal a história do Ocidente, que vai da Idade Média até hoje, esse poder, na sua particularidade, no que ele tem de específico, não se formou inteiramente à margem da sociedade ou do mundo medieval. Mas essa formação também não se deu, certamente, em seu centro.

Qual o *locus* de formação do poder disciplinar? Foram as comunidades religiosas; foi em seu interior que ele se formou, e dessas comunidades "transportou-se, transformando-se, para comunidades laicas que se desenvolveram e multiplicaram no período da pré-Reforma, nos séculos XIV e XV". Michel Foucault diz que é possível apreender a translação desse poder em certo tipo de comunidades laicas que não são exatamente do tipo conventual. Trata-se dos "irmãos da vida comum", fundados por Gerard Groote, inspirado no teólogo Jan Van Ruysbroek. Estes vão pedir emprestado à vida nos conventos e também a um certo número de práticas e exercícios acéticos, herdeiros de uma longa tradição do exercício religioso, técnicas que vão definir "métodos disciplinares concernindo à vida cotidiana e à pedagogia", por exemplo (*ibidem*, p. 43). Existe, no entanto, no período anterior à Reforma, um verdadeiro enxame de disciplinas ou práticas acéticas e conventuais. A hipótese de Foucault é de que são essas técnicas que vão se difundir em uma ampla escala e penetrar a sociedade do século XVI, e mais amplamente a dos séculos XVII e XVIII. No século XIX, elas se tornam o que Foucault chama de a grande forma geral do contato sináptico poder político-corpo individual. O ponto de chegada dessa ampla evolução que ele toma como ponto de referência, e que vai dos "irmãos da vida comum" a seu ponto de explosão – entendida por Foucault como o "momento em que esse poder disciplinar se torna uma forma social absolutamente generalizada" (*ibidem*, p. 43) –, é o Panóptico de Bentham, inventado em 1791. Para Foucault, o Panóptico de Bentham nos fornece "a forma política e técnica mais geral do poder disciplinar" (*ibidem*, p. 43). Para figurar esse poder, Michel Foucault nos dá uma pequena vinheta clínica do afrontamento do rei George III louco e seus servidores. Esse afrontamento do rei louco, ou da loucura real, e da disciplina médica figura, para ele, "o ponto histórico e simbólico da emergência e da instalação do poder disciplinar na sociedade" (*ibidem*, p. 43).

E Foucault articula também a montagem, a emergência desse novo poder de nível microscópico que ejetou a estrutura da corte e mesmo a figura do rei. Tornou-se impossível agora a mitologia do poder real a partir do momento em que uma nova forma de poder sobre os corpos se instaurou. O corpo mítico do soberano, e seu superpoder real, físico, tornou-se impossível. Diz Foucault que o "soberano tornava-se então uma personagem fantástica, ao mesmo tempo monstruosa e arcaica" (ver p. 159 neste volume).

Do suplício à prisão

Até o século XVII, com o absolutismo monárquico, o suplício não desempenhava o papel de reparação moral; tinha,

Apresentação à Edição Brasileira XXIII

antes, o sentido de uma cerimônia política. O delito como tal devia ser considerado como um desafio à soberania do monarca: ele perturbava a ordem de seu poder sobre os indivíduos e as coisas.

"O suplício público, longo, terrificante, tinha exatamente a finalidade de reconstituir essa soberania; seu caráter espetacular servia para fazer participar o povo do reconhecimento dessa soberania. (...) O poder do príncipe é excessivo por natureza" (ver p. 149 neste volume). Em primeiro lugar, ele deve "produzir uma certa quantidade de sofrimento, que se pode, senão medir exatamente, ao menos comparar e hierarquizar; a morte é um suplício na medida em que não é simplesmente privação do direito de viver, mas o termo de uma gradação calculada dos sofrimentos: desde a decapitação (no Código Filipino aplicado no Brasil até 1830, esta era a pena dos nobres, mas utilizada apenas com uma vítima no grande cerimonial do poder que foi o suplício dos Távora em Portugal), que a remete a um só gesto e num só instante" (*Surveiller et punir*, p. 37); é o que Foucault chama "o grau zero do suplício, até o esquartejamento, que o leva até quase o infinito, passando pela forca, a fogueira e a roda, sobre a qual se agoniza por muito tempo". Foucault define a morte no suplício de forma condensada: "é a arte de reter em vida no sofrimento, subdividindo-a em 'mil mortes' e obtendo antes que cesse a existência '*the most exquisite agonies*'". Foucault retira esta expressão de Olyffe, no seu ensaio de 1731, *An essay to prevent capital crimes*. Ele extraiu essa referência do *History of english penal law*, de Radzinowics. Assim, o suplício repousa "sobre toda uma arte quantitativa do sofrimento".

No último quarto do século XIX, em 1877, no Congresso Penitenciário de Estocolmo, um penalista brasileiro, Pádua Fleury, deu conta do quadro da penalidade antiga e seu abandono em benefício da prisão, "pena das sociedades civilizadas". Pádua Fleury participou de missões externas para tratar de problemas da penalidade no Brasil; realizou importantes inquéritos na colônia penal de Fernando de Noronha, Prisão Central do Império, e na casa de correção da Corte; realizou reformas no sistema penal do Ceará quando presidente da província, atuando também no Paraná.

Pádua Fleury traça o quadro histórico da penalidade antiga; e ele a pinta como uma época de barbárie e atrocidade, que o novo sistema sepultou como uma "velharia gótica". Segundo ele: "Por muito tempo se supôs que o melhor meio de repressão fosse a supressão dos delinquentes pelo banimento, pela prisão perpétua, pela privação da vida, ou pena de morte, agravada quase sempre de práticas as mais bárbaras, que aumentando o sofrimento do supliciado devessem aumentar o terror em todos os que presenciassem a execução. Os condenados eram esquartejados, atenazados, cortados em pedaços, emparedados, enterrados ou queimados vivos não só na punição de crimes graves, mas ainda em alguns de pouca importância."

Referindo-se ao quadro da penalidade no âmbito internacional: "A pena de morte, com todas as variedades de sua aplicação, tal como a forca, a roda, a fogueira, se estendia a 115 casos diferentes, e os crimes e os delitos que escapavam ao último suplício eram punidos com a mutilação de um membro, com a marca de ferro quente, com um corte nos lábios ou na língua. Era o cunho da penalidade em quase todos os países."

Foucault ilustra a racionalidade do sistema punitivo sob o Antigo Regime com o suplício de Damiens, o regicida que atentara contra Luís XV. O suplício que os Távora sofreram em Portugal, a execução de uma família inteira da alta nobreza com seus criados, mostra, de forma eloquente e ampliada, mais do que a execução de Damiens, o que era o exercício do poder soberano no Antigo Regime, mesmo quando se pretendia esclarecido. Citamos aqui apenas parte da sentença que descreve a multiplicação dos castigos a que foi submetido apenas um dos réus, José Mascarenhas. Eis o que diz a sentença: "Ampliando a jurisdição e alçada dela, para que possa estender as penas merecidas por estes infames e sacrílegos réus, em forma que possam ter a possível proporção com suas execrandas e escandalosíssimas culpas, condenam ao réu José Mascarenhas que já se acha desnaturalizado, exautorado das honras e privilégios de português, de vassalo e criado – degradado da ordem de São Tiago de que foi comendador – e relaxado a esta Junta e justiça secular que nela se administra, a que com baraço e pregão, como um dos três cabeças ou chefes principais desta infame conjuração e do abominável insulto que dela se seguiu, seja levado à Praça do Cais do lugar de Belém, e que nela, em cadafalso alto, que será levantado de sorte que o seu castigo seja visto de todo o povo a quem tanto tem ofendido o escândalo de seu horrorosíssimo delito, depois de ser rompido vivo, quebrando-se-lhe as oito canas das pernas e dos braços, seja exposto em uma roda, para satisfação dos presentes e futuros vassalos deste Reino: e a que, depois de feita esta execução, seja queimado vivo o mesmo réu, com o dito cadafalso em que for justiçado, até que tudo pelo fogo seja reduzido a cinza e pó, que serão lançados ao mar, para que dele e da sua memória não haja mais notícia; e, posto que, como réu dos abomináveis crimes de rebelião, sedição, alta traição e parricídio, se acha já condenado pelo tribunal das ordens, em confiscação e perdimento de todos os seus bens para o fisco e câmara real, como se tem praticado nos casos em que se cometeu crime de lesa-majestade de primeira cabeça: contudo, atendendo-se a ser este caso tão inopinado, tão insólito, e tão estranhamente horroroso e incogitado pelas Leis que nem elas deram para ele providência, nem nelas se pode achar castigo que tenha proporção com a sua desmedida torpeza, pelo que com este motivo se suplicou ao dito senhor, em consulta desta Junta, com cujo parecer foi Sua Majestade servido conformar-se a ampla jurisdição de estabelecer todas as penas que se vencessem pela pluralidade dos votos, e considerando-se que a mais conforme ao direito é a escurecer e desterrar por todos os modos da lembrança o nome e a recordação de tão enormes delinquentes, condenam outrossim os mesmos réus não só nas penas de direito comum, para serem derribadas e picadas todas a suas armas e escudos em quaisquer lugares em que se acharem postos, e as casas, materiais e edifícios da sua habitação, demolidos, arrasados, de sorte que deles não fique sinal."

A execução de Tiradentes também está inscrita na liturgia do poder que se materializava nas práticas penais do Antigo Regime. Nela a violência sobre o corpo do condenado se exerce depois da morte pela forca e atinge de forma desdobrada o corpo do réu com o corte da cabeça, o esquartejamento e a exposição, e atinge sua família, sua memória: "Portanto condenam o réu Joaquim José da Silva Xavier, por alcunha o Tiradentes, alferes que foi da tropa paga da capitania de Minas, a que com baraço e pregão seja conduzido pelas ruas públicas ao lugar da forca, e nela morra morte natural para sempre, e que depois de morto lhe seja cortada a cabeça e levada à Vila Rica, aonde em o lugar mais público dela será pregada em um poste alto até que o tempo a consuma; o seu corpo será dividido em quatro quartos e pregado em postes pelos caminhos de Minas, o sítio da Varginha e de Sebolas, aonde o réu teve as suas infames práticas. E os mais nos sítios de maiores povoações, até que o tempo também os consuma. Declaram ao réu infame, e infames seus filhos e netos, tendo-os, e seus bens aplicam para o fisco e câmara real, e a casa, e a casa em que vivia em Vila Rica será arrasada e salgada, e que nunca mais no chão se edifique, e não sendo próprias, serão avaliadas e pagas ao seu dono pelos bens confiscados, e no mesmo chão se levantará um padrão pelo qual se conserve em memória a infâmia deste abominável réu" ("Da sentença da alçada contra os réus da Inconfidência Mineira", publicado inicialmente por Charles Ribeyrolles, in *Brasil pitoresco*, São Paulo, Livraria Martins, 1941, p. 85).

Produzir indivíduos dóceis e úteis

A hipótese de Foucault é de que a prisão, desde a sua origem, está ligada a um "projeto de transformação dos indivíduos". A concepção comum é a de que a prisão seria "uma espécie de esgoto de criminosos, esgotos cujos inconvenientes serão verificados com o uso, de tal modo que se diria ser necessário reformar as prisões" (ver p. 159 neste volume).

Diz Foucault que isso não é verdade, "os textos, os programas, as declarações de intenção aí estão. Desde o começo, a prisão devia ser um instrumento tão aperfeiçoado quanto a escola ou a caserna ou o hospital, e agir com precisão sobre os indivíduos" (ver p. 159 neste volume). Para que o homem transformasse seu corpo, sua existência e seu tempo em força de trabalho foi preciso todo um aparelho de coações que o atingem desde a creche e a escola e o conduzem ao asilo de velhos, passando pela caserna, sempre a ameaçá-lo: ou bem você vai para a usina ou bem você encalha na prisão ou no asilo de alienados! Foucault analisa o conjunto de procedimentos racionais e de técnicas operatórias produtoras da disciplina pelas quais se pretendeu durante esse período agir sobre os indivíduos, transformá-los, torná-los dóceis e úteis. Enfim, determinamos por que foi escolhida essa estratégia com sua panóplia de instrumentos táticos.

Observa Foucault que o fracasso da prisão "foi imediato, e registrado quase ao mesmo tempo que o próprio projeto. Desde 1820, constata-se que a prisão, longe de transformar os criminosos em pessoas honestas, só serve para fabricar novos criminosos, ou para enterrar ainda mais os criminosos na criminalidade" (ver p. 160 neste volume). Ele afirma, então, que houve uma utilização estratégica do que era um inconveniente. "A prisão fabrica delinquentes, mas os delinquentes são, finalmente, úteis, tanto no domínio econômico como no domínio político." Lembra a instalação do grande edifício da prostituição no século XIX, que só foi possível graças aos delinquentes. Ele cita também o golpe de Napoleão III, cuja tomada do poder foi feita no nível mais baixo por um grupo de delinquentes de direito comum. E Foucault refere-se ao ódio sentido pelos operários no século XIX para com os delinquentes, que eram usados contra eles, para vigiar, penetrar nas organizações, minar ou furar greves etc.

A leitura do que Foucault chama de ilegalismos é importante para se ter uma justa avaliação histórica das mutações do sistema penal. Essa leitura passa por uma avaliação estratégica desses conflitos. Diz ele: "Pareceu-me, segundo as leituras que fiz, que no final do século XVIII aconteceu uma espécie de conflito entre os ilegalismos. Quero dizer o seguinte: em todo regime, os diferentes grupos sociais, as diferentes classes, as diferentes castas têm cada um o seu ilegalismo. No Antigo Regime, esses ilegalismos alcançaram um estado de relativo ajustamento. (...) O ilegalismo fazia parte do próprio exercício do poder. A arbitrariedade real se repercutia, de algum modo, na arbitrariedade de todas as práticas de governo. Havia também um ilegalismo da burguesia. Quer dizer que a burguesia, para conseguir fazer passar o que era de seu interesse econômico, era incessantemente obrigada a revolver as regras que eram, por exemplo, o sistema alfandegário, as regras das corporações, as das práticas comerciais, as regras (morais ou religiosas) da ética econômica. (...) Todos esses ilegalismos, evidentemente, jogavam uns contra os outros, estavam em conflito uns contra os outros. Por exemplo, era muito importante para a burguesia que, nas camadas populares, houvesse uma luta permanente contra o imposto, porque a burguesia buscava escapar do imposto. A personagem do contrabandista, saída dos meios populares, era uma personagem tolerada por um certo ilegalismo burguês. A burguesia, em um certo sentido, necessitava do ilegalismo popular. Estabeleceu-se, portanto, uma espécie de *modus vivendi*" (ver p. 67-68 neste volume). Foucault observa que, assim que "a burguesia tomou o poder político, quando ela pôde adaptar as estruturas do exercício do poder aos seus interesses econômicos, o ilegalismo popular que ela tolerara (...) tornou-se para ela intolerável (...). E acho que o sistema penal, e sobretudo o sistema geral de fiscalização que foi ajustado no final do século XVIII, no início do século XIX, em todos os países da Europa, é a sanção deste novo fato: o velho ilegalismo popular que era, em algumas de suas formas, tolerado sob o Antigo Regime tornou-se literalmente impossível; foi preciso, de fato, pôr sob vigilância generalizada todas as camadas populares" (ver p. 68 neste volume). Parece mais importante a ele, "mais fundamental ainda foi pôr sob vigilância a população plebeia, popular, operária, camponesa. A vigilância geral continua através das novas formas de poder político. O verdadeiro problema é a polícia. Direi que o que foi inventado no final do século XVIII, no início do século XIX, foi o panoptismo".

O pan-óptico: de Bentham ao *Big Brother*

Michel Foucault considera que há, desde "o início do século XIX, toda uma série de instituições que funcionaram sob o mesmo modelo, que obedeciam às mesmas regras, e cuja primeira descrição, quase delirante, se encontra no célebre *pan-óptico* de Bentham". Eis como Foucault figura o pan-óptico: "instituições de vigilância nas quais os indivíduos eram fixados, seja a um aparelho de produção, uma máquina, um ofício, um ateliê, uma usina, seja a um aparelho escolar, seja a um aparelho punitivo, corretivo ou sanitário. Eles eram fixados a esse aparelho, coagidos a obedecer a um certo número de regras de existência que enquadravam toda a vida deles – e isso sob a vigilância de um certo número de pessoas, de quadros (contramestres, enfermeiros, guardas de prisão) que dispunham de meios de punir consistindo em multas nas usinas, em corretivos físicos ou morais nas escolas e nos asilos e, nas prisões, em um certo número de penas violentas e essencialmente físicas. Hospitais, asilos, orfanatos, colégios, reformatórios, usinas, ateliês, com sua disciplina e, finalmente, prisões, tudo isso faz parte de uma espécie de grande forma social do poder que foi estabelecido no início do século XIX, e que, sem dúvida, foi uma das condições do funcionamento da sociedade industrial, se o senhor quiser, capitalista". Afirmou-se que Foucault estabelece uma analogia entre a escola, a caserna, a usina, a prisão. A tese que ele defende é diversa: não há analogia, há identidade do mecanismo de poder. Foucault cita exemplos concretos do século XIX. A identidade morfológica é tal que, ao se apresentar um regulamento de uma instituição qualquer no século XIX e procurar saber o que é, é impossível distingui-la. Saber se é "um regulamento de uma prisão em 1840, de um colégio da mesma época, de uma usina, de um orfanato, de um asilo? É difícil adivinhar. Trata-se do mesmo funcionamento e também em parte da mesma arquitetura". Identidade de quê?, pergunta Foucault. Pensa ele que é no fundo a estrutura de poder própria a essas instituições que é exatamente a mesma. Não se trata, portanto, de analogia, "há identidade. É o mesmo tipo de poder, é o mesmo poder que se exerce. E está claro que esse poder que obedece à mesma estratégia não pretende, finalmente, o mesmo objetivo. Ele não serve às mesmas finalidades econômicas, quando se trata de fabricar alunos, quando se trata de 'fazer' um delinquente, quer dizer, quando se trata de constituir esta personagem definitivamente inassimilável na qual se torna o tipo ao sair da prisão". Foucault rejeita a ideia de uma analogia de natureza entre essas instituições. Ele diz haver "identidade morfológica do sistema de poder" (ver p. 72 neste volume).

A comparação entre o internamento escolar e o sistema penitenciário pode parecer para a opinião popular um pouco demagógica, exagerada. O povo não estaria pronto para entender e admiti-la. Foucault responde a essa objeção com exemplos históricos. Assim, isso aparece com mais clareza se for retomado historicamente. "Por volta de 1840, a burguesia de fato buscou internar o proletariado, exatamente no modelo da prisão. Houve na França, na Suíça, na Inglaterra as 'usinas-convento', que eram verdadeiras prisões. Na França, 40 mil moças trabalhavam nesses 'ateliês'; elas não podiam sair, exceto com autorização; elas eram submetidas ao silêncio, à vigilância, às punições. Percebe-se que era isso o que a burguesia buscava: os meios de agrupar as brigadas, de aquartelar, de internar o proletariado" (ver p. 73 neste volume).

A questão de que se buscava deliberadamente enviar para a prisão todos os tipos de marginais, a fim de fornecer a mão de obra gratuita a certas indústrias, isso no século XIX, não se aplica a essa época. Foucault ressalta que "foi antes, no final do século XVII e no século XVIII, que se buscou fazer os prisioneiros trabalharem". Foucault ressalta que, na época mercantilista, quem mais produzia mais vendia e mais acumulava, mas que, "de qualquer forma, nessa época, o internamento não era um internamento penal. Era uma espécie de internamento socioeconômico de pessoas que não caíam diretamente sob o golpe da lei penal, que não eram infratores, mas que eram simplesmente vagabundos, volúveis, agitados etc.". Foucault considera que o "sonho de Bentham, o *pan-óptico*, no qual um único indivíduo poderia vigiar todo mundo, é, no fundo, (...) o sonho, ou melhor, um dos sonhos da burguesia (porque esta sonhou muito)". Trata-se de um sonho que se tornou realidade. Esse sonho da burguesia, diz Foucault, "ela talvez não o tenha realizado sob a forma arquitetural que Bentham propunha". Foucault ressalta que aquilo que fora proposto por Bentham sobre o pan-óptico fora "uma forma de arquitetura, é claro, mas é sobretudo uma forma de governo; é uma maneira para o espírito exercer o poder sobre o espírito. Ele via no pan-óptico uma definição das formas de exercício do poder". Foucault aproxima o texto de Bentham, que é de 1787, da apresentação do Código Penal por Treilhard em 1810 na França. "Treilhard apresenta o poder político como uma espécie de panóptico realizado nas instituições. Ele diz: o olho do imperador vai poder chegar até os recantos mais obscuros do Estado. (...) Assim, não haverá mais nenhuma zona de obscuridade no Estado. (...) O sonho arquitetural de Bentham tornara-se uma realidade jurídica e institucional no Estado napoleônico que, aliás, serviu de modelo a todos os Estados do século XIX. Direi que a verdadeira mudança foi a invenção do panoptismo. Vivemos em uma sociedade pan-óptica. Têm-se estruturas de vigilância inteiramente generalizadas das quais o sistema penal e o sistema judiciário são uma peça, assim como a prisão, por sua vez, também o é; estruturas de vigilância das quais a psicologia, a psiquiatria, a criminologia, a sociologia e a psicologia social são os efeitos. É ali, nesse panoptismo geral da sociedade, que se deve reinserir o nascimento da prisão" (ver p. 70 neste volume).

A generalização da vigilância

Foucault considera que hoje as pessoas não são mais enquadradas pela miséria, mas pelo consumo (ver p. 65 neste volume). Falando na década de 1970, Foucault ressalta ainda o

Apresentação à Edição Brasileira   XXXI

caráter arcaico dos modos de vigilância na vida social. Diz ele: "Na França, pelo menos, elas não se abrandaram, diferentemente da Suécia ou dos Países Baixos. Mas nesses países suas funções são absolutamente coerentes com as funções asseguradas, não pelos velhos colégios ou pelos hospitais psiquiátricos em sua antiga forma, mas por instituições relativamente brandas, o que, na França, se chama 'a psiquiatria de setor', a psiquiatria aberta, o controle médico, a fiscalização psicológica e psiquiátrica aos quais a população está exposta de modo difuso."

Foucault pode detalhar sua perspectiva sobre essa questão ao responder ao comentário de um entrevistador, que afirmara que com as teorias da setorização da psiquiatria tende-se a englobar os delinquentes em uma categoria infinitamente mais ampla, a qual se chama desviantes, e a reforçar em larga escala esse sistema de vigilância.

Observa Foucault que "é sempre esse mesmo fenômeno da vigilância generalizada que se estende. E, atualmente, com um fenômeno muito curioso que é a 'desespecificação' dos setores de vigilância e das instâncias de vigilância" (ver p. 77 neste volume). Pois outrora havia uma vigilância médica, uma vigilância escolar, uma vigilância plena: eram três vigilâncias inteiramente diferentes. Ora, vê-se que hoje se tem uma vigilância cujo coeficiente médico é muito forte, mas que, de fato, retoma a seu encargo e sob o pretexto da patologia as funções de vigilância do professor, da escola, com certeza, do guarda de prisão, até certo ponto do chefe de ateliê, do psiquiatra, do filantropo, das senhoras das obras sociais etc.

Nesses mecanismos de poder, de indução ao consumo, de despolitização, papel importante desempenha a televisão, e em alguns lugares quem dispõe do poder privado sobre as principais cadeias está também no poder público, controlando as televisões estatais. E a extensão da visibilidade no sentido benthamiano se materializa nos *reality show*, em que a intimidade desaparece e também qualquer modalidade de vergonha. Se o Estado da civilização esteve marcado por uma ética puritana, as novas modalidades de subjetividade se dão pela exibição pública das formas de gozo, pela generalização da pornografia. *Big Brother*, que figura o horror do controle totalitário na ficção de Orwell, é agora orquestrado como espetáculo pelas televisões e também por *sites* na Internet.

Trabalho penal & ilegalismos

Foucault se pergunta se o trabalho penal não foi orquestrado "precisamente para constituir entre os delinquentes e os operários esse desentendimento tão importante para o funcionamento geral do sistema" (ver p. 160 neste volume). O que temia a burguesia era o ilegalismo sorridente tolerado no século XVIII. Se os castigos eram selvagens, alguns como Mandrin eram recebidos pela burguesia (ver p. 160 neste volume). O estatuto da riqueza vai mudar radicalmente do Antigo Regime para a ordem burguesa. Antes, "a fortuna era essencialmente rural e monetária. (...) Mas quando a fortuna burguesa se encontrou investida em grande escala em uma economia de tipo industrial, quer dizer, investida nos ateliês, nas ferramentas, nas máquinas, nas máquinas-ferramentas, nas matérias-primas, nos estoques, e que tudo isso foi posto nas mãos da classe operária, a burguesia literalmente colocou sua fortuna nas mãos da camada popular" (ver p. 68-69 neste volume). Dá-se então uma mudança também no que tange à tolerância quanto aos ilegalismos populares e à pequena delinquência. "A caça aos ladrões, a caça a todas essas pequenas depredações das quais muita gente vivia ainda sob o Antigo Regime, tornou-se sistemática a partir dessa época" (ver p. 69 neste volume).

Como se dá historicamente a ruptura entre a opinião pública e a delinquência? Como se realiza a separação entre a delinquência e os trabalhadores?

Foucault revela que até o século XVIII se podia fazer do bandido, do ladrão, um personagem heroico. Ele cita os casos de Mandrin, Guillery, que "deixaram na mitologia popular uma imagem que, esgueirando-se pelas sombras, era muito positiva". E Foucault estende o exemplo dizendo que o mesmo podia ser dito de bandidos da Córsega, de Nápoles e também dos sicilianos. Mas a situação mudou radicalmente quando "esses ilegalismos tolerados pelo povo acabaram aparecendo como um sério perigo, quando o roubo cotidiano, a pilhagem, a pequena fraude se tornaram demasiado custosos no trabalho industrial ou na vida urbana. Então uma nova disciplina econômica foi imposta a todas as classes da sociedade (honestidade, exatidão, poupança, respeito absoluto pela propriedade)".

Uma nova estratégia surge: "de um lado, proteger mais eficazmente a riqueza; de outro, fazer com que o povo adquira frente aos ilegalismos uma atitude francamente negativa". Resultado dessa operação: o poder faz nascer com uma grande contribuição da prisão – diz Foucault –, "faz aparecer um núcleo de delinquentes sem comunicação com as camadas profundas da população, mas tolerado por ela: devido a esse mesmo isolamento ele era facilmente penetrável pela polícia e podia desenvolver a ideologia do meio, que vimos se formar no decorrer do século XIX. Não há por que se surpreender por encontrar hoje no meio da população uma desconfiança, um desprezo, um ódio pelo delinquente: é o resultado de 150 anos de trabalho político, policial".

Fabricar delinquentes

Foucault considera que a "prisão foi o grande instrumento para se recrutar", na verdade para fabricar, produzir delinquentes. "A partir do momento em que alguém entrava na prisão, ajustava-se um mecanismo que o tornava infame; e, quando ele saía, não podia fazer nada diferente do que voltar a ser delinquente. Ele necessariamente caía no sistema que fazia dele um alcaguete, ou um policial, ou um denunciante." Assim, a prisão foi criticada desde o começo. Ela foi definida como fracasso penal, como uma usina de delinquentes (ver p. 161 neste volume).
Foucault formula mesmo que "a prisão profissionalizava". Ele contrapõe o bando de nômades que percorriam o campo no século XIX – frequentemente muito selvagens (no Brasil houve Lampião, já no século XX) – a "esse meio delinquente bem fechado, bem penetrado pela polícia, meio essencialmente urbano, e que é de uma utilidade política e econômica não desprezível" (ver p. 161 neste volume). Assim, esse meio delinquente constitui nas margens do proletariado uma espécie de população marginal cujo papel Foucault considera muito curioso. Em primeiro lugar, ele deve, de fato, servir de exemplo: se você não for para a usina, vai para a prisão. "É preciso então que seja excluído, mesmo em relação ao proletariado, para poder representar esse papel de exemplo negativo. Foucault agrega um segundo aspecto: o fato de que isso seria uma força de pressão contra o proletariado. "É junto a essas pessoas que se recrutam a polícia, os informantes, os *syndicats jaunes*, os

fura-greves etc." E, ainda um terceiro aspecto, "esses mesmos delinquentes de quem se dizia que, na verdade, não era possível voltar a transformá-los em operários nos próprios espaços de trabalho, e que teria sido um insulto à classe operária remetê-los ao circuito do proletariado, essas mesmas pessoas foram expedidas para as colônias" (ver p. 71 neste volume).

Foucault situa o ponto terminal de sua análise em 1840, época que lhe parece muito significativa: "período que começou o longo concubinato da polícia com a delinquência". Fez-se o balanço do fracasso da prisão, soube-se que a prisão não reformava, ao contrário. Fabricava a delinquência e delinquentes, e foi o momento em que se descobriram os benefícios que se poderiam tirar dessa fabricação. Esses delinquentes poderiam servir para alguma coisa, nem que fosse para vigiar os delinquentes. É nesse ponto que se situa o caráter exemplar, paradigmático, de Vidocq para Foucault: "Ele vinha do século XVIII, do período revolucionário e imperial, quando ele era contrabandista, um pouco cafetão, desertor. Ele fazia parte dos nômades que percorriam as cidades, os campos, os exércitos, que circulavam. Criminalidade à antiga. Depois, foi absorvido pelo sistema. Foi condenado a trabalhos forçados, saiu de lá como informante, tornou-se policial e, finalmente, chefe de polícia. Simbolicamente, ele foi o primeiro grande delinquente utilizado como delinquente pelo aparelho do poder" (ver p. 164 neste volume).

O nascimento da prisão no Brasil

A análise de Foucault é confirmada pela história da prisão e do poder disciplinar no Brasil. Na sociedade brasileira, a passagem para o cárcero-centrismo começou a se implantar na primeira metade do século XIX, logo depois da abdicação de D. Pedro I, durante a regência. A ideia da instauração de uma nova ordem carcerária, consagrada no Código Penal, que estabelece a prisão como sua pena principal, toma conta da elite de dirigentes da corte. Planeja-se a instalação de uma Casa de Correção, que deverá seguir o modelo do pan-óptico de Bentham.

A introdução de uma penalidade doce poderia levar a pensar que se tratava de uma mudança gradual, da antiga legislação. Tratava-se de um novo sistema, ao menos para a sociedade livre. Eliminara-se a legislação repressora do concubinato e outras ofensas morais. Garantia-se liberdade à imprensa. A ideia moderna de liberdade faz na área do direito penal sua aparição pública.

Criou-se, assim, uma comissão encarregada de apresentar um plano de Casa de Correção e trabalho na Corte. No que diz respeito à localização, ela considerou necessário que a obra estivesse à vista de todos. Devia representar o símbolo orgulhoso da vitória da virtude sobre o vício, do trabalho sobre a preguiça e a prova materializada na obra da função regeneradora da moral: "era necessário que fosse colocada em lugar onde todos pudessem observar com facilidade o estado e progresso de uma obra que cada um poderá considerar como sua, e encher-se, à vista dela, de um nobre orgulho, lembrando tanto rico como pobre de bons costumes, que contribuem conforme as suas posses para um estabelecimento talvez o mais indispensável e necessário nos países verdadeiramente livres e dignos de sê-lo, que este tem por fim reprimir a mendicidade, acostumar os vadios ao trabalho, e corrigi-los dos seus vícios tão prejudiciais a eles mesmos quanto à sociedade em geral" (Jornal *O homem e a América*, nº 10, Rio de Janeiro, 1831).

O "modelo do prédio" seguia, em grande parte, a planta do edifício da prisão de Gênova, levantado pelo coronel Manoel de Oliveira. A comissão foi organizada pela Sociedade Defensora da Liberdade e Independência Nacional, e o relatório por ela elaborado publicado no nº 10 do jornal da Sociedade – *O homem e a América* – e assinado por José Martins da Cruz Jobim, Manoel José de Oliveira, Estevão Alves de Magalhães e José Antônio Lisboa. A Sociedade foi fundada, segundo Sacramento Blake, a 19 de maio de 1831 por Odorico Mendes, que também a presidiu, tendo como secretário Evaristo da Veiga. Entre seus objetivos tinha como fito melhorar as prisões e o estado das penitenciárias.

Um fator conjuntural veio acelerar a tomada de decisões: as insurreições e motins urbanos que acompanharam a abdicação de D. Pedro I e provocaram no poder dominante instalado no Rio de Janeiro um temor extremo levaram-no a planejar medidas eficazes de controle social, provocando um grande interesse pelo problema penal.

O modelo de organização penitenciária será o de Bentham. Pretende-se substituir em nome da filantropia, da civilização, os sistemas "que os governos ainda os mais civilizados tenham

adotado a este respeito" (*O homem e a América*, nº 16, Rio de Janeiro, 1831). Esses sistemas hão sido absurdos, cometendo "atrocidade sobre atrocidade". Entra-se no período da reforma penal. Critica-se a acumulação de presos e de cadeias infectas, a mistura de culpados com inocentes e a espessura das paredes das prisões. Prisão-fortaleza, depósito de indivíduos abandonados, foco de doenças, inferno dantesco, eis a imagem dos presídios visitados pelos reformadores: "As mais grossas paredes não se julgam suficientes e, para ocupar dois ou três carcereiros, centos e centos de indivíduos culpados ou inocentes se confundem nos mais asquerosos recintos".
Quais são os fins da prisão segundo os reformadores? "Os fins de uma prisão vêm a ser três: custódia segura, reforma e castigo" (*O homem e a América*, nº 16). Os antigos calabouços e os grilhões são considerados como expediente dos tempos bárbaros. A violência física como meio de punição deve ser substituída pelo "sistema de uma contínua vigia sobre o preso, invenção de um destes filósofos ardentes pela causa da humanidade". Um desses "gênios beneficentes" era o "venerável J. Bentham" (*O homem e a América*, nº 16).

Eis como o jornal da Sociedade descreve a descoberta dos irmãos Bentham: "Uma das coisas que têm lembrado estes gênios beneficentes é o sistema de uma contínua vigia sobre o preso; pois, enquanto o preso tiver a certeza de que é vigiado por quem pode tornar vãs tentativas de escapar-se, apenas ele se lembrará de arrombar a porta da cadeia" (*O homem e a América*, nº 16).

A máquina pan-óptica é assim descrita no Brasil em 1830: "A casa de inspeção: esta espécie de cadeia é um edifício circular e vazio no centro: as prisões estão dispostas em roda, e têm só uma porta com uma grade de ferro, e a luz é disposta de maneira que, do centro do edifício, se pode ver tudo o que se passa em todo o âmbito de cada prisão. No centro do espaço vago em forma de torre estreita chamada torre de inspeção ou de vigia onde residem os guardas ou carcereiros, os quais por meio de janelas ou gelosias podem ver sem ser vistos, pode-se observar tudo o que se passa dentro de cada prisão" (*O homem e a América*, nº 16). Essa prisão, cuja construção só termina em 1850, será um dos pontos de irradiação do novo sistema punitivo. Ainda que coexistindo com a escravidão e os castigos físicos

Apresentação à Edição Brasileira   XXXVII

e em inúmeros lugares sem oficinas de trabalho, a forma prisão vai estender-se por todas as províncias do Império.

Um outro penalista brasileiro, do Ministério da Justiça na época imperial, pode ser tomado como exemplo de como os castigos físicos ou a coexistência dos castigos físicos e da prisão e mesmo da escravidão contaminavam o sistema penal no seu conjunto mesmo onde estava fundado na prisão. Ele discute o abandono do castigo físico na Prisão Central do Império de Fernando de Noronha. Esta chegou a abrigar 3 mil presos.

Falando de Fernando de Noronha, Bandeira Filho resume sua argumentação depois de discutir o abandono dos meios de moralização dos presos. Deixando de lado esses meios, e inexistindo também um sistema de recompensas para os presos que se portam bem, "o temor do castigo é o recurso único para se manter a boa ordem do presídio" (Relatório do Ministério da Justiça, p. 28).

Bandeira Filho enumera os castigos físicos utilizados no presídio. Ele começa pela chibata, que "figurava em primeiro lugar", e lembra o nome popular da árvore "tão celebremente conhecida pelo nome de gameleira, por ser feita com a raiz desta árvore" (ibidem).

Referindo-se à prática dos açoites, ele diz que "os presos que cometiam faltas graves eram açoitados publicamente com o médico para examinar o estado do paciente". Esse uso era comum no Império, no Rio de Janeiro desde o começo dos anos 1830, e era aplicado aos escravos. Para impedir que eles morressem, não se deviam ultrapassar cem chibatadas, ou dividir sua aplicação em duas vezes.

Bandeira Filho diz que essa prática foi condenada. Antes, ela fora "autorizada por decisão do presidente de Pernambuco em ofício de 17.11.1871, que estatuía a respeito dos castigos corporais no presídio". Dizendo que o regulamento era omisso, afirma que "convém que tais castigos sejam aplicados com moderação, e sempre que for possível de acordo com a opinião dos facultativos, que devem ser ouvidos". Assim determinava o governador José de Oliveira Junqueira.

E eis a avaliação de Bandeira Filho da abolição do castigo em Fernando de Noronha. Ele fala do estado das penas físicas no Brasil durante o Império. Lembra a existência dos castigos de escravos e também o uso da chibata na Armada. De forma denegatória, diz não advogar o uso deste castigo, que chama de bárbaro, ao dizer: "Longe de mim advogar em tese a legitimidade daquele bárbaro castigo", mas o estado do presídio não comportava a medida generosa. "Em tese, não, mas concretamente, sim." Abolir o castigo era um erro, nessa perspectiva. Diz ele: "O horror ao castigo da gameleira era o meio poderoso para conter certas naturezas corrompidas" (*ibidem*); "nem vem ao caso reclamar em nome da civilização de outros povos mais adiantados, quando em nossas leis figura a pena de açoites para os escravos, e a chibata ainda não foi abolida na Armada".

Diz Bandeira: "Se se tivesse esperado pela reorganização do presídio, dotando-se o estabelecimento de administração ilustrada, teria sido uma medida muito louvável; se se tivesse mesmo indagado as circunstâncias, e facilitado novos meios de ação das faltas graves constantemente praticadas, ainda haveria triunfo; mas a substituição pura e simples foi prematura" ("Informações sobre Fernando de Noronha", in *Relatório do Ministro da Justiça*, a-i-28). Bandeira Filho foi o penalista que advogou, seguindo o modelo de Alex Bain, a substituição das chicotadas pelo uso do choque elétrico, e defendeu também a permanência, com todo o seu rigor, no fim do Império, da pena de galés para os escravos.

Em 1881, quando já se anunciava próxima a abolição da escravidão, Bandeira Filho, em artigos publicados na *Revista Brasileira* – na qual escrevia Machado de Assis – a respeito da questão penitenciária no Brasil, afirmava que os escravos tinham uma situação melhor que a dos galés. Sugeria então que a pena de galés fosse aplicada apenas aos escravos. Mesmo considerando absurda a escravidão, dizia ele: "A lógica tem direitos terríveis, e se a lei consagrou o primeiro absurdo, a escravidão, é forçoso convir os absurdos indispensáveis para manter a instituição legal" (*ibidem*, p. 10). Ele propunha, portanto, o uso exclusivo das galés para os escravos, juntamente com os açoites. No que tange aos açoites, propunha a substituição por uma forma também pública de castigo, e que submetesse e humilhasse o sentenciado, impondo-lhe sofrimentos tão vivos quanto se quisesse e graduados com precisão científica.

É na obra de Alex Bain que ele vai encontrar a sugestão para que se substituam os açoites, "que obram sobre a pele, pelo emprego da eletricidade, que o fará sobre os nervos" (*ibidem*, p. 16). Eis as "sensatas ponderações", segundo Bandeira Filho, que para o autor deveriam ser evidentemente aplicadas entre nós: "Por choques e correntes elétricas e, sobretudo, com o auxílio da máquina magnetoelétrica de Faraday, que interrompe e renova incessantemente as correntes, poder-se-iam inflingir sofrimentos tão vivos quanto se quisesse. Resta determinar até que ponto o emprego das correntes elétricas violentas poderia fazer aos nervos um mal duradouro: é provável que o dano não seja maior do que com o mesmo grau de sofrimento é inflingido por intermédio dos músculos ou da pele. Para os espectadores e o público em geral, o castigo seria menos revoltante que o suplício do açoite, e para o criminoso seria igualmente terrível. O misterioso fenômeno feriria a imaginação e nenhuma atitude possível atenuaria os sofrimentos. O poder medonho que o operador exerceria pelo mais ligeiro movimento do dedo tornaria ainda mais sensível a prostração humilhante do paciente" (*ibidem*, p. 17). Trata-se, portanto, não de atenuar os sofrimentos da vítima, mas de limitar para o espectador o aspecto revoltante da ação, do poder de punir. Tornar medonho seu poder, humilhar o paciente. Trata-se da entrada em cena de uma tecnologia científica que opera no nível micro, pelo "mais ligeiro movimento do dedo" do operador. Assim, no momento em que a escravidão está em crise, propõe-se uma fórmula que será usada na panóplia "curativa da psiquiatria como meio exemplar e público de castigo, de tortura para os criminosos; uma nova tecnologia para diminuir, atenuar, o caráter revoltante do castigo público".

Vejamos agora a punição na passagem para a República a partir da perspectiva que nos dá Foucault.

No ano em que a sociedade brasileira inaugura a nova ordem republicana, eis como o ministro da Justiça define a função do sistema penal: "Um bom sistema penitenciário desempenha um papel essencial na limitação dos males do presente: é uma função essencial do Poder Público. Mas o Estado não se limita a prender, a sequestrar os delinquentes, a privá-los de liberdade. A função de punir é uma função cientificamente realizada, que recorre à ciência e à sociologia. Ante o progresso destas, o direito e o dever do Estado perseguem um fim mais amplo, um fim mais nobre, outro fim mais humanitário, mais social, que não é assinalado apenas aqui, mas por acordo universal, que é a correção, a regeneração do delinquente" (*Relatório do Ministro da Justiça*, 1889).

Esse discurso, que nos parece hoje tão atual, que pode parecer formulado por alguma personalidade esclarecida do Ministério da Justiça, foi enunciado, escrito em 1889, ano em que a sociedade brasileira entrou na ordem republicana. Ele é contemporâneo da Proclamação da República entre nós, quer dizer, quando emerge esse novo sistema político que no Brasil já conta com mais de um século de existência. O Estado afirma, de maneira clara e indiscutível, que a maneira de pensar, resolver de forma sistemática e coerente o problema da criminalidade e da delinquência não é apenas pela punição, pelo castigo, mas deve visar simultaneamente à regeneração, à recuperação e à correção dos delinquentes. Tal trabalho é feito de forma científica, metódica, rigorosa, por meio da sociologia e da criminologia. Isto é, o Estado que se inaugura naquele momento, que abre, em certo sentido, um novo tempo para a nossa realidade histórica e política, e que ostenta como seu emblema o lema positivista "ordem e progresso", é contemporâneo da emergência das ciências humanas e das ciências sociais, como elementos do discurso e das práticas da ordem dominante no Brasil.

A sociologia e a criminologia aparecem, nesse sentido, como o discurso do poder, do mestre, de um poder nacional muito consciente de si em objetivo de gerência da sociedade de uma forma muito global. É um plano humanitário, educativo, ortopédico: um plano de correção, de normalização positiva do corpo social. No entanto, quando nos detemos nesse aspecto da ortopedia social republicana, podemos pensar que seu projeto de corrigir a delinquência fosse alguma coisa de novo, de inusitado, uma revolução nos métodos e na política social para administrar, resolver ou gerir o problema da delinquência. À primeira vista, o discurso do ministro da Justiça em 1889 poderia parecer uma invenção, uma prática adotada no nosso *fin de siècle*, uma descoberta contemporânea do positivismo republicano. De fato, não é isso que ocorre; essa não é a realidade histórica efetiva.

Como vimos, pela descrição do nascimento da casa de correção, na verdade, a política de recuperação dos criminosos, a pedagogia acoplada ao sistema carcerário e dele constitutiva é bem mais antiga no Brasil, e data pelo menos do começo do século XIX. A República irá generalizá-lo, torná-lo a única forma reconhecida de resolver o problema penal. Mas, no seu sentido amplo, no seu projeto geral, ela irá apenas generalizar completamente o sistema. De qualquer forma, ela consagra, em termos gerais, como estratégia única confirmadamente aceita pelo Estado e pela sociedade, a montagem de um sistema de controle social que a criminologia, a antropologia, as ciências humanas e sociais, do ponto de vista teórico, coroam, fornecendo uma espécie de sanção douta, teórica, intelectual a uma prática dominante. Sabemos que, de fato, o início dessa política – que pretende a recuperação dos criminosos, por meio de um sistema que impõe, ao mesmo tempo, uma articulação do trabalho na penitenciária com uma medicina que visa, através da alma, a atingir e aprisionar os corpos – não pretende punir, mas curar, não castigar, mas corrigir, e o faz apenas por meio da suspensão da liberdade do sujeito.

Mas a forma prisão não se estendeu apenas entre nós; ela vai tornar-se a pena principal que os Estados ocidentais vão exportar como modelo para o mundo. No núcleo, esse sistema carrega a possibilidade de suas formas monstruosas, como os campos de concentração, que os Estados ditos totalitários vão instalar. A forma prisão que vai substituir concretamente os antigos castigos pretende não mais ancorar-se na vindita, na sanha e no arbítrio do rei. Consequentemente, diz Foucault: "Desde que se suprima a ideia de vingança, que outrora era o feito do soberano, do soberano atacado em sua própria soberania pelo crime, a punição só pode ter significação em uma tecnologia de reforma" (ver p. 166 neste volume); "a fiscalização moderna, os asilos psiquiátricos, os fichários, os circuitos de televisão e outras tantas tecnologias que nos envolvem são sua concreta aplicação. Nossa sociedade é muito mais benthamiana que beccariana" (ver p. 154 neste volume).

Falando sobre as inquirições do GIP e as condições concretas sobre a detenção na França, Foucault cita os fatos que o chocaram. Ele refere-se primeiro a fatos em sua maioria já conhecidos, "condições materiais absolutamente deploráveis; trabalho penitenciário que era da ordem da exploração a mais descarada, escravidão; cuidados médicos inexistentes; golpes e violência da parte dos guardas; existência de um tribunal arbitrário cujo único juiz era o diretor da prisão e que infligia punições suplementares aos detentos. Esses fatos eram conhecidos, (...) mas, para nós, o essencial era que essas informações fossem comunicadas à opinião pública pelos próprios prisioneiros. Portanto, não passamos pelas autoridades penitenciárias, não lhes formulamos questões, nem mesmo aos médicos das prisões, nem aos assistentes sociais que trabalham nas prisões" (ver p. 62 neste volume).

Os fatos publicados nas brochuras dos grupos – locais contaminados, sevícias sádicas, desprezo reiterado pelas prescrições médicas, castigos ilícitos seguidos da administração de tranquilizantes – diz o repórter que estão em chocante oposição com as intenções do legislativo francês, que formulava, desde 1945, na reforma do direito penitenciário, que "a pena de privação de liberdade tem por objetivo essencial o benefício e a reinserção do condenado". Perguntado se concorda com essa concepção e por que não foi realizada até agora, Foucault responde que "essa frase citada pelos magistrados franceses com tanta deferência" já há mais de um século e meio foi formulada nos mesmos termos. "Quando se estabeleceram as prisões, era para fazer delas instrumentos de reforma. Isso fracassou. Imaginou-se que o internamento, a ruptura com o meio, a solidão, a reflexão, o trabalho obrigatório, a fiscalização contínua, as exortações morais e religiosas conduziriam os condenados a se emendar. Cento e cinquenta anos de fracasso não dão ao sistema penitenciário um título para pedir que se lhe tenha confiança. Essa frase foi com frequência excessivamente repetida para que se lhe conceda ainda o menor crédito" (ver p. 63 neste volume). Foucault resume a consequência atual de sua leitura histórica: "Tem-se um atestado de fracasso medido em um século e meio". É preciso insistir. Essa proposta não tem mais nenhum valor, não merece mais o menor crédito.

Como responde Foucault à pergunta se seria desejável reformar o sistema penitenciário para aliviar as condições de detenção? A resposta-diagnóstico de Foucault é cortante, sem concessões nem meias-medidas. É uma constatação de fracasso completo do sistema: "O sistema penitenciário, quer dizer, o sistema que consiste em internar pessoas, sob uma fiscalização especial, em estabelecimentos fechados, até que elas se emendem – isso é ao menos o que se supõe –, fracassou totalmente. Esse sistema faz parte de um sistema mais vasto e mais complexo que é, se o senhor quiser, o sistema punitivo: as crianças são punidas, os alunos são punidos. (...) Enfim, se é punido durante toda a vida. E o somos por um certo número de coisas que não são mais as mesmas que no século XIX. Vive-se dentro de

Apresentação à Edição Brasileira XLIII

um sistema punitivo. É isso o que se deve pôr em questão. A prisão, em si mesma, não é senão uma parte do sistema penal, o sistema penal não é senão uma parte do sistema punitivo". Foucault irá descrever esse sistema como sendo o que chama de "carceral", o arquipélago carcerário, metáfora que extrai de Soljenitizin. Foucault afirma que a estabilidade da sociedade capitalista repousa sobre toda essa rede de pressão punitiva que se exerce sobre os indivíduos.

À pergunta que foi formulada ao próprio Foucault se será preciso mudar todo o sistema ele responde que *se tem o sistema penal que se merece* e critica um certo tipo de análise marxista fácil que põe tudo isso por conta das superestruturas. Foucault afirma que não considera que o sistema penal faça parte da superestrutura. Na realidade, é um sistema de poder que penetra profundamente na vida dos indivíduos e que incide sobre sua relação com o aparelho de produção. Nessa medida, não se trata absolutamente de uma superestrutura. Para que os indivíduos sejam uma força de trabalho disponível para o aparelho de produção, é preciso um sistema de coações, de coerção e de punição, um sistema penal e um sistema penitenciário. Foucault irá definir melhor a estrutura positiva desse poder ao formular claramente a função da disciplina para além da concepção repressiva do poder.

Um movimento inédito, o GIP, põe em questão o regime penitenciário

A esquerda proletária – de orientação maoísta, dissolvida pelo governo em maio de 1970 – tem um bom número de militantes presos. Daniel Defert reúne os que iam manter contato com os militantes presos e preparar seus processos. Ele propõe que um tribunal popular semelhante ao criado por Sartre seja realizado sobre as condições desses militantes. Foucault aceita a direção do movimento, mas muda totalmente o sentido do dispositivo a ser criado. Ele irá criticar logo em seguida o uso pela esquerda do tribunal em seu debate com os maoístas. Agora ele propõe a criação de um movimento social que ponha em questão a situação penitenciária. Fazem parte do grupo inicial Casamayor, Vidal-Naquet e Jean-Marie Domenach.

Em *J'accuse*, em março de 1971, Foucault comenta o primeiro inquérito lançado pelo GIP: ele observa inicialmente que não se trata de uma inquirição de sociólogos. Seu objetivo é outro: "dar a palavra àqueles que têm uma experiência da prisão" (ver p. 4 neste volume).

O objetivo desse inquérito é permitir aos detentos que formulem seus projetos e se organizem, fazer com que "possam se comunicar entre si, transmitir o que sabem e falar-se de prisão a prisão, de cela a cela". Ou seja, "é preciso que essas experiências e essas revoltas isoladas se transformem em saber comum e em prática coordenada" (ver p. 4 neste volume). Quem são os elementos que esse grupo reúne? "Ex-detentos, famílias de prisioneiros, advogados, médicos, militantes, todos os que estão decididos a não mais tolerar o atual regime da prisão" (ver p. 4 neste volume). Foucault define de forma radical seu objetivo: não se deve mais deixar a prisão em paz em parte alguma. Ele expõe a conjuntura de 1971 – greve de fome que levou a imprensa a falar – fazer cessar o intolerável, imposto pela força e pelo silêncio (ver p. 4 neste volume).

Não se trata de uma acumulação de conhecimentos, mas de algo diverso, para aumentar a intolerância e fazer dela uma intolerância ativa (ver p. 4 neste volume).

Essa luta não concerne apenas às prisões, mas também à justiça, ao sistema hospitalar, à prática psiquiátrica, ao serviço militar. Método utilizado: distribuir na porta das prisões um questionário "a todos os que podem saber ou querem agir" (ver p. 4 neste volume).

O grupo criado por Michel Foucault tem como objetivo procurar, provocar, repartir informação, ter uma função ativa, pois "baliza alvos para uma ação possível" (ver p. 5 neste volume). Foucault lembra que essa é uma ideia recente; quando os presos políticos naquele ano fizeram uma greve de fome, Foucault cita um comentário que foi feito: "Isso é bem próprio deles, desses jovens burgueses, desses esquerdistas" (ver p. 5 neste volume). Como se tratasse de uma exigência, de um tratamento à parte, um regime especial! Foucault diz que essa posição não surtiu efeito junto à imprensa, nem junto às famílias dos presos de direito comum.

Quando se deu a mudança, quando se produziu um eco que Foucault chama de muito forte? Quando houve uma mudança no discurso dos políticos que reivindicavam um regime especial, dizendo: "É preciso pôr em questão o regime penitenciário em seu conjunto, o funcionamento da prisão" (ver p. 5 neste volume). O impacto se deu na imprensa e junto aos prisioneiros de direito comum. Como Foucault traduz essa repercussão? Num enunciado geral, como relâmpago, um raio súbito que produz uma compreensão nova, uma mutação, uma nova forma coletiva de subjetivar a relação com o poder penal: "Subitamente, compreendeu-se que o regime das prisões era intolerável" (ver p. 5 neste volume).

O movimento começou com um convite telefônico a advogados, médicos, capelães da prisão, em que muitos foram se agregando, o que surpreendeu muito Foucault e seus amigos que criaram o GIP. Passou-se então a fazer conhecer a existência desse grupo e do movimento que o criou. Jornais passaram a falar do GIP, o que produziu um movimento de informação. O GIP passou a receber cartas – médicos, detentos, parentes de presos, advogados que iam às prisões. Múltiplas foram as reações: oferta de trabalho, questões como o que fazer, remessa de dinheiro. Foucault fala sobre isso cinco semanas depois de criado o movimento. Este se estende: não apenas participação individual, mas grupos de estudantes, comitês do Secours Rouge. É um movimento que se dá bem depressa, Foucault observa, com extrema rapidez que surpreende mesmo os que acreditavam na necessidade dessa inquirição. A direção do movimento tem uma forma autônoma, própria, diz Foucault: "Não somos nós que a conduzimos, mas já são centenas de pessoas" (ver p. 6 neste volume).

Criou-se então um relé para os grupos que se constituíram na província e em Paris. Ao jornal que pergunta se o objetivo é publicar um livro, Foucault responde que talvez, mas que o verdadeiro problema não é esse. Não se trata de fazer ascender à consciência uma massa ignorante, ingênua ou acrítica. Os indivíduos já dispõem dessa consciência. "Há muito tempo que eles a possuem, mas ela não tem os meios de se expressar" (ver p. 6 neste volume). Para Foucault, o que é preciso fazer? Conhecimento, reações, indignações sobre a situação penitenciária, tudo isso existe. "Doravante, é preciso que a informação circule, de boca a orelha, de grupo em grupo. O método pode surpreender, mas ainda é o melhor." É preciso fazer a informação ricochetear, transformar a experiência individual em saber coletivo (ver p. 6 neste volume). O exemplo é o do movimento dos sábados na porta da Santé, com as famílias dos detentos fazendo fila. Acolhida fria no início; depois, desconfiança. Afirmações de que é conversa fiada, de que é algo que há muito tempo devia ser feito. É uma mulher que explodindo de raiva conta tudo. Fala das visitas, do dinheiro fornecido ao prisioneiro, da sujeira, dos ricos que não são presos. Todos percebem que os policiais querem ouvir. No outro dia já se discute antes da chegada sobre o questionário acerca das prisões. As pessoas esperavam até às 13:30 h. Os portões abrem-se 45 minutos mais cedo. As respostas aos questionários eram distribuídas aos familiares dos detentos na porta das prisões. Eram também enviadas aos correspondentes da província, que pediam informação para que agissem da mesma forma. O movimento pretendia abolir a diferença entre inquiridores e inquiridos. Foucault diz que o ideal era que as famílias se comunicassem com os prisioneiros e os prisioneiros se comunicassem entre si. E que os prisioneiros se comunicassem com a opinião pública, quebrando o gueto, que eles próprios definissem suas reivindicações e também as ações necessárias (ver p. 7 neste volume).

O texto do GIP pode ser lido como o lugar da ação de uma política que não concerne exclusivamente à instituição penitenciária e cujo caráter é político e de classe. Trata-se de pôr em ação intelectuais específicos em suas funções concretas, numa politização das lutas do cotidiano. Neste sentido, esse texto é paradigmático de uma formulação clara, precisa, de um novo estilo de política: "tribunais, prisões, hospitais, hospitais psiquiátricos, medicina do trabalho, universidades, órgãos da imprensa e de informação: através de todas essas instituições e sobre diferentes máscaras, uma opressão que, em sua raiz, é uma opressão política, se exerce. Essa opressão, a classe explorada sempre soube reconhecê-la, ela nunca cessou de resistir-lhe, mas foi bem coagida a suportá-la. Ora, eis que essa opressão se torna intolerável às novas camadas sociais – intelectuais, técnicos, juristas, médicos, jornalistas etc. Ela pretende se exercer através deles com a sua ajuda ou a cumplicidade deles, mas sem levar em conta doravante seus interesses, nem, principalmente, sua ideologia. Ora, os que estão encarregados de distribuir a justiça, a saúde, o saber, a informação começam a ressentir naquilo que eles próprios fazem: a opressão de um poder político. Essa intolerância nova vai ao encontro dos combates e das lutas conduzidas há muito tempo pelo proletariado. Essas duas intolerâncias, juntas, recuperam os instrumentos formados no século XIX pelo próprio proletariado, em primeiro lugar as inquirições feitas sobre a condição operária pelo próprio proletariado".

O objetivo dessas inquirições é preciso: elas não se destinam a melhorar, abrandar, um poder opressivo. Sua função é de ataque a um poder que se exerce sob o nome de justiça, de técnica, de saber, de objetividade. Deve ser cada uma um ato político. Esses atos políticos descobrem o intolerável na prisão. Diz Foucault: "O mais importante, talvez, é a ausência de todo direito real. A justiça envia um homem à prisão, e esse homem não pode defender seus direitos perante ela. Ele está totalmente desarmado. (...) Quando escreve ao procurador para queixar-se, sua carta pode ser interceptada ou parcialmente reescrita pelo escrevente. Às vezes, (...) será mandado para a solitária a fim de que cesse de se queixar" (ver p. 8 neste volume).

Há outras figuras do mais intolerável. A repressão sexual, por exemplo. Um prisioneiro diz: "No parlatório, o guarda observa se minha mulher fica corretamente vestida." Prisioneiros se masturbam no parlatório depois de terem pedido à mulher para mostrar um seio; essa situação, com a possível intervenção do guarda, é sempre mal suportada.

A falta de dinheiro também é mal suportada. Muitas famílias dão aos prisioneiros de 100 a 150 francos. No melhor dos casos, o detento trabalha por nada ou quase nada.

O condenado a seis meses ou a dois anos não tem mais nenhum direito. O cidadão está nu diante da justiça. "Trabalhador, ele é superexplorado; raramente tem a possibilidade de estudar. Homem ou mulher, ele não dispõe de nenhum direito concernente à sua sexualidade. Acrescente ainda a ameaça permanente de solitária e os espancamentos, e eis aí o que é hoje a prisão" (ver p. 10 neste volume). Setenta e três por cento das licenças médicas de longa duração obtidas pelos guardas de prisão o são a título de doenças mentais.

Falando na década de 1960, Foucault nota que há na França 300 ou 400 mil pessoas que passaram pela prisão. É um problema marginal. Porém ele abala as pessoas. Foucault surpreendeu-se em ver que se podia interessar, quanto ao problema das prisões, tanta gente que não estava presa, surpreso de ver tantas pessoas que não eram predestinadas a ouvir esses discursos dos detentos e como finalmente elas o ouviam. Qual é a explicação para esse interesse especial. A resposta de

Foucault é bem precisa. Na prisão é o problema do poder que se manifesta de forma particularmente visível: "Não é verdade que, de um modo geral, o sistema penal é a forma com que o poder como poder se mostra do modo o mais manifesto? Pôr alguém na prisão, mantê-lo em prisão, privá-lo de alimento, de aquecimento, impedi-lo de sair, de fazer amor etc. é bem essa a manifestação de poder mais delirante que se possa imaginar" (ver p. 40 neste volume).
"Reduzir alguém a pão e água, enfim, nos ensinam isso quando se é garoto. A prisão é o único lugar onde o poder pode se manifestar em estado nu, nas suas dimensões as mais excessivas, e se justificar como poder moral. 'Tenho muita razão de punir, já que você sabe que é vil roubar, matar...' É isso o que é fascinante nas prisões: por uma vez o poder não se esconde, não se mascara, mostra-se como tirania levada aos mais ínfimos detalhes, cinicamente ele próprio; ao mesmo tempo, ele é puro, ele está inteiramente 'justificado', já que ele pode se formular inteiramente no interior de uma moral que enquadra seu exercício: sua tirania bruta aparece então como dominação serena do Bem sobre o Mal, da ordem sobre a desordem" (ver p. 40 neste volume).

Prisão, revolta, revolução

Foucault, em 1973, comenta as revoltas das prisões francesas em Aix, Clairvaux, Baumettes, Poissy, Lyon e Toul, que atraíram a atenção da opinião pública sobre o que se passava atrás das grades desde 1971. O repórter B. Morawe enumera as formas diversas que tomou esse movimento, que chega a chamar de revolução. Ele interpela Foucault a respeito da novidade desse movimento. Foucault lembra que, em primeiro lugar, "em todas as revoluções políticas do século XIX – 1830, 1848 e 1870 – era de tradição existirem revoltas, quer fossem no interior das prisões, em que os detentos se solidarizavam com o movimento revolucionário que se desenrolava no exterior, quer os revolucionários fossem em direção às prisões para abrirem suas portas à força e libertar os detentos. Isso foi uma constante no século XIX". No século XIX, "as revoltas de prisão se desenrolaram mais atrás das portas e sem comunicação com o exterior". De modo que elas não eram políticas. Observa Foucault: eram "greve de fome, para obter melhoria na alimentação, condições de trabalho, questões administrativas".

Foucault situa no século XX um movimento inverso, que se deve a uma série de processos sociais. A ruptura entre o proletariado política e sindicalmente organizado e o *Lumpenproletariat*. Agora os movimentos políticos não mais foram associados aos movimentos dentro das prisões. Foucault ressalta o fato de que, "ainda que os jornais praticamente nunca tenham falado de revoltas dentro das prisões, dando assim a impressão de que durante 71 anos a calma ali reinara, isso não correspondia em nada à realidade. Esse período também conheceu revoltas dentro das prisões; houve movimentos de protesto no interior do sistema penitenciário, reprimidos com frequência de modo violento e ensanguentado, como em 1967 na Santé. Só que isso não é conhecido. Então, uma questão se coloca: como reapareceu essa ligação entre o movimento político fora das prisões e a politização de um movimento dentro delas?" (ver p. 59-60 neste volume). Foucault ressalta que "muitos fatores concorreram: antes de tudo, a presença de um grande número de detentos argelinos, durante a guerra da Argélia. Eles eram milhares e lutaram para fazer reconhecer seu *status* de políticos; mediante a resistência passiva, a recusa à obediência, eles conseguiram mostrar que era possível coagir a direção das prisões a recuar. Já era alguma coisa muito importante". Foucault ainda ressalta que a revolta das prisões, os movimentos coletivos ou semicoletivos dentro delas, longe de serem acontecimentos recentes, do século XX, se inscrevem numa tradição antiga. Ela remonta ao século XIX e "está com frequência ligada, aliás, aos movimentos políticos, como, por exemplo, as revoltas de prisão em julho de 1830" (ver p. 75 neste volume). Porém o modo de manifestação no século XIX é diverso do que vai se ver no século XX. No século XX essa situação vai mudar. No período posterior à guerra, "na França, (...) houve no decorrer dos últimos 30, 35 anos toda uma série de flutuações políticas que fizeram com que um grande número de políticos fosse para as prisões". Isso vai produzir vários tipos de reação, diz Foucault. Em certos casos, "houve um certo tipo de rivalidade, de descontentamento dos presos de direito comum com os presos políticos". Um importante e decisivo fator para a criação do movimento de contestação e crítica à prisão foi a relação com os esquerdistas. Os esquerdistas presos não eram muitos, mas o efeito de sua ação, observa Foucault, foi grande. "O abalo de 1968 foi ressentido nas prisões. Ele foi ressentido, aliás, de modo curioso: em certas prisões, os detentos tinham muito medo de 1968. Disseram-lhes, e eles estavam bastante prontos para acreditar, que os esquerdistas, se triunfassem, entrariam nas prisões e os degolariam. Reencontra-se aqui o velho antagonismo, ou, melhor, o antagonismo constituído a partir do século XIX pela burguesia, entre o delinquente e o militante revolucionário. Um certo número de detentos de direitos humanos conheceram maio de 1968 como jovens operários, estudantes etc." Quando os prisioneiros comuns viram chegar os esquerdistas, maoístas na sua maioria esmagadora, estes passaram a ter com eles uma atitude muito diferente daquela dos detentos da Organização do Exército Secreto, por exemplo. Observa Foucault que "eles tiveram um certo número de contatos individuais. Tudo isso trabalhou no interior das prisões. O contraexemplo da OAS, a exemplo dos árabes, as relações políticas com os maoístas, tudo isso foi um fermento. Outra coisa atuou também a partir de janeiro de 1971: os detentos souberam que existia na França um movimento de luta contra o sistema penitenciário, contra o sistema penal em geral, e que não se tratava, nesse movimento, de uma simples filantropia para com os prisioneiros e seu destino infeliz. Tratava-se de uma contestação política do sistema das prisões" (ver p. 76 neste volume). "Esta sucessão de fenômenos – politização no interior das prisões graças aos maoístas e, anteriormente, aos argelinos, e politização do problema das prisões no exterior delas – cristalizou uma certa situação. Em seguida à campanha conduzida pelo GIP, o governo, pela primeira vez na história, concedeu aos detentos o direito de ler os jornais, jornais que, até julho de 1971, não eram autorizados a penetrar nas prisões. (...) Em setembro de 1971, eles são informados sobre a revolta de Attica; eles percebem que os problemas que são os deles, e dos quais se dão conta de que são de natureza política, e para os quais são sustentados desde o exterior, que esses problemas existem no mundo inteiro. O abalo foi forte e a tomada de consciência da dimensão e da significação políticas do problema, naquele momento, foi viva" (ver p. 60 neste volume). Há o evento de Clairvaux, uma das prisões francesas mais severas, onde dois detentos fizeram uma tentativa de evasão prendendo dois reféns. A administração foi tolerante, de que alguma coisa se tramava ainda que não se soubesse do que se tratava: "A administração não interviu a favor desses dois

Apresentação à Edição Brasileira LI

jovens. O que, no final, terminou em drama". Esse quadro tem um efeito de catálise nas prisões, produz uma mudança muito importante. Os detentos tomaram consciência de que os meios de luta individuais e semi-individuais – uma fuga a dois, a três ou mais – não eram bons meios, e que se o movimento dos detentos devia alcançar uma dimensão política devia ser um movimento realmente coletivo que incluísse uma prisão inteira e, em segundo lugar, apelar para a opinião pública, que eles sabiam, começava a se interessar pelo problema. Isso conduziu a uma forma de revolta inteiramente diferente. Foucault define então o momento principal, decisivo, culminante do movimento que sacudiu o sistema penitenciário francês no início dos anos 1970: "Em dezembro de 1971, dois meses, portanto, depois de Clairvaux, dois meses e meio depois de Attica, quatro meses depois da autorização dos jornais, um ano depois da fundação do GIP, uma revolta explodiu em Toul, como jamais se havia visto desde o século XIX: uma prisão inteira se revolta, os prisioneiros sobem aos telhados, atiram panfletos, desdobram faixas, fazem apelos utilizando megafone e explicam o que querem" (ver p. 61 neste volume).

Explicando de forma clara o sentido político dessas ações de outras modalidades, Foucault ressalta que "*antes de tudo é preciso distinguir a forma política e não política de uma ação*". Foucault diz que mesmo que uma fuga seja feita por presos políticos, depois de uma tomada de reféns, ainda que seus agentes tenham consciência política, "é uma forma de ação que não é política". Quando se trata de uma ação política? Quando, esclarece Foucault, "aqueles que fazem reivindicações do tipo: melhor alimentação, aquecimento, não ser condenado a penas absurdas por bagatelas, portanto, reivindicações que são do domínio de seu interesse imediato, fazem-nas de modo coletivo, apoiando-se na opinião pública, dirigindo-se não aos seus superiores, aos diretores de prisão, mas ao próprio poder, ao governo, ao partido no poder. A partir desse momento, sua ação tem uma forma política" (ver p. 61 neste volume). É isso que caracteriza os movimentos políticos atuais: "a descoberta de que as coisas mais cotidianas – o modo de comer, de se alimentar, as relações entre um operário e seu patrão, a maneira de amar, a maneira com que a sexualidade é reprimida, as coações familiares, a proibição do aborto – são políticas". Foucault resume: fazer dessas questões "o objeto de uma ação política é nisto que consiste a política hoje". Assim, objetos, inquietudes e sofrimentos, banidos pela tradição política do século XIX como indignos da ação política, são politizados.

Numa outra formulação sobre as modalidades das lutas, Foucault considera que se podem distinguir três formas de luta: a) lutas *políticas* contra as dominações; b) lutas *econômicas* contra a exploração; e, finalmente, c) lutas *éticas* contra os assujeitamentos. O século XX esteve caracterizado pelas últimas. Foucault assim caracteriza essa perspectiva: o principal objetivo dessas lutas não é tanto de atacar tal ou tal instituição de poder, ou grupo, ou classe, ou elite, quanto uma técnica particular, uma forma de poder. Essa forma de poder se exerce sobre a vida cotidiana imediata, que classifica os indivíduos em categorias, os designa por sua individualidade própria, os liga à sua identidade. Opõe-se uma lei de verdade que é necessário reconhecer neles. É essa forma de poder que transforma os indivíduos em sujeitos. F. Gros diz que se reconhece aqui o que Foucault irá chamar de poder pastoral na sua dimensão individualizante. Essas novas lutas não podem se propor a libertar o indivíduo em face de um Estado opressivo, já que é o Estado que precisamente é a matriz da individualização: "O problema ao mesmo tempo político, ético, social e filosófico que se coloca para nós hoje não é o de tentar libertar o indivíduo do Estado e de suas instituições, mas de nos libertarmos, nós, do Estado e do tipo de individualização que se liga a ele. É-nos necessário promover novas formas de subjetividade" (Paul Rabinow e Hubert Dreyfus, "O sujeito e o poder", in *Michel Foucault – uma trajetória filosófica*, Rio de Janeiro, Forense Universitária, 1995, p. 239). Mais tarde, refletindo sobre o sentido político do ato de escrever um livro sobre o sistema penal, dirá Michel Foucault: "Procurei evidenciar algumas tendências na história das prisões. 'Uma única tendência', poderiam me acusar. 'Então, o que o senhor diz não é inteiramente verdade.' Mas há dois anos, na França, houve agitação em várias prisões, os detentos se revoltaram. Em duas dessas prisões os prisioneiros liam meu livro. De suas celas, alguns detentos gritavam o texto de meu livro para seus companheiros. Sei que o que direi é pretensioso, mas é uma prova de verdade – de verdade política, tangível" (ver p. 315 neste volume).

O sistema penal dos Estados Unidos: o livro de Jackson

Duas intervenções de Foucault balizam sua análise do problema penal no centro irradiador dos sintomas atuais do mundo contemporâneo: os Estados Unidos. Numa delas, Foucault prefacia as entrevistas de Bruce Jackson com prisioneiros americanos feitas no Texas. Na outra, analisa Attica, a primeira prisão que visitou em sua vida e que produziu uma mudança em sua forma de conceber o problema prisional.

Foucault traça uma oposição entre o quadro simbólico-imaginário europeu e o dos Estados Unidos. Para ele, "nós, [os europeus], vivemos na continuidade da nossa história", história de lutas e batalhas. "A América vive perpetuamente o nascimento e a morte da lei." O Texas é o lugar simbólico desse fenômeno.

"Nossas categorias são as da vitória e da derrota. As deles são as da violência e da legalidade. Nossa personagem imaginariamente sobrecarregada é o general de guerra ou o soldado. A deles é o xerife" (ver p. 142 neste volume). De um lado, história e estratégia; de outro, violência e lei.

A contraposição com a mitologia do *western*, no entanto, é modulada, pois, observa Foucault, se no *western*, por via de violência e apropriação selvagem, a lei e a ordem se recompunham pela figura do justiceiro, aqui, "entre Dallas e Houston, no país de Bonnie e Clyde, a lei se corrompe, se dissolve, apodrece, morre; e de seu cadáver ensolarado nasce em plena zoeira o enxame de crimes".

Foucault nota que talvez sejamos mais texanos do que cremos. Este nós é talvez mais aplicável ao Brasil do que à Europa. O Texas é o local onde a política, a polícia e o meio ambiente não fazem senão um. A ironia, diz Foucault, concerne a esse *locus* texano, mas a tese importante, fundamental mesmo que Foucault extrai do livro de Jackson e que explode de forma cheia de som e de fúria nas nossas cidades hoje, é que "os muros da prisão devem seu formidável poder menos à sua impermeabilidade material do que aos inúmeros fios, aos mil canais, às fibras infinitas e entrecruzadas que os trespassam. A força da prisão é a incessante capilaridade que a alimenta e a esvazia; ela funciona graças a todo um sistema de comportas, grandes e pequenas, que se abrem e se fecham, aspiram, escarram, despejam, derrubam, engolem, evacuam. Ela está colocada em uma confusão de ramificações, de correntes, de vias de retorno, de caminhos que entram e saem. Não se deve ver nela a altiva fortaleza que se fecha sobre os grandes senhores da revolta ou sobre uma sub-humanidade maldita, mas sim a casa-coador, a casa de passe, o inevitável motel" (ver p. 143 neste volume).

Um panorama de dimensão bem vasta se desenha: "Em escala continental, no Texas, na Califórnia ou em Chicago, os mesmos se encontram e encontram aqueles que conheceram em Chicago, na Califórnia e no Texas".

Quatro grandes autoestradas para conduzir à prisão: a droga, a prostituição, o jogo, os cheques. Delinquência de ruptura?, pergunta Foucault. Não. Mas a derivação mais ou menos rápida a partir do tolerado, do meio-legal, do parcialmente ilícito: ramificação sobre um tráfico aceito, protegido, integrado a todas as atividades "honestas". E das quais os prisioneiros são ao mesmo tempo a mão de obra febril, os subempreiteiros ardilosos e cegos, as mais fáceis vítimas (ver p. 143 neste volume).

Diz-se facilmente para psiquiatrizá-los ou para heroizá-los que eles são "marginais". Foucault nota que "as margens onde circulam não são marcadas pela fronteira da exclusão; elas são os espaços discretos e ensurdecidos que permitem ao perfil mais honroso se estender, e à lei mais austera se aplicar. O que um certo lirismo chama de 'margens' da sociedade, e que se imagina como um 'fora', são os intervalos internos, as pequenas distâncias intersticiais que permitem o funcionamento".

Patrões, caixas, seguranças, policiais, assaltantes, cada um desempenha seu papel e segue seu trajeto, segundo um circuito bem balizado. E que é perfeitamente tolerado – isto é importante – não pelas "pessoas" ou pela "opinião" (para as quais, ao contrário, se tem a ingenuidade de fazer crescer o medo), mas sim por aqueles que detêm o dinheiro e o poder.

Foucault considera que "para tornar coletivamente aceitável essa relação de poder que é a lei é preciso que o ilegalismo da delinquência seja conservado com cuidado, e organizado como um perigo permanente". Não se trata de margens ou fronteiras exteriores. Há que haver "no próprio centro do sistema, e como uma espécie de jogo para todas as suas engrenagens, essas zonas de 'perigo' que são silenciosamente toleradas, e depois magnificadas pela imprensa, pela literatura policial, pelo cinema" (ver p. 144 neste volume).

O discurso dos criminosos sobre si próprios não é de se considerar, como na tradição europeia, produto da crueldade, da rejeição e da exclusão social. O discurso dos delinquentes que nos mostra Jackson é outro, inverso: "A própria delinquência, em seus circuitos e seus procedimentos, em suas escroquerias, seus roubos e seus assassinatos, funciona, em resumo, para o maior lucro e o melhor rendimento do sistema; que todos os assaltos são tolerados, que a prostituição e os jogos são arranjados, que há em toda parte aberturas para a droga e para a escroqueria" (ver p. 145 neste volume). O principal é o que Foucault chama de singular força de ironia. Não é na própria delinquência que estaria a revolta, mas "na intensidade de um encarniçamento, em uma série de repetições, em uma corrida frenética que acaba por explodir com as portas melhores abertas". Surge então o intolerável, que é preciso sufocar, que leva a fazer desaparecer o culpado: "tudo fora arranjado, de alto a baixo do sistema, para que funcionem os ilegalismos e os delinquentes mais lucrosos se multipliquem" (ver p. 146 neste volume). O escândalo político está, no texto de Jackson, no escárnio contra os ilegalismos arranjados. Isso se traduz no que é o tipo do escândalo americano. Seu modelo é Watergate. Nele, "de um delito menor, se remonta, pouco a pouco, à rede dos ilegalismos permanentes, segundo os quais funciona o aparelho do poder. O escândalo, nesse caso, não era o fato de que o poder tivesse querido encobrir um crime que lhe era útil, tampouco que o homem mais poderoso do mundo tivesse sido um delinquente de direito comum bastante vulgar, mas sim que seu poder tivesse sido exercido e só tenha podido exercer-se cotidianamente pela delinquência a mais ordinária" (ver p. 147 neste volume).

Attica

Em abril de 1972, Foucault visitou a prisão de Attica. Esta, no fim dos anos 1960 e começo dos 1970, continha principalmente prisioneiros pobres, de origem urbana e pertencentes às minorias. O *staff* era composto principalmente por brancos e de origem rural. Cerca de dois terços dos presos eram porto-riquenhos ou negros. A rebelião, que se estendeu por quatro dias, começou em 13 de setembro de 1971; foi o choque mais sangrento nos Estados Unidos desde os massacres dos índios.

Morreram 43 presos, o maior número de presos mortos numa insurreição em uma prisão americana. As negociações foram interrompidas porque o governador Rockefeller considerou a exigência de anistia inegociável, o que precipitou a retomada violenta da prisão (Thomas Winfree, "Attica", in *Encyclopedia of american prisons*, editado por Marilyn D. Mashane e Frank P. Williams III, Nova Iorque, Garland Publishing, 1996, p. 43-44). Foucault é entrevistado por J. K. Simon. Este lhe pergunta por seu interesse pela reforma das prisões na França depois de seu interesse pelas várias modalidades de exclusão. Attica é a primeira prisão que Michel Foucault visita. Experiência que chama de "terrificante", pois na França apenas advogados, guardas ou detentos podem entrar na prisão. Ele diz que sua detenção pela polícia não durou mais do que 12 horas. É um paradoxo que Foucault, que inicia um movimento antiprisão na França, nunca visite a primeira penitenciária no país pioneiro nessa moderna tecnologia de punir. A imagem da prisão francesa é para ele a de um lugar vetusto e decrépito, onde os prisioneiros são amontoados, "celas de imundície repugnante". Em Attica, há o aspecto de "máquina imensa", corredores aquecidos e muito limpos, trajetórias calculadas e feitas para serem mais fáceis de vigiar – ateliês próximos da perfeição, ainda que, segundo a queixa dos detentos, muitos ali se feriram. A impressão é de visitar mais do que uma fábrica, o interior de uma máquina. Surge então a questão de Foucault: o que produz essa máquina, para que serve esse imenso mecanismo, o que dele sai?

Foucault contrapõe a função atual do sistema como figura atual da prisão aos modelos clássicos do sistema penal em que os EUA foram pioneiros: Auburn e Filadélfia; em que se esperava um produto da prisão: homens virtuosos. Foucault parte então da constatação atual, o que sabemos hoje, e que conhecem as administrações penitenciárias, de que a "prisão não produz nada desse gênero". Do que se trata então na prisão? Do que ele chama ao mesmo tempo de "um truque de mágica" e de "um mecanismo singular de eliminação circular" (ver p. 130 neste volume).

Diz Foucault: a sociedade elimina, enviando para a prisão pessoas que esta quebra, esmaga fisicamente; uma vez quebradas essas pessoas, a prisão as elimina libertando-as, reenviando-as à sociedade; nesta, sua vida na prisão, o tratamento que sofreram, o estado no qual saíram, tudo concorre para que, de maneira infalível, a sociedade as elimine de novo, reenviando-as para a prisão, a qual etc. Attica é uma máquina de eliminar, uma espécie de enorme estômago, um rim que consome a fim de eliminar o que já foi eliminado. Foucault cita os quatro corredores: ABCD. Pois além desses há um quinto: o corredor E. Diz Foucault que esse corredor "é a máquina da máquina, ou melhor, a eliminação da eliminação". A eliminação em segundo grau: a ala psiquiátrica. Foucault diz que a visita a Attica precipitou, se não provocou, uma mudança na sua maneira de conceber a exclusão social. Esta era concebida por ele como uma função um pouco abstrata, em que cada sociedade só podia funcionar excluindo um certo número de seus membros. Agora ele formula esse problema em termos contrários quanto à prisão; esta é uma "organização demasiado complexa para que se a reduza a funções puramente negativas de exclusão; seu custo, sua importância, o cuidado que se emprega para administrá-la, as justificações que se tenta dar, tudo isso parece indicar que ela possui funções positivas" (ver p. 131 neste volume). O problema é então descobrir qual o papel que a sociedade capitalista faz seu sistema penal desempenhar, qual o objetivo buscado, quais os efeitos produzidos por todo esse mecanismo de castigo e exclusão (ver p. 132 neste volume).

Quando um francês circula nesses corredores, que chocam por sua limpeza, diz Foucault, ele tem a impressão de penetrar em uma escola privada ou religiosa um pouco austera; afinal, os liceus e os colégios do século XIX não eram muito agradáveis. Mas Foucault considera mais terrificante em Attica a relação centro-periferia. Ele a figura no duplo jogo das grades: as que separam a prisão do exterior e as que, no interior da prisão, isolam cada cela individual de sua vizinha. Foucault sabe qual é o argumento que os teóricos da prisão as justificam: as primeiras são para proteger a sociedade. Uma vez ultrapassada essa primeira série de grades, poderíamos esperar um lugar onde os prisioneiros são readaptados à vida comunitária, ao respeito à lei, à prática da justiça. "Em vez disso, o que descobrimos? Que o lugar onde os detentos passam entre 10 e 12 horas por dia, o lugar onde eles se consideram em casa é uma apavorante jaula de animal, medindo mais ou menos um metro e meio por dois, inteiramente fechada com grades de um lado. O lugar onde eles estão sozinhos, onde dormem e onde leem, onde se vestem e atendem às suas necessidades é uma jaula para animal selvagem. É nisso que reside toda a hipocrisia da prisão" (ver p. 132 neste volume). Foucault figura um teatro imaginário onde o guia da visita escarnece de nós internamente. Eis o discurso suposto do guia: "Vocês nos confiaram estes ladrões e estes assassinos porque os consideram como animais selvagens (...), mas não há nenhuma razão para que nós, guardas, representantes da lei e da ordem, instrumentos de sua moral e de seus preconceitos, não os consideremos também, seguindo o convite de vocês, animais selvagens." É a redução à animalidade do que se trata nesse procedimento, algo que se vira antes também no estatuto do louco.

Foucault diz, resumindo, que Attica se "parece muito com a América, ao menos com a América tal como ela aparece aos olhos de um europeu um pouco perdido e não muito desembaraçado como [ele], quer dizer, gigantesca, tecnológica, um pouco assustadora, com este aspecto piranesiano que impregna a visão que muitos europeus têm de Nova Iorque" (ver p. 134 neste volume).

Foucault considerava que as prisões americanas, mais do que as europeias, podiam ser lugar de ação política. "As prisões americanas, de fato, desempenham um duplo papel: o de lugar de castigo, tal como existe hoje e há séculos, e o de campo de concentração, tal como existia na Europa durante a guerra, e na África durante a colonização europeia (na Argélia, por exemplo, durante o período em que os franceses ali estavam). Não se deve esquecer", diz Foucault, "de que há, nos Estados Unidos, mais de um milhão de prisioneiros, para uma população de 220 milhões de habitantes, contra 30 mil na França, para uma população de 50 milhões de habitantes. A proporção não é a mesma, de modo algum. Por outro lado, nos Estados Unidos, deve haver um negro em cada 30 ou 40 detentos; aí se vê a função de eliminação maciça que a prisão americana preenche" (ver p. 133 neste volume). Se levarmos em conta a *Encyclopedia of american prisons*, que já citamos, em 1995, o Bureau de Publicações de Estatísticas da Justiça, baseado em dados de 1993, informava que o número de internos em prisões federais e estaduais alcançava 909.000, comparado com os 74.952 de 1969. Cresceu 21% o número de mulheres presas, e 33% estavam encarceradas por ligação com drogas. Assim, os EUA têm a mais alta taxa de encarceramento do mundo. Diz Foucault que nos Estados Unidos "o sistema penal, o conjunto do sistema de interdições, mesmo as menores (como o abuso do álcool, o excesso de velocidade, o consumo de haxixe), servem de instrumentos e de pretextos a esta prática de concentração radical" (ver p. 134 neste volume). Não é nada surpreendente, diz ele, que a luta política pela justiça penal tenha sido levada mais longe nos EUA do que na França.

Dos dispositivos de poder às práticas de si

Em "Questão de Método", em *Vontade de saber*, Foucault retomara sua formulação sobre o poder. Nessa obra, ele anunciava a constituição de uma nova problemática em torno da sexualidade. Esse pequeno livro não apresentava os grandes quadros históricos que ordenavam *História da loucura* e *Vigiar e punir*. Surgia um novo quadro cultural não mais centrado no Ocidente do século XVI ao século XIX, presente também em *As palavras e as coisas*, e agora a partir do segundo volume da *História da sexualidade* e antes mesmo no curso do Collège de France surge uma leitura ética em termos de práticas de si que desloca a leitura política dos dispositivos do poder. A problematização do sujeito ocupa agora o primeiro plano. Foucault prossegue sua experiência em que a figura da filosofia toma sua face atual, que não é mais a de legitimar o que se sabe, mas empreender como e até onde será possível pensar de modo diferente. Pensar de modo diverso, sair transformado a partir da pesquisa que faz eram posições que Foucault adotara quase de forma constante. Essa reflexão opera uma mutação conceitual ainda que ela surja mais de um trabalho lento, contínuo, e ela pode ser lida, como já dissemos, no registro da continuidade e da descontinuidade simultaneamente.

No estabelecimento do texto do curso sobre a hermenêutica do sujeito, F. Gros comenta um dossiê, "Governo de si e dos outros", onde há um fragmento chamado "Religião", no qual Foucault apresenta em Marco Aurélio, o imperador-filósofo, o "*daimon*", que deve ser compreendido como a divindade interior que nos guia e que devemos venerar, respeitar, esse fragmento de divindade em nós que constitui um si diante do qual devemos prestar contas: "um *daimon*, mesmo se ele é substancialmente divino, é um sujeito no sujeito, ele está em nós como um outro ao qual devemos um culto". Trata-se de política – "na atividade estoica corrente, a cultura de si, longe de ser experimentada como uma grande alternativa à atividade política, era mais seu elemento regulador". A questão de Gros é: como, ao tematizar o cuidado de si, as práticas de si e as técnicas de si podem influenciar e nutrir as lutas atuais? Foucault vai tratar do Estado, na década de 1970, do qual traçará uma genealogia para nossas sociedades modernas. O Estado apresenta-se aí numa dupla face, simultaneamente como totalizante e individualizante. O Estado moderno vai apresentar a combinação de uma dualidade estrutural: de um lado uma "governamentalidade" pastoral e de outro as estruturas da razão de Estado. Foucault definiu a "governamentalidade" como "o conjunto constituído pelas instituições, procedimentos, análises e reflexões, cálculos e táticas que permitem exercer essa forma bem específica, bem complexa, de poder, que tem como alvo principal a população, como forma mais importante de saber, a economia política, como instrumento técnico essencial, os dispositivos de segurança" (ver p. 296 neste volume). O Estado surge como o que enquadra as populações e identifica os indivíduos.

Foucault situa o poder pastoral na tradição judaico-cristã, diversa, neste ponto, do mundo grego. Foram os hebreus que desenvolveram e ampliaram o tema pastoral, todavia, com uma característica toda singular. Deus, e somente Ele, é o pastor de seu povo. Com uma única exceção: Davi é invocado como pastor. Do ponto de vista negativo, os maus reis são comparados a maus pastores.

O pastor exerce o poder sobre um rebanho mais do que sobre uma terra; ele reúne e guia seu rebanho; seu papel é assegurar a salvação dele. No pensamento grego comparava-se o bom chefe a um timoneiro que mantinha o navio afastado dos recifes. No entanto, para o bom pastor, trata-se de algo diverso; tudo é questão de benevolência, constante, individualizada e final. Constante: o pastor vela pelo alimento de seu rebanho, provê cada dia sua fome e sua sede. Individualizada: ele vela para que todas as ovelhas, sem exceção, sejam recuperadas e salvas. Um comentário rabínico dizia que Moisés se tornara pastor de seu povo porque "devia abandonar seu rebanho para partir em busca de uma única ovelha perdida" (ver p. 352 neste volume).

Essa modalidade de poder vai tornar-se ainda mais individualizante com o cristianismo. Por outro lado, Foucault vai investigar as formas de poder sobre a vida e as populações que vão produzir os racismos do século XX.

Na encruzilhada desse duplo controle ao mesmo tempo individualizante, na sua versão de poder pastoral, e totalizante, na lógica do biopoder, surge a polícia. E no prolongamento final dessa lógica com dupla face cuja temporalidade se desdobra em séculos está o Estado do bem-estar social. Trata-se então da prosperidade e a quantidade da população, a saúde e a longevidade dos indivíduos. Opor ao Estado "o indivíduo e seus interesses é tão aleatório quanto lhe opor a comunidade e suas exigências" (ver p. 159 neste volume).

Foucault e a crítica da razão política

Foucault observa que uma das tarefas das Luzes era multiplicar os poderes políticos da razão. Mas os homens do século XIX logo iriam se perguntar se a razão não estava a ponto de tornar-se demasiado potente em nossas sociedades. Eles começaram a se inquietar com a relação que confusamente conjecturavam entre uma sociedade propensa à racionalização e algumas ameaças pesando sobre o indivíduo e suas liberdades, a espécie e sua sobrevivência, que resistem ou se rebelam contra uma forma de poder. Assim, para Foucault, não é possível "contentar-se em denunciar a violência ou em criticar uma instituição. Não basta fazer o processo da razão em geral. O que é preciso recolocar em questão é a forma de racionalidade com que se depara" (ver p. 377 neste volume).

A crítica não visa apenas às instituições, mas a formas específicas de racionalidades práticas: "A crítica do poder exercido sobre os doentes mentais (...) não poderia limitar-se às instituições psiquiátricas; do mesmo modo, os que contestam o poder de punir não poderiam contentar-se em denunciar as prisões como instituições totais". A questão é como são racionalizadas as relações de poder.

Desenhando um quadro geral do desenvolvimento da racionalidade política, Foucault situa como "a racionalidade política se desenvolveu e se impôs ao longo da história das sociedades ocidentais. Inicialmente, ela se enraizou na ideia do poder pastoral; depois, na da razão de Estado. A individualização e a totalização são seus efeitos inevitáveis". Sua tese principal é de que "a liberação só pode vir do ataque não a um ou outros desses efeitos, mas às próprias raízes da racionalidade política" (ver p. 378 neste volume).

Nessa diretriz ele formula o sentido de seu trabalho sobre uma crítica histórica da razão: "Meu trabalho não tem como objetivo uma história das instituições ou uma história das ideias, mas a história da racionalidade, tal como ela opera nas instituições e na conduta das pessoas. A racionalidade é o que programa e orienta o conjunto da conduta humana. Há uma lógica tanto nas instituições quanto na conduta dos indivíduos e nas relações políticas. Há uma racionalidade mesmo nas formas mais violentas. O mais perigoso, na violência, é sua racionalidade. É claro que a violência é, nela mesma, terrível" (ver p. 312 neste volume). Foucault ressalta: "Entre a violência e a racionalidade não há incompatibilidade. Meu problema não é fazer o processo da razão, mas determinar a natureza dessa racionalidade que é tão compatível com a violência" (ver p. 312 neste volume). A racionalidade possui uma dimensão real; é uma dimensão do real nas sociedades modernas ocidentais. Essa racionalidade não é simplesmente "princípio de teoria e de técnicas científicas, que não produz simplesmente formas de conhecimento ou tipos de pensamento, mas que está ligada por laços complexos e circulares a formas de poder" (ver p. 321 neste volume). Assim, uma questão estratégica é investigar o que acontece com a racionalidade, como se pode fazer sua análise, captá-la em sua formação, em sua estrutura.

Cabe perguntar por que essa investigação crítica da racionalidade deve ser histórica. Explicando seus estudos históricos, Foucault diz: "Tratei, prioritariamente, de fenômenos do passado: o sistema de exclusão e a prisão dos loucos (...) do século XVI ao século XIX, a constituição da ciência e da prática médicas no início do século XIX, a organização das ciências humanas nos séculos XVIII e XIX." No entanto, o interesse profundo de Foucault pelo passado se deve ao fato de que viu nesses fenômenos "maneiras de pensar e de se comportar, que são ainda as nossas" (ver p. 12 neste volume).

Para Foucault, trata-se de fazer uma crítica de nosso tempo, fundada em análises retrospectivas (ver p. 12 neste volume). E, sob um outro ângulo, a perspectiva da relação entre o real e o fictício, a construção histórica: "Pratico uma espécie de ficção histórica. De certa maneira, sei muito bem que aquilo que digo não é verdade. Um historiador poderia muito bem dizer sobre o que escrevo: 'Isto não é verdade.' Para dizê-lo de outro modo: escrevi muito sobre a loucura, no início dos anos 1960 – fiz uma história do nascimento da psiquiatria. Sei muito bem que aquilo que fiz é, de um ponto de vista histórico, parcial e exagerado. Talvez eu tenha ignorado alguns elementos que me contradiriam. Mas meu livro teve um efeito sobre a maneira como as pessoas percebem a loucura. Portanto, meu livro e a tese que nele desenvolvo têm uma verdade na realidade de hoje. (...) Procuro provocar uma interferência entre nossa realidade e o que sabemos de nossa história passada" (ver p. 314 neste volume).

Foucault insiste fortemente na dimensão subjetiva da ação e sua articulação com o real. Para ele o problema é o do sujeito da ação – da ação através da qual o real é transformado. "O que sempre procurei fazer – desde meu primeiro livro verdadeiro, *História da loucura na Idade Clássica* – é contestar, através de um trabalho de intelectual, (...) a sociedade, mostrando suas fraquezas e seus limites. Contudo, meus livros não são proféticos e tampouco um apelo às armas. (...) O objetivo a que eles se propõem é o de explicar, do modo mais explícito – mesmo se, às vezes, o vocabulário é difícil –, essas zonas da cultura burguesa e essas instituições que influem diretamente nas atividades e nos pensamentos cotidianos do homem" (ver p. 299 neste volume).

A instância da subjetividade é uma dimensão fundamental da política contemporânea. Foucault considera que, depois dos anos 1960, a subjetividade, a identidade e a individualidade constituem um problema político importante. É perigoso considerar a identidade e a subjetividade como componentes profundos e naturais, que não são determinados por fatores políticos e pessoais. "Somos prisioneiros de algumas concepções de nós mesmos e de nossas condutas. Devemos libertar nossa subjetividade, nossa relação a nós mesmos."

Foucault se detém no fato de que no momento em que o Estado começou a praticar seus maiores massacres foi que ele passou a se interessar pela saúde física e mental dos indivíduos. Assim: "O primeiro grande livro dedicado ao tema da saúde pública, na França, foi escrito em 1784, cinco anos antes da Revolução e 10 anos antes das guerras napoleônicas. Este jogo entre a vida e a morte é um dos principais paradoxos do Estado moderno" (ver p. 311 neste volume).

Foucault ressalta que nas sociedades ditas totalitárias o controle do indivíduo é extremamente presente: "Nada na vida do indivíduo deixa o governo indiferente. Os soviéticos massacraram 16 milhões de pessoas para edificar o socialismo. O massacre das massas e o controle individual são duas características profundas de todas as sociedades modernas" (ver p. 311 neste volume).

Assim, a questão do presente está no coração das análises de Michel Foucault: "Meu primeiro livro foi a *História da loucura*, quer dizer, um problema ao mesmo tempo de história do saber médico, de história das instituições médicas e psiquiátricas. Daí passei para uma análise da medicina em geral e das instituições médicas no início da modernidade da medicina; em seguida, para a história das ciências empíricas, como a história natural, a economia política e a gramática. Tudo isto é uma espécie, não digo de lógica, mas de progressão por justaposição; mas sob este desenvolvimento livre, apesar de tudo verossimilhante, havia alguma coisa que eu mesmo não entendia muito bem, e que no fundo era: qual era o problema, como se diz em francês, do qual eu corria atrás. Durante muito tempo acreditei que aquilo que eu corria atrás era uma espécie de análise dos saberes e dos conhecimentos tais como podem existir em uma sociedade como a nossa: o que se sabe da loucura, o que se sabe da doença, o que se sabe do mundo, da vida? Ora, não creio que esse era o meu problema."

Então, qual é o problema que mobiliza Foucault? "Teria vontade de responder: é verdade que não é a verdade que me preocupa. Falo da verdade, procuro ver como se atam, em torno dos discursos considerados como verdadeiros, os efeitos de poder específicos, mas o meu verdadeiro problema, no fundo, é o *de forjar instrumentos de análise, de ação política e de intervenção política sobre a realidade que nos é contemporânea e sobre nós mesmos*" (ver p. 235 neste volume). Assim, diz Foucault, explorando a mesma perspectiva: "Existe atualmente (...) em nossas sociedades um certo número de questões, de problemas, de feridas, de inquietação, de angústias, que são o verdadeiro motor da escolha que faço e dos alvos que procuro analisar, dos objetos que procuro analisar, e da maneira que tenho de analisá-los. É o que somos – os conflitos, as tensões, as angústias que nos atravessam – que, finalmente, é o solo, não ouso dizer sólido, pois por definição ele é minado, perigoso, o solo sobre o qual eu me desloco" (ver p. 225 neste volume).

Será possível reconhecer graus no horror?

Um exemplo histórico no que diz respeito à punição esclarece o efeito visado por Michel Foucault. Trata-se de uma comparação entre o espetáculo da leva dos forçados, do qual Victor Hugo descreveu "o horror incomparável", e a pardacenta e secreta viatura celular que Michel Foucault opõe com uma mutação técnica na passagem de uma arte de punir para uma outra na quarta parte do capítulo 2 de *Vigiar e punir*. É a questão do abominável que está em foco nesse problema. Diz ele: "Os umbrais de intolerância, em uma sociedade, merecem uma grande atenção, tanto do ponto de vista da reflexão histórica quanto da análise política" (ver p. 345 neste volume). Pois não é questão simplesmente de "sensibilidade". É também "questão de resistência, de capacidade de rejeição e de vontade de combate". O nível de tolerância mudou: "A história desses deslocamentos de umbral é extremamente instrutiva: em 1836, a leva era abominável, mas, meio século antes, os reformadores mais moderados viam no espetáculo dos prisioneiros partindo para o trabalho uma maneira inteiramente legítima de tornar úteis os castigos penais" (ver p. 345 neste volume).

"A frase de Hugo (...) não poderia ser um ponto de conclusão para o historiador, mas, ao contrário, o motivo de uma inquirição: quando foi que a coisa se tornou 'abominável', a partir de que fatos? Para qual forma de olhar, de sensibilidade, ou de percepção política? Em quais grupos sociais etc.? Essa mesma frase de Hugo deve ser também o ponto de partida de uma análise sobre as transformações que essa 'intolerância' suscita ou assinala: o aprisionamento não é nada mais do que o suplício abrandado? E a viatura celular seria uma espécie de leva de prisioneiros mais discreta e mais 'humana'?" Foucault considera que supô-lo assim é uma maneira de simplificar, de forma singular, tanto a realidade histórica quanto a função do historiador. Ele considera então ser histórica e politicamente decisivo "fazer aparecer o sistema positivo que sustenta práticas, que o hábito e uma análise insuficiente arriscam fazer passar por 'brandas' ou, em todo caso, por um 'abrandamento'".

Para Foucault, política e história fazem corpo, em uma única e mesma atividade de decifração. "É preciso se dizer que os umbrais de intolerância mudam. Mas é preciso se dizer também que a prisão é abominável, hoje, como o era a leva de forçados de ontem. Fazer aparecer o sistema que sustentava a prática da leva de forçados não é uma maneira de negar que ele era abominável, não mais do que dizer que o internamento é diferente de uma penalidade 'humana' (...). *Partamos* da frase de Hugo e busquemos analisar o antes e o depois" (ver p. 346 neste volume).

Com essa abordagem, Foucault revela a direção de sua intervenção, seu ponto de mira, referindo-se a possíveis trabalhadores sociais que sua análise teria anestesiado: "Meu projeto é justamente fazer de tal modo que eles 'não saibam mais o que fazer': que os atos, os gestos, os discursos que até então lhes pareciam andar sozinhos tornem-se problemáticos, perigosos, difíceis. Esse efeito é desejado. E depois vou anunciar-lhes uma grande novidade: o problema das prisões não é, aos meus olhos, o dos 'assistentes sociais', é o dos prisioneiros" (ver p. 341 neste volume). E dito ainda de outra forma: "Meu projeto é ajudar, de uma certa maneira, para que se escamem algumas 'evidências', ou 'lugares-comuns', no que se refere à loucura, à normalidade, à doença, à delinquência e à punição; fazer, juntamente com muitos outros, de modo que certas frases não possam mais ser ditas tão facilmente, ou que certos gestos não mais sejam feitos sem, pelo menos, alguma hesitação; contribuir para que algumas coisas mudem nos modos de perceber e nas maneiras de fazer; participar desse difícil deslocamento das formas de sensibilidade e dos umbrais de tolerância etc." (ver p. 340 neste volume). Essa consideração deve ser posta em paralelo, por outro lado, com esta outra citada por Daniel Defert: "O pequeno livro que gostaria de escrever sobre os sistemas disciplinares gostaria que pudesse servir a um educador, a um guarda, a um magistrado, a um objetor de consciência. Não escrevo para um público, escrevo para os utilizadores, não para leitores" ("Glissements progressifs de l'oeuvre hors d'elle-même", *in Au risque de Foucault*, Editions du Centre Georges Pompidou, Paris, 1997, p. 153).

Sobre a edição brasileira

A edição brasileira é bem mais ampla do que a americana, publicada em três volumes, e também do que a italiana. Sua diagramação segue praticamente o modelo francês. A única diferença significativa é que na edição francesa a cada ano abre-se uma página e os textos entram em sequência numerada (sem abrir página). Na edição brasileira, todos os textos abrem página e o ano se repete. Abaixo do título há uma indicação de sua natureza: artigo, apresentação, prefácio, conferência, entrevista, discussão, intervenção, resumo de curso. Esta indicação, organizada pelos editores, foi mantida na edição brasileira, assim como a referência bibliográfica de cada texto, que figura sob seu título.

A edição francesa possui um duplo sistema de notas: as notas numeradas foram redigidas pelo autor, e aquelas com asterisco foram feitas pelos editores franceses. Na edição brasileira, há também dois sistemas, com a diferença de que as notas numeradas compreendem tanto as originais de Michel Foucault quanto as dos editores franceses. Para diferenciá-las, as notas do autor possuem um (N.A.) antes de iniciar-se o texto. Por sua vez, as notas com asterisco, na edição brasileira, se referem àquelas feitas pelo tradutor ou pelo revisor técnico, e vêm com um (N.T.) ou um (N.R.) antes de iniciar-se o texto.

Esta edição permite o acesso a um conjunto de textos antes inacessíveis, fundamentais para pensar questões cruciais da cultura contemporânea, e, ao mesmo tempo, medir a extensão e o alcance de um trabalho, de um *work in progress* dos mais importantes da história do pensamento em todas as suas dimensões, éticas, estéticas, literárias, políticas, históricas e filosóficas.

Manoel Barros da Motta

1971

(Manifesto do GIP)

Manifesto mimeografado, assinado por J.-M. Domenach, M. Foucault, P. Vidal-Naquet, lido por M. Foucault e distribuído à imprensa em 8 de fevereiro de 1971, na capela Saint-Bernard de Montparnasse, por ocasião da suspensão da greve de fome dos militantes da Esquerda Proletária presos e de seu comitê de suporte. M. Foucault teve de comparecer a um tribunal pela impressão de panfletos sem menção à gráfica.

Em 27 de maio de 1970, depois da dissolução do movimento de inspiração maoísta chamado Esquerda Proletária, numerosos militantes foram presos por reconstituição de liga dissolvida, delito do qual fazia parte a simples venda do jornal *La cause du peuple*. Em setembro de 1970, e novamente em janeiro de 1971, os militantes prisioneiros empreenderam uma greve de fome para serem reconhecidos como prisioneiros políticos, *status* que acarretava alguns direitos de reunião. Eles almejavam também atrair a atenção sobre o sistema penitenciário. D. Defert, que participa da pequena célula encarregada de preparar politicamente os processos dos prisioneiros, propõe a M. Foucault animar uma comissão de inquérito sobre as prisões, tal como houve uma sobre a saúde dos mineiros quando do tribunal popular de Lens, da qual J.-P. Sartre fora o procurador. Sendo uma história da prisão a sequência lógica e anunciada da *História da loucura*, M. Foucault aceitou esse projeto com entusiasmo, mas transformou a ideia de comissão de inquérito, termo judiciário, em grupo de informação, o que insistia, ao mesmo tempo, sobre a experiência coletiva de pensamento e sobre uma tomada da palavra pelos detentos. Tratava-se também de mobilizar intelectuais específicos – magistrados, médicos, assistentes sociais – e de desembaraçá-los da compartimentagem através de uma produção ao lado dos detentos: os inquiridores são os inquiridos. Assim nasceu o GIP, Grupo de Informação sobre as Prisões. Seu efeito foi múltiplo. Um dos primeiros foi a entrada da imprensa cotidiana e das rádios nas prisões, até então interditadas, e problematizar uma mitologia do discurso político sobre proletariado e *lumpenproletariat*. Esse suporte exterior encorajou um movimento de revolta que sacudiu 35 estabelecimentos, dos quais alguns foram praticamente pilhados no inverno de 1971-1972. O GIP contribuiu para inflectir o militantismo posterior a 1970. Baseados em seu modelo, foram criados o GIS, ou Grupo de Informação-Saúde, retirando a compartimentagem entre médicos e doentes, o GIA, ou Grupo de Informação sobre os Asilos, o GISTI, ou Grupo de Informação e de Suporte aos Trabalhadores Imigrados.

M. Foucault retardou por dois anos a escrita de seu "livro sobre as penas", a fim de que os detentos não pudessem supor que ele só tinha um interesse especulativo em sua ação militante, cujas bases modificou.

Nenhum de nós pode ter certeza de escapar à prisão. Hoje, menos do que nunca. Sobre nossa vida do dia a dia, o enquadramento policial estreita o cerco: nas ruas e nas estradas; em torno dos estrangeiros e dos jovens. O delito de opinião reapareceu: as medidas antidrogas multiplicam a arbitrariedade. Estamos sob o signo do "vigiar de perto". Dizem-nos que a justiça está sobrecarregada. Nós bem o vemos. Mas e se foi a polícia que a sobrecarregou? Dizem-nos que as prisões estão superpovoadas. Mas e se foi a população que foi superaprisionada?

Publicam-se poucas informações sobre as prisões; é uma das regiões escondidas de nosso sistema social, uma das caixas-pretas de nossa vida. Temos o direito de saber, nós queremos saber. Por isso é que, com magistrados, advogados, jornalistas, médicos, psicólogos, formamos um Grupo de Informação sobre as Prisões.

Propomo-nos a fazer saber o que é a prisão: quem entra nela, como e por que se vai parar nela, o que se passa ali, o que é a vida dos prisioneiros e, igualmente, a do pessoal de vigilância, o que são os prédios, a alimentação, a higiene, como funcionam o regulamento interno, o controle médico, os ateliês; como se sai dela e o que é, em nossa sociedade, ser um daqueles que dela saiu.

Essas informações não é nos relatórios oficiais que as encontraremos. Nós as perguntamos àqueles que, por uma razão qualquer, têm uma experiência da prisão ou uma relação com ela. Nós lhes solicitamos que entrem em contato conosco e que nos comuniquem o que sabem. Redigiu-se um questionário que nos pode ser pedido. Logo que forem bastante numerosos, os resultados serão publicados.

Não cabe a nós sugerir uma reforma. Queremos apenas fazer conhecer a realidade. E fazer conhecê-la imediatamente, quase a cada dia, pois o tempo urge. Trata-se de alertar a opinião e de mantê-la em alerta. Buscaremos usar todos os meios de informação: cotidianos, hebdomadários, mensais. Apelamos, portanto, a todas as tribunas possíveis.

Enfim, é bom saber o que nos ameaça; mas também é bom saber como se defender. Uma de nossas primeiras tarefas será publicar um pequeno *Manuel du parfait arrêté*,[1] acompanhado evidentemente de um *Avis aux arrêteurs*.[2]

Todos os que quiserem informar, ser informados ou participar do trabalho podem escrever ao GIP: rua Vaugirard, n. 285, Paris-XV.

---

1 (N.T.) Manual do perfeito detido.
2 (N.T.) Aviso aos detentores.

1971

(Sobre as Prisões)

In *J'accuse*, n. 3, 15 de março de 1971, p. 26.

O Grupo de Informação sobre as Prisões acaba de lançar sua primeira inquirição. Não é uma inquirição de sociólogos. Trata-se de dar a palavra àqueles que têm uma experiência da prisão. Não porque eles precisem que os ajudemos a "tomar consciência": a consciência da opressão está ali, perfeitamente clara, sabendo muito bem quem é o inimigo. Mas o sistema atual lhe recusa os meios de se formular, de se organizar.

Queremos quebrar o duplo isolamento no qual se encontram enclausurados os detentos: através de nossa inquirição, queremos que eles possam se comunicar entre si, transmitir o que sabem e falar-se de prisão a prisão, de cela a cela. Queremos que eles se dirijam à população e que a população lhes fale. É preciso que essas experiências, essas revoltas isoladas, se transformem em saber comum e em prática coordenada.

Formam-se grupos, reunindo ex-detentos, famílias de prisioneiros, advogados, médicos, militantes, todos os que estão decididos a não mais tolerar o atual regime da prisão. Cabe a eles lançar, na província e em Paris, novas inquirições, recolher e difundir informações, imaginar novos modos de ação. Não se deve mais deixar as prisões em paz, em parte alguma.

A greve de fome em janeiro último coagiu a imprensa a falar. Aproveitemos a brecha: que o intolerável, imposto pela força e pelo silêncio, cesse de ser aceito. Nossa inquirição não foi feita para acumular conhecimentos, mas para aumentar nossa intolerância e fazer dela uma intolerância ativa. Tornemo-nos intolerantes a propósito das prisões, da justiça, do sistema hospitalar, da prática psiquiátrica, do serviço militar etc.

Como primeiro ato desta "inquirição-intolerância", um questionário será distribuído regularmente às portas de algumas prisões e a todos os que podem saber ou querem agir.

1971

Inquirição sobre as Prisões: Quebremos a Barreira do Silêncio

"Inquirição sobre as prisões: quebremos a barreira do silêncio" (entrevista de C. Angeli com M. Foucault e P. Vidal-Naquet), *Politique-Hebdo*, n. 24, 18 de março de 1971, p. 4-6.

– *Muito já foi escrito sobre as prisões em geral, sobre as condições de vida dos prisioneiros. Houve alguns filmes também, e muita gente acredita que sabe o que se passa atrás das grades... Isso pode tornar difícil o seu trabalho?*
– Não. É preciso compreender bem quem somos nós. Não encenamos a comissão de inquirição, não é nosso papel. Um grupo de informação que procura, provoca, reparte informações, que baliza alvos para uma ação possível, eis o que queremos ser.
A ideia é recente. O senhor se lembra da segunda greve de fome dos prisioneiros políticos, em fevereiro? Ouviu-se então dizer: "Isso é bem próprio deles, desses jovens burgueses, desses esquerdistas! Eles querem ser tratados à parte, reclamam por um regime especial!" Pois bem, de um modo geral, isso não surtiu efeito. Nem na opinião – a imprensa levou um bom tempo para reagir, mas enfim... – nem, sobretudo, junto às famílias dos prisioneiros de direito comum. Isso nós o constatamos ainda hoje.
Quando os políticos que reivindicavam o regime especial disseram: "É preciso pôr em questão o regime penitenciário em seu conjunto, o funcionamento da prisão etc.", o eco, finalmente, foi muito forte. Junto aos prisioneiros de direito comum, e inclusive na imprensa. Subitamente, compreendeu-se que o regime das prisões era intolerável.
– *E, no seu nível, qual foi o eco?*
– Para marcarmos uma primeira reunião, telefonamos a um magistrado: muitos deles vieram. Telefonamos a um capelão de

prisões: muitos vieram. Telefonamos a um médico psicólogo, foi a mesma coisa. Um verdadeiro incêndio na floresta. Para dizer a verdade, ficamos surpresos. Muito surpresos mesmo. Em seguida, era preciso se fazer conhecer. Alguns jornais, dentre eles *Politique-Hebdo*, anunciaram nossa existência, e começamos a receber cartas. Cartas de médicos, de detentos, dos parentes deles; cartas de advogados, dos que visitavam prisões... As pessoas se colocavam à nossa disposição, nos perguntavam o que era preciso fazer, enviavam um pouco de dinheiro.

Hoje, ao final de cinco semanas de trabalho, não recebemos apenas cartas individuais: comitês de estudantes do liceu, grupos de estudantes, comitês do Secours Rouge nos escrevem...

Isso vai muito rápido. Surpreendente, mesmo para os que, como nós, acreditam muito na necessidade dessa inquirição. O senhor percebe, não somos nós que a conduzimos, mas já são centenas de pessoas... Era preciso um estimulante. Doravante somos um relé para os grupos que se constituem na província e em Paris.

– *No final da inquirição, o que o senhor pretende fazer: publicar um livro de depoimentos?*

– Talvez, mas a questão não é essa. Não temos a pretensão de fazer com que os detentos e suas famílias tomem consciência das condições que lhes são dadas. Essa consciência há muito tempo que eles a possuem, mas ela não tem os meios de se expressar. O conhecimento, as reações, as indignações, as reflexões sobre a situação penitenciária, tudo isso existe, no nível dos indivíduos, mas ainda não aparece. Doravante, é preciso que a informação circule, de boca a orelha, de grupo em grupo. O método pode surpreender, mas ainda é o melhor. É preciso que a informação faça ricochete; é preciso transformar a experiência individual em saber coletivo. Quer dizer, em saber político.

Um exemplo: todos os sábados, vamos até a porta da Santé onde as famílias dos detentos fazem fila esperando a hora das visitas. Distribuimo-lhes nosso questionário. Na primeira semana, a acolhida é muito fria. Na segunda, as pessoas ainda desconfiam. Na terceira, alguém nos diz: "Tudo isso é conversa fiada. Há muito tempo que isso deveria ter sido feito." E, bruscamente, essa mulher conta tudo. Ela explode de raiva, fala das visitas, do dinheiro que dá ao detento, dos ricos que não estão na prisão, da sujeira. E todo mundo percebe claramente os tiras à paisana esticando suas longas orelhas...

O quarto sábado foi ainda mais extraordinário. Na fila, as pessoas discutiam, antes mesmo de nossa chegada, sobre nosso questionário, sobre o escândalo das prisões... Nesse dia, em vez de fazê-las esperar até às 13:30h nas ruas, como de costume, abriram-se as portas da Santé 45 minutos mais cedo...
— *Como o senhor vai utilizar as respostas aos seus questionários?*
— Em um panfleto que distribuiremos aos familiares dos detentos, na porta da Santé. E o enviaremos também aos nossos correspondentes da província que pedem informação, dizendo-lhes: "Façam da mesma forma e coletem vocês mesmos a informação."
O senhor percebe, queremos que não haja demasiada diferença entre inquiridores e inquiridos. Para nós, o ideal seria que as famílias se comunicassem com os prisioneiros. Que os prisioneiros se comunicassem entre si. Que os prisioneiros se comunicassem com a opinião. Quer dizer: quebrar o gueto. Que eles mesmos definissem suas reivindicações, que definissem também as ações necessárias.
— *O senhor não faz nenhuma diferença, naturalmente, entre os presos políticos e os presos de direito comum?*
— Nenhuma, sem dúvida. Se a origem de tudo veio dos políticos, é porque a autoridade — o governo e seu ministro da Justiça — cometeu uma falha (de seu ponto de vista) misturando as duas categorias de presos.
Os presos políticos têm meios que os de direito comum não têm. Meios de se expressar. Conhecimentos, relações sociais, contatos exteriores que permitem fazer saber o que dizem, o que fazem e, sobretudo, o suporte político que faz ricochetear sua ação. Algumas dezenas de prisioneiros de direito comum não teriam podido, com os políticos, reagir junto, escrever e fazer conhecer suas reivindicações no exterior.
— *Com as ações engajadas por vocês, o isolamento deles vai certamente diminuir?*
— É o que queremos. A instituição prisão é, de longe, um *iceberg*. A parte aparente é a justificativa: "É preciso prisões porque há criminosos." A parte escondida é o mais importante, o mais temível: a prisão é um instrumento de repressão social.
Os grandes delinquentes, os grandes criminosos, não representam 5% do conjunto dos prisioneiros. O resto é a delinquência média e pequena. Essencialmente, pessoas de classes

pobres. Eis dois números que dão muito o que pensar: 40% dos prisioneiros são acusados cujos casos ainda não foi julgado, aproximadamente 16% são imigrados.

A maior parte das pessoas ignora isso, pois justifica-se sempre a existência das prisões pela existência dos grandes criminosos.

– *Isso pela teoria. Mas, na vida cotidiana, como os prisioneiros reagem? E suas famílias?*

– O questionário só se interessa pelas condições de vida. Os detentos falam de seu trabalho, das visitas, do amontoado nas celas, dos livros que lhes recusam, da fome, do frio também. Nesse inverno, em Nantes, as cobertas das camas amanheciam todas cobertas de geada. Em Draguignan, a temperatura estava sempre abaixo de zero dentro de certas celas. Em Clairvaux, 58 galinheiros (celas inteiramente providas de barras) nunca foram aquecidos. Em Loos, durante o inverno de 1969, o aquecimento ficou em pane durante um mês. A isso acrescentavam-se os escárnios os mais ignóbeis. Interditavam-se os detentos de deitarem-se sob as cobertas durante o dia. O diretor dizia: "Vocês querem se aquecer? Basta vocês correrem dentro de suas celas!", ou "Vocês não deviam ter vindo para cá!"

No entanto, muitos dentrentos dizem: "As condições materiais na prisão não são o pior." E descobrimos assim toda uma série de repressões pior ainda do que o amontoado, o tédio ou a fome.

O mais importante, talvez, é a ausência de todo direito real. A justiça envia um homem à prisão, e esse homem não pode defender seus direitos perante ela. Ele está totalmente desarmado. A extensão da detenção preventiva e as condições de vida, tudo depende da justiça. Ora, quando ele escreve ao procurador para queixar-se, sua carta pode ser interceptada ou parcialmente reescrita pelo escrevente. Às vezes, inclusive, ele será mandado para a solitária a fim de que cesse de se queixar. Os juízes sabem muito bem que a administração penitenciária serve de anteparo entre eles e os detentos. Essa é mesmo uma das funções da prisão muito apreciada pelos juízes.

Um outro exemplo de direito recusado: um prisioneiro se inscreveu nos trabalhos dirigidos por correspondência da Faculdade de Letras. Ele escreveu ao diretor de sua prisão: "Há algum tempo, quando recebo de volta meus trabalhos corrigidos, tenho o grande desprazer de ver, bem no meio das ano-

tações do professor, o carimbo da censura. Acredito não se tratar, neste caso, de instruções suas, já que essa medida não é generalizada. É evidente que a aposição deste carimbo compromete meu trabalho, e me priva da documentação que esses deveres anotados representam para mim, e não posso conservar tais marcas nos documentos que prezo guardar."
Na margem, escreveu-se: "A censura faz seu trabalho."
Eis aqui uma outra carta de prisioneiro. Este escreveu ao diretor: "Eu lhe ficarei muito grato se o senhor autorizar que me sejam enviados de fora diversos livros dos cursos – matemática e mecânica." Na margem, escreveu-se: "Não, é um ou outro."
Um outro caso frequente. Um condenado a três anos de prisão, por exemplo, quase sempre tem o direito – isso depende do caráter do delito – de pedir sua liberdade condicional após 18 meses de detenção. Ora, tudo depende do número de punições e do parecer do juiz sobre a aplicação das penas. As punições são distribuídas pela pretória – quer dizer, por um comitê que compreende o diretor, os subdiretores e um chefe de vigilância. Um guarda se queixa e uma punição sobrevém. Bastam algumas punições arbitrárias para se recusar a liberdade condicional.
Um detento nos escreveu: "O prisioneiro é o objeto de uma agressão social perpétua." Como não se trata de um preso político, o tom poderia surpreender – mas seria uma lástima, pois essa observação é terrivelmente verdadeira.
– *O que há de mais intolerável na prisão?*
– Muitas coisas. A repressão sexual, por exemplo. Às vezes, os prisioneiros evitam falar disso. Mas alguns o fazem. Um deles diz: "No parlatório, o guarda observa se minha mulher fica corretamente vestida." Isso é comum, parece. Prisioneiros se masturbam no parlatório depois de terem pedido à sua mulher para mostrar um seio, e essa situação – com a intervenção sempre possível do guarda – é sempre mal suportada.
Mal suportada também é a falta de dinheiro. Muitas famílias nos dizem que dão ao seu prisioneiro de 100 a 150 francos por mês. Porém nem todas têm os meios necessários.
No melhor dos casos, o detento trabalha. Por nada ou quase nada. Fizemos o cálculo: quando um prisioneiro trabalhou oito horas por dia, 22 dias por mês, ele perfaz, em média, 15 a 20 francos. Os mais altos "salários" – se cabe falar de "salários" nas prisões – nós encontramos na Petite Roquette: 40

francos por mês para confeccionar sachês para as meias Dior.

Quando se sabe que um detento deve pagar seus selos, que um escalope custa 6 francos na cantina, que a simples inscrição em um curso por correspondência custa de 35 a 50 francos por ano, sem contar ainda os livros que é preciso comprar, o senhor pode ver o que isso significa.

– *As empresas têm interesse em fornecer trabalho aos prisioneiros, mas o Estado, ainda assim, toma uma boa parte do salário?*

– Sim. Os cinco décimos do salário são retidos para as despesas de alojamento; dois décimos para as despesas de justiça; um décimo para o pecúlio entregue na saída. O prisioneiro só recebe migalhas: dois décimos de seu salário.

Faça o balanço. O condenado a seis meses ou a dois anos de prisão não tem – por assim dizer – mais nenhum direito. Cidadão, ele está nu diante da justiça. Prisioneiro, ele não pode fazer admitir o que lhe resta de direitos. Trabalhador, ele é superexplorado; raramente tem a possibilidade de estudar. Homem ou mulher, ele não dispõe de nenhum direito concernente à sua sexualidade.

Acrescente ainda a ameaça permanente de solitária e os espancamentos, e eis aí o que é hoje a prisão. Às vezes, com outros escândalos, como este: em 1970, seis detentos tentaram evadir-se, pelos depósitos, de uma casa de detenção. Soaram o alerta, e a direção mandou abrir as comportas. Com o risco de afogá-los! Felizmente, os seis conseguiram sair, mas, no pátio, os guardas os espancaram. Isso a administração penitenciária sabe, mas não aplicou nenhuma sanção. Um magistrado nos disse: "Se tivéssemos feito uma inquirição, a questão recairia sobre os guardas. Eles também são vítimas..."

Aqui também há problema; 73% das licenças médicas de longa duração obtidas pelos guardas de prisão o são a título de doenças mentais (declaração do Sr. Petit, em 1969, diante do Conselho Superior da Administração Penitenciária e do ministro da Justiça).

– *Os prisioneiros pertencem, essencialmente, às classes mais pobres. No fim das contas, não é isso o mais importante?*

– Talvez. Uma coisa nos impressionou, se evocamos a história política recente. Ninguém mais – ou quase – fala da manifestação dos argelinos, de 17 de outubro de 1961. Nesse dia, e nos que se seguiram, policiais mataram nas ruas e jogaram no Sena, a fim de afogá-los, aproximadamente 200 argelinos. Em contrapartida, se continua falando dos nove mortos de Charonne onde, em 8 de fevereiro de 1962, concluiu-se uma manifestação contra a OAS. Em nossa opinião, isso significa que há sempre um grupo humano cujos limites variam à mercê dos outros. No século XIX, chamava-se esse grupo de classes perigosas. Hoje, ainda é a mesma coisa. Existe a população das favelas, a dos subúrbios de superpopulação, os imigrados e todos os marginais, jovens e adultos. Nada surpreendente se os encontramos, sobretudo eles, diante dos tribunais de justiça ou atrás das grades.

1971

Conversação com Michel Foucault

"A conversation with Michel Foucault" ("Conversação com Michel Foucault"; entrevista com J. K. Simon; trad. F. Durand-Bogaert), *Partisan Review*, vol. 38, n. 2, abril-junho de 1971, p. 192-201.

– *Dizem a seu respeito, Sr. Foucault, que o senhor inventou uma nova maneira de estudar os acontecimentos. O senhor formulou uma arqueologia do saber, das ciências humanas, objetivando os documentos literários e não literários de uma época, e tratando-os como arquivos. Além disso, o senhor se interessa pela política de nosso tempo. Como o senhor vive a sua ciência? Como o senhor a aplica ao que se passa hoje? Em outros termos, como o senhor desmascara o discurso atual? Como o senhor percebe as mudanças que se operam hoje?*

– Para começar, eu não estou nada certo de ter inventado um novo método, como o senhor o diz tão amavelmente; o que faço não é diferente do que se faz hoje, em muitos outros países: nos Estados Unidos, na Inglaterra, na França, na Alemanha. Não tenho pretensão à originalidade. Entretanto, é verdade que tratei, prioritariamente, fenômenos do passado: o sistema de exclusão e a prisão dos loucos na civilização europeia do século XVI ao século XIX, a constituição da ciência e da prática médicas no início do século XIX, a organização das ciências humanas nos séculos XVIII e XIX. Mas, se me interessei – de fato, me interessei profundamente – por esses fenômenos, foi porque vi neles maneiras de pensar e de se comportar, que são ainda as nossas.

Tento pôr em evidência, fundamentando-me em sua constituição e sua formação histórica, sistemas que ainda são os nossos nos dias de hoje, e no interior dos quais nos encontramos inseridos. Trata-se, no fundo, de apresentar uma crítica de nosso tempo, fundamentada em análises retrospectivas.

– *No que concerne ao que se passa, um pouco por toda parte, no ensino superior, o senhor acha que somos todos, e o senhor também, prisioneiros de um certo tipo de sistema?*

– A maneira segundo a qual as sociedades transmitem o saber é determinada por um sistema complexo: é um sistema que ainda não foi plenamente analisado, mas que, parece-me, está em vias de explodir – aliás, mais sob a influência de um movimento revolucionário do que sob o efeito de uma simples crítica teórica ou especulativa. Nesse sentido, há uma diferença notável entre os loucos e os doentes, de um lado, e os estudantes, do outro; nossa sociedade torna difícil aos loucos, que estão internados, ou aos doentes, que estão hospitalizados, realizarem sua própria revolução; desse modo, é do exterior, por meio de uma técnica de demolição crítica, que precisamos contestar esses sistemas de exclusão dos loucos e dos doentes. Quanto ao sistema universitário, ele pode ser contestado pelos próprios estudantes. Nesse momento, as críticas que emanam do exterior, dos teóricos, dos historiadores ou dos arquivistas não bastam mais. E os estudantes tornam-se seus próprios arquivistas.

– *Há alguns anos, publicou-se aqui um documento intitulado* Portrait de l'étudiant en nègre. *Além da relação senhor-escravo, poder-se-ia estabelecer um paralelo entre o estudante como figura de exclusão e o louco? Em sua vontade de manter sua racionalidade e sua coesão, a sociedade define e instaura outros párias?*

– Essa é uma questão que vai longe, e à qual é difícil responder. De qualquer forma, ela me interessa muitíssimo porque, no essencial, ela vai na mesma direção que meu trabalho. Até o momento, parece-me que os historiadores de nossa sociedade, de nossa civilização, buscaram, sobretudo, penetrar no segredo íntimo de nossa civilização, em seu espírito, na maneira como ela constitui sua identidade, nas coisas às quais ela concede valor. Em contrapartida, estudou-se muito menos o que nossa civilização rejeita. Pareceu-me interessante tentar compreender nossa sociedade e nossa civilização através de seus sistemas de exclusão, de rejeição, de recusa, através daquilo que elas não querem, seus limites, a obrigação em que se encontram de suprimir um certo número de coisas, de pessoas, de processos, o que elas devem deixar soçobrar no esquecimento, seu sistema de repressão-supressão. Sei muito bem que inúmeros pensadores – isto somente depois de Freud – se debruçaram sobre esse problema. Mas penso que, além da supressão da sexualidade, há outras formas de exclusão que não foram analisadas. Há a exclusão dos loucos; há, até certo ponto, esta forma de exclusão através da qual nós curto-circuitamos aqueles que são doentes e os reintegramos em uma espécie de circuito marginal, o circuito médico. E, depois, há o estudante: de uma certa maneira ele é também aprisionado em um circuito que possui uma dupla função. Em primeiro lugar, uma função de exclusão. O estudante é posto à parte da sociedade, relegado a um *campus*. Ao mesmo tempo que o excluem, transmitem-lhe um saber de tipo tradicional, *démodé*, acadêmico, um saber que não tem nenhuma relação direta com as necessidades e com os problemas do mundo de hoje. Essa exclusão é reforçada pela organização, em torno do estudante, de mecanismos sociais fictícios, artificiais, de uma natureza quase teatral (as relações hierárquicas, os exercícios universitários, a banca examinadora, todo o ritual de avaliação). Enfim, o estudante se vê ante a oferta de uma espécie de vida recreativa – uma distração, uma diversão, uma liberdade que, aqui também, nada têm a ver com a vida real; é essa sociedade artificial, teatral, essa sociedade de papelão, que se constrói em torno do estudante, mediante o que os jovens de 18 a 25 anos são, por assim dizer, neutralizados para e pela sociedade, tornados confiáveis, impotentes, castrados, política e socialmente. Essa é a primeira função da universidade: colocar os estudantes fora de circulação. Sua segunda função, todavia, é uma função de integração. Uma vez que um estudante tenha passado seis ou sete anos de sua vida nessa sociedade artificial, ele se torna assimilável: a sociedade pode consumi-lo. Insidiosamente, ele recebeu os valores dessa sociedade. Ele recebeu modelos de conduta socialmente desejáveis, formas de ambição, elementos de um comportamento político, de modo que esse ritual de exclusão termina por tomar a forma de uma inclusão e de uma recuperação, ou de uma reabsorção. Nesse sentido, a universidade, sem dúvida nenhuma, é bem pouco diferente dos sistemas através dos quais, nas sociedades ditas primitivas, os jovens são mantidos afastados da aldeia durante sua adolescência e submetidos a ritos de iniciação que os isolam e os privam de qualquer contato com a sociedade real, ativa. Uma vez transcorrido esse período, eles podem ser inteiramente recuperados ou reassimilados.

– *Por conseguinte, seria possível o senhor aplicar à universidade o tipo de estudo que o senhor dedicou aos hospitais? Mas o sistema universitário não está um pouco modificado? Por exemplo, não há, na história recente e por razões diversas, exclusões que são o feito dos próprios excluídos?*

– O que acabo de dizer não constitui, evidentemente, mais do que uma descrição muito sumária. Ela requereria ser precisada, pois o modo de exclusão dos estudantes, no século XIX, era com certeza diferente do que ele é hoje. No século XIX, o ensino superior era exclusivamente reservado aos filhos da burguesia ou a essa margem da pequena burguesia cujo nível superior era necessário para sua indústria, seu desenvolvimento científico, seus ofícios técnicos... As universidades de hoje acolhem um maior número de estudantes oriundos dos grupos mais pobres da pequena burguesia. Temos, assim, no interior da universidade, conflitos explosivos entre, de um lado, uma alta burguesia que tem uma necessidade crescente de técnicos, engenheiros (de um modo geral, uma necessidade cada vez maior de ciência e de saber) e, do outro, uma pequena burguesia que, à medida que a alta burguesia cresce, se encontra – social e politicamente – cada vez mais proletarizada, já que seu desenvolvimento depende da tecnologia e da ciência, quer dizer, das contribuições que lhe trazem os estudantes e pesquisadores oriundos dessa pequena burguesia. O resultado é que a alta burguesia recruta e inscreve, nas universidades, pessoas que estão em via de proletarização, e que chegam à universidade portadoras de um potencial revolucionário: o inimigo está dentro de seus muros.

É assim que o *status* da universidade se torna problemático. A alta burguesia deve velar para que a universidade continue a ser um lugar de exclusão, no qual os estudantes são cortados de seu meio real, ou seja, de um meio que se proletariza. E, além disso, as universidades devem assegurar um número sempre crescente de rituais de inclusão no interior de um sistema de normas capitalistas. Tem-se então um reforçamento da velha universidade tradicional, com sua dupla função de teatralização e de iniciação. Porém, logo que os estudantes entram no sistema e compreendem que se está a fim de jogar com eles, alguém tenta insurgi-los contra suas origens e seu meio verdadeiro; disso resulta uma tomada de consciência política, e é a explosão revolucionária.

– *Considerações estéticas à parte, o senhor vê um paralelo entre o que se passa na universidade e a peça de Peter Weiss Marat-Sade*[1] *– penso também em um produtor-diretor que queria montar uma peça na qual os atores, doentes mentais, tentam virar a peça contra os espectadores?*

– É uma referência muito interessante. Acho que essa peça diz o que se passa hoje de modo bem melhor do que a maioria dos ensaios teóricos. Quando Sade estava internado em Charenton, ele queria que suas peças fossem representadas pelos internos. No espírito de Sade, essas peças eram supostas como contestando seu internamento; o que se passou, de fato, foi que os internos que representavam essas peças denunciaram não apenas o sistema de internamento, mas também o sistema de opressão, os valores que Sade lhes impunha ao fazê-los representar suas peças. Sob certos aspectos, Sade é como o professor de hoje, o professor liberal que diz a seus alunos: "E, então, por que vocês não contestam todos os valores burgueses que querem impor a vocês?"; e os alunos, levando aos extremos o teatro do liberalismo universitário, acabam por contestar o próprio professor.

– *Isso é precisamente o que eu queria lhe perguntar, a propósito do relacionamento entre o corpo de professores e os estudantes: os professores não seriam também, de uma certa forma, excluídos? Afinal de contas, os professores e os administradores também fazem parte da comunidade universitária, tal como os estudantes. Poder-se-ia dizer, é claro, que os administradores são apenas os representantes da sociedade, mas, na maioria dos casos, são professores que assumem uma função administrativa, com frequência provisória. Há diferenças entre o corpo de professores e os estudantes?*

– Não conheço suficientemente bem o sistema americano para lhe dar ainda que fosse apenas um início de resposta. Na França, um professor de universidade é um funcionário e, como tal, ele pertence ao aparelho de Estado. Quaisquer

---

1 Weiss (P.), *Die Verfolgung und Ermordung Jean-Paul Marats, dargestellt durch die Schauspielergruppe des Hospizes zu Charenton unter Anleitung des Herrn de Sade. Drama in zwei Akten*, Berlim, Rütten und Loening, 1965. (*La persécution et l'assassinat de Jean-Paul Marat, représentés par le groupe théâtral de l'hospice de Charenton, sous la direction de Monsieur de Sade. Drame en deux actes*, trad. J. Baudrillard, Paris, Éd. du Seuil, 1965.)

que possam ser suas opiniões pessoais, um professor, por seu *status* de funcionário, perpetua o sistema de transmissão do saber exigido pelo governo, quer dizer, a classe burguesa, cujos interesses são representados pelo governo. Sem dúvida, as coisas são diferentes nos Estados Unidos, onde o ensino superior é um mercado livre. Ignoro se o universitário americano é mais ameaçado, explorado, ou se ele está mais bem disposto a aceitar os valores que lhe são impostos. A posição de professor é quase insustentável, em nossos dias, como o é, sem dúvida, a da pequena burguesia: não são os professores o produto mais surpreendente desta classe que, no século XIX, pelo menos na França, conseguiu que lhe fosse delegado, pela alta burguesia, o direito de exercer o poder? Houve uma república dita "dos professores", e a III República recrutou seus quadros políticos dentre os representantes da função de ensino, ou nas profissões do mesmo tipo – dentre os médicos, advogados... Agora que o quadro da República está inteiramente diferente, a pequena burguesia, na França, perde todo o controle do aparelho de Estado. Daí o sentimento de aflição que pesa sobre a pequena burguesia e, ao mesmo tempo, sua hesitação entre duas tentações: a de juntar-se aos estudantes e sua luta revolucionária e a de reconquistar o poder, de seduzir, uma vez mais, essa alta burguesia que não quer mais assumi-la, exceto em um plano técnico.

– *Antes de vir a Buffalo, o senhor ensinava em Vincennes, uma universidade de vanguarda, a qual alguns dizem que está em pleno caos, lutando para se adaptar aos processos que o senhor acaba de descrever. O senhor disse que a posição do professor tornou-se insustentável; desse ponto de vista, ao passar de Vincennes a Buffalo, o senhor teve a impressão de que se encontrava em um país estrangeiro, exótico?*

– Logo que cheguei a Buffalo, tive a impressão de me encontrar em Vincennes; apesar de algumas diferenças relativamente superficiais no comportamento, no modo de vestir, nos gestos e no discurso, pareceu-me que uma mesma luta se engajara na França e nos Estados Unidos. Entretanto, acho que, no que concerne à tática e à estratégia políticas, os estudantes americanos estão em uma posição muito diferente daquela de seus homólogos franceses. Os estudantes franceses, de fato, têm de se haver com uma classe operária importante e organizada que, pelo viés de seus sindicatos e de suas organizações políticas, clama por sua fidelidade ao marxismo: é possível que os operários franceses estejam prontos a escutar os estudantes e a compreender sua luta, mas, ao mesmo tempo, os estudantes franceses devem combater a influência conservadora do partido comunista e da CGT. A situação dos estudantes americanos se apresenta de maneira muito diferente: parece-me que nos Estados Unidos a classe operária está, talvez, menos pronta a adotar a causa dos estudantes. Deve ser difícil, para um estudante americano, militar com os operários. Contudo, por outro lado, a vantagem aqui é que não há grandes forças conservadoras como o partido comunista e a CGT. Interditando e perseguindo o partido comunista por tantos anos, penso que o governo americano prestou, em um certo sentido, um serviço à causa revolucionária: ele manteve a possibilidade de laços entre os estudantes e os operários. Naturalmente, na América, há também a tensão específica que o problema racial representa; é um problema que conhecemos também na França, mas em um grau mínimo (não se deve esquecer que há, na França, uma população não desconsiderável de operários africanos – argelinos e negros – que constitui, numericamente, um subproletariado importante).

– *O chauvinismo se intensificou na França nestes últimos anos? Constatou-se uma recusa crescente de tudo o que vem do exterior? A América, é sabido, é um* melting-pot;* *isso faz uma diferença?*

– Pois bem, parece-me que, nos círculos intelectuais ao menos, não se encontra na América o insuportável chauvinismo que caracteriza a França. Não se deve esquecer que somos um pequeno país, preso entre estes dois grandes modelos que são, de um lado, os Estados Unidos e, do outro, a União Soviética. Durante um longo tempo, tivemos que combater esses dois modelos. Foi o partido comunista que propôs, depois impôs, o modelo russo, e a luta contra a influência conservadora do partido acarretou uma espécie de recusa sistemática do modelo soviético; por outro lado, uma certa burguesia liberal ligada aos interesses americanos nunca cessou de fazer avançar o modelo americano, contra o qual também era necessário lutar. Foi a partir desse momento, penso eu, que os mecanismos do

---

* (N.T.) *Melting-pot*: mistura de raças.

chauvinismo se colocaram na esquerda francesa. São mecanismos que nem sempre são conscientes; eles se manifestam por um jogo de exclusão, de recusa e de esquecimento. A literatura americana, por exemplo, é muito pouco lida na França; quanto à filosofia, à história e à crítica americanas, elas não são lidas de modo nenhum. Há que esperar muito tempo para que os livros americanos sejam traduzidos para o francês. Não devemos permitir que a luta contra a influência e as relações econômicas com os Estados Unidos afete nossas relações com os intelectuais americanos. Nosso nacionalismo deve ser seletivo. Acho que um pequeno país como a França não pode evitar um certo nacionalismo em sua política e em sua economia, se quiser preservar um grau de independência; contudo, por outro lado, devemos compreender que uma luta que, hoje, é ideológica mas que, um dia, se tornará abertamente revolucionária está em via de despontar em todos os cantos do mundo. Devemos renunciar ao chauvinismo cultural.

– *Esta é sua primeira viagem à América; é a primeira vez que o senhor ensina em uma universidade americana. No que concerne à troca cultural da qual o senhor acaba de falar, qual será a influência no senhor desses dois meses passados aqui?*

– Meu problema é, essencialmente, definir os sistemas implícitos dos quais somos prisioneiros; gostaria de compreender os sistemas de limites e de exclusão que praticamos sem saber; gostaria de tornar aparente o inconsciente cultural. E, então, quanto mais eu viajo, mais me afasto de meus centros de gravidade naturais e habituais, mais aumento minhas chances de compreender os fundamentos sobre os quais, manifestamente, me apoio. Desse ponto de vista, qualquer viagem – não falo, é claro, de uma viagem turística nem mesmo de prospecção –, qualquer movimento que me afaste de meu quadro original de referência é fecundo. Para mim, é sempre bom mudar de língua e de país. Um exemplo simples: em Nova Iorque, fiquei impressionado, como ficaria qualquer estrangeiro, pelo contraste imediato entre alguns belos quarteirões e a pobreza, a própria miséria que os cerca à direita e à esquerda, ao norte e ao sul. Sei muito bem que o mesmo contraste existe na Europa, e que vocês mesmos, quando vêm à Europa, ficam certamente chocados com a grande miséria que reina nos bairros pobres de Paris, Hamburgo, Londres, pouco importa onde. À força de viver na Europa por todos esses anos, perdi a noção de contraste e acabei acreditando que o nível de vida do conjunto da população se havia elevado; eu não estava longe de imaginar que o proletariado havia se tornado a classe média, que os pobres haviam quase desaparecido, e que portanto o conflito social, o conflito entre as classes, chegava a seu termo. Mas, ao ver Nova Iorque, ao perceber novamente, e de modo repentino, esse contraste impressionante que existe por toda parte, mas que se apagara por trás das formas familiares que ele tem para mim, tive uma espécie de segunda revelação: o conflito de classes continua existindo, ele existe de modo mais agudo.

– *Gostaria de retornar ao ensino propriamente dito. O senhor disse, há pouco, que a posição do professor lhe parece insustentável, e no entanto o senhor é um professor talentoso. O senhor consegue captar a atenção de seu público durante duas horas de enfiada – e é preciso manter a atenção para seguir seu pensamento passo a passo –, tudo isso apesar do fato de que a conferência, como um modo de transmissão de um saber, parece tão antiquada quanto o pode ser a posição do professor em geral. O senhor me disse também que o que lhe é mais detestável é a pessoa que, não contente em representar o papel de um tirano, é hábil o bastante para esconder seu despotismo e seu paternalismo. Vejo aí um paralelo entre suas ideias políticas, sua forma de crítica e seu ponto de vista pedagógico. Em todos esses domínios, quer eles sejam políticos ou pedagógicos, o senhor busca desmacarar o sistema, a grade.*

Apesar disso, paradoxalmente, o senhor prefere ter apenas alguns estudantes. Suas ideias, se assim posso me expressar, são pouco acessíveis – pelo menos diretamente – àqueles que, numerosos, não possuem a bagagem para penetrar na densidade de seus livros. Além disso, o senhor mantém um certo procedimento (no que o senhor tem razão), um método através do qual o senhor impõe seu ponto de vista de modo enérgico e exclusivo; o senhor diz: "Vou impor esta grade." Mas, então, como o senhor se defende da acusação de elitismo – conceito pedagógico que repousa sobre a velha relação mestre-discípulo e que exige que seu método seja aceito, que seja o senhor que imponha um sistema? O senhor diz que o Homem está morto, que não há senão uma massa de homens; como o senhor pode, ao mesmo tempo, acreditar nessa multiplicidade e conduzir toda sua atenção para uma única definição, não direi do homem, mas de um sistema que o senhor busca impor?

– Bem, é muito amável de sua parte dizer que sou um bom professor, mas, na verdade, eu não acho. Eu experimento, como todos os meus colegas, suponho, um certo embaraço quando o problema de definir um método de ensino se apresenta a mim. Acho que o senhor enfatizou o ponto essencial: há que desconfiar do que vocês americanos chamam de "liberalismo" e que, na França, leva o nome de "reformismo". O reformismo, no final das contas, é um tratamento dos sintomas: trata-se de apagar com a borracha as consequências fazendo valer o sistema ao qual se pertence, ainda que isso queira dizer que se deve dissimulá-lo. Na França, criticou-se violentamente o sistema de conferências: o professor chega, fica atrás de sua mesa durante uma hora, diz o que tem a dizer, e o estudante não tem a possibilidade de discutir. Os reformistas preferem a fórmula do seminário, no que ela respeita a liberdade: o professor cessa de impor suas ideias e o estudante tem o direito de falar. É verdade... Mas o senhor não acha que um professor que se responsabiliza por estudantes no início do ano, que os faz trabalhar em pequenos grupos, os convida a entrar em seu próprio trabalho, divide com eles suas questões e seus métodos, o senhor não acha que, em uma tal fórmula, os estudantes ficam ainda mais deformados no final do seminário do que se eles tivessem simplesmente seguido uma série de conferências? Não irão eles considerar como adquirido, natural, evidente e absolutamente verdadeiro o que, afinal de contas, não é senão o código, a grade de seu professor? Não correm eles o risco de que o professor lhes imponha suas ideias de maneira muito mais insidiosa? Não quero defender a conferência a qualquer preço, mas me pergunto se ela não tem, para dizer a verdade, uma espécie de honestidade bruta, desde que ela precise o que ela é: não a proclamação de uma verdade, mas a apresentação, em estágio experimental, de um trabalho que tem suas hipóteses, seus métodos, deixando assim o campo livre à crítica e às objeções; o estudante é livre para revelar suas imperícias. Naturalmente, os seminários e os grupos de trabalho são necessários, porém mais, penso eu, para experimentar métodos do que para permitir o exercício da liberdade.

Quando dou uma conferência um pouco dogmática, digo para mim mesmo: sou pago para trazer aos estudantes uma certa forma e um certo conteúdo de saber; devo fabricar minha conferência ou meu curso um pouco como se fabricaria um sapato, nem mais, nem menos. Concebo um objeto, tento fabricá-lo da melhor forma que posso. Isso me dá muito trabalho (nem sempre, sem dúvida, mas com frequência); levo esse objeto à sala de conferências, mostro-o e, em seguida, deixo o público livre para usá-lo como lhe convier. Eu me considero mais como um artesão fabricando um objeto e oferecendo-o à consumação do que como um mestre fazendo trabalhar seus escravos.

Uma vez, dei uma conferência para um sindicato era a CGT. Eu devia ser, como se diz, "muito simples"; mas rapidamente me dei conta de que a simplicidade requerida não incidia sobre as ideias gerais ou sobre os problemas elementares; ela ia no sentido de um vocabulário tão isento quanto possível de ambiguidades; uma certa precisão nas definições, uma certa exatidão do raciocínio. A partir daí, mesmo um público "não iniciado" pode perfeitamente aceitar e compreender coisas "difíceis"; uma certa preocupação técnica me parece ser a garantia do sério e do caráter não lírico do assunto.

– *E como o senhor vê a tutela da universidade, no caso, por exemplo, em que o senhor não quer trabalhar e é coagido a fazê-lo, ou melhor, quando o senhor quer fazer um trabalho de artesão e não o autorizam a fazê-lo?*

– Se impeço uma greve de estudantes de ser deflagrada, ou se tento simplesmente retardá-la, então concedo meu apoio a essa alta burguesia que necessita, para seu desenvolvimento econômico, do saber, da universidade, dos professores e dos estudantes; com esse gesto, cauciono o sistema capitalista e sua manutenção do poder contra as forças proletárias e revolucionárias. Quando os estudantes entram em greve, não considero que eles me impedem de fazer meu trabalho; penso que eles lutam para obter outras condições de trabalho intelectual; e, uma vez que, em todos os sentidos – intelectual e socialmente –, as condições atuais de trabalho me parecem insatisfatórias, considero que os estudantes têm razão, que sua ação me permite, a longo prazo, fazer melhor meu trabalho, e não que ela me impeça de fazê-lo agora.

– *Ainda que se colocando rebeldes, os estudantes dão provas de um certo romantismo em seu estilo; eles adotam frequentemente uma atitude estereotipada, sentimental, sua maneira de se vestir e suas condutas o testemunham. Parece-me que tudo isso faz reviver o indivíduo, esse homem que, em certa medida, o senhor gostaria de matar. Contudo, constato que o senhor tem grande prazer em observar certos gestos e certos trajes extravagantes, e em troçar disso alegremente. É como se o senhor se encontrasse sempre, de algum modo, no meio de uma representação de* Marat-Sade, *pesquisando suas grades e seus sistemas. Como o senhor consegue ajustar seu método extremamente rigoroso e científico – um método de artesão –, sua arqueologia sábia, ao estilo folclórico e teatral arvorado pelos estudantes?*

– Parece-me que aquilo que os estudantes tentam fazer, através do que, à primeira vista, poderia parecer um simples folclore, e o que eu mesmo tento realizar, na poeira dos meus livros, são, fundamentalmente, uma única e mesma coisa. A diferença é que os estudantes o fazem com imaginação e humor, enquanto eu o faço um pouco à maneira de um camundongo roendo um pedaço de queijo. O que tento fazer é compreender os sistemas implícitos que determinam, sem que disso tenhamos consciência, nossas condutas as mais familiares. Tento atribuir-lhes uma origem, pôr em evidência sua formação, a coação que nos impõem. Tento, portanto, tomar distância em relação a esses sistemas e mostrar de que maneira seria possível escapar-lhes. Mas o que fazem os estudantes quando se dirigem a um professor em um tom familiar, ou quando chegam vestidos de mendigos, ou quando se beijam em classe, e sei lá mais o quê? Que fazem eles senão ridicularizar, parodiando-os, um certo número de elementos que fazem parte do sistema de vida burguês e que aceitamos como se fossem naturais, como se fossem a expressão da natureza humana? Se é "chocante" se beijar em classe é porque todo nosso sistema de educação implica a dessexualização da juventude. E com que direito nossa sociedade manda os estudantes se vestirem burguesamente, senão porque a educação é suposta de transmitir os modos de conduta da sociedade burguesa?

Uma das maiores decepções que o partido comunista e a União Soviética nos causaram provém do fato de que eles retomaram por sua conta, em sua quase totalidade, o sistema de valores da burguesia. Tem-se a impressão de que o comunismo, em sua forma tradicional, sofre de um traumatismo de nascimento: dir-se-ia que ele busca reapropriar-se do mundo tal como este existia na época em que ele nasceu, o mundo de uma burguesia triunfante; a estética comunista é a do realismo à maneira do século XIX: *O lago dos cisnes*, um quadro que conta uma história, o romance social. O partido comunista aceita e perpetua a maioria dos valores burgueses (na arte, na família, na sexualidade, na vida cotidiana, em geral). Devemos nos liberar desse conservantismo cultural, tal como devemos nos liberar do conservantismo político. Devemos desmascarar nossos rituais e fazê-los aparecer como são: coisas puramente arbitrárias, ligadas ao nosso modo de vida burguês. É bom – e isso é o verdadeiro teatro – transcendê-los através do modo do jogo, através de um modo lúdico e irônico; é bom ser sujo e barbudo, ter cabelos compridos, parecer uma moça quando se é um rapaz (e vice-versa). É preciso pôr "em cena", exibir, transformar e derrubar os sistemas que nos ordenam pacificamente. Quanto a mim, é o que tento fazer no meu trabalho.

1971

A Prisão em toda Parte

"A prisão em toda parte", *Combat*, n. 8.335, 5 de maio de 1971, p. 1.

Há três meses, o Grupo de Informação sobre as Prisões conduz sua inquirição. Ele interroga os detentos, os ex-detentos, suas famílias, todos os usuários da prisão. Afinal, somos todos suscetíveis de ir para a prisão; com que direito nos impedem de saber o que ela é realmente? Ela é um dos instrumentos do poder, e um dos mais desmedidos. Com que direito o poder faz segredo sobre ela?

Em 1º de maio nos dirigimos às portas de Fresnes e da Santé. Como todos os sábados, os visitantes aguardam meia hora, 45 minutos, antes de poder entrar. Juntamente com alguns outros, J.-M. Domenach foi a Fresnes; eu estava com os da Santé. Conversamos com as pessoas, principalmente sobre o registro judicial. Fizemos circular um texto, e distribuímos *muguets*.

Por muito pouco tempo: os policiais chegaram e nos conduziram ao posto. Eles não deviam saber muito bem por quê. Em Fresnes, era por "falta de depósito legal"; na Santé, por "venda ambulante sem recibo". Sem chance: nenhum dos dois motivos podia valer nesse caso. Bagatelas? Não, senhor. A rua está se tornando o domínio reservado da polícia; sua arbitrariedade, ali, é a lei; circule e não pare; caminhe e não fale; o que você escreveu não o dará a ninguém; nada de agrupamento. A prisão começa bem antes de suas portas. Desde que você sai de sua casa.

Mas o que se seguiu foi mais edificante. No posto, perguntaram-nos nosso nome, o de nossos parentes etc. "Mas quantos, entre vocês, têm um nome verdadeiramente gaulês?" Uma estudante ponderou então que, de fato, ela não tinha um nome gaulês; que ela bem o sabia, já que a tinham feito atentar para isso durante a guerra; e que, depois dessas observações, sobreveio, para sua família, a deportação e o crematório. O tira se aproximou, perguntou à jovem mulher se ela não estava legal e se, por acaso, ela não teria fumado haxixe. Depois, ele se calou. Passados 15 minutos, fazendo o gesto de mirar e atirar com um revólver imaginário, gritou: "*Heil, Hitler!*" O oficial, penso eu, não estava muito à vontade. Ele rapidamente nos despachou.

Mas houve ainda um tira – um outro – para nos seguir pela calçada; eu já estava bem longe do posto de polícia quando ele me abordou pelas costas e insultou. Seus "colegas" vieram buscá-lo; ele vociferava; eles o agarraram, e tive a impressão de que ele se debatia. Violência ao policial? A lei é severa, acredito, para com esse gênero de delito. Tenhamos confiança.

De nossa parte, é claro, apresentamos queixa, porque é preciso que se saiba que na arbitrariedade minúscula e cotidiana das ruas, em uma questão aparentemente simples de distribuição de panfletos, o policial menos graduado tem perfeitamente consciência do papel que lhe fazem representar; ele próprio nomeia o sistema que se estabelece suavemente através de seus grosseiros gestos desastrados; ele saúda a nova função que exerce, e apela alegremente ao chefe que ele merece.

1971

Prefácio à *Enquête dans Vingt Prisons*

Prefácio à *Enquête dans vingt prisons*, Paris, Champ Libre, col. "Intolérable", n. 1, 28 de maio de 1971, p. 3-5.

Apresentação não assinada da primeira brochura realizada pelo GIP. Esta brochura seguia a ordem das rubricas dos questionários que circularam clandestinamente em uma vintena de casas de detenção e de centrais. M. Foucault cuidou, ele próprio, de sua confecção a partir dos questionários que retornaram.

Tribunais, prisões, hospitais, hospitais psiquiátricos, medicina do trabalho, universidades, órgãos de imprensa e de informação: através de todas essas instituições e sob diferentes máscaras, uma opressão que, em sua raiz, é uma opressão política, se exerce.

Essa opressão, a classe explorada sempre soube reconhecê-la; ela nunca cessou de resistir-lhe; mas foi bem coagida a suportá-la. Ora, eis que essa opressão se torna intolerável às novas camadas sociais – intelectuais, técnicos, juristas, médicos, jornalistas etc. Ela pretende sempre se exercer através deles, com a ajuda ou a cumplicidade deles, mas sem levar em conta, doravante, seus interesses nem principalmente sua ideologia. Os que estão encarregados de distribuir a justiça, a saúde, o saber, a informação começam a ressentir, naquilo que eles próprios fazem, a opressão de um poder político. Essa intolerância nova vem ao encontro dos combates e das lutas conduzidos há muito tempo pelo proletariado. E essas duas intolerâncias juntas recuperam os instrumentos formados no século XIX pelo proletariado: em primeiro lugar, as inquirições feitas sobre a condição operária pelos próprios operários. Desse modo se situam as *inquirições-intolerância* que agora empreendemos.

1) Essas inquirições não se destinam a melhorar, a abrandar, a tornar mais suportável um poder opressivo. Elas são

28 Michel Foucault – Ditos e Escritos

destinadas a atacar, ali onde ele se exerce sob um outro nome – o da justiça, o da técnica, o do saber, o da objetividade. Cada uma delas deve, portanto, ser *um ato político*.

2) Elas visam a alvos precisos, instituições que têm um nome e um lugar, administradores, responsáveis, dirigentes – que fazem vítimas, também, e que suscitam revoltas, mesmo entre aqueles encarregados delas. Cada uma deve, portanto, ser *o primeiro episódio de uma luta*.

3) Elas reagrupam em torno desses alvos camadas diversas mantidas separadas pela classe dirigente, através do jogo das hierarquias sociais e dos interesses econômicos divergentes. Elas devem fazer cair essas barreiras indispensáveis ao poder, reunindo detentos, advogados e marginais; ou, ainda, médicos, doentes e pessoal hospitalar. Cada uma deve, em cada ponto estrategicamente importante, constituir *um* front, *e um* front *de ataque*.

4) Essas inquirições são feitas não do exterior por um grupo de técnicos: os inquiridores, aqui, são os próprios inquiridos. Cabe a eles tomar a palavra, fazer cair a compartimentagem, formular o que é intolerável, e não mais tolerá-lo. Cabe *a eles encarregar-se da luta que impedirá a opressão de se exercer.*

O primeiro alvo são as prisões. Por quê?

Depois de maio de 1968, o aparelho judiciário – instrumento relativamente silencioso e dócil até então – foi "superutilizado": para reprimir os operários franceses e imigrados, para reprimir os estudantes, para reprimir os comerciantes e camponeses. Caminhões de CRS,* *blitz* nas ruas, cassetetes e gás lacrimogêneo, guardas à vista, sevícias policiais, flagrantes delitos, detenções preventivas, julgamentos dos clientes por um aspecto particular (quer dizer, pela classe, pela opinião política e pela cor da pele), liberações arbitrárias, tudo isso tornou intolerável a justiça de classe. Mas esta começa a não mais sustentar a si mesma nas instituições, e nem os homens que ela própria escolheu. Muitos advogados, juízes e funcionários da penitenciária não toleram mais o ofício que lhes fazem executar. Há mais ainda: o poder do Estado não suporta mais seus próprios juízes. Ele os decreta: *covardes*.

---

* (N.T.) CRS: *Compagnie Républicaine de Sécurité*.

Ao fazerem a greve de fome no inverno passado, os militantes políticos encarcerados deram uma nova forma ao que, na época, não passava de um mal-estar surdo. Eles reagruparam em torno de sua ação muitos detentos; do lado de fora da prisão, eles provocaram um movimento contra as condições da detenção; eles permitiram que se reagrupassem, de um e do outro lado dos muros da prisão, os que querem lutar contra o intolerável: uma justiça que serve à classe dominante. É aqui que a inquirição sobre as prisões toma seu lugar.

Essa brochura não é um balanço: ela faz parte integrante do desenrolar da inquirição. Trata-se de dar aos detentos das diferentes prisões o meio de tomar a palavra, no mesmo momento, sobre as condições de detenção, de encarceramento, de saída.

Trata-se também de penetrar nas prisões e de revelar no exato momento o que se passa – sevícias, suicídios, greves de fome, agitação, revoltas.

O questionário foi redigido com antigos detentos e modificado a partir das primeiras respostas. Presentemente, perto de um milhar de questionários está em circulação.

Ele permitiu a constituição de grupos de inquirição, reunindo, em torno de um certo número de prisões, antigos detentos, famílias de detentos, diversos funcionários da penitenciária revoltados com seu trabalho, advogados, magistrados, estudantes, intelectuais.

Ele foi distribuído por esses grupos às portas das prisões, nas filas de espera dos visitantes. Apesar da censura dos parlatórios, algumas famílias se fizeram inquiridoras, fazendo assim conhecer no interior a ação engajada no exterior.

Para redistribuir a informação o mais rapidamente possível, redigimos esta brochura a partir dos primeiros questionários:
– a título de exemplo, dois questionários preenchidos foram integralmente reproduzidos;
– foram igualmente retranscritos dois relatos que seguem a ordem das questões colocadas;
– foram reagrupadas, sob as principais rubricas do questionário, as respostas mais características.

A partir desses documentos e de outros que serão publicados, diferentes campanhas serão organizadas para denunciar as condições revoltantes da detenção, assim como todo o sistema judiciário que as produz e sustenta. Dentre os pedidos ime-

diatos dos detentos e de sua família, figura, em primeiríssimo lugar, a abolição do fichário judicial:
– o fichário judicial desqualifica, de saída, a pretensão hipócrita de fazer passar a prisão por um lugar de reeducação;
– interditando o acesso da função pública aos detentos do fichário judicial, o Estado julga todos os dias o valor de seu próprio sistema penitenciário;
– o sistema judicial contradiz o direito ao trabalho: ele condena os antigos detentos ao desemprego, à arbitrariedade dos empregadores, aos trabalhos os mais explorados;
– com o fichário judicial, não há liberação, há apenas o *sursis*.
A abolição do fichário judicial será o tema de nossa próxima campanha.

1971

Um Problema que me Interessa Há muito Tempo É o do Sistema Penal

"Um problema que me interessa há muito tempo é o do sistema penal" (entrevista com J. Hafsia), *La presse de Tunisie*, 12 de agosto de 1971, p. 3.

– *Professor, o senhor poderia nos falar de sua obra? De seus projetos? E de seus trabalhos no Collège de France?*
– Seja como for, não falo de minha obra pela excelente razão de não me sentir portador de uma obra virtual. Procurei dizer o que tinha vontade de dizer, há um certo número de anos. Isso feito, isso existe ou não existe, é lido ou não, devo dizer que não é na direção do que fiz que olho agora. Mas, se o senhor me perguntar em qual direção olho agora, eu lhe direi que não é tanto do lado das coisas a escrever. Há um problema que há muito tempo me interessa, é o do sistema penal, da maneira como uma sociedade define o bem e o mal, o permitido e o não permitido, o legal e o ilegal, a maneira como ela exprime todas as infrações e todas as transgressões feitas à sua lei.
Já encontrei esse problema com relação à loucura, pois a loucura é igualmente uma forma de transgressão. Foi extremamente difícil para nossas civilizações fazer a divisão entre esse desvio que é a loucura e a falta ou o crime que são a transgressão. Tal é, portanto, minha preocupação: o problema da transgressão da lei e da repressão da ilegalidade. Então, darei, sem dúvida, uma série de cursos durante os 27 anos que me restam ainda no Collège de France. Não digo que dedicarei os 27 anos a isso, mas, sem dúvida, um certo número deles. Com alguns amigos, em particular J.-M. Domenach – diretor da revista *Esprit* –, formamos uma espécie de pequeno grupo. Como dizer? Um grupo de intervenção e de ação no que concerne à justiça, ao sistema penal, às instituições penitenciárias na França, e lançamos uma inquirição sobre as condições dos detentos na

França. As prisões francesas são, de fato, instituições extraordinariamente arcaicas, ainda medievais: entre as mais velhas e ao mesmo tempo mais severas do mundo. Essa inquirição nós a fizemos de um modo bastante particular: em vez de nos dirigirmos à administração penitenciária, para saber como as coisas se passavam do ponto de vista dessa administração, nós nos dirigimos diretamente aos antigos detentos, àqueles que saíam da prisão, e, entrando nós mesmos na ilegalidade, nos dirigimos clandestinamente aos detentos, e obtivemos, clandestinamente, suas respostas. Soubemos de modo exato o que era a vida na prisão. Dessa inquirição publicaremos, nas próximas semanas, os primeiros resultados. Para dizer a verdade, o primeiro resultado já o conhecemos, é a grande irritação da administração francesa e do governo. Nós, inclusive, J.-M. Domenach e eu, passamos algumas horas nos comissariados, detidos pela polícia. Eis aí ao que eu estou dedicando minhas atividades, e talvez os meses e os anos vindouros.

– *O senhor está preparando alguma obra, nesse momento?*
– Não. No momento, minhas atividades são essencialmente práticas. Um dia, talvez, tentarei fazer o balanço desse movimento que está se desenhando. O que me surpreende é que o sistema penal, o sistema de repressão que funciona em uma sociedade como a sociedade francesa, date, todavia, de 160 anos atrás, já que é o Código Penal de 1810 – no fundo muito pouco modificado depois de Napoleão – que rege nosso sistema atual do permitido e do ilícito, sem dúvida adaptado à organização do Estado burguês no momento de sua formação, no início do século XIX. Atualmente, acho que é peciso toda uma reforma do Código, uma reforma em profundidade. Precisamos de um novo Beccaria, de um novo Bertin. Não tenho nenhuma pretensão de ser um novo Beccaria ou Bertin, pois não cabe a um teórico fazer a reforma dos Estados. Àqueles sobre os quais pesa essa justiça, sem dúvida injusta, cabe tomar nas mãos a reforma e a refundição da justiça.

– *Portanto, até aqui, o senhor se ocupou do dizível e, agora, o senhor quer se ocupar do factível. Sua primeira preocupação é a prática. Mas a prática só poderá ter sentido se expressa de um modo ou de outro. Aqui, também, há uma questão de enunciado: o fazer não está ligado ao dizer?*
– Sim. Sua questão é muito importante. Eu não quero fazer minha própria história (isso não teria nenhum interesse), mas

a primeira coisa pela qual me interessei foi o fenômeno da exclusão dos loucos na sociedade ocidental depois do final do século XVI. Fenômeno com dupla face: de um lado, você tem as instituições, as práticas, espécies de hábitos, a maneira, por exemplo, como a polícia, as famílias ou a justiça classificavam, faziam a triagem dos loucos e os punham à sombra; era uma prática que apenas se enunciava, e têm-se todas as dificuldades do mundo para encontrar justamente as formas, as regras desses hábitos que não deixaram rastros porque elas não se formulavam. Eram sem enunciado. E, de outro lado, essas instituições, essas práticas da loucura, eram, mesmo assim, até certo ponto ligadas e sustentadas por um discurso filosófico, religioso e jurídico, médico sobretudo. E foi esse conjunto "práticas e discursos" que constituiu o que chamei de experiência da loucura, má palavra, aliás, pois, na realidade, não é uma experiência. No entanto, tento desemaranhar o sistema dessa prática de exclusão dos loucos. Agora, porém, passo meu tempo oscilando entre os dois polos, o do discurso e o da prática. Em *As palavras e as coisas*, estudei principalmente lençóis, conjuntos de discurso. Em *A arqueologia do saber* também. Atualmente, novo movimento de pêndulo: estou interessado nas instituições e nas práticas, nessas coisas de algum modo debaixo do dizível.

– *Todavia, não se pode agir dessa maneira sem se ter uma ideia sobre o que é factível e sobre o que não o é, sobre o que é, em suma, bem ou mal. Retorna-se ao discurso moral, mesmo se não se aprova a divisão do bem e do mal. Em sua prática concreta, como o senhor vai sair disso, uma vez que suas decisões deverão assentar-se, ainda assim, sobre um discurso?*

– Sim, em um sentido, elas se assentam sobre um discurso; mas, veja, o que tentamos fazer atualmente não se aloja em uma certa teoria do bem e do mal, do factível ou do não factível. Não é isso que me detém. Uma coisa é certa: o sistema penitenciário atual, e, de um modo geral, o sistema repressivo ou mesmo o sistema penal, não é mais suportado pelas pessoas. Assim, na França, no que concerne à prisão, no que concerne à justiça, há um descontentamento de fato, descontentamento que é evidentemente o das classes mais pobres e mais exploradas. Ora, meu problema não é saber qual seria o sistema penal ideal, o sistema repressivo ideal. Procuro simplesmente ver, fazer aparecer e transformar em discurso legível por todos o que pode haver de insuportável para as classes mais desfavorecidas, no sistema da justiça atual. Um advogado se compra; quer dizer que, afinal, o direito a receber a justiça se compra. Tomo esse exemplo simples, mas é evidente que é segundo a classe à qual se pertence, segundo as possibilidades de fortuna, segundo as posições sociais que se obtém a justiça. A justiça não lhe é atribuída do mesmo modo. Essa desigualdade diante da justiça que, no século XVIII, já era muito vivamente experimentada e contra a qual reagiram Beccaria, Bertin e os grandes Códigos napoleônicos, essa desigualdade reinstaurou-se, se é que ela em algum momento foi suspensa. Ela se reinstaurou e, atualmente, as pessoas sofrem dela de modo violento. Tem-se o sentimento quase cotidiano dessa desigualdade diante da justiça e diante da polícia. Isto é o que tentamos fazer aparecer: captar o ponto de revolta e mostrá-lo.

– *Em suma, se olho tudo isso como uma atividade filosófica, poderei dizer que desde o início o senhor subordinou o discurso lógico a um discurso moral, e que, no fundo, é esse discurso moral que domina todos os seus trabalhos, e que isso desembocará não em uma metafísica, mas em uma moral?*

– Talvez!... Enfim, não diria que não!... Digamos antes isto: há um tempo escrevi um livro sobre a história da loucura. Ele foi bastante mal recebido, exceto por alguns, como Blanchot ou Barthes. Ainda recentemente, nas universidades, quando se falava desse livro aos estudantes, se fazia observar que ele não fora escrito por um médico e que, consequentemente, era preciso desconfiar dele como da peste. Ora, uma coisa me chocou: há alguns anos desenvolveu-se na Itália, em torno de Basaglia, e na Inglaterra um movimento que chamamos a antipsiquiatria. Essas pessoas, certamente, desenvolveram seu movimento a partir de suas próprias ideias e de suas próprias experiências como psiquiatras, mas viram no livro que eu escrevera uma espécie de justificativa histórica e, de algum modo, elas o reassumiram, reconsideraram e, até certo ponto, se encontraram, e eis que esse livro histórico está em via de ter uma espécie de resultado prático. Digamos então que estou um pouco ciumento, e que agora eu gostaria muito de fazer as coisas eu mesmo. Em vez de escrever um livro sobre a história da justiça que seria, em seguida, tomado por pessoas que poriam praticamente em questão a justiça, eu gostaria de começar por recolocar em questão a prática da justiça, depois, palavra de honra!, se eu ainda estiver vivo, e se não tiver sido posto na prisão, pois bem, escreverei o livro...

1972

Os Intelectuais e o Poder

"Os intelectuais e o poder" (entrevista com G. Deleuze; 4 de março de 1972), *L'arc*, n. 49: *Gilles Deleuze*, 2º trimestre de 1972, p. 3-10.

M. Foucault: Um mao me dizia: "Eu entendo bem por que Sartre está conosco, por que ele faz política e em que direção ele o faz; você, na pior das hipóteses, ainda entendo um pouco, você sempre colocou o problema do internamento. Mas Deleuze, de fato, eu não entendo." Essa questão me surpreendeu prodigiosamente, porque eu me acho muito claro.

G. Deleuze: Talvez seja porque estamos vivendo de uma nova maneira as relações teoria-prática. Ora concebíamos a prática como a aplicação da teoria, como uma consequência, ora, ao contrário, como devendo inspirar a teoria, como sendo ela própria criadora de uma forma de teoria a advir. Em todo caso, concebiam-se suas relações sob a forma de um processo de totalização, em um sentido ou em outro. Talvez, para nós, a questão se formule de outra maneira. As relações teoria-prática são muito mais parciais e fragmentárias. Por um lado, uma teoria é sempre local, relativa a um pequeno domínio, e ela pode ter sua aplicação em um outro domínio, mais ou menos distante. A relação de aplicação nunca é de semelhança. Por outro lado, desde que a teoria mergulhe em seu próprio domínio, ela desemboca em obstáculos, paredes, tropeços que tornam necessário que ela seja rendida por um outro tipo de discurso (é esse outro tipo que faz passar, eventualmente, a um outro domínio diferente). A prática é um conjunto de relés de um ponto teórico a outro, e a teoria, um relé de uma prática a outra. Nenhuma teoria pode se desenvolver sem encontrar uma espécie de parede, e é preciso a prática para perfurar a parede. Por exemplo, o senhor começou por analisar teoricamente um meio de internamento como o asilo psiquiátrico no século XIX, na sociedade capitalista. Depois o senhor atinou com a necessidade de que pessoas, precisamente as internadas, se pusessem a falar por conta própria, de que operassem um relé (ou então, ao contrário, o senhor é quem já era um relé em relação a elas), e essas pessoas se encontram nas prisões, estão dentro das prisões. Quando o senhor organizou o Grupo de Informação sobre as Prisões, foi sobre esta base: instaurar as condições em que os prisioneiros pudessem, eles próprios, falar. Seria totalmente falso dizer, tal como o *mao* parecia dizer, que o senhor passava à prática ao aplicar suas teorias. Não havia ali nem aplicação, nem projeto de reforma, nem inquirição no sentido tradicional. Havia outra coisa completamente diferente: um sistema de relés em um conjunto, em uma multiplicidade de peças e de pedaços ao mesmo tempo teóricos e práticos. Para nós, o intelectual teórico cessou de ser um sujeito, uma consciência representante ou representativa. Os que agem e que lutam cessaram de ser representados, fosse por um partido, um sindicato que se arrogaria, por sua vez, o direito de ser sua consciência. Quem fala e quem age? É sempre uma multiplicidade, mesmo na pessoa que fala ou que age. Somos todos grupúsculos. Não há mais representação, não há senão ação, ação de teoria, ação de prática nas relações de relé ou de rede.

M. Foucault: Parece-me que a politização de um intelectual se fazia tradicionalmente a partir de duas coisas: sua posição intelectual na sociedade burguesa, no sistema da produção capitalista, na ideologia que ela produz ou impõe (ser explorado, reduzido à miséria, rejeitado, "maldito", acusado de subversão, de imoralidade); e seu próprio discurso, enquanto revelava uma certa verdade, enquanto descobria relações políticas ali onde não se as percebia. Essas duas formas de politização não eram estranhas uma à outra, mas tampouco coincidiam, obrigatoriamente. Havia o tipo "maldito" e o tipo "socialista". Essas duas politizações se confundiram facilmente em certos momentos de reação violenta da parte do poder, depois de 1848, depois da Commune, depois de 1940: o intelectual era rejeitado, perseguido no exato momento em que as "coisas" apareciam em sua "verdade", no momento em que não se devia dizer que o rei estava nu. O intelectual dizia o verdadeiro àqueles que não o viam ainda, e em nome dos que não podiam dizê-lo: consciência e eloquência.

Ora, o que esses intelectuais descobriram depois da recente arremetida é que as massas não necessitam deles para saber;

elas sabem perfeitamente, claramente, muito melhor do que eles; e elas o dizem muitíssimo bem. Mas existe um sistema de poder que barra, interdita, invalida esse discurso e esse saber. Poder que não está apenas nas instâncias superiores da censura, mas que se enterra muito profundamente, muito sutilmente, em toda a rede da sociedade. Eles próprios, intelectuais, fazem parte desse sistema de poder; a ideia de que eles são os agentes da "consciência" e do discurso faz, ela mesma, parte desse sistema. O papel do intelectual não é mais o de se posicionar "um pouco à frente e um pouco ao lado" para dizer a verdade muda de todos; é antes o de lutar contra as formas de poder ali onde ele é, ao mesmo tempo, o objeto e o instrumento disso: na ordem do "saber", da "verdade", da "consciência", do "discurso".

É nisso que a teoria não expressará, não traduzirá, não aplicará uma prática; ela é uma prática. Porém local e regional, como o senhor diz: não totalizadora. Luta contra o poder, luta para fazê-lo aparecer e abalá-lo ali onde ele é mais invisível e mais insidioso. Luta, não por uma "tomada de consciência" (há muito tempo que a consciência como saber é adquirida pelas massas, e que a consciência como tema é tomada, ocupada pela burguesia), mas para minar e pela tomada do poder, ao lado, com todos os que lutam por ela, e não em recuo para esclarecê-los. Uma "teoria" é o sistema regional dessa luta.

G. Deleuze: É isso. Uma teoria é exatamente como uma caixa de ferramentas. Nada a ver com o significante... É preciso que isso sirva, é preciso que isso funcione. E não para si mesmo. Se não há pessoas para dela se servirem, a começar pelo próprio teórico que cessa então de ser teórico, é porque ela não vale nada, ou porque o momento ainda não chegou. Não se retorna a uma teoria, fazem-se outras, têm-se outras a fazer. É curioso que seja um autor que passa por um puro intelectual, Proust, que o disse tão claramente: tratem meu livro como um par de óculos voltados para fora; pois bem, se eles não lhes caem bem, peguem outros, encontrem vocês mesmos seu aparelho que, forçosamente, é um aparelho de combate. A teoria não se totaliza, se multiplica e multiplica. É o poder que, por natureza, opera totalizações, e o senhor disse exatamente: a teoria por natureza é contra o poder. Do momento em que uma teoria se enterra em tal ou tal ponto, ela se choca com a impossibilidade de ter a menor consequência prática, sem que se faça uma explosão, com a necessidade de um outro ponto inteiramente diferente. Por essa razão é que a noção de reforma é tão boba e hipócrita. Ou bem a reforma é elaborada por pessoas que se pretendem representativas e que professam falar pelos outros, em nome dos outros, e isso é um arranjo do poder, uma distribuição de poder que se duplica por uma repressão aumentada; ou bem é uma reforma reclamada, exigida por aqueles a quem ela concerne, e ela cessa de ser uma reforma: é uma ação revolucionária que, do fundo de seu caráter parcial, está determinada a pôr em questão a totalidade do poder e sua hierarquia. Isso é evidente nas prisões: a mais ínfima, a mais modesta reivindicação dos prisioneiros basta para esvaziar a pseudorreforma Pleven. Se as crianças conseguissem fazer entender seus protestos em um maternal, ou mesmo simplesmente suas questões, isso bastaria para causar uma explosão no conjunto do sistema de ensino. Na verdade, esse sistema em que vivemos *não pode suportar nada*: daí sua fragilidade radical em cada ponto, ao mesmo tempo que sua força de repressão global. Na minha opinião, o senhor foi o primeiro a nos ensinar alguma coisa de fundamental, tanto nos seus livros quanto em um domínio prático: a indignidade de falar pelos outros. Quero dizer: zombava-se da representação, dizia-se que tinha acabado, mas não se tirava a consequência dessa conversão "teórica", a saber: que a teoria exige que as pessoas nela concernidas falem, enfim, praticamente por sua conta.

M. Foucault: E quando os prisioneiros se puseram a falar, eles próprios tinham uma teoria da prisão, da penalidade, da justiça. Essa espécie de discurso contra o poder, esse contradiscurso sustentado pelos prisioneiros ou por aqueles aos quais chamam de delinquentes, é isso o que conta, e não uma teoria *sobre* a delinquência. Esse problema da prisão é um problema local e marginal, porque não mais de 100 mil pessoas por ano passam pelas prisões; no total, hoje, na França, há talvez 300 mil ou 400 mil pessoas que passaram pela prisão. Ora, esse problema marginal abala as pessoas. Fiquei surpreso de ver que se podia interessar, quanto ao problema das prisões, tanta gente que não estava presa, surpreso de ver tantas pessoas que não eram predestinadas a ouvir esse discurso dos detentos, e como finalmente elas o ouviam. Como explicá-lo? Não é verdade que, de um modo geral, o sistema penal é a forma com que o poder como poder se mostra do modo o mais manifesto? Pôr alguém na prisão, mantê-lo em prisão, privá-lo de alimento, de aquecimento, impedi-lo de sair, de fazer amor etc., é bem essa a manifestação de poder mais delirante que se possa imaginar. Outro dia, eu falava com uma mulher que esteve na prisão, e ela dizia: "Quando se pensa que eu tenho 40 anos, e que um dia na prisão me puniram me fazendo passar a pão seco." O que choca nessa história é não somente a puerilidade do exercício do poder, mas também o cinismo com o qual ele se exerce como poder, sob a forma a mais arcaica, a mais pueril, a mais infantil. Reduzir alguém a pão e água, enfim, nos ensinam isso quando se é garoto. A prisão é o único lugar onde o poder pode se manifestar em estado nu, nas suas dimensões as mais excessivas, e se justificar como poder moral. "Tenho muita razão de punir, já que você sabe que é vil roubar, matar..." É isso o que é fascinante nas prisões: por uma vez o poder não se esconde, não se mascara, se mostra como tirania levada aos mais ínfimos detalhes, cinicamente ele próprio; ao mesmo tempo, ele é puro, ele está inteiramente "justificado", já que ele pode se formular inteiramente no interior de uma moral que enquadra seu exercício: sua tirania bruta aparece então como dominação serena do Bem sobre o Mal, da ordem sobre a desordem.

G. *Deleuze*: De saída, o inverso é igualmente verdade. Não são apenas os prisioneiros que são tratados como crianças, mas as crianças como prisioneiros. As crianças sofrem uma infantilização que não é a sua. Em um certo sentido, é verdade que as escolas são um pouco como prisões, as usinas são muito como as prisões. Basta ver a entrada da Renault, ou noutro lugar: três autorizações para fazer pipi durante o dia. O senhor encontrou um texto de Jeremy Bentham, do século XVIII, que propõe precisamente uma reforma das prisões: em nome dessa alta reforma, ele estabeleceu um sistema circular em que, ao mesmo tempo, a prisão renovada serve de modelo, e onde se passa insensivelmente da escola à manufatura, da manufatura à prisão, e inversamente. Essa é a essência do reformismo, da representação reformada. Pelo contrário, quando as pessoas se põem a falar e a agir em seu nome, elas não opõem uma representação, mesmo derrubada, a uma outra, elas não opõem uma outra representatividade à falsa representatividade do poder. Por exemplo, eu me lembro que o senhor dizia que não há justiça popular contra a justiça, isso se passa em um outro nível.

M. Foucault: Penso que, sob o ódio que o povo tem da justiça, dos juízes, dos tribunais, das prisões, não se deve ver somente a ideia de uma outra justiça melhor e mais justa, mas, primeiro e antes de tudo, a percepção de um ponto singular onde o poder se exerce à custa do povo. A luta antijudiciária é uma luta contra o poder, e não acredito que seja uma luta contra as injustiças, contra as injustiças da justiça e por um melhor funcionamento da instituição judiciária. Contudo, é chocante que, cada vez que ocorreram motins, revoltas e rebeliões, o aparelho judiciário foi o alvo, ao mesmo tempo e a mesmo título que o aparelho fiscal, o exército e as outras formas do poder. Minha hipótese, mas não é senão uma hipótese, é que os tribunais populares, por exemplo, no momento da Revolução, foram um modo para a pequena burguesia, aliada às massas, recuperar, retomar o movimento de luta contra a justiça. E, para retomá-lo, propôs-se esse sistema do tribunal que se refere a uma justiça que poderia ser justa, a um juiz que poderia tornar justa uma sentença. A própria forma do tribunal pertence a uma ideologia da justiça que é a da burguesia.

G. Deleuze: Se considerarmos a situação atual, o poder tem forçosamente uma visão total e global. Quero dizer que todas as formas de repressão atuais, que são múltiplas, se totalizam com facilidade do ponto de vista do poder: a repressão racista contra os imigrados, a repressão nas usinas, a repressão no ensino, a repressão contra os jovens em geral. Não se deve buscar apenas a unidade de todas essas formas em uma reação a maio de 1968, porém muito mais em uma preparação e uma organização calculadas de nosso futuro próximo. O capitalismo francês tem grande necessidade de uma "leva" de desemprego, e abandona a máscara liberal e paternal do pleno emprego. É desse ponto de vista que encontram sua unidade: a limitação da imigração, uma vez dito que se entregavam aos imigrantes os trabalhos mais duros e ingratos; a repressão nas usinas, já que se trata de tornar a dar aos franceses o "gosto" por um trabalho cada vez mais duro; a luta contra os jovens e a repressão no ensino, já que a repressão policial é tanto mais viva quanto menos se precisa de jovens no mercado de trabalho. Todos os tipos de categorias profissionais serão convidados a exercer funções policiais cada vez mais precisas: professores, psiquiatras, todos os gêneros de educadores etc. Há aí alguma coisa que o senhor anunciava há muito tempo, e que se pensava que não pudesse se produzir: o reforçamento de todas as estruturas de internamento. Então, em face dessa política global do poder, fazem-se réplicas locais, contrafogos, defesas ativas e às vezes preventivas. Não temos que totalizar o que só se totaliza do lado do poder, e que só poderemos totalizar, de nosso lado, restaurando as formas representativas de centralismo e de hierarquia. Em contrapartida, o que temos a fazer é chegar a instaurar as ligações laterais, todo um sistema de redes, de bases populares. E é isso que é difícil. De qualquer forma, a realidade para nós não passa de modo algum pela política no sentido tradicional de competição e de distribuição de poder, de instâncias ditas representativas no PC ou na CGT. A realidade é o que efetivamente se passa hoje em uma usina, em uma escola, em uma caserna, em uma prisão, em um comissariado, por mais que a ação comporte um tipo de informação de natureza totalmente diferente das informações dos jornais (assim como o tipo de informação da agência de imprensa Libération).

M. Foucault: Essa dificuldade, nosso embaraço em encontrar as formas de luta adequadas, não vem do fato de ignorarmos ainda o que é o poder? Afinal, foi preciso esperar o século XIX para saber o que era a exploração, mas talvez não se saiba ainda o que é o poder. E Marx e Freud talvez não bastem para nos ajudar a conhecer essa coisa enigmática, a um só tempo visível e invisível, presente e escondida, investida por toda parte, que chamamos de poder. A teoria do Estado e a análise tradicional dos aparelhos de Estado não esgotam, sem dúvida, o campo de exercício e de funcionamento do poder. É o grande desconhecido atualmente: quem exerce o poder? E onde ele se exerce? Nos dias de hoje, sabe-se mais ou menos quem explora, aonde vai o lucro, entre as mãos de quem ele passa e onde ele se reinveste, enquanto o poder... Sabe-se muito bem que não são os governos que detêm o poder. Mas a noção de "classe dirigente" não é nem muito clara nem muito elaborada. "Dominar", "dirigir", "governar", "grupo no poder", "aparelho de Estado" etc., há nisso todo um jogo de noções que demandam ser analisadas. Da mesma forma, seria preciso saber até onde se exerce o poder, por quais relés e até quais instâncias, com frequência ínfimas, de hierarquia, de controle, de fiscalização, de interdições, de coações. Em toda parte onde há poder, o poder se exerce. Ninguém, para falar com propriedade, é seu titular; e, no entanto, ele se exerce sempre em uma certa direção, com uns de um lado e outros do outro; não se sabe ao certo quem o tem; mas se sabe quem não o tem. Se a leitura de seus livros (depois de *Nietzsche* até o que pressinto de *Capitalisme et schizophrénie*) foi para mim tão essencial, é porque eles me pareceram ir muito longe na posição desse problema: sob esse velho tema do sentido, significado, significante etc., enfim a questão do poder, da desigualdade dos poderes, de suas lutas. Cada luta se desenvolve em torno de uma sede particular de poder (uma dessas inumeráveis pequenas sedes que um pequeno chefe, um guarda da HLM,* um diretor de prisão, um juiz, um responsável sindical, um redator de jornal podem ser). E se designar as sedes, denunciá-las, falar delas em público é uma luta; não é porque ninguém tivesse ainda consciência disso, mas é porque tomar a palavra sobre esse assunto, forçar a rede de informação institucional, nomear, dizer quem fez o quê, designar o alvo são uma primeira revirada do poder, são um primeiro passo para outras lutas contra o poder. Se discursos como, por exemplo, os dos detentos ou dos médicos de prisão são lutas, é porque eles confiscam, ao menos por um instante, o poder de falar da prisão, ocupado, hoje em dia, unicamente pela administração e seus compadres reformadores. O discurso de luta não se opõe ao inconsciente: ele se opõe ao segredo. Isso parece ser muito menos. E se fosse muito mais? Há toda uma série de equívocos a propósito do "escondido", do "recalcado", do "não dito", que permitem "psicanalisar" a baixo preço o que deve ser o objeto de uma luta. O segredo é, talvez, mais difícil de desvelar do que o inconsciente. Os dois temas que, ainda ontem, eram encontrados frequentemente, "A escrita é o recalcado" e "A escrita é legitimamente subversiva", me parecem trair um certo número de operações que é preciso denunciar severamente.

G. Deleuze: Quanto a este problema que o senhor formula – vê-se bem quem explora, quem lucra, quem governa, mas o poder é ainda alguma coisa mais difusa – farei a seguinte hipótese: mesmo e sobretudo o marxismo determinou o problema em termos de interesse (o poder é detido por uma classe dominante definida por seus interesses). De repente, nos chocamos com a questão: como acontece que pessoas que não têm

---

* (N.T.) HLM: *Habitation à Loyer Modéré*.

tanto interesse nele seguem, abraçam apertadamente o poder, mendigam uma parcela dele? Talvez seja porque, em termos de *investimentos*, tanto econômicos quanto inconscientes, o interesse não é a última palavra; há investimentos de desejo que explicam que se pode, se necessário, desejar, não contra seu interesse, já que o interesse segue sempre e se encontra ali onde o desejo o coloca, mas desejar de uma maneira mais profunda e difusa que seu interesse. É preciso aceitar ouvir o grito de *Reich*: não, as massas não foram enganadas, elas desejaram o facismo em tal momento! Há investimentos de desejo que modelam o poder e o difundem, e fazem com que o poder se encontre tanto no nível do tira como no do primeiro-ministro, não havendo absolutamente diferença de natureza entre o poder exercido por um simples tira e o poder exercido por um ministro. É a natureza dos investimentos de desejo sobre um corpo social que explica por que os partidos ou os sindicatos, que teriam ou deveriam ter investimentos revolucionários em nome dos interesses de classe, podem ter investimentos reformistas ou perfeitamente reacionários no nível do desejo.

M. Foucault: Como o senhor disse, as relações entre desejo, poder e interesse são mais complexas do que em geral se crê, e não são forçosamente os que exercem o poder que têm interesse em exercê-lo; os que têm interesse em exercê-lo não o exercem, e o desejo do poder joga, entre o poder e o interesse, um jogo que ainda é singular. Ocorre que as massas, no momento do fascismo, desejam que alguns exerçam o poder, alguns, no entanto, que não se confundem com elas, uma vez que o poder se exercerá sobre elas e à sua custa, até a sua morte, seu sacrifício, seu massacre; e, não obstante, elas desejam esse poder, elas desejam que esse poder seja exercido. Esse jogo do desejo, do poder e do interesse é ainda pouco conhecido. Foi preciso muito tempo para saber o que era a exploração. E o desejo foi e ainda é uma longa questão. É possível que agora as lutas que se conduzirem e, depois, essas teorias locais, regionais, descontínuas que estão se elaborando nessas lutas, fazendo de modo absoluto corpo com elas, sejam o começo de uma descoberta da maneira como se exerce o poder.

G. Deleuze: Agora, retorno à questão: o movimento revolucionário atual tem múltiplas sedes, e isso não é fraqueza ou insuficiência, já que uma certa totalização pertence antes ao poder e à reação. Por exemplo, o Vietnã é uma formidável réplica local. Mas como conceber as redes, as ligações transversais entre esses pontos ativos e descontínuos, de um país a outro, ou no interior de um mesmo país?

M. Foucault: Essa descontinuidade geográfica de que o senhor fala talvez signifique isto: do momento em que se luta contra a exploração, é o proletariado que não somente conduz a luta, mas define os alvos, os métodos, os lugares e os instrumentos de luta; aliar-se ao proletariado é juntar-se a ele em suas posições, em sua ideologia, é retomar os motivos de seu combate. É fundir-se. Mas se é contra o poder que se luta, então todos aqueles sobre quem se exerce o poder como abuso, todos os que o reconhecem como intolerável podem engajar-se na luta ali onde se encontram e a partir de sua atividade (ou passividade) própria. Ao engajarem essa luta que é a deles, da qual conhecem perfeitamente o alvo e podem determinar o método, eles entram no processo revolucionário. Como aliados, sem dúvida, do proletariado, já que, se o poder se exerce como ele se exerce, é, na verdade, para manter a exploração capitalista. Eles servem realmente à causa da revolução proletária, lutando, em termos precisos, ali onde a opressão se exerce sobre eles. As mulheres, os prisioneiros, os soldados do contingente, os doentes nos hospitais, os homossexuais encetaram nesse movimento uma luta específica contra a forma particular de poder, de coação, de controle que se exerce sobre eles. Tais lutas fazem parte atualmente do movimento revolucionário, sob a condição de que sejam radicais, sem compromisso nem reformismo, sem tentativa para reordenar o mesmo poder, fazendo, quando muito, uma mudança de titular. E esses movimentos estão ligados ao próprio movimento revolucionário do proletariado, uma vez que ele tem de combater todos os controles e coações que reconduzem por toda parte ao mesmo poder.

Quer dizer que a generalidade da luta não se faz certamente na forma dessa totalização de que o senhor falava há pouco, essa totalização teórica, na forma da "verdade". O que faz a generalidade da luta é o próprio sistema do poder, todas as formas de exercício e de aplicação do poder.

G. Deleuze: E não se pode tocar em nenhum ponto de aplicação sem que nos encontremos confrontados com esse conjunto difuso, que desde então somos forçosamente levados a querer fazer explodir, a partir da menor reivindicação, seja ela qual for. Toda defesa ou todo ataque revolucionário parcial une-se, desse modo, à luta operária.

1973

Da Arqueologia à Dinástica

"Archeologie Kara dynastique he" ("Da arqueologia à dinástica"; entrevista com S. Hasumi realizada em Paris, 27 de setembro de 1972), *Umi*, março de 1973, p. 182-206.

– *A tradução japonesa de* As palavras e as coisas *infelizmente ainda não está terminada, enquanto a de* A arqueologia do saber *foi publicada há dois anos. Essa revirada cronológica de suas obras provocou no Japão um bom número de mal-entendidos na compreensão de seu pensamento, notadamente a respeito do que o senhor escreveu no final de* As palavras e as coisas. *A imprensa japonesa o apresentou ao público como um "filósofo estruturalista que massacrou a história e o homem", e, apesar da conferência que o senhor deu em Tóquio sobre* Retornar à História,[1] *esse mito persiste atualmente. O objetivo desta entrevista será, portanto, tentar dissipar esses mal-entendidos.*

– Em *As palavras e as coisas*, tento descrever tipos de discurso. Pareceu-me que a classificação institucional, enciclopédica, pedagógica das ciências, como, por exemplo, biologia, psicologia, sociologia, não considerava os fenômenos de agrupamento mais gerais que se podem balizar. Eu quis isolar formas normativas e regradas de discurso. Por exemplo, existiu nos séculos XVII e XVIII um tipo de discurso que era a um só tempo descritivo e classificador, e que se encontra tanto para a linguagem como para os seres vivos ou para a economia. Quis mostrar como, no século XIX, um novo tipo de discurso ou muitos tipos de discurso estavam se formando e se constituindo, e, dentre esses tipos de discurso, o das ciências humanas. Fiz essa descrição, fiz essa análise, como o senhor quiser, da transformação dos tipos de discurso. Eu disse de modo claro,

---

1 Ver vol. II desta obra.

ao longo do livro, que ali estava apenas um nível de análise, que não pretendia, nesse livro, resolver o problema de saber nem sobre quais realidades históricas esses tipos de discurso se articulavam, nem qual era a razão profunda das mudanças que podiam ser observadas nesses tipos de discurso. Portanto, é uma descrição, uma descrição de superfície, uma descrição voluntariamente de superfície; com uma má-fé absolutamente notável, um certo número de críticos, em geral esses marxistas empiristas e frouxos, os quais ataco de bom grado, recusou-se a ler as frases, no entanto explícitas, nas quais eu dizia: "Não faço aqui senão descrever, formula-se um certo número de problemas que tentarei resolver depois"; eles recusaram-se a ler essas frases e me objetaram que eu não resolvera esses problemas.

Estou precisamente tentando apresentá-los agora, quer dizer que mudo de nível: depois de ter analisado os tipos de discurso, procuro ver como eles puderam se formar historicamente e em quais realidades históricas eles se articulam. O que chamo de "arqueologia do saber" é, em termos precisos, o balizamento e a descrição dos tipos de discurso, e o que chamo de "dinástica do saber" é a relação que existe entre esses grandes tipos de discurso que podem ser observados em uma cultura e as condições históricas, as condições econômicas, as condições políticas de seu aparecimento e de sua formação. Então, *As palavras e as coisas* se tornou *A arqueologia do saber*, e o que estou empreendendo agora está no nível da dinástica do saber.

– *O senhor acaba de utilizar a expressão "marxistas frouxos". Qual é sua crítica essencial do método marxista? No Japão, nós colocamos a questão de saber se M. Foucault vai tentar ultrapassar Marx, ou se ele está fora dessas questões.*

– Devo dizer que estou extraordinariamente incomodado com a maneira com que um certo número de marxistas europeus pratica a análise histórica. Estou também muito incomodado com a maneira com que eles fazem referência a Marx. Bem recentemente, eu li um artigo, aliás muito belo, em *La pensée*. Esse artigo foi escrito por um rapaz que conheço bem, que é um colaborador de Althusser, e que se chama Balibar; ele escreveu um artigo notável sobre o problema do Estado e da transformação do Estado, segundo Marx.[2] Esse artigo me

---

2 Balibar (É.), "La rectification du Manifeste communiste", *La pensée*, n. 164, agosto de 1972, p. 38-64.

interessa, mas não posso me impedir de sorrir quando o leio, porque se trata de mostrar, em 20 páginas, a partir de uma ou duas frases de Marx, que Marx bem previu a transformação do aparelho de Estado no interior do processo revolucionário e, de algum modo, desde o começo mesmo do processo revolucionário. Balibar mostra, com uma grande erudição, uma grande aptidão para explicação de texto, que Marx dissera isso, prevera isso. Então eu admiro, já que é uma boa explicação de texto, e sorrio, já que eu sei por que Balibar faz isso. Ele o faz porque, de fato, na prática real da política, nos processos revolucionários reais, a solidez, a permanência do aparelho de Estado burguês – até nos Estados socialistas – é um problema que se encontra, e que se encontra atualmente. Tanto me parece importante formular esse problema a partir dos dados históricos reais de que dispomos – por exemplo, a permanência das estruturas do Estado, a permanência da estrutura do exército tzarista no interior mesmo do Exército Vermelho na época de Trotski, que é um problema histórico real – como creio que o problema marxista do Estado deve ser resolvido a partir de problemas como esses, e não a partir de uma explicação de textos para saber se Marx prevera ou não...

– *Quer dizer, a partir de um acontecimento...*

– ... A partir de um acontecimento da realidade histórica que o próprio Marx permitiu pensar, do qual ele balizou um certo número de níveis, um certo número de mecanismos, de modos de funcionamento. É a Marx que devemos a possibilidade de fazer todas essas análises. Isso é absolutamente verdadeiro. Mas, afinal de contas, convenhamos, Marx não teria dito completamente tudo o que se deve pensar nos dias de hoje sobre o Estado; convenhamos que, com os instrumentos dados por ele, se poderia refletir sobre uma realidade histórica e fazer progredir a análise, não somente em seu conteúdo, mas em suas formas, em seus instrumentos. Isso me parece válido. Mas não preciso ter certeza de que Marx previu a necessidade de transformar o Estado desde o começo do processo revolucionário; não preciso ter certeza de que ele tenha dito isso para me convencer de que é necessário. A análise da realidade histórica cabe a mim. Portanto, a primeira crítica que faço a esses marxistas que chamo de "frouxos" é a desconfiança no que diz respeito ao material histórico, à realidade histórica com a qual eles têm de se haver, e o respeito infinito que têm pelo texto, o que os acorrenta necessariamente à tradição acadêmica da explicação de texto. Eles se fecham no academismo exatamente por causa de seu respeito ao texto de Marx. Eis aí minha primeira crítica. Minha segunda crítica está ligada a isso. Ela concerne à história. Acho que, nisso também, um certo número de marxistas, não digo absolutamente todos, um certo número de marxistas está de tal forma preso ao cânone, às regras que eles acreditaram extrair dos textos de Marx, que não são capazes de fazer uma análise histórica efetiva. Tomo um exemplo: a história das ciências é com toda certeza um domínio histórico extraordinariamente importante, e no qual foi implantada a utilização de um certo número de conceitos, de métodos, de perspectivas devidos a Marx. Ora, ocorre que a história das ciências, na tradição marxista de algum modo ortodoxa, foi muito rapidamente delineada por Engels. Ela o foi igualmente, até certo ponto, por Lenin em *Empirocriticismo*. De fato, seja qual for a competência de Engels, que era grande, o estado da ciência mudou muito nossas perspectivas, quando eles escreviam, um, o *Anti-Dühring* ou *Dialética da natureza*, e o outro, *Empirocriticismo*. A perspectiva deles não era de modo algum a de fazer história das ciências, ela era inteiramente outra. Tratava-se de uma polêmica ideológica ou teórica e ao mesmo tempo política, com um certo número de pessoas. Portanto, pode-se dizer que o campo da história das ciências permaneceu virgem e que ainda não foi penetrado por nenhuma tradição marxista. Eu afirmo que esse campo está esterilizado se, para abordá-lo, se quiser tomar apenas conceitos, métodos ou temas efetivamente encontrados dentro do texto de Marx ou de Lenin. É isso. Portanto, essa é a crítica sobre a frouxidão, a crítica do academismo, a crítica da não inventividade que faço àqueles que chamo de marxistas "frouxos".

– *Eles se contentam com o comentário da Idade Clássica. Portanto, a palavra sobre a palavra.*

– É isso. Eles enclausuraram a utilização de Marx; eles a enclausuraram no interior de uma tradição propriamente acadêmica. Aliás, é muito interessante, porque eles mesmos estão aprisionados no interior de uma estranha contradição. De fato, de um lado, eles dizem: o marxismo é uma ciência. Talvez porque eu sou um pouco historiador das ciências, não me parece tanto um elogio dizer sobre um discurso: é uma ciência. Não acho que se sacralize verdadeiramente um tipo de discurso ou que se o valorize de fato ao se dizer: é um discurso científico.

Parece-me, em todo caso, que um discurso científico se caracteriza, ao menos atualmente, por um certo número de traços e, dentre esses traços, há estes: se é verdade que toda ciência tem um fundador, o desenvolvimento histórico dessa ciência nunca é, e em nenhum caso pode ser, o puro e simples comentário dos textos desse autor. Se é verdade que a física foi fundada por Galileu, é em nome da própria cientificidade da física que se pode saber exatamente até onde Galileu foi, e até onde, por conseguinte, ele não foi... e em que ele se enganou. A mesma coisa para Newton, para Cuvier, para Darwin. Se é verdade que os marxistas, alguns marxistas, consideram o marxismo como uma ciência, eles devem saber, em nome e a partir dessa ciência mesma, em que Marx se enganou. A um marxista que me diz que o marxismo é uma ciência, eu repondo: eu acreditarei que você pratica o marxismo como uma ciência no dia em que você me mostrar, em nome dessa ciência, em que Marx se enganou.

– *Passo a uma outra questão que concerne à noção de discurso ou, mais exatamente, à relação, tal como o senhor a concebe, entre o sistema das repressões e a história do discurso ocidental. Para Jacques Derrida, por exemplo, a tradição da metafísica ocidental seria apenas a história da dominação da fala sobre a escrita... Parece-me que o senhor se recusa a nos apresentar esse tipo de modelo conceitual de repressão.*

– Infelizmente, não sou capaz de fazer essas altas especulações que permitiriam dizer: a história do discurso é a repressão logocêntrica da escrita. Se fosse isso, seria maravilhoso... Infelizmente, o material absolutamente modesto manipulado por mim não me permite um tratamento tão régio. Mas é nesse sentido que retorno um pouco ao primeiro ponto de que falávamos. Parece-me que se o que se quer é fazer a história de certos tipos de discurso, portadores de saber, não se pode não levar em conta as relações de poder que existem na sociedade na qual esse discurso funciona. Eu lhe dizia, há pouco, *As palavras e as coisas* se situa em um nível puramente descritivo que deixa inteiramente de lado toda a análise das relações de poder que subtendem e tornam possível o aparecimento de um tipo de discurso. Se eu escrevi esse livro, eu o escrevi depois de dois outros: um concernente à história da loucura, o outro, à história da medicina, *O nascimento da clínica*, foi justamente porque, nesses dois primeiros livros, de maneira um pouco confusa e anárquica, tentei tratar todos os problemas juntos. Eu tentara, particularmente a respeito da loucura, mostrar como os discursos psiquiátrico, psicopatológico, psicológico, psicanalítico, também, só puderam aparecer no Ocidente sob certas condições. De fato, é muito curioso ver que, afinal, sobre a loucura, havia muitíssimo tempo que se falava dela, havia muitíssimo tempo que existia uma literatura sobre a loucura, havia também muito tempo que os médicos falavam da loucura, assim, de um modo marginal e um pouco alusivo. Mas, uma ciência da loucura, isso não existia. A ideia de que se possa falar da loucura como de um objeto científico, de que se possa analisá-la, tal como se pode analisar um fenômeno biológico ou um outro fenômeno patológico, é uma ideia tardia. Procurei então ver como e por que o discurso científico sobre a loucura apareceu naquele momento, quer dizer, em suma, desde o final do século XVII. Foi nesse tempo que germinou, no Ocidente, essa ideia que proliferou a partir do século XIX, essa imensa literatura psicológica, psiquiátrica. Pareceu-me que se podia religar esse nascimento a um novo tipo de poder social, ou melhor, a uma nova maneira de exercer o poder, e pareceu-me que a grande repressão, o grande enquadramento da população nos Estados centralizados, nos Estados manufatureiros no século XVII, industriais no século XIX, fora a condição de possibilidade do aparecimento dessa ciência. Para a medicina, procurei fazer uma análise um pouco semelhante; por conseguinte, detectar as relações de poder, quer dizer, necessariamente os tipos de repressão que estavam ligados ao aparecimento de um saber. Procuro ver agora, em uma escala um pouco mais ampla, no que se refere a essas famosas ciências humanas das quais descrevi a tipologia em *As palavras e as coisas*, como, no início do século XIX, inteiramente em ligação com o estabelecimento de uma sociedade capitalista desenvolvida, essas ciências apareceram.

– A questão seguinte concerne à sua definição do espaço da sala do Collège de France. Imagino que, junto ao senhor, há três espaços privilegiados: de um lado, um teatro, do outro, há uma biblioteca e, entre os dois, há o que o senhor chama uma praia, quer dizer, um espaço em branco. Como o senhor se situa em relação a esses três espaços, a esta sala, onde seus discursos, uma vez proferidos, desaparecem...

– O senhor me propõe uma questão interessante, e a maneira como a articula é muito hábil, muito inteligente e inevitavelmente me embaraça. O senhor sabe que na França, depois de 1968, depois da grande crise da universidade, mais ninguém, no fundo, sabe a quem se dirige quando ensina, não sabe o que deve ensinar, nem sabe por que ensina. Isso é verdade, acho eu, para todos os professores na França. Ora, acontece que existe uma instituição muito curiosa que é o Collège de France, à qual pertenço há dois, três anos. É uma instituição que deixa a cada professor uma liberdade, uma quantidade de liberdade absolutamente extraordinária. Essa liberdade é acompanhada de uma única obrigação: pronunciar 12 conferências por ano a um público que não se conhece, ao qual não se está ligado por nenhuma obrigação e ao qual se relata o que se tem a relatar, unicamente porque se tem vontade, ou porque se necessita, ou porque é preciso. É uma espécie de obrigação um pouco abstrata. Dito de outro modo, ocorre que o Collège de France, que é uma instituição muito antiga, de algum modo previu, institucionalizou o mal-estar no qual se encontra todo professor na França nos dias de hoje. Simplesmente, os professores das universidades comuns fazem isso à maneira de um mal-estar e de uma crise temporária. Nós, no Collège de France, fazemos isso de um modo inteiramente costumeiro, inteiramente institucional e regular.

Houve casos célebres desse tipo. Valéry era professor no Collège de France durante a guerra. Os ouvintes eram pouco numerosos, já que as pessoas fugiram de Paris tanto quanto foi possível. Ele foi então mantido por suas famosas 12 horas de ensino. Tal como todos os outros professores no Collège de France, não sabia a quem falava, não sabia o que devia dizer e não sabia por que falava. Então, sua grande esperança, a cada vez, era que não houvesse nenhum ouvinte. Ele passeava fumando nervosamente um cigarro atrás do outro, em seu gabinete. De tempos em tempos, chamava o contínuo e lhe perguntava: "Tem alguém?" E o contínuo lhe respondia: "Não, não tem ninguém. – Tem alguém? – Não, ainda não tem ninguém. – Tem alguém?" E então o contínuo lhe dizia: "Sim, chegaram duas pessoas." Nesse momento, Valéry dizia: "Merda!" Ele esmagava o cigarro e ia dar seu curso.

Essa anedota sobre o Collège talvez não seja muito interessante, mas sua questão é grave e importante. Parece-me que, todavia, se poderia dizer o seguinte: a transmissão de saber pela fala, pela fala professoral nas salas, em um espaço, em uma instituição como uma universidade, um colégio, pouco importa, essa transmissão do saber é hoje completamente ultrapassada. É um arcaísmo, é uma espécie de relação de poder que, justamente, ainda se arrasta como uma concha vazia. No momento em que o professor não tem mais poder real sobre os estudantes, a forma dessa relação de poder ainda permanece, não conseguimos nos livrar dela inteiramente. Penso que a fala do professor é inevitavelmente uma fala arcaica. Sabemos muito bem quais artigos ou quais livros temos vontade de escrever. Sei muito bem quais emissões de rádio ou de televisão eu teria vontade de fazer, se eu não estivesse politicamente interditado. Sei muito bem quais discursos políticos eu poderia fazer. Quando, em outros grupos, falo das prisões, quando falo às pessoas do Grupo de Informação sobre as Prisões, sei o que lhes dizer, e as discussões são, com frequência, interessantes. Eu lhe asseguro que a angústia que a cada ano me acomete, e precisamente nestes dias em que devo preparar cursos para o próximo ano, é difícil de superar.

– *Qual o seu interesse na atividade literária na França? Há autores que o senhor cita com muita frequência, por exemplo, Georges Bataille, Artaud etc. Em compensação, o senhor fala raramente dos escritores ditos "clássicos".*

– Vou lhe responder de maneira brutal e bárbara. Eu continuo a me interessar muito por esses escritores que, de algum modo, abalaram o que se poderia chamar de os limites e as categorias do pensamento. Blanchot, Bataille, Klossowski, Artaud, no interior do discurso filosófico ocidental, fizeram aparecer, penso eu, alguma coisa que era a própria linguagem do pensamento. Não é filosofia, não é literatura, não são ensaios, é o pensamento falando, e o pensamento, de algum modo, sempre aquém ou além da linguagem, escapando sempre à linguagem, e depois a linguagem tornando a alcançá-lo, indo além dele, e depois o pensamento escapando dela novamente; foi essa muito curiosa relação de encadeamentos, de ultrapassagens recíprocas, de entrelaçamentos e de desequilíbrios entre o pensamento e o discurso nesses escritores que me interessou muito.

Em contrapartida, fico muito mais incomodado, em todo caso muito menos impressionado, com os escritores, mesmo os grandes escritores como podem ser, por exemplo, Flaubert ou Proust. Às vezes, eu me divirto dizendo coisas assim sobre Flaubert, a quem o senhor conhece um milhão de vezes melhor do que eu.

Eu me obriguei a escrever um textinho sobre *La tentation de Saint Antoine* porque isso me divertia, ou sobre *Bouvard et Pécuchet*, mas devo dizer que não me sinto tomado nem verdadeiramente comovido pela leitura de tais escritores. E, quanto mais isso anda, menos eu me interesso pela escrita institucionalizada sob a forma da literatura. Em compensação, tudo o que pode escapar a isso, o discurso anônimo, o discurso cotidiano, todas essas falas esmagadas, recusadas pela instituição ou afastadas pelo tempo, o que dizem os loucos nas profundezas dos asilos há séculos, o que os operários não cessaram de dizer, de clamar, de gritar, desde que o proletariado existe como classe e tem consciência de constituir uma classe, o que foi dito nessas condições, essa linguagem a um só tempo transitória e obstinada, que jamais ultrapassou os limites da instituição literária, da instituição da escrita, é essa linguagem que me interessa cada vez mais.

Justo antes de encontrar o senhor, estive conversando com Jean Genet. Devo dar conferências na América, e não sei sobre o que poderia falar. Eu me disse: Vou dar cursos sobre a literatura do crime, enfim, sobre a escrita do crime, sobre Lacenaire, Sade, Genet. Eu contava isso a Genet, falávamos um pouco sobre sua obra, então, bruscamente ele se virou – estávamos na rua, exatamente diante do Palais-Royal –, ele se virou e disse: "Há pouco você me falava de *Paravents*,[3] você me dizia que havia gostado muito de *Les paravents*; o que posso lhe dizer: tudo isso não significa mais nada para mim." E ele apontou seu dedo indicador para a Comédie Française e me disse: "Taí, isto pouco me importa!" Genet não mais escreve para o teatro, nem pode mais. Patrice Chéreau lhe escreveu justamente a respeito de *Paravents*, pedindo-lhe para reencená-la. Ele respondeu a Chéreau: "Mas eu não quero, eu não posso, não tenho mais nada a dizer sobre isso." De fato, Genet trabalha. Tenho, na minha prateleira, um monte de papéis escritos por ele sobre o poder político, sobre o que é o poder. Eu volto dessa conversa com ele bastante certo da ideia de que será necessário que eu vá dar cursos na América, e depois será necessário que eu os dê no Collège de France, porque me sinto muito próximo dele.

---

3 Genet (J.), *Les paravents*, Paris, Gallimard, 1961.

Tenho enorme vontade de dizer, tal como ele, a respeito de toda instituição literária, de toda instituição da escrita: "Pouco me importa!"

– *O senhor gosta de Jean Genet... quer dizer, o senhor gosta da escrita de Genet, ou é a personagem que lhe interessa?*

– Eu sou como todo mundo. Li Jean Genet quando era jovem, e fiquei, tal como muita gente, extraordinariamente impressionado. O *Journal du voleur*[4] é, com toda certeza, um dos grandes textos. Aconteceu-me conhecer Genet, pessoalmente, em condições inteiramente outras, e justamente fora do contexto escritor, escrita. Foi a propósito dos Black Panthers, das artimanhas políticas, e a gente se ligou bastante. Vemo-nos com muita frequência quando ele está em Paris, nos vemos a cada dois ou três dias. Batemos papo, passeamos. É um homem de quem não posso dizer que me impressiona. Se eu o tivesse conhecido no interior de uma instituição literária, sem dúvida que ele me teria intimidado profundamente. Mas a simplicidade com que ele se pôs a trabalhar sobre coisas políticas e, ao mesmo tempo, seu senso político muito profundo – esse homem é profundamente revolucionário, em todas as instâncias de sua vida, na menor de suas escolhas – são, sem dúvida, impressionantes e dão às suas reações uma profunda justeza, ainda que não sejam formuladas diretamente. Não é que ele não seja capaz de formulá-las diretamente, de dizer e de escrever textos teóricos sobre o poder que são muito, muito belos, mas o que me impressiona é a sua escolha revolucionária e absolutamente constante, sem que ele seja um revoltado.

– *Minha última questão concerne ao que sua viagem ao Japão lhe trouxe, ou não. Na aula inaugural, o senhor mencionou o nome de William Adams, que era professor de matemáticas do* shogun. *Onde e sob quais circunstâncias o senhor ouviu falar dele?*

– Confesso que não me lembro muito bem. Suponho que foi a propósito dessa viagem ao Japão, sem dúvida em um livro que li antes de viajar, para me documentar um pouco, ou um livro que li por lá. Essa história de Adams ensinando as matemáticas ao *shogun,* que achara esse saber tão belo que queria guardá-lo para si mesmo, porque esse *shogun* compreendia

---

4 *Id., Journal du voleur*, Paris, Gallimard, 1949.

perfeitamente o quanto o saber estava ligado ao poder, essa história me pareceu de extrema profundidade. Pareceu-me que o *shogun*, em sua sabedoria, percebera perfeitamente o que nós esquecemos completamente, o que para nós está completamente recoberto, quer dizer, os laços do saber e do poder. Toda a filosofia do Ocidente consiste em mostrar ou em reinscrever o saber em uma espécie de esfera ideal, de modo que ele jamais é atingido pelas peripécias históricas do poder. Assim, o Ocidente faz essa divisão, embora do exterior, aos olhos do *shogun,* o Ocidente apareça, pelo contrário, como uma cultura na qual saber e poder estão profundamente ligados. Isso me pareceu uma das visões, talvez, mais profundas sobre o Ocidente. Fiquei surpreso...

– *O* shogun *teria sentido quase que instintivamente essa relação entre o saber e o poder...*

– Ah, sim! Enquanto se pode dizer que, no Ocidente, desde Platão, toda filosofia consistiu em estabelecer o máximo de distâncias entre um e o outro. Isso, por um lado, deu os temas da idealidade do saber, isso deu também esta muito curiosa e muito hipócrita divisão do trabalho entre os homens do poder e os homens do saber, isso deu esta muito curiosa personagem do sensato e do sábio que deve renunciar a todo poder, renunciar a toda participação na grande cidade para adquirir a verdade. Tudo isso é a fábula contada pelo Ocidente para mascarar sua sede, seu apetite gigantesco de poder através do saber.

– *Sua preocupação essencial é analisar a formação da* episteme *no Ocidente. Qual é então, para o senhor, o mundo que se encontra fora do Ocidente?*

– O senhor me apresenta uma questão muito difícil. Esse mundo foi imenso, gigantesco. Quis fazer uma história das ciências não a referindo à história das ciências, à universalidade dos conhecimentos, mas, ao contrário, à singularidade histórica, geográfica do saber. Esse Ocidente era um punhado de homens no final da Idade Média, e era ainda um punhado de homens nos séculos XVI e XVII. Será que hoje o Ocidente não engoliu tudo? Será que, afinal, de certa maneira, em certos casos sob o modo da submissão, em outros, ao contrário, sob o modo da apropriação, em outros ainda sob o modo do conflito, o mundo inteiro não se pôs à escuta dessas formas de saber? O marxismo faz parte, e quanto!, desse saber tal como ele foi concebido no Ocidente. Como poderia ele se tornar um instrumento de análise e sobretudo um instrumento de luta e mesmo de luta contra o Ocidente? Nas nações, nas culturas que não são ocidentais, o que isso significa? Será que, afinal, isso não significa a apropriação por outros que não o Ocidente de um saber formado ali? Talvez, aliás, possa muito bem ocorrer que, dentro de 50, ou 100, ou 200 anos, se perceba que essa apropriação do marxismo pelos Estados e culturas do Extremo Oriente, por exemplo, foi, no fim das contas, um breve episódio na história do Extremo Oriente, e, então, de repente, o Ocidente se encontrará completamente desapossado desses alguns elementos que pôde transmitir. Mas digamos que, no momento, tem-se todavia um pouco a impressão de que a comunicação científica, econômica, política que pode ser feita entre as nações do mundo, mesmo e quase que principalmente sob a forma do conflito e da rivalidade, essa comunicação toma emprestado canais, vias, instrumentos cuja origem histórica está no Ocidente. Mas não gostaria que isso que digo pareça horrivelmente imperialista.

– *Não acho, porque, justamente, são pontos sobre os quais se evita falar. O imperialismo moderno prefere esconder essa verdade que o senhor acaba de analisar.*

– Para dizer a verdade, imagino muito bem que, em uma outra escala, quer dizer, se não tomarmos o que se passou há 200 anos, mas a escala dos milênios, pode-se ver de modo claro uma coisa completamente diferente da espécie de ocidentalização de que eu falava. De fato, pode ocorrer que, na história do Extremo Oriente considerada na escala dos milênios, essa pequena ocidentalização apareça como inteiramente superficial e como um fenômeno que durou só dois séculos. Mas me parece que as vias pelas quais hoje em dia o mundo não ocidental se livra da pavorosa exploração econômica que o Ocidente lhe fez conhecer no último século, ou no começo deste século, são tomadas emprestado do Ocidente. O que vai acontecer agora? Será que, a partir dessa liberação feita através desses instrumentos de origem ocidental, ocorrerá aí algo em tudo diferente e a descoberta de uma cultura, de uma civilização absolutamente extraocidental? Penso que isso é possível; parece-me até que é provável. De qualquer forma, desejo que isso seja possível e que o mundo seja libertado dessa cultura ocidental que não é dissociável dessas formas de poder político características da formação do capitalismo. Parece ser verdade que uma cultura não capitalista só pode nascer agora fora do Ocidente. No Ocidente, o saber ocidental, a cultura ocidental foram vergadas pela mão de ferro do capitalismo. Nós estamos excessivamente gastos, sem dúvida, para fazer nascer uma cultura não capitalista. A cultura não capitalista será não ocidental e, por conseguinte, cabe aos não ocidentais inventá-la. O que eu quis dizer, há pouco, é que, no momento, os ocidentais foram pegos na armadilha de sua própria colonização, da ocidentalização do mundo inteiro, já que foi com os instrumentos formados no Ocidente que o mundo não ocidental se livrou de sua dominação.

Agora se abre a era de uma cultura não ocidental do mundo capitalista.

1973

Prisões e Revoltas nas Prisões

"Gefängnisse und Gefängnisrevolten" ("Prisões e revoltas nas prisões"; entrevista com B. Morawe; trad. J. Chavy), *Dokumente: Zeitschrift für übernationale Zusammenarbeit*, 29º ano, n. 2, junho de 1973, p. 133-137.

– *Inicialmente, foram as revoltas de prisioneiros em numerosas penitenciárias francesas, em Aix, Clairvaux, Baumettes, Poissy, Lyon e Toul, que atraíram a atenção da opinião pública sobre o que se passa atrás das grades e dos muros de concreto. Essas revoltas que fazem as manchetes da imprensa na França, desde 1971, tomaram formas diferentes: motins, atos de desespero, de resistência coletiva, movimentos de protesto com reivindicações concretas. Segundo o senhor, em que reside a significação dessa revolução? Trata-se efetivamente de um fenômeno novo?*

– Em primeiro lugar, é preciso lembrar o seguinte: em todas as revoluções políticas do século XIX – 1830, 1848 e 1870 – era de tradição existirem revoltas, quer fossem no interior das prisões, em que os detentos se solidarizavam com o movimento revolucionário que se desenrolava no exterior, quer os revolucionários fossem em direção às prisões para abrirem suas portas à força e libertar os detentos. Isso foi uma constante no século XIX. Inversamente, no século XX, devido a uma série de processos sociais – por exemplo, a ruptura entre o proletariado política e sindicalmente organizado e o *Lumpenproletariat* –, os movimentos políticos não mais foram associados aos movimentos dentro das prisões. Ainda que os jornais praticamente nunca tenham falado de revoltas dentro das prisões, dando assim a impressão de que durante 71 anos a calma ali reinara, isso não correspondia em nada à realidade. Esse período também conheceu revoltas dentro das prisões; houve movimentos de protesto no interior do sistema penitenciário, reprimidos com frequência de modo violento e ensanguentado, como em

1967 na Santé. Só que isso não é conhecido. Então, uma questão se coloca: como reapareceu essa ligação entre o movimento político fora das prisões e a politização de um movimento dentro delas? Muitos fatores concorreram: antes de tudo, a presença de um grande número de detentos argelinos, durante a guerra da Argélia. Eles eram milhares e lutaram para fazer reconhecer seu *status* de políticos; mediante a resistência passiva, a recusa à obediência, eles conseguiram mostrar que era possível coagir a direção das prisões a recuar. Já era alguma coisa muito importante. Em seguida, houve os prisioneiros políticos de maio de 1968, essencialmente maoístas. Houve, enfim, um terceiro fator importante: depois da fundação do Grupo de Informação sobre as Prisões, os detentos souberam que havia, do lado de fora, um movimento que se interessava por seu destino, um movimento que não era simplesmente um movimento de filantropia cristã ou leiga, mas um movimento de contestação política da prisão. Esta sucessão de fenômenos – politização no interior das prisões graças aos maoístas e, anteriormente, aos argelinos, e politização do problema da prisão no exterior delas – cristalizou uma certa situação. Em seguida à campanha conduzida pelo GIP, o governo, pela primeira vez na história, concedeu aos detentos o direito de ler os jornais, jornais que, até julho de 1971, não eram autorizados a penetrar nas prisões. Portanto, em julho de 1971, permite-se aos detentos lerem os jornais. Em setembro de 1971, eles são informados sobre a revolta em Attica; eles percebem que os problemas que são os deles, e dos quais se dão conta de que são de natureza política, e para os quais são sustentados desde o exterior, que esses problemas existem no mundo inteiro. O abalo foi forte e a tomada de consciência da dimensão e da significação políticas do problema, naquele momento, foi viva. Ora, no decorrer da quinzena seguinte, dois detentos de Clairvaux, uma das prisões francesas mais severas, fizeram uma tentativa de evasão prendendo dois reféns: um guarda de prisão e uma enfermeira. Durante essa tentativa, eles mataram seus reféns. De fato, sabe-se hoje que essa tomada de reféns, evidentemente, não foi organizada pela administração; esta a facilitou e, digamos que, em todo caso, ela foi tolerada por uma administração que estava a par de que alguma coisa se tramava, ainda que ela não soubesse do que se tratava. A fim de dar xeque-mate nesse movimento crescente de agitação, que já era político, a administração não interveio a favor desses dois jovens. O que, no final, terminou em drama. Imediatamente depois, as autoridades penitenciárias, o governo e muitos jornais iniciaram uma campanha para dizer: "Vocês bem podem ver o que são esses detentos." Nesse exato momento, uma mudança muito importante se produziu nas prisões francesas: os detentos tomaram consciência de que os meios de luta individuais ou semi-individuais – uma fuga a dois, a três, ou mais – não eram os bons meios, e que, se o movimento dos detentos queria alcançar uma dimensão política, ele devia, em primeiro lugar, ser um movimento realmente coletivo que incluísse uma prisão inteira e, em segundo lugar, apelar à opinião pública que, os detentos o sabiam, começava a se interessar pelo problema. Isso conduziu a uma forma de revolta inteiramente diferente. Em dezembro de 1971, dois meses, portanto, depois de Clairvaux, dois meses e meio depois de Attica, quatro meses depois da autorização dos jornais, um ano depois da fundação do GIP, uma revolta explodiu em Toul, como jamais se havia visto desde o século XIX: uma prisão inteira se revolta, os prisioneiros sobem aos telhados, atiram panfletos, desdobram faixas, fazem apelos utilizando megafone e explicam o que querem.

– *Quais reivindicações os prisioneiros expressaram? E será que se pode dizer que a revolta deles era a expressão de uma consciência política? Eu formulo a questão porque o senhor fala explicitamente de "movimento político".*

– Antes de tudo, é preciso distinguir a forma política ou não política de uma ação. Eu diria que uma evasão a dois, depois da tomada de reféns, ainda que se trate de prisioneiros políticos, ou que têm uma consciência política, é uma forma de ação que não é política. Em contrapartida, trata-se de uma forma política, por exemplo, quando aqueles que fazem reivindicações do tipo: melhor alimentação, aquecimento, não ser condenado a penas absurdas por bagatelas, portanto, reivindicações que são do domínio de seu interesse imediato, as fazem de um modo coletivo, apoiando-se na opinião pública, dirigindo-se não aos seus superiores, aos diretores de prisão, mas ao próprio poder, ao governo, ao partido no poder. A partir desse momento, sua ação tem uma forma política. Talvez o senhor dirá que isso ainda não é um conteúdo político. Mas não é isso precisamente o que caracteriza os movimentos políticos atuais: a descoberta de que as coisas mais cotidianas – o modo de comer, de se alimentar, as relações entre um operário e seu patrão, a maneira de amar, a maneira como a sexualidade é reprimida, as coações familiares, a proibição do aborto – são políticas? De qualquer modo, fazer delas o objeto de uma ação política, é nisto que consiste a política hoje. Por conseguinte, o caráter político ou não de uma ação não é mais determinado unicamente pelo objetivo dessa ação mas pela forma, pela maneira com que objetos, problemas, inquietudes e sofrimentos banidos pela tradição política europeia do século XIX como indignos da ação política são politizados. Não se ousava falar de sexualidade. A partir do século XIX, não se falava quase nada sobre a alimentação dos detentos como problema político sério.

– *Nas inquirições do Grupo de Informação sobre as Prisões, os senhores se ocuparam concretamente com as condições de detenção e do sistema de execução das penas, na França. Com quais fatos os senhores se chocaram? Qual era o objetivo a que o Grupo se propusera nessas inquirições?*

– A maioria desses fatos, isto é certo, já era conhecida: condições materiais absolutamente deploráveis; trabalho penitenciário que era da ordem da exploração a mais descarada, escravidão; cuidados médicos inexistentes; golpes e violência da parte dos guardas; existência de um tribunal arbitrário cujo único juiz era o diretor da prisão e que infligia punições suplementares aos detentos. Esses fatos, afinal, eram conhecidos, e nos foi possível reuni-los com algumas informações respigadas à direita e à esquerda, ajudados por alguns "traidores" pertencentes à administração penitenciária. Mas, para nós, o essencial era que essas informações fossem comunicadas à opinião pública pelos próprios prisioneiros. Portanto, não passamos pelas autoridades penitenciárias, não lhes formulamos questões, nem mesmo aos médicos das prisões, nem aos assistentes sociais que trabalham nas prisões. Fizemos passar ilegalmente questionários para dentro das prisões; eles nos retornaram do mesmo modo, embora em nossas brochuras tenham sido os próprios prisioneiros que tomaram a palavra e revelaram os fatos. Isso era importante, porque esses fatos só eram conhecidos nos meios restritos, porque a opinião pública ouviu a voz dos detentos e porque os detentos souberam que eram eles mesmos que falavam. E produziu-se alguma coisa extraordinária, ou ao menos alguns assim o consideraram: o Ministério da Justiça não pôde desmentir o menor desses fatos. Portanto, os prisioneiros disseram absoluta e inteiramente a verdade.

– *Os fatos publicados nas brochuras do Grupo – locais contaminados, sevícias sádicas, desprezo reiterado pelas prescrições médicas, castigos ilícitos seguidos da administração de tranquilizantes etc. – estão em chocante oposição com as intenções do legislativo francês que formulava, desde 1945, na reforma do direito penitenciário: "A pena de privação de liberdade tem por objetivo essencial o benefício e a reinserção do condenado." O senhor concorda com essa concepção? E por que, na sua opinião, ela não foi realizada até o momento?*

– Essa frase, citada atualmente pelos magistrados franceses com tanta deferência, foi formulada nos mesmos termos há mais de 150 anos. Quando se estabeleceram as prisões, era para fazer delas instrumentos de reforma. Isso fracassou. Imaginou-se que o internamento, a ruptura com o meio, a solidão, a reflexão, o trabalho obrigatório, a fiscalização contínua, as exortações morais e religiosas conduziriam os condenados a se emendar. Cento e cinquenta anos de fracasso não dão ao sistema penitenciário um título para pedir que se lhe tenha confiança. Essa frase foi com frequência excessivamente repetida para que se lhe conceda ainda o menor crédito.

– *Essa é sua resposta?*

– Sim, sem nenhuma restrição.

– *Então, permita-me precisar minha questão: seria desejável reformar o sistema penitenciário atual para aliviar as condições de detenção? Ou então é necessário romper com todas as ideias tradicionais sobre o direito penal, sobre a aplicação das penas etc.?*

– O sistema penitenciário, quer dizer, o sistema que consiste em internar pessoas, sob uma fiscalização especial, em estabelecimentos fechados, até que elas se emendem – isso é ao menos o que se supõe –, fracassou totalmente. Esse sistema faz parte de um sistema mais vasto e mais complexo que é, se o senhor quiser, o sistema punitivo: as crianças são punidas, os alunos são punidos, os operários são punidos, os soldados são punidos. Enfim, se é punido durante toda a vida. E o somos por um certo número de coisas que não são mais as mesmas que no século XIX. Vive-se dentro de um sistema punitivo. É isso o que se deve pôr em questão. A prisão, em si mesma, não é senão uma parte do sistema penal, e o sistema penal não é senão uma parte do sistema punitivo. Não serviria para nada reformar o sistema penitenciário sem reformar o sistema penal e a legislação penal.

Mas de fato é preciso que a legislação tenha mais ou menos essa forma, se é verdade que a estabilidade da sociedade capitalista repousa sobre toda essa rede de pressão punitiva que se exerce sobre os indivíduos.

– *Seria preciso então mudar todo o sistema?*

– Tem-se o sistema penal que se merece. Há uma análise, dita marxista, um pouco fácil, que consiste em pôr tudo isso na conta das superestruturas. Nesse nível, podem-se sempre imaginar arranjos e modificações. Mas, de fato, não acredito que o sistema penal faça parte das superestruturas. Na realidade, é um sistema do poder que penetra profundamente na vida dos indivíduos e que incide sobre sua relação com o aparelho de produção. Nessa medida, não se trata de modo algum de uma superestrutura. Para que os indivíduos sejam uma força de trabalho disponível para o aparelho de produção, é preciso um sistema de coações, de coerção e de punição, um sistema penal e um sistema penitenciário. São apenas expressões.

– *Pode-se provar isso historicamente?*

– Há, desde o início do século XIX, toda uma série de instituições que funcionaram sob o mesmo modelo, que obedeciam às mesmas regras, e cuja primeira descrição, quase delirante, se encontra no célebre *pan-óptico* de Bentham: instituições de vigilância nas quais os indivíduos eram fixados, seja a um aparelho de produção, uma máquina, um ofício, um ateliê, uma usina, seja a um aparelho escolar, seja a um aparelho punitivo, corretivo ou sanitário. Eles eram fixados a esse aparelho, coagidos a obedecer a um certo número de regras de existência que enquadravam toda a vida deles – e isso sob a vigilância de um certo número de pessoas, de quadros (contramestres, enfermeiros, guardas de prisão) que dispunham de meios de punir, consistindo em multas nas usinas, em corretivos físicos ou morais nas escolas e nos asilos e, nas prisões, em um certo número de penas violentas e essencialmente físicas. Hospitais, asilos, orfanatos, colégios, reformatórios, usinas, ateliês com sua disciplina e, finalmente, prisões, tudo isso faz parte de uma espécie de grande forma social do poder que foi estabelecido no início do século XIX, e que, sem dúvida, foi uma das condições do funcionamento da sociedade industrial, se o senhor quiser, capitalista. Para que o homem transformasse seu corpo, sua existência e seu tempo em força de trabalho, e a pusesse à disposição do aparelho de produção que o capitalismo buscava fazer funcionar, foi preciso todo um aparelho de coações; e me parece que todas essas coações que atingem o homem desde a creche e a escola o conduzem ao asilo de velhos passando pela caserna, sempre a ameaçá-lo – "Ou bem você vai para a usina, ou bem você encalha na prisão ou no asilo de alienados!" –, à prisão ou ao hospital psiquiátrico, todas essa coações estão referidas a um mesmo sistema de poder. Na maioria dos outros domínios, essas instituições se abrandaram, mas sua função permaneceu a mesma. Hoje, as pessoas não são mais enquadradas pela miséria, mas pelo consumo. Tal como no século XIX, mesmo se é sob um outro modelo, elas continuam capturadas em um sistema de crédito que as obriga (se compraram uma casa, móveis...) a trabalhar todo o santo dia, a fazer hora extra, a permanecer ligadas. A televisão oferece suas imagens como objetos de consumo e impede as pessoas de fazer o que se temia tanto, já no século XIX, ou seja, ir aos bistrôs onde se faziam reuniões políticas, onde os reagrupamentos parciais, locais e regionais da classe operária corriam o risco de produzir um movimento político, talvez a possibilidade de derrubar todo esse sistema.

– *O senhor disse que as outras instituições se abrandaram. E as prisões?*

– As prisões são anacrônicas e, no entanto, são profundamente ligadas ao sistema. Na França, pelo menos, elas não se abrandaram, diferentemente da Suécia ou dos Países Baixos. Mas nesses países suas funções são absolutamente coerentes com as funções asseguradas, não pelos velhos colégios ou pelos hospitais psiquiátricos em sua antiga forma, mas por instituições relativamente brandas, o que, na França, se chama "a psiquiatria de setor", a psiquiatria aberta, o controle médico, a fiscalização psicológica e psiquiátrica aos quais a população está exposta de modo difuso. Trata-se sempre da mesma função. A prisão é coerente com o sistema, exceto que o sistema penal ainda não encontrou essas formas insidiosas e brandas encontradas pela pedagogia, pela psiquiatria, pela disciplina geral da sociedade.

– *Uma última questão, para concluir: é possível imaginar uma sociedade sem prisões?*

– A resposta é fácil: houve, de fato, sociedades sem prisões; não há tanto tempo assim. Como punição, a prisão é uma invenção do início do século XIX. Se o senhor olhar os textos dos primeiros especialistas em direito penal do século XIX, o senhor constatará que eles começam sempre seu capítulo sobre as prisões dizendo: "A prisão é uma pena nova que ainda era desconhecida no século passado." E o presidente de um dos primeiros congressos penitenciários internacionais – congresso que, se minha memória é boa, aconteceu em Bruxelas, em 1847 – dizia: "Estou bem velho e ainda me lembro do tempo em que não se puniam as pessoas pela prisão, mas em que a Europa estava coberta de patíbulos, de pelourinhos e de cadafalsos diversos, onde se viam pessoas mutiladas que perderam uma orelha, dois polegares ou um olho. Esses eram os condenados."[1] Ele evocava essa paisagem, a um só tempo visível e sarapintada da punição, e acrescentava: "Agora, tudo isso está encerrado atrás dos muros monótonos da prisão." As pessoas dessa época tiveram plena consciência de que uma pena absolutamente nova havia nascido. O senhor quer me fazer descrever uma sociedade utópica na qual não haveria prisão. O problema é saber se é possível imaginar uma sociedade na qual a aplicação das regras seria controlada pelos próprios grupos. É toda a questão do poder político, o problema da hierarquia, da autoridade, do Estado e dos aparelhos de Estado. É apenas quando se tiver desembrenhado essa imensa questão que, finalmente, se poderá dizer: sim, deve ser possível punir dessa maneira, ou é inteiramente inútil punir, ou, ainda, a esta conduta irregular a sociedade deve dar tal resposta.

---

1 Discurso de abertura do II Congresso Penitenciário Internacional (20-23 de setembro de 1847, Bruxelas) pronunciado pelo presidente, Sr. Van Meenen, presidente do Supremo Tribunal de Justiça de Bruxelas, em *Débats du Congrès pénitentiaire de Bruxelles*, Bruxelas, Deltombe, 1847, p. 20.

1973

Sobre o Internamento Penitenciário

"Sobre o internamento penitenciário" (entrevista com A. Krywin e F. Ringelheim), *Pro Justitia*. *Revue politique de droit*, t. I, n. 3-4: *La prison*, outubro de 1973, p. 5-14.

– Ao considerarem a origem da prisão, os criminalistas clássicos apresentam o sistema penitenciário como um progresso do humanismo em relação às penas da Idade Média (pena de morte, torturas, suplícios). É um ponto de vista moral. O senhor estuda o fenômeno do encarceramento dos delinquentes no quadro de uma análise histórica e política, o que é muito mais interessante. O senhor disse, por um lado, que a prisão é um fator de proletarização e, por outro, que ela levanta uma barreira ideológica entre os proletários e o que o senhor chamou de plebe não proletarizada.

– O senhor faz referência a coisas não inteiramente escritas por mim, ditas apenas durante entrevistas. Não estou certo se as manteria tais quais. Pareceu-me, segundo as leituras que fiz, que no final do século XVIII aconteceu uma espécie de conflito entre os ilegalismos. Quero dizer o seguinte: em todo regime, os diferentes grupos sociais, as diferentes classes, as diferentes castas têm cada um o seu ilegalismo. No Antigo Regime, esses ilegalismos alcançaram um estado de relativo ajustamento. Em todo caso, o funcionamento social estava assegurado através desses ilegalismos. O ilegalismo fazia parte do próprio exercício do poder. A arbitrariedade real se repercutia, de algum modo, na arbitrariedade de todas as práticas de governo. Havia também um ilegalismo da burguesia. Quer dizer que a burguesia, para conseguir fazer passar o que era de seu interesse econômico, era incessantemente obrigada a revolver as regras que eram, por exemplo, o sistema alfandegário, as regras das corporações, as das práticas comerciais, as regras (morais ou religiosas) da ética econômica. E depois havia um ilegalismo que se poderia dizer popular, que era o dos camponeses esforçando-se para escapar dos impostos, o dos operários tentando abalar como podiam as regras das corporações ou das *jurandes*.* Todos esses ilegalismos, evidentemente, jogavam uns contra os outros, estavam em conflito uns contra os outros. Por exemplo, era muito importante para a burguesia que, nas camadas populares, houvesse uma luta permanente contra o imposto, porque a burguesia também buscava escapar do imposto. A personagem do contrabandista, saída dos meios populares, era uma personagem tolerada por um certo ilegalismo burguês. A burguesia, em um certo sentido, necessitava do ilegalismo popular. Estabeleceu-se, portanto, uma espécie de *modus vivendi*. E penso que o que se passou foi que, quando a burguesia tomou o poder político, e quando ela pôde adaptar as estruturas de exercício do poder aos seus interesses econômicos, o ilegalismo popular que ela tolerara – e que, de algum modo, encontrara no Antigo Regime uma espécie de espaço de existência possível – tornou-se para ela intolerável; e foi absolutamente necessário amordaçá-lo. E acho que o sistema penal, e sobretudo o sistema geral de fiscalização que foi ajustado no final do século XVIII, no início do século XIX, em todos os países da Europa, é a sanção deste novo fato: o velho ilegalismo popular que era, em algumas de suas formas, tolerado sob o Antigo Regime tornou-se literalmente impossível; foi preciso, de fato, pôr sob vigilância generalizada todas as camadas populares.

– *A forma de ilegalismo que a burguesia cessou de tolerar era então a mesma que ela praticava. Contudo, havia infrações próprias aos meios populares que a burguesia não praticava; penso, por exemplo, nos roubos, pilhagens, assaltos etc.*

– Sob o Antigo Regime, a fortuna era essencialmente rural e monetária. De modo que a burguesia, como proprietária de terras, tinha de defender sua propriedade, de um lado, contra o imposto real e, eventualmente, também contra os direitos feudais; de outro, no nível das colheitas, contra as pilhagens

---

* (N.T.) No original *jurandes*. Sob o Antigo Regime, agrupamento profissional autônomo com personalidade jurídica própria, e disciplina coletiva estrita, composto de membros em igualdade unidos por um juramento. Cf. *Larousse*, Paris, 1997.

camponesas. Ela devia também defender seus bens mobiliários dos ladrões, dos assaltantes de estrada. Mas quando a fortuna burguesa se encontrou investida em grande escala em uma economia de tipo industrial, quer dizer, investida nos ateliês, nas ferramentas, nas máquinas, nas máquinas-ferramentas, nas matérias-primas, nos estoques, e que tudo isso foi posto nas mãos da classe operária, a burguesia literalmente colocou sua fortuna nas mãos da camada popular. Esta, por um lado, tinha, tradicionalmente, um velho ilegalismo, e, por outro, ela mostrara, no momento da Revolução Francesa, que toda uma nova forma de ilegalismo político, de luta política contra o sistema existente, tornara-se agora para ela, senão um hábito, ao menos uma possibilidade. O perigo corrido, naquele momento, pelas novas formas da fortuna burguesa tornou a burguesia muito mais intolerante ainda com todas as formas de ilegalismo que, é evidente, ela já anteriormente acossava, mas com relativa indulgência. A caça aos ladrões, a caça a todas essas pequenas depredações das quais muita gente vivia ainda sob o Antigo Regime, tornou-se sistemática a partir dessa época.

– *É nessa época que o senhor situa o nascimento do internamento dos delinquentes, dos criminosos, tal como o conhecemos?*

– Tudo o que vou lhe dizer são hipóteses de trabalho que estou pondo à prova atualmente. Parece-me que o fundamental não é tanto a mudança na consciência do que é a falta ou o crime; não é isso o que importa. É claro, a teoria do crime e a teoria do delinquente mudaram. Vê-se aparecer na segunda metade do século XVIII a ideia de que o delinquente é o inimigo da sociedade inteira. Mas não é isso o que basta para explicar as mudanças profundas na prática real da penalidade. O que me parece mais fundamental ainda foi pôr sob vigilância a população plebeia, popular, operária, camponesa. A vigilância geral continua através das novas formas de poder político. O verdadeiro problema é a polícia. Direi que o que foi inventado no final do século XVIII, no início do século XIX, foi o panoptismo.

O sonho de Bentham, o *pan-óptico,* no qual um único indivíduo poderia vigiar todo mundo, é, no fundo, penso eu, o sonho, ou melhor, um dos sonhos da burguesia (porque esta sonhou muito). Esse sonho ela realizou. Ela talvez não o tenha realizado sob a forma arquitetural que Bentham propunha, mas é preciso lembrar-se do que Bentham dizia sobre o panóptico: é uma forma de arquitetura, é claro, mas é sobretudo uma forma de governo; é uma maneira para o espírito exercer o poder sobre o espírito. Ele via no pan-óptico uma definição das formas de exercício do poder. Aproximem o texto de Bentham, que é de 1787, da apresentação do Código Penal por Treilhard, em 1810, na França: Treilhard apresenta o poder político como uma espécie de pan-óptico realizado nas instituições. Ele diz: o olho do imperador vai poder chegar até os recantos mais obscuros do Estado. Pois o olho do imperador vigiará os procuradores-gerais que vigiarão os procuradores imperiais, e os procuradores imperiais vigiarão todo o mundo. Assim, não haverá mais nenhuma zona de obscuridade no Estado. Todo mundo será vigiado. O sonho arquitetural de Bentham tornara-se uma realidade jurídica e institucional no Estado napoleônico, que, aliás, serviu de modelo a todos os Estados do século XIX. Direi que a verdadeira mudança foi a invenção do panoptismo. Vivemos em uma sociedade pan-óptica. Têm-se estruturas de vigilância inteiramente generalizadas das quais o sistema penal e o sistema judiciário são uma peça, assim como a prisão, por sua vez, também o é; estruturas de vigilância das quais a psicologia, a psiquiatria, a criminologia, a sociologia, a psicologia social são os efeitos. É ali, nesse pan-optismo geral da sociedade, que se deve reinserir o nascimento da prisão.

– *Atualmente, quando o senhor fala de barreira ideológica estabelecida entre o proletariado e a plebe não proletarizada, o que o senhor quer dizer exatamente? Pois a população penitenciária é, todavia, constituída, 60 ou 70%, de operários, aprendizes, portanto, de proletários. Que sentido o senhor dá a essa noção de plebe não proletarizada?*

– O que acabo de lhe dizer é para retificar um pouco o que eu dissera na entrevista com Victor, publicada em *Les temps modernes*, em que eu falava particularmente da plebe sediciosa. De fato, não creio que o essencial seja tanto o problema da plebe sediciosa; foi o fato de que a fortuna da burguesia encontrou-se, pelas próprias necessidades do desenvolvimento econômico, investida de tal maneira que ela estava nas mãos daqueles mesmos encarregados de produzir. Todo trabalhador era um predador possível. E toda criação de mais-valia era, ao mesmo tempo, a ocasião, ou, em todo caso, a possibilidade de uma subtração eventual. Então, o que me choca no sistema penal, e em particular no sistema das prisões (e talvez seja aí que a prisão aparece em seu papel específico), é que todo indivíduo que passou pelo sistema penal permanece marcado até o fim de seus dias. É colocado em uma tal situação, no interior da sociedade, que ele não é mais reenviado para ali, de onde viera, quer dizer, não é mais reenviado ao proletariado. Mas ele constitui, nas margens do proletariado, uma espécie de população marginal cujo papel é muito curioso. Em primeiro lugar, ele deve, de fato, servir de exemplo: se você não for para a usina, olha o que vai lhe acontecer. É preciso então que ele seja excluído, mesmo em relação ao proletariado, para poder representar esse papel de exemplo negativo. Em segundo lugar, é preciso que isso seja uma força de pressão eventual sobre o proletariado. E, de fato, é junto a essas pessoas que se recrutam a polícia, os informantes, os *jaunes*,* os fura-greves etc. Em terceiro lugar, enfim, esses mesmos delinquentes dos quais se dizia que, na verdade, não era possível voltar a transformá-los em operários nos próprios espaços de trabalho, e que teria sido um insulto à classe operária remetê-los ao circuito do proletariado, essas mesmas pessoas foram expedidas para as colônias. Assim se povoou a Austrália de ingleses, a Argélia de franceses. Fez-se dessa população marginalizada na Europa pequenos brancos, proletários em relação ao grande capitalismo colonial e, ao mesmo tempo, em relação aos autóctones, quadros policiais, informantes, tiras e soldados, munidos aliás de uma ideologia racista.

– *É curioso constatar, na maioria dos casos, que os operários que sofreram uma pena de prisão não têm mais nenhuma vontade de retornar ao trabalho, uma vez saídos dela. A administração penitenciária finge sempre acreditar no valor educativo do trabalho nas prisões, embora tudo seja feito, assim parece, de modo a desencorajar, para sempre, os detentos a trabalhar.*

– Não sei como é isso na Bélgica, mas observe que, na França, os ofícios que lhes ensinam são ofícios inutilizáveis no meio operário. Mandam-lhes fazer artesanato, fabricar pantufas, re-

---

* (N.T.) Cf. *Larousse*, Paris, 1997: *Jaune, adj. Syndicats Jaunes*, sindicatos criados para fazer oposição às ações reivindicadoras dos sindicatos operários, cujo emblema era, originalmente, uma glande amarela e um ramo de giesta. Pejorativo: fura-greve.

des, coisas assim. Na França, só em Melun existe uma gráfica, um ateliê de metalurgia e lhes ensinam coisas utilizáveis. Fazem-se mais facilmente contadores, fazem-se mais facilmente enfermeiros do que operários... Acho que, de fato, não se busca remetê-los à classe operária. Eles são por demais preciosos em sua posição marginal. Aliás, eles permanecem dependentes da polícia se quiserem encontrar um ofício.

– *Há uma ideia que me parece atualmente muito importante: a relação que o senhor mesmo e outros, como Deleuze, por exemplo, estabelecem entre as diversas formas de internamento, uma analogia entre a escola, a caserna, a usina, a prisão.*
E, de fato, há analogias nessas instituições. Mas se trata de semelhanças fortuitas ou exteriores, ou então, ao contrário, de uma analogia de natureza? Com certeza, esses são lugares onde as pessoas são internadas durante um certo tempo, mas as causas e as finalidades são evidentemente diferentes...

– Bem, aqui, devo dizer que a palavra "natureza" me provoca um pouco de tique. Há que se ver as coisas da maneira a mais exterior possível. Poder-se-ia, por exemplo, apresentar ao senhor o regulamento de uma instituição qualquer no século XIX, e lhe perguntar o que é. É um regulamento de uma prisão em 1840, de um colégio da mesma época, de uma usina, de um orfanato ou de um asilo? É difícil adivinhar. Portanto, se o senhor quiser, o funcionamento é o mesmo (e a arquitetura também, em parte). Identidade de quê? Penso que seja, no fundo, a estrutura do poder própria a essas instituições que é exatamente a mesma. E, na verdade, não se pode dizer que há analogia; há identidade. É o mesmo tipo de poder, é o mesmo poder que se exerce. E está claro que esse poder que obedece à mesma estratégia não pretende, finalmente, o mesmo objetivo. Ele não serve às mesmas finalidades econômicas, quando se trata de fabricar alunos, quando se trata de "fazer" um delinquente, quer dizer, quando se trata de constituir esta personagem definitivamente inassimilável na qual se torna o tipo ao sair da prisão. Quando o senhor fala de analogia de natureza entre essas instituições, eu não assinaria embaixo disso inteiramente. Eu diria identidade morfológica do sistema de poder. É interessante observar que é um pouco no mesmo movimento que os doentes nos hospitais psiquiátricos, os alunos em seus liceus, os prisioneiros em suas casas de detenção conduzem atualmente a revolta. Em um certo sentido, eles conduzem a mesma revolta, já que, na verdade, é contra o mesmo tipo de poder, digamos que é contra o mesmo poder que eles se revoltam. E aqui o problema se torna politicamente muito interessante e ao mesmo tempo muito difícil. Como se irá, a partir de bases econômicas e sociais tão diferentes, conduzir uma luta contra um único e mesmo tipo de poder? Essa é uma questão essencial.

– *Então, é o próprio poder que é atacado quando se tenta unificar ideologicamente as revoltas que nascem nas diversas instituições de internamento, em sentido lato. Contudo, não se pode negar que as pessoas, digamos, a opinião popular, não estão prontas para entender e admitir a comparação entre o internamento escolar e o internamento penitenciário, por exemplo. A aproximação parece um pouco, senão demagógica, ao menos forçada, exagerada...*

– Penso que as coisas aparecem com mais clareza se as retomamos historicamente. Por volta de 1840, a burguesia de fato buscou internar o proletariado, exatamente no modelo da prisão. Houve na França, na Suíça, na Inglaterra as "usinas-convento", que eram verdadeiras prisões. Na França, 40 mil moças trabalhavam nesses "ateliês"; elas não podiam sair, exceto com autorização; elas eram submetidas ao silêncio, à vigilância, às punições. Percebe-se que era isso o que a burguesia buscava: os meios de agrupar em brigadas, de aquartelar, de internar o proletariado.

Mas verificou-se, muito rapidamente, que isso era, em termos econômicos, não viável, e politicamente muito perigoso. Não viável em termos econômicos porque esses estabelecimentos rígidos não correspondiam de modo algum à mobilidade necessária, e bem depressa a maioria deles desapareceu porque, na realidade, eles não souberam se adaptar a uma crise, a uma mudança de produção etc.

Em segundo lugar, o perigo político era imediato; dentro desses conglomerados de pessoas internadas, a coisa estava em ebulição.

Mas a burguesia não abandonou a função do internamento. Ela chegou a obter os mesmos efeitos de internamento através de outros meios. O endividamento do operário, o fato, por exemplo, de que ele é obrigado a pagar seu aluguel um mês adiantado, quando ele só toca em seu salário no fim do mês, a venda à prestação, o sistema de poupança, os recolhimentos de aposentadoria e de assistência, as vilas operárias, tudo isso constituiu diferentes meios de controlar a classe operária de uma maneira muito mais branda, muito mais inteligente, muito mais fina, e a fim de sequestrá-la.

– *No século XIX, a prisão não serviu, de algum modo, como lugar de recrutamento sistemático de mão de obra para certos empreendimentos? Quer dizer que se buscava deliberadamente enviar para a prisão todos os tipos de marginais, a fim de fornecer a mão de obra gratuita a certas indústrias (notadamente as fábricas de fiação).*

– Isso nos faz remontar a bem longe. Tenho a impressão de que foi antes, no final do século XVII, e no século XVIII, que se buscou fazer os prisioneiros trabalharem.

Era a época mercantilista: quem mais produzir, quem mais vender acumulará, por conseguinte, mais numerário. E de qualquer forma, nessa época, o internamento não era um internamento penal. Era uma espécie de internamento socioeconômico de pessoas que não caíam diretamente sob o golpe da lei penal, que não eram infratores, mas que eram simplesmente vagabundos, volúveis, agitados etc. No início do século XIX, quando a prisão se torna verdadeiramente um lugar de execução das penas, a situação se modifica no sentido que indiquei há pouco, quer dizer, dão-se aos detentos trabalhos estéreis, inutilizáveis no circuito econômico fora da prisão, e mantêm-se-os à margem da classe operária.

– *Sobre as revoltas das prisões na França, sabe-se que a prisão tem por função isolar e esterilizar os indivíduos. Para que uma revolta seja possível, é preciso uma ação coletiva. Como na França, e não na Bélgica, por exemplo, uma tomada de consciência política pôde se realizar? A situação material dos detentos é, sem dúvida, pior na França do que na Bélgica, mas isso é uma questão de grau. Portanto, os maus-tratos não bastam para explicar o fenômeno.*

– Não posso, é claro, falar-lhe sobre a Bélgica. Na França, deve-se levar em conta um certo número de fatos. Em primeiro lugar, a revolta de prisão, os movimentos coletivos ou semicoletivos nas prisões são, todavia, uma antiga tradição. Uma tradição que remonta ao século XIX e está com frequência ligada, aliás, aos movimentos políticos, como, por exemplo, as revoltas de prisão em julho de 1830. Mas é verdade que no século XX as revoltas de prisão se desenrolaram mais atrás das portas e sem comunicação com o exterior. De modo que elas não eram políticas. Eram movimentos de greve de fome, para obter uma melhoria na alimentação, condições de trabalho, questões administrativas... Ora, na França, mais do que na Bélgica, todavia, houve, no decorrer dos 30, 35 últimos anos, toda uma série de flutuações políticas que fizeram com que um grande número de políticos fosse para as prisões. Em certos casos, eles se justapuseram aos prisioneiros de direito comum. Em outros, houve uma espécie de rivalidade, de descontentamento dos de direito comum contra os políticos.

Por exemplo, eles viam com muito maus olhos a maneira como os participantes da OAS[1] eram tratados nas prisões. Em um certo número de outros casos ainda, houve exemplaridade. Foi assim que, no momento da guerra da Argélia, os árabes internados na Santé estavam separados dos detentos de direito comum; eles tinham uma divisão à parte. E nessa divisão à parte, através de uma série de greves e de movimentos violentos, eles obtiveram um certo número de vantagens consideráveis, e que lhes permitiram conduzir uma verdadeira existência política no interior da Santé. Parece inclusive que obtiveram armas, e que a administração o sabia, mas se preferia que eles não fossem mortos em caso de "golpe político".

E, enfim, houve um quarto tipo de relações; foi com os esquerdistas. Certamente que os esquerdistas não foram, no total, muito numerosos, mas o efeito de sua ação sem dúvida foi grande. O abalo de 1968 foi ressentido nas prisões. (Ele fora ressentido, aliás, de modo curioso: em certas prisões, os detentos tinham muito medo de 1968. Disseram-lhes, e eles estavam bastante prontos a acreditar, que os esquerdistas, se triunfassem, entrariam nas prisões e os degolariam. Reencontra-se aqui o velho antagonismo, ou melhor, o antagonismo constituído a partir do século XIX pela burguesia, entre o delinquente e o militante revolucionário.) Um certo número de detentos de direitos humanos conheceram maio de 1968 como jovens operários, estudantes etc. Depois eles viram chegar os esquerdistas, essencialmente maoístas, que tiveram com eles

---

1 OAS: Organização Armada Secreta. Movimento terrorista clandestino favorável à Argélia francesa.

uma atitude muito diferente daquela dos detentos da OAS, por exemplo. Eles tiveram um certo número de contatos individuais. Tudo isso trabalhou no interior das prisões. O contraexemplo da OAS, o exemplo dos árabes, as relações políticas com os maoístas, tudo isso foi um fermento. Outra coisa atuou também: a partir de janeiro de 1971, os detentos souberam que existia na França um movimento de luta contra o sistema penitenciário, contra o sistema penal em geral, e que não se tratava, esse movimento, de uma simples filantropia para com os prisioneiros e seu destino infeliz. Tratava-se de uma contestação política do sistema das prisões. De modo que pôde ocorrer, no outono de 1971 e no inverno de 1971-1972, um duplo fenômeno muito importante. Em primeiro lugar, retomada dos grandes movimentos coletivos no modelo, por exemplo, do que os árabes puderam fazer, e depois – e isso é absolutamente novo – apelo à opinião pública. E foi assim que em Toul – local da primeira grande revolta – os detentos, desde o início, subiram ao telhado; dirigiram-se à opinião pública, aos jornalistas que estavam lá e lhes disseram: eis o que nós queremos. Pois eles sabiam que, ao dizerem isso, eles não encontrariam os jornalistas debochando ou uma opinião pública hostil.

– *E as reivindicações permaneciam estritamente de ordem material. E eles não voltavam a pôr em questão a própria instituição penitenciária?*

– Deve-se prestar atenção. Com frequência nos dizem: é reformismo. Mas, de fato, o reformismo se define pela maneira como se obtém o que se quer, ou como se busca obtê-lo. A partir do momento em que se impõe pela força, pela luta, por uma luta coletiva, pelo enfrentamento político, isso não é uma reforma, é uma vitória.

– *Há uma evolução da criminologia moderna que parece extremamente ambígua e perigosa. Fala-se cada vez menos de delinquentes e cada vez mais de deficientes sociais, cada vez menos de punição e cada vez mais de tratamento. E produz-se, assim, uma espécie de assimilação entre o delinquente e o doente mental. E, com as teorias de setorização, da psiquiatria de setor, da psiquiatria penitenciária, tende-se a englobar os delinquentes em uma categoria infinitamente mais larga à qual se chama "os desviantes", e a reforçar em larga escala esse sistema de vigilância generalizada e de enquadramento de que falávamos há pouco.*

– Sim, é sempre esse mesmo fenômeno da vigilância generalizada que se estende. E, atualmente, com um fenômeno muito curioso que é a "desespecificação" dos setores de vigilância e das instâncias de vigilância. Pois outrora havia uma vigilância médica, uma vigilância escolar, uma vigilância penal; eram três vigilâncias inteiramente diferentes. Ora, vê-se que hoje se tem uma espécie de vigilância cujo coeficiente médico é bastante forte, mas que, de fato, retoma a seu encargo e sob o pretexto de patologia as funções de vigilância do professor de escola, com certeza, do guarda de prisão, até certo ponto do chefe de ateliê, do psiquiatra, do filantropo, das senhoras das obras sociais etc.

É um fenômeno muito interessante; é a história de todos os controles sociais que produziram essa categoria de pessoas chamadas de trabalhadores sociais; com frequência, individualmente, são pessoas muito sérias que, no interior de seu trabalho, compreendem o que fazem e se encontram em uma situação de grande dilaceramento; muitas dessas pessoas, na França, fazem um trabalho político extremamente importante.

– Mas contribuem para consolidar o sistema?

– É muito difícil dizer. Não acho que se possam encostá-los na parede dizendo-lhes simplesmente: vocês consolidam o sistema exatamente na medida em que nele permanecem. Encontramos sem cessar pessoas que são educadores de prisão, psicólogos em instituições vigiadas, assistentes sociais etc., que fazem um bom trabalho político e que, ao mesmo tempo, de fato, sabem muito bem que, a cada vez que fazem alguma coisa, reconduzem todo esse setor do trabalho social; mas não é tão simples assim. Uma vez que o segredo é uma das formas importantes do poder político, a revelação do que se passa, a "denúncia" vinda do interior, é uma coisa politicamente importante. Aliás, viu-se isso em outros setores. Muitas das informações dadas por nós vieram dos próprios detentos (as inquirições publicadas por nós eram, no início, feitas inteiramente pelos detentos), mas muitas informações pontuais dadas por nós aos jornais nós as obtivemos através dessas pessoas, os "trabalhadores sociais". Pois bem, o senhor sabe que só isso teve sua importância. A inquietação da administração penitenciária, em boa medida, veio daí. Se os estalidos vinham não somente dos "vigiados" mas também dos "vigilantes", como vigiar os vigilantes? Bentham dizia que era um problema político capital. E, se os médicos de prisão não tivessem sido tão covardes como o foram (e eu não retiro nada desta frase), eles poderiam, unicamente através de suas revelações, dizendo o que viam, ter abalado o sistema de modo considerável. A covardia deles foi, eu acho, imensa. Por um monte de razões. A principal é que a personagem do médico está hoje profundamente integrada à sociedade, na qual ela representa não apenas o duplo papel do comerciante e do conhecedor, mas do perito, quase do magistrado. Em todo caso, os médicos se consideram como magistrados da prisão. Lembro-me de um deles que, outro dia, nos fazia repreensões violentas; era um psiquiatra da Santé. Ele nos dizia: "Vocês não se dão conta da alienação vivida pelo detento." E ele continuava dizendo-nos: "Vocês nem mesmo se dirigiram a nós para saber o que se passava nas prisões." É rejeitando com extrema severidade esses "porta-vozes competentes" que se deve conduzir a luta, mas não é afastando todo agente do sistema.

1973

Arrancados por Intervenções Enérgicas de nossa Permanência Eufórica na História, Pomos as "Categorias Lógicas" a Trabalhar

"Arrancados por Intervenções Enérgicas de nossa Permanência Eufórica na História, Pomos as 'Categorias Lógicas' a Trabalhar" (entrevista com G. Deleuze e F. Guattari, realizada em setembro de 1972), *Recherches*, n. 13: *Généalogie du capital*, t. I: *Les équipements du pouvoir*, dezembro de 1973, p. 183-186.

G. Deleuze: Não se extrai nenhuma categoria do texto proposto pelo senhor.[1] Por exemplo, se poderiam considerar três tipos de estrutura nos equipamentos coletivos – estruturas de investimento, estruturas de serviço público e estruturas de assistência ou de pseudoassistência – e propor que pode haver ali relações de oposição entre essas diversas estruturas. Assim a *autoestrada* constitui uma estrutura de investimentos, com assistência policial, e desaparecimento de qualquer noção de serviço público.

O método do texto, ao contrário, teve consequências *históricas*, mas não *categorias lógicas*: por isso é que não há plano que dele se extraia.

Poder-se-ia ter tomado o exemplo dos *"dancings" no campo*: no campo, um *dancing* é um equipamento coletivo; os jovens sofrem igualmente uma extorsão de dinheiro da parte dos *gangsters*; esse é o aspecto investimento do equipamento coletivo. A polícia vigia em torno, pronta a intervir: é a assistência repressiva. Ora, aqui, é o direito de uso que deveria definir o equipamento coletivo, e não, como é o caso, o direito de consu-

---

[1] Trata-se de um texto redigido em setembro de 1971 por F. Fourquet, L. Murard e M.-T. Vernet-Straggiotti em resposta a um apelo de ofertas de um serviço público de pesquisa, e que constitui o primeiro capítulo da compilação *Généalogie du capital*, t. I: *Les équipements du pouvoir*; chap. I, "La ville-ordinateur", p. 15-21.

mo. Essas duas dimensões se opõem no equipamento coletivo: o consumidor, de fato, o que não tem direito de uso, é na realidade oposto ao usuário.

F. Guattari: Para poder inserir na produção fluxos de trabalho decodificados, fluxo de mulheres ou fluxo de crianças, é preciso que um certo número de equipamentos sejam dispostos a fim de permitir a pré-formação desses fluxos.

Essa concepção permite tomar o sentido oposto da abordagem atual dos equipamentos coletivos, que procede por categorias fundamentais, tais como as funções da Carta de Atenas (habitar, circular, recrear-se, trabalhar, como categorias naturais) às quais os equipamentos coletivos devem responder.

Aqui, é exatamente o contrário, pois educar, pôr em creche, no hospital, fazer circular etc. não são de modo algum funções, faculdades de um instrumento geral separado, mas são axiomas que não são compreensíveis senão determinados uns em relação aos outros. Portanto, longe de compreender a natureza de um equipamento a partir das formas espacializadas que ele toma, é preciso primeiro compreender que tipo de axiomática está implicado. De modo que se vai assistir a modificações correlativas na concepção de um escritório, de uma circulação, de compartimentos dando para um local de direção, a concepção de uma entrada, de um pátio...

Deve-se, talvez, encontrar um certo sincronismo: quando há uma certa mutação que implica que a cidade como corpo sem órgão e os equipamentos coletivos como axiomas do capital implicam uma mutação (entrada maciça de fluxos decodificados: trabalho nas manufaturas etc.), tudo será modificado correlativamente. Poder-se-ia ver como, em exemplos precisos, obtém-se essa "personologização" dos fluxos. Por exemplo, um certo tipo de relação da mulher na produção vai modificar a concepção da creche; daí, 20 anos depois, a da escola, sem dúvida a da formação profissional, talvez a da prisão. É preciso então tentar ter uma árvore de implicação, a partir de uma mutação dada. Outro exemplo: a incidência sobre os equipamentos coletivos da entrada da mulher na produção durante a guerra de 1914.

Não há em si um equipamento: há uma constelação de equipamentos; do mesmo modo não há em si uma cidade, mas uma constelação de cidades.

M. Foucault: O que me seduziu em seu texto foi a maneira como o senhor estabelece o caráter não operatório da noção de cidade. Parece-me que se pode fazer aparecer três funções dos equipamentos coletivos, que podem perfeitamente entrecruzar-se em um único e mesmo equipamento. Gostaria de tentar designá-las, tomando um único exemplo: a estrada.

Primeira função da estrada: produzir produção. Trata-se de fazer de modo que possa haver ali uma produção comportando um excedente e permitindo assim uma retirada. Estrada que drena mão de obra, que permite introduzir instrumentos, transportar matéria-prima, retirar os lucros. Caminho dos campos ou da mina, da colheita e dos dízimos. Esse caminho foi um dos elementos de cristalização do poder estatal. Em torno dessa função primeira da estrada, duas personagens: o agente do poder, o coletor de impostos, o agente dos lucros ou o "procurador fiscal". Em suma, aquele que está referido aos direitos. Perante ele, como personagem antitética, o bandido, aquele que também faz retiradas, mas contra o agente do poder – o larápio.

Segunda função: produzir demanda. Trata-se de constituir uma demanda máxima ou, ao menos, uma demanda respondente aos excedentes de produção. A estrada conduz ao mercado, ela engendra lugares de mercado, ela transporta mercadorias, vendedores e compradores. A essa função está ligada toda uma regulamentação do que se pode pôr no mercado, dos preços a praticar, dos lugares onde se pode fazer comércio. Duas personagens se defrontam: o inspetor, o controlador, o agente aduaneiro e os pedágios. Diante deste, está o contrabandista, os vendedores ambulantes. Camelô não retira mercadorias; ao contrário, ele as oferece, em profusão, fora das taxas e fora do direito. Essa função do equipamento coletivo apela para o ajustamento do Estado mercantilista.

Terceira função: normatizar, ajustar a produção de produção e a produção de demanda. A estrada como peça em uma "disposição do território": ou, de um modo mais condensado ainda, a autoestrada que "consome" ela própria os carros dos quais assegura a produção. Em uma ponta dessa estrada, o engenheiro dos trabalhos públicos, regulador – agente e sujeito da regra, poder de normalização e tipo de normalidade (as escolas de engenheiros autenticam um saber, atribuem um poder e fornecem modelos sociais: ser politécnico) –, e, na outra, aquele que está "fora do circuito", ou porque ele é o eterno agitado, o vagabundo que não vai a lugar nenhum, ou porque ele é o "estacionário", imóvel em seu canto, resto arcaico e selvagem anterior à estrada: nos dois casos, um anormal. Necessidade de um Estado disciplinar, correlativo do Estado industrial.

Não é a mesma cronologia. É um balizamento de elementos funcionais em um equipamento coletivo, escolhido como exemplo. Poder-se-ia ter pego um outro. A *educação* produz produtores; ela produz demandantes e ao mesmo tempo ela normatiza, classifica, reparte, impõe regras e indica o limite do patológico.

G. Deleuze: O que Michel acaba de dizer é um caso típico de categorias de equipamentos coletivos que não se confundem com as espécies. O objetivo não seria, de fato, atribuir categorias que, em cada contexto histórico e em cada caso, são suscetíveis de variar umas com as outras? Assim, há casos nos quais o aspecto produção prevalece sobre a demanda, segundo a conjuntura econômica, política etc.

É preciso, então, fazer um jogo de categorias variáveis, cujas relações sejam variáveis... Balizemos três aspectos dos equipamentos coletivos, próximos da distinção proposta por Michel.

Primeiro aspecto: o investimento. Está próximo da produção. A creche é produção de produção e, ao mesmo tempo, investimento, uma vez que ela permite às mulheres trabalhar. Isso consiste em sempre tratar alguém como produtor, ao menos potencial.

Segundo aspecto: controle, assistência, enquadramento, com, se for preciso, equipamentos coletivos que privilegiem esse aspecto. Isso consiste em sempre tratar alguém como consumidor.

Terceiro aspecto: é o aspecto serviço público. Ele é completamente esvaziado no regime capitalista. Ele consiste em considerar o cidadão como um usuário; ele se define pelo direito de uso, quer dizer, o direito democrático por excelência fora de qualquer operação de enquadramento. O *direito de uso* é a comunidade. O investimento é o Estado, a polícia. A autoestrada, hoje, é o nomadismo canalizado, o enquadramento, enquanto o serviço público implica um nomadismo generalizado. Assim, seria preciso perguntar a cada equipamento coletivo qual é sua parte de produção da produção, produção da demanda, regulação. Há tanto mais serviço público quanto menor for o consumo, o apelo ao consumo e a assistência.

M. Foucault: Houve uma época em que a formação de instrumentos de produção da produção, tal como o moinho, só podia ser confiada a um poder político que era igualmente um poder fiscal; ela lhe era aferente; isso não estava referido à propriedade privada. Depois, assistiu-se a uma báscula: os instrumentos de produção da produção passaram ao regime da propriedade privada; o Estado ficou então encarregado da produção da demanda; foi quando os serviços públicos foram criados (mercados, estradas, postos...), tendo em vista o uso. Não há um vestimento privado nesses serviços públicos, há apenas usuários. Atualmente, percebe-se que essa produção da demanda é, ela própria, rentável, e que se pode investir nela. Ela foi confiada ao Estado e posta em execução por funcionários. Doravante, ela entra nos circuitos de lucros privados: assim, a publicidade, a privatização das autoestradas, e também, talvez, a do telefone.

A nova função estatal que aparece é a de equilibrar a produção da produção com a produção da demanda. O papel do Estado será cada vez mais: a polícia, o hospital, a divisão louco/não louco. E depois, talvez, a normalização, os hospitais psiquiátricos, e mesmo as prisões serão diretamente tomados a cargo pela indústria farmacêutica, quando os internos serão todos tratados com neurolépticos. Desestatização dos equipamentos coletivos que foram pontos de ancoragem do poder de Estado.

A diferença entre utopias socialistas e utopias capitalistas é que as utopias capitalistas se realizaram. Em 1840, 40 mil operários viviam nas usinas-conventos nas mãos das boas freiras. No Norte, a cidade, a moradia, o caminho, tudo isso pertencia à usina (e ainda hoje, por exemplo, às vilas operárias, em Bruay-en-Artois). Isso se acoplava ao Estado de dois modos: através do sistema dos bancos e através do exército (os industriais pediam ao Estado o estabelecimento de guarnições militares em torno dos grandes centros industriais: foi o caso de Lyon depois de 1834). Atualmente, privatizou-se essa forma de repressão; deu-se a ela a forma de uma instância de controle do normal: psicólogo, polícia privada, sindicatos, comitês de empresa. Não se faz mais apelo ao exército. Inversamente, confia-se ao Estado um certo número de equipamentos coletivos que, outrora, estavam reservados ao privado: não há mais cidades operárias, há as HLM que se assentam sobre o aparelho de Estado. Houve uma contradança.

1974

Da Natureza Humana: Justiça contra Poder

"Human nature: justice versus power" ("Da natureza humana: justiça contra poder"; discussão com N. Chomsky e F. Elders, Eindhoven, novembro de 1971; trad. A. Rabinovitch), in Elders (F.), ed., *Reflexive water: the basic concerns of mankind*, Londres, Souvenir Press, 1974, p. 135-197. (Debate em francês e em inglês na televisão holandesa gravado na École Supérieure de Technologie de Eindhoven, novembro de 1971).

F. *Elders*: Senhoras e senhores, bem-vindos ao terceiro debate do International Philosopher's Project. Os debatedores desta noite são o Sr. Michel Foucault, do Collège de France, e o Sr. Noam Chomsky, do Massachusetts Institute of Technology. Os dois filósofos têm pontos de aproximação e de divergência. Talvez pudéssemos compará-los a dois operários que perfurariam um túnel sob uma montanha, cada um de seu lado, com ferramentas diferentes, sem sequer saber que irão se encontrar.

Eles realizam sua tarefa com ideias novas, eles escavam o mais longe possível, engajando-se igualmente na filosofia e na política: por todas essas razões, certamente assistiremos a um debate apaixonante.

Sem mais delongas, vou abordar uma questão eterna e essencial: a da natureza humana. Todos os estudos sobre o homem, da história à linguística e à psicologia, devem resolver o seguinte problema: somos o produto de todos os tipos de fatores exteriores, ou possuímos uma natureza comum graças à qual nós nos reconhecemos como seres humanos?

É ao senhor, Sr. Chomsky, que endereço minha primeira questão, pois o senhor emprega, com frequência, o conceito de natureza humana, utilizando, a esse respeito, termos como "ideias inatas" e "estruturas inatas". Quais os argumentos que o senhor retira da linguística para dar a este conceito de natureza humana essa posição central?

N. Chomsky: Vou começar de um modo um pouco técnico. Qualquer um que se interesse pelo estudo da linguagem se vê confrontado com um problema empírico muito preciso. Ele descobre diante dele um organismo, digamos um locutor adulto, que adquiriu um número surpreendente de capacidades que lhe permitem em particular exprimir seu pensamento e compreender as palavras dos outros, e fazer isso de um modo que acho justo qualificar de altamente criativo..., pois a maior parte do que diz uma pessoa em suas conversações com o outro é nova, a maior parte do que ouvimos é nova e não tem senão pouca semelhança com nossa experiência. E esse comportamento novo não é produto do acaso; ele é adaptado às situações, de um modo difícil de caracterizar. De fato, ele tem muitos traços com o que pode ser chamado de criatividade.

O indivíduo que adquiriu o domínio desse conjunto complexo, altamente articulado e organizado, de capacidades, ao qual chamamos conhecimento de uma língua, conheceu uma experiência dada; no decorrer de sua existência, ele foi exposto a um certo números de dados, ele teve a experiência direta de uma língua.

Se examinarmos os elementos dos quais ele dispõe finalmente, nós nos encontraremos então diante de um problema científico perfeitamente definido: como explicar a distância que separa a pequena quantidade de dados, de qualidade medíocre, recebida pela criança, e o conhecimento sistemático, organizado em profundidade, que deriva, de uma certa maneira, desses elementos?

Mais ainda, indivíduos diferentes tendo experiências muito diferentes de uma certa língua alcançam, contudo, sistemas extremamentes congruentes uns com os outros. Os sistemas que dois locutores ingleses alcançam, a partir de experiências muito diferentes, são congruentes no sentido em que, em muito grande medida, o que um enuncia o outro compreende.

Melhor, e ainda mais notável, é que se observa que, em uma ampla gama de línguas, na verdade em todas aquelas que foram estudadas seriamente, os sistemas provenientes das experiências vividas pelas pessoas são submetidos a limites precisos.

Para esse fenômeno notável, só existe uma única explicação possível, que lhes passo de modo esquemático: a hipótese segundo a qual o indivíduo contribui em grande parte para a elaboração da estrutura geral e, talvez, para o conteúdo específico do conhecimento que ele definitivamente deriva de sua experiência dispersada e limitada.

Uma pessoa que sabe uma língua adquiriu esse saber fazendo a aprendizagem de um esquematismo explícito e detalhado, uma espécie de código de abordagem. Ou, para empregar termos menos rigorosos: a criança não começa por se dizer que ouve inglês, francês ou holandês; ela começa por saber que se trata de uma linguagem humana de um tipo explícito, da qual ela não pode se afastar. É porque ela parte de um esquematismo tão organizado quanto restritivo que ela é capaz de passar desses dados esparsos e pobres a um conhecimento tão altamente organizado. Acrescento que podemos, inclusive, ir bastante longe no conhecimento das propriedades desse sistema de conhecimento – que chamarei de linguagem inata ou conhecimento instintivo – trazido pela criança para a aprendizagem da língua. Assim, podemos avançar bastante na descrição do sistema que lhe está mentalmente presente, no momento em que ela adquiriu esse saber.

Eu proponho que esse conhecimento instintivo, ou melhor, esse esquematismo que permite derivar um conhecimento complexo, a partir de dados muito parciais, é um componente fundamental da natureza humana. Um componente fundamental, pois a linguagem desempenha um papel não somente na comunicação, mas na expressão do pensamento e na interação entre os indivíduos; suponho que a mesma coisa se verifique em outros domínios da inteligência, do conhecimento e do comportamento humano.

Esse conjunto, essa massa de esquematismo, de princípios organizadores inatos que guia nosso comportamento social, intelectual e individual, é o que designo quando me refiro ao conceito de natureza humana.

F. Elders: Pois bem, Sr. Foucault, se penso em seus livros *A história da loucura* ou *As palavras e as coisas*, tenho a impressão de que o senhor trabalha em um nível muito diferente, e que seu objetivo é totalmente oposto. Imagino que esse esquematismo em relação com a natureza humana o senhor procura multiplicá-lo segundo os períodos. O que o senhor tem a dizer sobre isso?

M. Foucault: Se os senhores não se incomodarem, vou responder em francês, pois meu inglês é tão pobre que teria vergonha de recorrer a ele.

É verdade que suspeito um pouco dessa noção de natureza humana, e pela seguinte razão: penso que os conceitos ou as noções das quais uma ciência pode servir-se não têm todos o mesmo grau de elaboração. E, em geral, eles não têm nem a mesma função, nem o mesmo tipo de uso possível no discurso científico. Tomemos o exemplo da biologia: alguns conceitos têm uma função de classificação; outros, uma função de diferenciação ou de análise; alguns nos permitem, por exemplo, caracterizar os objetos em tecidos, outros isolam elementos como os traços hereditários, ou estabelecem o papel do reflexo. Ao mesmo tempo, há elementos que desempenham um papel no discurso e nas regras internas da prática do raciocínio. Mas existem também noções periféricas através das quais a prática científica se designa ela própria, se distingue das outras práticas, delimita seu domínio de objetos, e define a totalidade de suas tarefas futuras. A noção de vida desempenhou esse papel em biologia durante um dado período.

Nos séculos XVII e XVIII, a noção de vida mal ou pouco foi utilizada para o estudo da natureza: os seres naturais, vivos ou não, eram classificados em um vasto quadro hierárquico que ia dos minerais ao homem; a ruptura entre os minerais e as plantas ou os animais era relativamente imprecisa; epistemologicamente, era preciso fixar suas posições de uma vez por todas. A única coisa que contava era fixar suas posições de maneira indiscutível.

No final do século XVIII, a descrição e a análise desses seres naturais mostravam, graças a instrumentos muito aperfeiçoados e a técnicas novas, um domínio inteiro de objetos, um campo de relações e de processos que permitiram definir a especificidade da biologia no conhecimento da natureza. É possível afirmar que a pesquisa sobre a vida finalmente constituiu-se, ela própria, em uma ciência biológica? Será o conceito de vida o responsável pela organização do saber biológico? Não creio. Parece-me mais verossímil que as transformações do conhecimento biológico no final do século XVIII apareceram, por um lado, graças a uma série de novos conceitos do discurso científico e, por outro, deram origem a uma noção tal como a de vida que nos permitiu designar, delimitar e situar esse tipo de discurso, entre outras coisas. Em minha opinião, a noção de vida não é um *conceito científico*, mas um *indicador epistemológico* classificador e diferenciador, cujas funções têm um efeito sobre as discussões científicas, mas não sobre seu objeto.

Parece-me que a noção de natureza humana é do mesmo tipo. Não foi estudando a natureza humana que os linguistas descobriram as leis da mutação consoante, nem Freud os princípios da análise dos sonhos, nem os antropólogos culturais a estrutura dos mitos. Na história do conhecimento, a noção de natureza humana me parece ter desempenhado essencialmente o papel de um indicador epistemológico para designar certos tipos de discurso em relação ou em oposição à teologia, à biologia ou à história. Eu teria dificuldades em reconhecer nela um conceito científico.

N. Chomsky: Pois bem, antes de tudo, se fôssemos capazes de especificar, em termos de redes neuronais, as propriedades da estrutura cognitiva humana que permitem à criança adquirir esses sistemas complicados, eu não hesitaria de modo algum em descrever essas propriedades como um componente da natureza humana. Existe um elemento biológico inalterável, um fundamento sobre o qual se assenta o exercício de nossas faculdades mentais nesse caso.

Gostaria de prosseguir o desenvolvimento de seu pensamento, com o qual estou inteiramente de acordo, concernente ao conceito de vida como conceito organizador nas ciências biológicas.

Parece-me que podemos nos perguntar – falamos aqui do futuro e não do passado – se o conceito de natureza humana ou de mecanismos inatos de organização, ou ainda de esquematismo mental intrínseco – não vejo a diferença, mas, digamos, a natureza humana para resumir –, não poderia constituir a próxima etapa da biologia, depois de haver definido a vida de uma maneira satisfatória para alguns, ao menos no espírito dos biólogos, o que está longe de ser convincente.

Em outros termos, para maior precisão, não será possível dar uma explicação biológica ou física, não será possível caracterizar, em função dos conceitos físicos dos quais dispomos, a capacidade da criança de adquirir sistemas complexos de conhecimento e, ulteriormente, de utilizar esse saber de maneira livre, criativa e variada?

Podemos explicar, em termos biológicos e, finalmente, em termos físicos, a capacidade de adquirir o conhecimento e de usá-lo? Não vejo razão para acreditar que nós o podemos; trata-se, portanto, de uma profissão de fé da parte dos cientistas; já que a ciência explicou tantas coisas, ela resolverá também essa.

Em um certo sentido, poder-se-ia dizer que se trata de uma variante do problema corpo-espírito. Se considerarmos a maneira como a ciência transpôs os diferentes patamares, e como ela finalmente adquiriu o conceito de vida que lhe escapara durante tanto tempo, observaremos, em numerosos momentos da história – os séculos XVII e XVIII são exemplos límpidos disso –, que os progressos científicos foram possíveis precisamente porque o domínio da ciência física foi, ele próprio, ampliado. As forças de gravitação de Newton são um caso clássico. Para os cartesianos, a ação a distância era um conceito místico, e aos olhos de Newton era uma qualidade oculta, uma entidade mística que não pertencia à ciência. Para as gerações seguintes, a ação a distância integrou-se naturalmente à ciência.

Aconteceu que a noção de corpo, do que é físico, mudou. Para um cartesiano estrito – se tal indivíduo existisse hoje –, o comportamento dos corpos celestes seria inexplicável. Certamente que ele não teria explicação para os fenômenos explicados em termos de força eletromagnética. Mas, graças à extensão da ciência física que incorpora conceitos até aqui inacessíveis, ideias inteiramente novas, tornou-se possível elaborar sucessivamente estruturas cada vez mais complicadas compreendendo um certo número de fenômenos.

Por exemplo, com certeza não é verdade que a física dos cartesianos possa explicar o comportamento das partículas elementares ou os conceitos de vida.

Penso que se pode também colocar a questão de saber se a ciência física, tal como a conhecemos hoje, nela incluída a biologia, incorpora os princípios e os conceitos que lhe permitirão dar conta das capacidades intelectuais humanas inatas e, mais profundamente ainda, da possibilidade de usá-las nas condições de liberdade das quais gozam os humanos. Não vejo nenhuma razão para crer que a biologia ou a física contêm esses conceitos e, para poderem transpor a próxima etapa, talvez elas devam concentrar-se nesse conceito organizador e ampliar seu campo a fim de apossar-se dele.

M. Foucault: Sim.

F. Elders: Vou tentar formular uma questão mais específica a partir de suas duas respostas, pois temo que o debate se torne por demais técnico. Tenho a impressão de que uma das principais diferenças entre os senhores vem do seu modo de abordagem. O senhor, Sr. Foucault, está especialmente interessado na maneira como a ciência ou os cientistas funcionam em um período dado, enquanto o Sr. Chomsky está mais implicado com a questão do porquê: Por que possuímos a linguagem? Não somente como ela funciona, mas por que razão gozamos dela? Podemos tentar elucidar isso de um modo mais geral: o senhor, Sr. Foucault, delimita o racionalismo do século XVIII, enquanto o Sr. Chomsky o afina com noções como a liberdade ou a criatividade.

Talvez possamos ilustrar isso de um modo mais geral com exemplos dos séculos XVII e XVIII.

N. Chomsky: Inicialmente, devo dizer que trato o racionalismo clássico não como um historiador das ciências ou como um historiador da filosofia, mas sim como um indivíduo que possui um certo número de noções científicas e almeja descobrir de que modo, em um período anterior, as pessoas puderam apalpar essas noções sem nem mesmo se darem conta disso.

Poder-se-á dizer que considero a história não como um antiquário, desejoso de dar conta, com precisão, do pensamento do século XVII – não desejo de modo algum diminuir o mérito dessa atividade, simplesmente não é a minha –, mas sim como um amante da arte que estudaria o século XVII a fim de descobrir nele coisas de um valor particular, valor realçado pelo olhar que ele dirige a elas.

Penso que, sem contradizer a primeira abordagem, meu ponto de vista é legítimo; acho perfeitamente possível retornar a etapas anteriores do pensamento científico, a partir de nossa compreensão atual, e captar como os grandes pensadores tatearam, nos limites de sua época, conceitos e ideias dos quais não estavam verdadeiramente conscientes.

Por exemplo, acho que qualquer um pode proceder dessa maneira para analisar sua própria reflexão. Sem querer comparar-se aos grandes pensadores do passado, qualquer um pode...

F. Elders: Por que não?

N. Chomsky: Considerar...

F. Elders: Por que não?

N. Chomsky: Muito bem, qualquer um pode considerar o que sabe hoje e se perguntar o que sabia há 20 anos, e ver que se esforçava confusamente para descobrir alguma coisa que compreende somente agora... se ele tiver chance.

Penso igualmente que é possível olhar para o passado, sem que nossa visão seja deformada, e é assim que pretendo considerar o século XVII. Quando me volto para os séculos XVII e XVIII, fico impressionado com a maneira como, por exemplo, Descartes e seus discípulos foram conduzidos a definir o espírito como uma substância pensante independente do corpo. Se examinarmos suas razões de postular essa segunda substância, espírito, substância pensante, parece que Descartes conseguirá se convencer, com ou sem razão, pouco importa, de que os acontecimentos do mundo físico e, em grande parte, do mundo comportamental e psicológico – em particular, a sensação – se explicavam em função do que ele acreditava – de maneira errônea, pensamos hoje – ser a física: os choques produzidos entre os objetos que se entrechocam, que se deslocam etc.

Ele estava persuadido de que esse princípio mecânico lhe permitia explicar um certo número de fenômenos, depois observou que isso nem sempre era possível. Ele então postulou um princípio criativo nesse intento, o princípio do espírito com suas próprias propriedades. Mais tarde, seus discípulos, dos quais muitos não se consideravam cartesianos, sendo fortemente antirracionalistas, desenvolveram o conceito de criação no interior de um sistema de regras.

Não entrarei nos detalhes, mas minha própria pesquisa sobre esse assunto conduziu-me finalmente a Wilhelm von Humboldt, que certamente não se considerava um cartesiano, mas que também desenvolveu o conceito da forma internalizada, em uma estrutura bastante diferente, em um período histórico diferente e sob um ângulo novo, de um modo engenhoso, em minha opinião essencial e durável; trata-se fundamentalmente do conceito de criação livre no interior de um sistema de regras. Através do que ele se esforçava para resolver certos problemas e dificuldades confrontados pelos cartesianos.

Hoje em dia, contrariamente a muitos dos meus colegas, penso que a escolha de Descartes de postular uma segunda substância foi muito científica, e de modo algum metafísica. Ela se parecia, em muitos aspectos, com a escolha intelectual de Newton quando ele determinou a ação a distância; ele penetrava no domínio do oculto, se o senhor quiser. Ele entrava em um domínio que ultrapassava a ciência estabelecida, e tentava integrá-lo desenvolvendo uma teoria na qual essas noções eram convenientemente esclarecidas e explicadas.

Descartes agiu de maneira similar ao definir uma segunda substância. É claro, ele fracassou ali onde Newton foi bem-sucedido; ele se mostrou incapaz de lançar as bases de uma teoria matemática do espírito tal como Newton e seus discípulos estabeleceram os fundamentos de uma teoria matemática das entidades físicas, que incorporava noções ocultas como a ação a distância e, mais tarde, as forças eletromagnéticas etc.

Temos então a tarefa de desenvolver, se o senhor quiser, a teoria matemática do espírito; entendo com isso uma teoria abstrata, articulada com precisão, formulada claramente, que terá consequências empíricas, e nos permitirá saber se a teoria é justa ou falsa, se sua direção é boa ou má, e possuirá ao mesmo tempo as propriedades da ciência matemática, o rigor, a precisão e a estrutura nos permitindo tirar conclusões, hipóteses etc.

É a partir desse ponto de vista que procuro considerar os séculos XVII e XVIII, para descobrir noções que certamente estão neles, embora eu reconheça que os indivíduos em questão não as viram assim.

F. Elders: Sr. Foucault, suponho que o senhor criticará essas ideias severamente?

M. Foucault: Não... Há mesmo um ou dois pequenos pontos históricos. Não posso contradizer sua análise. Mas quero acrescentar uma coisa: quando o senhor fala da criatividade tal como Descartes a concebia, eu me pergunto se o senhor não lhe atribui uma ideia que pertence aos seus sucessores ou mesmo a alguns de seus contemporâneos. Segundo Descartes, o espírito não era muito criativo. Ele via, percebia, e era iluminado pela evidência.

Além disso, o problema jamais resolvido nem inteiramente dominado por Descartes era compreender como se podia passar de uma dessas ideias claras e distintas, de uma dessas intuições a uma outra, e qual *status* dar à evidência dessa passagem. Não posso ver criação, nem no momento em que o espírito, segundo Descartes, capta a verdade, nem na passagem de uma verdade a outra.

Ao contrário, o senhor encontrará, eu acho, ao mesmo tempo em Pascal e em Leibniz alguma coisa mais próxima ao que o senhor procura: em outros termos, em Pascal e em toda a corrente agostiniana do pensamento cristão, o senhor encontrará a ideia de um espírito em profundidade; de um espírito concentrado na intimidade de si, tocado por uma espécie de inconsciência, e que pode desenvolver suas potencialidades através do aprofundamento de si. Por isso é que a *Grammaire* de Port-Royal à qual o senhor se refere é, em minha opinião, muito mais agostiniana do que cartesiana.

Ademais, há em Leibniz alguma coisa que lhe agradará certamente: a ideia de que na profundidade do espírito se integra uma rede de relações lógicas que constitui, em um certo sentido, o inconsciente racional da consciência, a forma visível mas ainda obscura da razão, pouco a pouco desenvolvida pela mônade ou pelo indivíduo, e graças à qual ele compreende o mundo inteiro.

É nisso que eu faria uma pequenina crítica.

F. Elders: Sr. Chomsky, um momento por favor. Não acho que seja necessário fazer uma crítica histórica, mas desejaríamos ouvir sua opinião sobre esses conceitos fundamentais...

M. Foucault: Mas nossas opiniões fundamentais podem ser demonstradas em análises precisas como essas.

F. Elders: Sim, muito bem. Mas lembro-me de algumas passagens em seu livro *História da loucura*, em que o senhor descreve os séculos XVII e XVIII em termos de repressão, de eliminação e de exclusão, enquanto, para o Sr. Chomsky, esse período é pleno de criatividade e de individualidade.

Por que as casas de internamento começaram a existir nessa época? Penso que esta é uma questão fundamental...

M. Foucault: ... para a criatividade, certamente!

Mas, não sei, talvez o Sr. Chomsky queira falar disso...

F. Elders: Não, não, não! Continue, por favor.

M. Foucault: Gostaria simplesmente de dizer o seguinte: nos estudos históricos que pude fazer, ou que me esforcei em fazer, deixei, sem dúvida alguma, muito pouco espaço para o que o senhor chama de criatividade dos indivíduos, para sua capacidade de criação, para sua aptidão de inventar conceitos, teorias, ou verdades científicas.

Mas acho que meu problema é diferente daquele do Sr. Chomsky. O Sr. Chomsky combateu contra o behaviorismo linguístico, que não atribuía quase nada à criatividade do sujeito falante: este era uma espécie de superfície na qual se juntavam, pouco a pouco, a informação que ele, em seguida, combinava.

No campo da história das ciências, ou, de modo mais geral, da história do pensamento, o problema era inteiramente diferente.

A história do conhecimento esforçou-se por longo tempo em obedecer a duas exigências. Em primeiro lugar, uma exigência de *atribuição*: cada descoberta devia não somente ser situada e datada, mas atribuída a alguém; ela devia ter um inventor; alguém devia ser seu responsável. Os fenômenos gerais ou coletivos, que por definição não podem ser atribuídos, são normalmente desvalorizados: tradicionalmente são descritos com palavras como "tradição", "mentalidade", "moldes"; e se faz com que desempenhem o papel negativo de um freio em relação com a "originalidade" do inventor. Em suma, isso se relaciona com o princípio da soberania do sujeito, aplicado à história do conhecimento. A segunda exigência não permite salvar o sujeito, mas sim a verdade: para que ela não seja comprometida pela história, é necessário não que a verdade se constitua na história, mas apenas que ela se revele nela; escondida aos olhos dos homens, provisoriamente inacessível, encolhida na sombra, ela esperará ser desvelada. A história da verdade seria essencialmente seu atraso, sua queda ou o desaparecimento dos obstáculos que a impediram até agora de vir à luz. A dimensão histórica do conhecimento é sempre negativa em relação à verdade.

Não é difícil ver como essas duas exigências se imbricaram: os fenômenos de ordem coletiva, o pensamento comum, os preconceitos ligados aos mitos de um período constituíam os obstáculos que o sujeito do conhecimento devia superar para, enfim, ter acesso à verdade; ele devia encontrar-se em uma posição excêntrica a fim de descobrir. Em um certo nível, isso parece dar um certo romantismo à história da ciência: solidão do homem de verdade, originalidade que reencontrava a origem através da história e apesar dela. Penso que, mais fundamentalmente, trata-se de sobreimpor teoria do conhecimento e sujeito do conhecimento sobre a história do conhecimento.

E se o simples fato de compreender a relação do sujeito com a verdade fosse simplesmente um efeito do conhecimento? Se a compreensão fosse uma formação complexa, múltipla, não individual, não sujeitada ao sujeito, produzindo efeitos de verdade? Seria preciso então restituir seu aspecto positivo a toda essa dimensão que a história da ciência rejeitou; analisar a capacidade produtiva do conhecimento como prática coletiva; e reinserir os indivíduos e seu conhecimento no desenvolvimento de um saber que, em dado momento, funciona segundo certas regras que se podem registrar e descrever.

O senhor me dirá que todos os historiadores marxistas da ciência fazem isso há muito tempo. Mas quando se vê como trabalham com esses fatos, e em particular a maneira como eles opõem as noções de consciência e de ideologia à ciência, nos damos conta de que eles estão mais ou menos separados da teoria do conhecimento.

Quanto a mim, estou sobretudo preocupado em substituir a história das descobertas do conhecimento pelas transformações da compreensão. Portanto, ao menos na aparência, tenho uma atitude sobre a atividade completamente diferente daquela do Sr. Chomsky, porque, para mim, trata-se de apagar o dilema do sujeito conhecedor, enquanto o Sr. Chomsky deseja fazer reaparecer o dilema do sujeito falante.

Se ele pôde fazê-lo reaparecer, se ele o descreveu, é porque era possível. Os linguistas há muito tempo analisaram a linguagem como um sistema tendo um valor coletivo. A compreensão como totalidade coletiva de regras, permitindo tal ou tal tipo de conhecimento produzido em um certo período, quase não foi estudada até hoje. Contudo, ela apresenta algumas características positivas. Tomemos o exemplo da medicina no final de século XVIII: leiam uma vintena de obras médicas, pouco importa quais, dos anos 1770 a 1780 e, depois, uma vintena de outras dos anos 1820 a 1830. Eu diria, inteiramente ao acaso, que, em 40 ou 50 anos, tudo mudou; aquilo de que se falava, a maneira como se falava, não somente os remédios, é claro, não apenas os doentes ou sua classificação, mas a perspectiva, o horizonte. Quem foi o responsável por isso? Quem foi o autor? É artificial responder Bichat, ou mesmo os primeiros defensores da anatomia clínica. Trata-se de uma transformação coletiva e complexa da compreensão médica em sua prática e suas regras. E essa transformação está longe de ser um fenômeno negativo, supressão da negatividade, apagamento de um obstáculo, desaparecimento dos preconceitos, abandono dos velhos mitos, recuo das crenças irracionais, acesso livre, enfim, à experiência e à razão. Isso representa uma aplicação de uma *grade*, inteiramente nova, com suas escolhas e suas exclusões; uma nova peça com suas próprias regras, decisões e limites, sua própria lógica interna, seus parâmetros e seus impasses, todas as coisas que conduzem à modificação do ponto de vista de origem. E é nesse funcionamento que reside a compreensão. Ao estudarmos a história do conhecimento, vemos que há duas direções de análise: de acordo com a primeira, deve-se mostrar como, em quais condições e por qual razão a compreensão se modifica em suas regras formadoras, sem passar por um "inventor" original que descobre a "verdade"; conforme a segunda, deve-se mostrar como o funcionamento das regras de compreensão pode produzir em um indivíduo um conhecimento novo e inédito.

Aqui, meu trabalho se junta, com métodos imperfeitos e de um modo inferior, ao projeto do Sr. Chomsky: graças a alguns elementos definidos, totalidades desconhecidas, nunca antes aparecidas, podem tornar-se explícitas pelos indivíduos. Para resolver esse problema, o Sr. Chomsky deve reintroduzir o dilema do sujeito no domínio da análise gramatical. Para resolver um problema análogo, no setor histórico que me concerne, é preciso fazer o contrário: introduzir o ponto de vista da compreensão, de suas regras, de seus sistemas, de suas transformações de totalidades no jogo do conhecimento individual. Aqui e ali, o problema da criatividade não pode ser resolvido do mesmo modo, ou melhor, não pode ser formulado nos mesmos termos, devido às disciplinas nas quais ele se inscreve.

N. Chomsky: Penso que estamos em ligeiro desacordo, por causa de um uso diferente do termo criatividade. De fato, eu o emprego de um modo um pouco particular, cabe então a mim essa responsabilidade. Quando falo de criatividade, não atribuo a esse conceito a noção de valor habitualmente ligada a esse termo. Quando evocamos a criatividade científica, referimo-nos, por exemplo, às realizações de um Newton. Mas, no contexto em que me expresso, é um ato humano normal.

Falo da criatividade da qual dá provas qualquer criança se defrontando com uma situação nova: a criança aprende a descrevê-la convenientemente, a reagir a ela convenientemente, a falar dela, a pensar nela de um modo novo para ela própria. Penso que é possível qualificar esses atos de criativos, sem que eles tenham de ser os atos de um Newton.

Talvez a criatividade nas artes e nas ciências necessite de certas propriedades que não pertencem à massa da humanidade e não fazem parte da criatividade normal da vida cotidiana.

Estou convencido de que a ciência pode considerar integrar o sujeito da criatividade normal. Mas não creio que, em um futuro próximo, ela esteja em condições de se defrontar com a verdadeira criatividade, com a obra de um grande artista e de um grande cientista. Ela não tem nenhuma esperança de se apropriar desses fenômenos únicos. Só estou falando agora do nível mais baixo da criatividade.

No que concerne à sua opinião sobre a história da ciência, eu a acho muito justa, esclarecedora e perfeitamente adaptada ao tipo de empreendimento que nos espera na psicologia, na linguística e na filosofia do espírito.

Penso que alguns temas foram reprimidos ou afastados durante os progressos científicos dos últimos séculos. Por exemplo, essa preocupação da criatividade em nível mais baixo à qual me refiro existia verdadeiramente também em Descartes. Quando ele fala da diferença entre um papagaio, capaz de reproduzir as falas, e um ser humano em condições de pronunciar coisas novas apropriadas à situação, e quando ele precisa que essa propriedade distinta indica os limites da física e nos leva à ciência do espírito, para empregar termos modernos, penso que ele se refere ao gênero de criatividade que tenho em mente; e estou de acordo com seus comentários sobre as outras origens dessas noções.

Esses conceitos, na verdade toda a noção de organização da estrutura da frase, foram afastados durante o período de grandes progressos que seguiu Sir William Jones e outros, e o desenvolvimento da filologia comparativa em seu conjunto.

Mas, hoje, penso que podemos ultrapassar essa época na qual era necessário esquecer, pretender que esses fenômenos não existiam para prosseguir em direção a outra coisa. Neste período de filologia comparativa, e também, em minha opinião, de linguística estrutural, de psicologia comportamental, e de tudo o que decorre da tradição empirista no estudo da mente e do comportamento, é possível afastar essas limitações e considerar os temas que animaram boa parte do pensamento e da especulação dos séculos XVII e XVIII. E, além disso, incorporar esses temas em uma ciência muito mais ampla e mais profunda do homem, que dará um papel mais vasto – sem dele fornecer, é claro, uma compreensão total – a noções tais como a inovação, a criatividade, a liberdade e a produção de entidades novas, de elementos novos do pensamento e do comportamneto em um sistema de regras e de esquematismos. Esses são conceitos que podemos captar.

F. Elders: Em primeiro lugar, posso lhe pedir para não dar respostas tão longas?

Quando o senhor discute sobre criatividade e liberdade, penso que um dos mal-entendidos – se é que há mal-entendidos – vem do fato de que o Sr. Chomsky parte de um número de regras limitado com possibilidades infinitas de aplicação, enquanto o senhor, Sr. Foucault, enfatiza a inevitabilidade da "grade" de nossos determinismos históricos e psicológicos, que se aplica também à maneira como descobrimos as ideias novas. Talvez possamos resolver isso analisando não o processo científico, mas, sim, nosso próprio processo de pensamento. Quando o senhor descobre uma nova ideia fundamental, Sr. Foucault, o senhor acredita, no que concerne à sua criatividade pessoal, que esse acontecimento seja o sinal de uma liberação, sinal do aparecimento de algo novo? Talvez o senhor descubra, em seguida, que era falso? Mas o senhor acredita que a criatividade e a liberdade trabalhem juntas no seio de sua personalidade?

M. Foucault: Oh! Sabe, eu não acho que o problema da experiência pessoal seja muito importante...

F. Elders: Por quê?

M. Foucault: ... em uma questão como essa. Não, eu creio que existe, na realidade, uma forte semelhança entre o que o Sr. Chomsky disse e o que eu tento mostrar. Em outros termos, existem, de fato, somente criações possíveis, inovações possíveis. Na ordem da linguagem ou do saber, só se pode produzir alguma coisa nova pondo em jogo um certo número de regras que vão definir a aceitabilidade ou a gramaticalidade dos enunciados, ou que vão definir, no quadro do saber, a cientificidade dos enunciados.

Assim, os linguistas, antes do Sr. Chomsky, insistiram sobretudo nas regras de construção dos enunciados e menos na inovação que todo enunciado novo, ou a escuta de um enunciado novo, representa. Na história das ciências ou na história do pensamento, tinha-se o hábito de insistir na criação individual, e se mantiveram afastadas essas espécies de regras comuns, gerais, que trabalham obscuramente ao longo de toda descoberta científica, de toda invenção científica, ou mesmo de toda invenção filosófica. E, nessa medida, quando acredito, infundadamente, que digo algo novo, estou todavia consciente do fato de que em meu enunciado há regras trabalhando, regras não somente linguísticas, mas epistemológicas, e que caracterizam o saber contemporâneo.

N. Chomsky: Vou tentar reagir a esses comentários de um modo que, talvez, poderá esclarecer tudo isso.

Imaginemos de novo a criança que possui algum esquematismo determinando o tipo de língua que ela pode aprender. Com a experiência, ela aprende muito depressa a língua da qual faz parte essa experiência ou na qual ela está inserida. Trata-se de um ato normal; um ato de inteligência normal, mas altamente criativo.

Se um marciano considerasse esse processo de aquisição de um sistema vasto e complexo de conhecimento, tendo por base uma quantidade de dados ridiculamente reduzida, ele pensaria tratar-se de um ato imenso de criação e de invenção. De fato, um marciano, penso eu, consideraria isso como um sucesso do mesmo teor que a invenção, digamos, de um aspecto da teoria física fundamentada sobre os dados fornecidos ao físico.

Contudo, se esse hipotético marciano se desse conta de que toda criança normal realiza imediatamente esse ato criativo, sem a menor dificuldade, e da mesma maneira, enquanto se precisa de séculos de genialidade para alcançar a lenta elaboração de uma teoria científica, ele concluiria logicamente que a estrutura do conhecimento adquirida no caso da língua é interna ao espírito humano, enquanto a estrutura da física não o é tão diretamente. Nossa mente não é construída de tal modo que observando o fenômeno do mundo a teoria física nela surgisse e nós só tivéssemos que escrevê-la e produzi-la. Não é assim que nosso espírito se constrói.

Creio, não obstante, que existe um ponto de encontro e que pode ser útil trabalhá-lo: como é que conseguimos elaborar qualquer teoria científica? Se considerarmos os poucos dados de que dispõem os diversos cientistas e também os diversos gênios, mesmo no decorrer de um longo período, para concluírem uma teoria mais ou menos profunda e adequada à experiência, isso é notável.

De fato, se esses cientistas, aí incluídos os gênios, não começassem suas pesquisas com limites muito estreitos quanto à classe de teorias científicas possíveis, se eles não tivessem estabelecido em sua mente uma especificação inconsciente de uma teoria científica eventual, esse salto indutivo seria impossível. Do mesmo modo, se a criança não tivesse o conceito da linguagem humana de modo muito restritivo, o salto indutivo dos dados ao conhecimento da língua jamais teria acontecido.

Certamente, o processo de derivação de conhecimento a partir dos dados é muito mais complexo no domínio da física, muito mais difícil para um organismo como o nosso, mais estendido no tempo também; ele necessita da intervenção do gênio. Mas, em certo sentido, o sucesso da ciência física ou da biologia, ou de qualquer outra disciplina, está fundamentado sobre um percurso similar ao da criança normal que descobre a estrutura de sua língua: esse processo *deve* concluir-se sobre a base de uma limitação inicial, de uma restrição da classe das teorias possíveis. Se não se sabe, desde o começo, que só certos elementos conduzem a uma teoria, nenhuma indução é possível. Os dados podem conduzi-lo para qualquer direção. O fato de que a própria ciência converge e progride nos mostra que as limitações iniciais e essas estruturas existem.

Se quisermos realmente desenvolver uma teoria da criação científica, ou, nesse caso, da criação artística, penso que devemos nos concentrar precisamente nesse conjunto de condições que, de um lado, limita e restringe a extensão de nosso conhecimento possível e, do outro, permite o salto indutivo em direção a sistemas complicados de conhecimento, tendo por base um número muito pequeno de dados. Parece-me que esta via poderia desembocar em uma teoria da criatividade científica, ou em uma solução das questões de epistemologia.

F. Elders: Pois bem, se admitimos essa limitação inicial com todas as suas possibilidades criadoras, tenho a impressão de que, para o Sr. Chomsky, as regras e a liberdade não estão em oposição, mas se implicam uma na outra. Enquanto para o Sr. Foucault é exatamente o contrário. Quais são as suas razões para afirmá-lo? Trata-se de um ponto fundamental deste debate e espero que possamos desenvolvê-lo.

Para formular diferentemente o problema: os senhores poderiam considerar uma forma de conhecimento universal sem nenhuma forma de repressão?

M. Foucault: Bem, talvez eu tenha compreendido mal o que o Sr. Chomsky disse, mas parece-me que há uma pequena dificuldade.

Creio que o senhor fala de um número limitado de possibilidades na ordem de uma teoria científica. É verdade, caso o senhor se limite a um período bastante curto. Mas, se o senhor considerar um longo período, o que é impressionante é a proliferação das possibilidades por divergências.

Durante muito tempo se pensou que as ciências, o saber, seguiam uma certa linha de "progresso", obedecendo ao princípio do "crescimento" e ao da convergência de todas essas espécies de conhecimento. No entanto, quando se vê como se desenvolveu a compreensão europeia, que acabou por se tornar a compreeensão mundial e universal, histórica e geograficamente, será que se pode afirmar que houve crescimento? Eu diria que se trata antes de transformação. Tomemos, por exemplo, as classificações de animais e de plantas. Quantas vezes elas foram, de fato, reescritas a partir da Idade Média, segundo regras completamente diferentes? Pelo simbolismo, pela história natural, pela anatomia comparativa, pela teoria da evolução. A cada vez essa reescrita torna o saber completamente diferente em suas funções, sua economia, suas relações internas. Assim, o senhor tem muito mais um princípio de divergência do que de crescimento. Diria, de preferência, que existem múltiplas maneiras de tornar simultaneamente possíveis um pequeno número de saberes. Consequentemente, de um certo ponto de vista, há sempre um excesso de dados em relação com os sistemas possíveis por um dado período, o que lhes impõe serem experimentados nesses limites e em sua pobreza, o que impede que se realize sua criatividade; de um outro ponto de vista, o do historiador, há um excesso, uma proliferação de sistemas para uma pequena quantidade de dados; daí vem a ideia difundida de que é a descoberta de fatos novos que determina o movimento na história da ciência.

N. Chomsky: Vou tentar sintetizar meu pensamento. Estou de acordo com sua concepção do progresso científico; quer dizer que não acredito que seja uma questão de acumulação de conhecimentos novos, de absorção de novas teorias etc. Penso, antes, que ele segue a via em ziguezague descrita pelo senhor, esquecendo certos problemas para se apossar de teorias novas.

M. Foucault: E transformar o mesmo conhecimento.

N. Chomsky: Penso que é possível aventar uma explicação. Simplificando grosseiramente, pode-se supor que as grandes linhas que vou expor são exatas: tudo se passa como se, na condição de seres humanos dotados de uma organização biológica dada, no início nós dispuséssemos, em nossas cabeças, de um certo jogo de estruturas intelectuais possíveis, de ciências possíveis.

Se, porventura, um aspecto da realidade tem o caráter de uma dessas estruturas de nosso espírito, então nós possuímos uma ciência: quer dizer, muito felizmente, a estrutura de nosso espírito e a de um aspecto da realidade coincidem suficientemente para que nós desenvolvamos uma ciência inteligível.

É precisamente essa limitação inicial de nossos espíritos a um certo tipo de ciência que fornece a enorme riqueza e a criatividade do conhecimento científico. É importante realçar que – aqui eu retorno à relação entre limitação e liberdade – sem essas restrições não teríamos o ato criativo conduzindo de um conhecimento ínfimo, de uma experiência ínfima, a esse desdobramento de conhecimentos altamente articulado e complicado. Porque, se tudo fosse possível, nada seria possível.

Precisamente por causa dessa propriedade de nosso espírito, que não compreendemos em detalhe mas que começamos a perceber de uma maneira geral, que nos propõe certas estruturas inteligíveis possíves, e que, no curso da história, da pesquisa, da experiência, aparece ou desaparece... por causa precisamente dessa propriedade de nosso espírito, o progresso da ciência tem esse caráter caótico e contrastante que o senhor descreve.

Isso não significa que tudo acabe por ser englobado no domínio da ciência. Pessoalmente, acho que muitas coisas que desejaríamos compreender a qualquer preço, como a natureza do homem, a natureza de uma sociedade decente, e tantas outras questões, na realidade, escapam ao alcance da ciência humana.

F. Elders: Penso que estamos novamente confrontados com a questão da relação interna entre a limitação e a liberdade. Sr. Foucault, o senhor concorda com a afirmação sobre a combinação da limitação, a limitação fundamental...

M. Foucault: Não é uma questão de combinação. Só há criatividade possível a partir de um sistema de regras. Não é uma mistura de regularidade e de liberdade.

O ponto em que não estou inteiramente de acordo com o Sr. Chomsky é quando ele coloca o princípio dessas regularidades no interior, de algum modo, do espírito ou da natureza humana.

Se a questão é saber se essas regras são efetivamente postas a trabalhar pelo espírito humano, muito bem; se o historiador e o linguista podem meditar nelas, cada um por sua vez, muito bem; essas regras deveriam permitir-nos entender o que é dito ou pensado por esses indivíduos. Mas tenho dificuldade de aceitar que essas regularidades sejam ligadas ao espírito humano ou à sua natureza, como condições de existência: parece-me que se devem, antes de atingir esse ponto – de qualquer maneira, falo unicamente da compreensão –, recolocá-las no domínio das outras práticas humanas, econômicas, técnicas, políticas, sociológicas, que lhes servem de condições de formação, de aparecimento, de modelos. Eu me pergunto se o sistema de regularidade, de coação, que torna possível a ciência, não se encontra em outros lugares, fora inclusive do espírito humano, nas formas sociais, nas relações de produção, nas lutas de classe etc.

Por exemplo, o fato de que em uma certa época a loucura tornou-se um objeto de estudo científico e de saber no ocidente me parece ligado a uma situação econômica e social particular.

Talvez a diferença entre o Sr. Chomsky e eu é que, quando ele fala de ciência, ele pensa provavelmente na organização formal do conhecimento, enquanto eu falo do próprio conhecimento, quer dizer, do conteúdo dos diversos conhecimentos disperso em uma sociedade particular, que impregna essa sociedade, e constitui o fundamento da educação, das teorias, das práticas etc.

F. Elders: Mas o que significa essa teoria do conhecimento em relação a seu tema da morte do homem no final do período compreendido entre os séculos XIX e XX?

M. Foucault: Mas isso não tem nenhuma relação com o que estamos debatendo.

F. Elders: Não sei, tento aplicar suas formulações à sua concepção antropológica. O senhor já se recusou a falar de sua própria criatividade e de sua liberdade, não é? Eu me pergunto quais são as razões psicológicas de...

M. Foucault: Pois bem, o senhor pode perguntar, nada posso fazer quanto a isso.

F. Elders: Ah, bom!

M. Foucault: Isso não é problema meu.

F. Elders: Mas quais são, no que diz respeito à sua concepção da compreensão, do conhecimento, da ciência, as razões objetivas dessa recusa a responder a questões pessoais?

Quando o senhor deve resolver um problema, por que o senhor transforma uma questão pessoal em problema?

M. Foucault: Não, não faço um problema de uma questão pessoal; faço de uma questão pessoal uma ausência de problema.

Vou tomar um exemplo muito simples, sem analisá-lo: como os homens puderam, no final do século XVIII, pela primeira vez na história do pensamento e do saber ocidental, abrir cadáveres de pessoas para descobrirem a fonte, a origem, a razão anatômica da doença particular que causara sua morte? A ideia parece bastante simples. Foram necessários quatro ou cinco mil anos de medicina no Ocidente para ter a ideia de pesquisar a causa da doença na lesão de um cadáver.

Tentar explicar isso pela personalidade de Bichat é, penso eu, sem interesse. Se, ao contrário, se tentar estabelecer o lugar da doença e da morte na sociedade no final do século XVIII, e o interesse, para a sociedade industrial, de quadriplicar a população para se desenvolver, e que em consequência disso foram feitas inquirições sanitárias sobre a sociedade e foram abertos grandes hospitais; se se tentar descobrir como o conhecimento médico foi institucionalizado nessa época, como suas relações com outros tipos de saber se organizaram, então se compreenderá a relação entre a doença, a pessoa doente, hospitalizada, o cadáver e a anatomia patológica.

Eis aí, penso eu, uma forma de análise a qual não pretendo que seja nova, mas que foi excessivamente negligenciada; os acontecimentos de ordem pessoal praticamente nada têm a fazer aqui.

F. Elders: Sim, mas gostaríamos de saber um pouco mais sobre seus argumentos.

Sr. Chomsky, o senhor poderia – será minha última questão sobre esta parte filosófica do debate – nos dar suas ideias sobre a maneira como funcionam as ciências sociais? Penso em particular nos seus ataques severos ao behaviorismo. Talvez o senhor possa inclusive explicar um pouco a maneira mais ou menos behaviorista com que o Sr. Foucault trabalha presentemente.

N. Chomsky: Antes de satisfazer sua pergunta, gostaria de comentar brevemente o que o Sr. Foucault acaba de dizer.

Acho que isso ilustra perfeitamente sua imagem, segundo a qual nós estaríamos escavando, cada um de seu lado, um túnel sob uma montanha. Penso que um ato de criação científica depende de dois fatos: em primeiro lugar, uma propriedade intrínseca do espírito; em segundo, um conjunto dado de condições sociais e intelectuais. A questão não é saber qual

1974 – Da Natureza Humana: Justiça contra Poder 105

deles nós devemos estudar; compreenderemos a descoberta científica, e qualquer outra descoberta, quando conhecermos esses fatores e pudermos explicar de que maneira eles agem um sobre o outro.

Interesso-me sobretudo pelas capacidades intrínsecas do espírito enquanto o senhor aplica uma atenção particular à organização das condições sociais, econômicas e outras.

M. Foucault: Mas não acredito que a diferença esteja ligada aos nossos caracteres, porque, neste caso, Elders teria razão, e ele não deve ter razão.

N. Chomsky: Não, eu concordo, mas...

M. Foucault: Está ligado ao estado do conhecimento, do saber, no seio do qual nós trabalhamos. A linguística, que lhe é familiar e que o senhor conseguiu transformar, excluía a importância do sujeito criativo, do sujeito falante criativo, enquanto a história das ciências tal como ela existia quando as pessoas da minha geração começaram a trabalhar, ao contrário, exaltava a criatividade individual...

N. Chomsky: Sim.

M. Foucault: ... e afastava essas regras coletivas.

Alguém do auditório que intervém: Gostaria de retomar um pouco a discussão dos senhores; eis o que gostaria de saber, Sr. Chomsky: o senhor imagina, na base, um sistema de limitações elementares, presentes no que o senhor chama de natureza humana. Em que medida o senhor pensa que elas estejam submetidas à mudança histórica? O senhor acredita, por exemplo, que elas foram transformadas de maneira substancial a partir, digamos, do século XVII? Neste caso, o senhor poderia religar essa noção às ideias do Sr. Foucault?

N. Chomsky: Pois bem, penso que é uma questão de fatos biológicos e antropológicos. A natureza da inteligência humana certamente não mudou muito a partir do século XVII, nem provavelmente depois do homem de Cro-Magnon. Acho que as propriedades fundamentais de nossa inteligência, as que evocamos em nosso debate desta noite, são com certeza muito antigas. Se um homem, vivendo há cinco ou 20 mil anos, se encontrasse na pele de uma criança da sociedade de hoje, ele aprenderia a mesma coisa que todo mundo, e ele poderia ser um gênio ou um imbecil, mas não seria fundamentalmente diferente.

É claro que o nível do conhecimento adquirido muda, assim como as condições sociais que permitem a uma pessoa pensar livremente e romper os laços da coação supersticiosa. À medida que essas condições mudam, uma inteligência humana dada progredirá em direção a novas formas de criação. Isso responde à última questão do Sr. Elders, sobre a qual vou me deter um pouco.

Tomemos a ciência behaviorista, e recoloquemo-la nesses contextos. Parece-me que a propriedade fundamental do behaviorismo, sugerida por este termo estranho de ciência comportamental, é que ele representa uma negação da possibilidade de desenvolver uma teoria científica. O que define o behaviorismo é a hipótese curiosa e autodestruidora segundo a qual nós não estamos autorizados a criar uma teoria interessante.

Se a física, por exemplo, tivesse formulado a hipótese de que é preciso ater-se aos fenômenos, a seu agenciamento, nós hoje faríamos uma astronomia babilônica. Felizmente, os físicos jamais formularam essa hipótese ridícula, insensata, que tem suas razões históricas e concerne a todos os tipos de fatos curiosos sobre o contexto histórico no qual o behaviorismo evoluiu.

Se o considerarmos de um ponto de vista puramente intelectual, o behaviorismo se resume a interditar arbitrariamente a criação de uma teoria científica do comportamento humano; e, mais, devem-se abordar diretamente os fenômenos e sua inter-relação, e nada além – coisa inteiramente impossível em um outro domínio, e sem dúvida no da inteligência ou do comportamento humano. Nesse sentido, não acho que o behaviorismo seja uma ciência. Retorno à sua questão e ao que M. Foucault desenvolve: em certas circunstâncias históricas, nas quais se desenvolveu, por exemplo, a psicologia experimental, era interessante – por uma razão que não aprofundarei –, e talvez importante, impor estranhas limitações à construção de teoria científica autorizada, limitações que se chamam behaviorismo. Essas ideias estão ultrapassadas. Sem dúvida elas tiveram algum valor em 1880, mas, hoje, sua única função é limitar e restringir a inquirição científica, de modo que devemos simplesmente nos livrar delas, tal como de um físico que diria: você não tem o direito de formular uma teoria física geral, mas apenas o de estudar os movimentos dos planetas e descobrir novos epiciclos. Nós nos esquecemos disso. Seria também necessário afastar as curiosas restrições que definem o behaviorismo, e que são, elas mesmas, sugeridas pelo próprio termo de ciência comportamental.

Admitamos que o comportamento em seu sentido amplo constitua os dados da ciência do homem. Mas definir uma ciência por seus dados equivaleria a definir a física como a teoria da leitura dos aparelhos de medição, e, se um físico afirmasse: eu me dedico à ciência de ler as medidas, ele certamente não iria muito longe. Ele poderia falar de medidas e de correlação entre elas, mas ele jamais criaria uma teoria física. Nesse caso, portanto, o termo é sintomático. Devemos compreender o contexto histórico no qual essas estranhas limitações se desenvolveram, depois rejeitá-las e progredir na ciência do homem como em qualquer outro domínio, eliminando totalmente o behaviorismo e, em minha opinião, toda tradição empírica da qual ele saiu.

Alguém do auditório que intervém: Então o senhor não deseja religar sua teoria sobre as limitações inatas com a teoria da "grade" do Sr. Foucault. Existe talvez uma certa relação entre as duas. Veja, o Sr. Foucault diz que um transbordamento de criatividade em uma certa direção desloca, automaticamente, o conhecimento através de um sistema de "grades". Se o seu sistema de limitações mudasse, isso os aproximaria.

N. Chomsky: Em minha opinião, suas razões são diferentes. Eu simplifico excessivamente. Um grande número de ciências possíveis é acessível intelectualmente. Quando tentamos essas construções intelectuais em um mundo de fatos inconstantes, nós não encontramos crescimento cumulativo, mas sim deslocamentos estranhos: eis aqui um domínio de fenômenos em que se aplica uma certa ciência. Ampliemos o horizonte, e uma outra ciência se aplicará admiravelmente aos fenômenos, mas esquecerá alguns deles. Isso faz parte do progresso científico e conduz à omissão ou ao esquecimento de certos domínios. A razão desse processo é precisamente este conjunto de princípios que infelizmente não conhecemos, e que torna toda discussão bastante abstrata ao definir uma estrutura intelectual possível, uma ciência profunda, se o senhor preferir.

F. Elders: Passemos agora à segunda parte da discussão, a política. Gostaria inicialmente de perguntar ao Sr. Foucault por que ele se interessa tanto pela política, a ponto de preferi-la, assim ele me disse, à filosofia.

M. Foucault: Nunca me ocupei com a filosofia. Mas esse não é o problema.

Sua questão é: por que eu me interesso tanto pela política? Para lhe responder muito simplesmente, eu diria: por que eu não deveria estar interessado? Que cegueira, que surdez, que densidade de ideologia teriam o poder de me impedir de me interessar pelo assunto, sem dúvida o mais crucial de nossa existência, quer dizer, a sociedade na qual vivemos, as relações econômicas nas quais ela funciona, e o sistema que define as formas regulares, as permissões e as interdições que regem regularmente nossa conduta? A essência de nossa vida é feita, afinal, do funcionamento político da sociedade na qual nos encontramos.

Desse modo, não posso responder à questão: por que eu deveria me interessar por ela? Posso apenas reponder-lhe perguntando por que eu não deveria estar interessado.

F. Elders: O senhor é obrigado a se interessar por ela, é isso?

M. Foucault: Sim, ao menos não há nada de bizarro nisso que mereça uma questão ou uma resposta. Não se interessar pela política, isso sim seria um verdadeiro problema. Em vez de me propor essa questão, proponha-a para qualquer um que não se preocupe com política. Então o senhor terá o direito de exclamar: "Mas como isso não lhe interessa?"

F. Elders: Sim, talvez. Sr. Chomsky, estamos todos vivamente desejosos de conhecer seus objetivos políticos, particularmente relacionados com seu célebre anarcossindicalismo ou, como o senhor mesmo o definiu, seu socialismo libertário. Quais são seus alvos essenciais?

N. Chomsky: Resistirei à vontade de responder à sua questão precedente, tão interessante, e me deterei nesta.

Em primeiro lugar, vou me referir a um assunto que já evocamos, se não me engano, o de que um elemento fundamental da natureza humana é a necessidade de trabalho criativo, de pesquisa criadora, de criações livres sem efeito limitativo arbitrário das instituições coercitivas; disso decorre, com certeza, que uma sociedade decente deveria levar ao máximo as possibilidades de realização dessa característica humana fundamental. O que significa vencer os elementos de repressão, de opressão, de destruição e de coação que existem em qualquer sociedade, na nossa por exemplo, como resíduo histórico.

Toda forma de coerção, de repressão, de controle autocrático de um domínio da existência, como, por exemplo, a propriedade privada de um capital, ou o controle do Estado de certos aspectos da vida humana, toda restrição imposta a um empreendimento humano pode ser justificada se ela deve sê-lo *unicamente* em função de uma necessidade de subsistência, de uma necessidade de sobrevivência, ou de defesa contra um destino horrível, ou qualquer coisa dessa ordem. Ela não pode ser justificada intrinsecamente. É preciso, de preferência, eliminá-la.

Penso que, ao menos nas sociedades ocidentais tecnologicamente avançadas, podemos evitar as tarefas ingratas, inúteis e, em uma certa margem, dividir esse privilégio com a população; o controle autocrático centralizado das instituições econômicas tornou-se – entendo do mesmo modo tanto o capitalismo privado quanto o totalitarismo do Estado ou as diferentes formas mistas de capitalismo do Estado existentes aqui e ali – um vestígio destruidor da história.

Todos esses vestígios devem ser eliminados em favor de uma participação direta sob a forma de conselhos de trabalhadores ou de outras livres associações, constituídos pelos próprios indivíduos no quadro de sua existência social e de seu trabalho produtivo.

Um sistema federado, descentralizado de livres associações, incorporando instituições econômicas e sociais, constituiria o que chamo de anarcossindicalismo. Parece-me que é a forma apropriada de organização social para uma sociedade tecnológica avançada, na qual os seres humanos não são transformados em instrumentos, em engrenagens do mecanismo. Nenhuma necessidade social exige que os seres humanos ainda sejam tratados como elo da cadeia de produção. Devemos vencer isso através de uma sociedade de liberdade e de livre associação, na qual a pulsão criadora inerente à natureza humana poderá se realizar plenamente da maneira que ela decidir.

Novamente, tal como o Sr. Foucault, não vejo como um ser humano poderia não se interessar por essa questão.

F. Elders: Sr. Foucault, o senhor acredita que possamos qualificar nossas sociedades de democráticas, depois de ter escutado a declaração do Sr. Chomsky?

M. Foucault: Não, não creio absolutamente que nossa sociedade seja democrática.

Se entendemos por democracia o exercício efetivo do poder por uma população que não é nem dividida nem ordenada hierarquicamente em classes, é perfeitamnete claro que estamos muito afastados dela. É igualmente claro que vivemos sob um regime de ditadura de classe, de poder de classe, que se impõe pela violência, mesmo quando os instrumentos dessa violência são institucionais e constitucionais. E a um grau em que não se cogita de democracia para nós.

Bem, quando o senhor me perguntou por que eu me interessava pela política, eu me recusei a responder porque isso me parecia evidente, mas talvez sua questão fosse: de que maneira o senhor se interessa pela política? O senhor teria formulado essa questão, o que de certa maneira o senhor fez; eu lhe diria então que estou muito menos avançado em meu procedimento, vou muito menos longe do que o Sr. Chomsky. Quer dizer que admito não ser capaz de definir, e, por mais forte razão ainda, não ser capaz de propor um modelo de funcionamento social ideal para nossa sociedade científica ou tecnológica.

Em contrapartida, uma das tarefas que me parece urgente, imediata, acima de qualquer outra, é a seguinte: devemos indicar e mostrar, mesmo quando elas estão escondidas, todas as relações do poder político que controla atualmente o corpo social, o oprime ou o reprime.

Quero dizer o seguinte: é comum, ao menos na sociedade europeia, considerar que o poder está localizado nas mãos do governo e se exerce graças a um certo número de instituições particulares, como a administração, a polícia, o exército e o aparelho de Estado. Sabe-se que todas essas instituições são feitas para elaborar e transmitir um certo número de decisões em nome da nação ou do Estado, fazer com que sejam aplicadas e punir os que não obedecem. Mas creio que o poder político se exerce também pela intermediação de um certo número de instituições que parecem nada ter em comum com o poder político, que parecem ser independentes dele, quando elas não o são.

Sabe-se disso no que diz respeito à família, à universidade e, de um modo geral, a todo o sistema escolar que, aparentemente, é feito para distribuir o saber, é feito para manter no poder uma certa classe social e excluir dos instrumentos do poder qualquer outra classe social. As instituições de saber, de previdência e de cuidados, tais como a medicina, ajudam também a sustentar o poder político. Isso é evidente a ponto de ser escandaloso, em certos casos ligados à psiquiatria.

Parece-me que, em uma sociedade como a nossa, a verdadeira tarefa política é a de criticar o jogo das instituições aparentemente neutras e independentes; criticá-las e atacá-las de tal maneira que a violência política que se exercia obscuramente nelas seja desmascarada e que se possa lutar contra elas. Essa crítica e esse combate me parecem essenciais por diferentes razões: em primeiro lugar, porque o poder político vai muito mais profundo do que se suspeita; ele tem centros e pontos de apoio invisíveis, não muito conhecidos; sua verdadeira resistência, sua verdadeira solidez, encontra-se talvez ali onde não a esperamos. Talvez não baste dizer que, por trás dos governos, por trás do aparelho de Estado, há a classe dominante; é preciso situar o ponto de atividade, os lugares e as formas sob as quais se exerce essa dominação. E porque essa dominação não é simplesmente a expressão, em termos políticos, da exploração econômica, ela é seu instrumento, e em ampla medida a condição que a torna possível; a supressão de uma se realiza pelo discernimento exaustivo da outra. Se não conseguimos reconhecer esses pontos de apoio do poder de classe, arriscamo-nos a lhe permitir continuar a existir, e a ver se reconstituir esse poder de classe depois de um processo revolucionário aparente.

N. Chomsky: Sim, estou certamente de acordo com isso, não apenas na teoria, mas também na ação. Existem duas tarefas intelectuais: aquela de que eu falava consiste em tentar criar uma visão de uma sociedade futura justa; criar uma teoria social humanitária fundamentada, se possível, sobre um conceito sólido da essência da natureza humana. Essa é a primeira tarefa.

A segunda consiste em compreender claramente a natureza do poder, da opressão, do terror e da destruição em nossa própria sociedade. Isso inclui certamente as instituições mencionadas pelo senhor, ao mesmo título que as instituições centrais de qualquer sociedade industrial, a saber, os estabelecimentos econômicos, financeiros e comerciais e, no período vindouro, as grandes multinacionais, que esta noite não estão muito afastadas de nós (Philips em Eindhoven!).

São as instituições essenciais de opressão, de coerção e de lei autocrática que parecem neutras, apesar de tudo o que elas dizem: somos dependentes da democracia de mercado, e isso deve ser interpretado precisamente em função de seu poder autocrático, aí incluída a forma particular de controle que vem da dominação das forças do mercado em uma sociedade desigual.

Devemos certamente compreender esses fatos, e também combatê-los. Parece-me que eles se inscrevem no domínio de nossos engajamentos políticos, que absorvem o essencial de nossa energia e de nossos esforços. Não quero evocar minha experiência pessoal sobre isso, mas é nela que meu engajamento reside, e nas de todos, suponho.

Contudo, penso que seria uma grande vergonha afastar totalmente a tarefa mais abstrata e filosófica de reconstituir o laço entre um conceito da natureza humana, que dá inteira importância à liberdade, à dignidade e à criatividade, e de outras características humanas fundamentais, e de religá-lo a uma noção da estrutura social em que essas propriedades poderiam realizar-se e na qual tomaria lugar uma vida humana plena de sentido.

De fato, se pensarmos na transformação ou na revolução sociais, embora seja absurdo querer definir em detalhes o objetivo que perseguimos, deveríamos saber um pouco onde acreditamos ir, e esse gênero de teoria pode nos dizer isso.

M. Foucault: Sim, mas não há nisso um perigo? Se o senhor diz que uma certa natureza humana existe, que essa natureza humana não recebeu, na sociedade atual, os direitos e as possibilidades que lhe permitem realizar-se... foi o que o senhor disse, eu acho.

N. Chomsky: Sim.

M. Foucault: Se admitimos isso, não nos arriscamos a definir essa natureza humana – que é a um só tempo ideal e real, escondida e reprimida até agora – em termos tomados emprestado da nossa sociedade, da nossa civilização, da nossa cultura?

Vou tomar um exemplo que é um pouco simplificador. O socialismo de um certo período, no final do século XIX e no início do século XX, admitia que, nas sociedades capitalistas, o homem não recebia todas as possibilidades de desenvolvimento e de realização; que a natureza humana era efetivamente alienada no sistema capitalista. E ele sonhava com uma natureza humana enfim liberada.

Qual modelo ele utilizava para conceber, projetar, realizar essa natureza humana? Na realidade, era o modelo burguês.

Ele considerava que uma sociedade desalienada era uma sociedade que dava lugar, por exemplo, a uma sexualidade de tipo burguês, a uma família de tipo burguês, a uma estética de tipo burguês. Aliás, isso é tão verdade que foi assim que aconteceu na União Soviética e nas democracias populares: uma espécie de sociedade foi reconstituída, transposta da sociedade burguesa do século XIX. A universalização do modelo burguês foi a utopia que inspirou a constituição da sociedade soviética.

O resultado é que o senhor percebeu, o senhor também, a que ponto é difícil definir a natureza humana.

Não estaria aí o risco de nos induzir a erro? Mao Tsé-Tung falava da natureza humana burguesa e da natureza humana proletária, e ele considerava que não eram a mesma coisa.

N. *Chomsky*: Veja, penso que, no domínio intelectual da ação política, onde buscamos construir uma visão de uma sociedade justa e livre sobre a base de uma noção da natureza humana, enfrentamos o mesmo problema que na ação política imediata, quer dizer, experimentamos a necessidade de agir diante da importância dos problemas, mas estamos conscientes de obedecer a uma compreensão muito parcial das realidades sociais e, neste caso, das realidades humanas.

Por exemplo, para ser concreto, uma parte importante de minha própria atividade tem realmente a ver com a guerra do Vietnã, e uma parte de minha energia é absorvida pela desobediência civil. Nos Estados Unidos, a desobediência civil é uma ação cujos efeitos comportam uma margem considerável de incertezas. Por exemplo, ela ameaça a ordem social de uma maneira que pode conduzir ao fascismo; isso seria muito ruim para a América, para o Vietnã, para os Países Baixos e para todos os outros países. Sabe, se um Leviatã como os Estados Unidos se tornasse realmente fascista, isso apresentaria muitos problemas; há, portanto, um perigo nesse ato concreto.

Por outro lado, se não corremos o risco, a sociedade da Indochina será despedaçada pela potência americana. Em face de tais incertezas, é preciso escolher um modo de ação.

Da mesma forma, no domínio intelectual se apresentam as incertezas exatamente definidas pelo senhor. Nosso conceito da natureza humana é, com certeza, limitado; ele é em parte condicionado socialmente, restrito por nossas próprias falhas de caráter e pelos limites da cultura intelectual na qual existimos. Ao mesmo tempo, é capital que conheçamos os objetivos impossíveis que buscamos alcançar, se esperamos alcançar alguns objetivos possíveis. Isso significa que devemos ser bastante au-

daciosos para emitir hipóteses e inventar teorias sociais sobre a base de um conhecimento parcial, permanecendo abertos à grande possibilidade, de fato à esmagadora probabilidade de fracasso que nos espreita, ao menos em certos domínios.
F. Elders: Sim, talvez fosse interessante aprofundar esse problema de estratégia. Suponho que o que o senhor chama de desobediência civil é, sem dúvida, o que nós entendemos por ação extraparlamentar?
N. Chomsky: Não, isso vai mais longe. A ação extraparlamentar inclui uma manifestação legal de massa, mas a desobediência civil é mais restrita, ela implica um desafio direto ao fato de que o Estado pretende, em minha opinião erroneamente, ser a lei.
F. Elders: Por exemplo, nos Países Baixos, houve um recenseamento da população. Tivemos de responder a formulários oficiais. Seria desobediência civil se recusar a preenchê-los?
N. Chomsky: Exato. Serei um pouco mais prudente sobre esse assunto porque, retomando um ponto importante do discurso, um desenvolvimento importante de M. Foucault, não se autoriza necessariamente o Estado a definir o que é legal. Atualmente, o Estado tem o poder de impor um certo conceito do que é legal, isso não implica que esteja certo: o Estado pode perfeitamente enganar-se em sua definição da desobediência civil.

Por exemplo, nos Estados Unidos, fazer um trem de munições destinadas ao Vietnã descarrilhar é um ato de desobediência civil; o Estado se engana, pois este é um ato apropriado, legal e necessário. Conduzir uma ação que impede o Estado de cometer crimes é inteiramente certo, assim como violar o código de trânsito para impedir um homicídio.

Se avanço um sinal vermelho para impedir que se metralhe um grupo de pessoas, isso não é um ato ilegal, mas de assistência à pessoa em perigo; nenhum juiz em seu perfeito juízo me culparia.

O que as autoridades de Estado definem como desobediência civil é um comportamento legal, obrigatório, que viola as ordens do Estado, legais ou não. Deve-se, portanto, ser prudente quando se fala de coisas ilegais.
M. Foucault: Sim, mas gostaria de lhe propor uma questão. Nos Estados Unidos, quando o senhor comete um ato ilegal, o senhor o justifica em função de uma justiça ideal ou de uma legalidade superior, ou pela necessidade da luta de classes,

por ser essencial, naquele momento, para o proletariado em sua luta contra a classe dominante?

N. Chomsky: Gostaria de adotar o ponto de vista da Suprema Corte norte-americana, e sem dúvida o de outros tribunais nas mesmas circunstâncias; quer dizer, definir a questão no contexto o mais restrito possível. Creio que, finalmente, seria muito razoável, na maioria das vezes, agir contra as instituições legais de uma sociedade dada, se isso permitisse abalar as fontes do poder e da opressão nessa sociedade.

Todavia, em uma ampla medida, a lei existente representa certos valores humanos respeitáveis; e, corretamente interpretada, essa lei permite contornar os mandos do Estado. Acho importante explorar esse fato...

M. Foucault: Sim.

N. Chomsky: ... e explorar os domínios da lei que são corretamente definidos e, em seguida, talvez agir diretamente contra aqueles que só ratificam um sistema de poder.

M. Foucault: Mas eu...

N. Chomsky: Deixe-me dizer...

M. Foucault: Minha questão era esta: quando o senhor comete um ato claramente ilegal...

N. Chomsky: ... que *eu* considero ilegal, e não somente o Estado.

M. Foucault: Não, não, que o Estado...

N. Chomsky: ... que o Estado considere ilegal...

M. Foucault: ... que o Estado considere ilegal.

N. Chomsky: Sim.

M. Foucault: O senhor comete esse ato em virtude de uma ideia da justiça ou porque a luta das classes o torna útil ou necessário? O senhor se refere a uma justiça ideal? Esse é o meu problema.

N. Chomsky: Repetindo: com muita frequência, quando realizo um ato que o Estado considera ilegal, eu o avalio como sendo legal; isso quer dizer que o Estado é criminoso. Em certos casos, isso não é verdade. Vou ser muito concreto e passar da luta de classes à guerra imperialista, na qual a situação é mais clara e mais fácil.

Tomemos o direito internacional, instrumento muito fraco, nós o sabemos, mas que comporta princípios muito interessantes. Sob muitos aspectos, é o instrumento dos poderosos: é uma criação dos Estados e de seus representantes. Os movimentos de massa dos camponeses não participaram de absolutamente nada de sua elaboração.

A estrutura do direito internacional reflete esse fato; ela oferece um campo de intervenção por demais vasto às estruturas de poder existentes que se definem como Estados, contra os interesses das massas de pessoas organizadas em oposição aos Estados.

Essa é uma falha fundamental do direito internacional, e penso que ele é desprovido de validade, pela mesma razão que o é o direito divino dos reis. É simplesmente um instrumento dos poderosos desejosos de conservar seu poder. Temos, portanto, todas as razões de nos opormos a ele.

Existe um outro tipo de direito internacional. Elementos interessantes, inscritos nos princípios de Nuremberg e na Carta das Nações Unidas, autorizam, de fato, *requerem* do cidadão, penso eu, agir contra seu próprio Estado, de uma maneira considerada, infundadamente, criminosa pelo Estado. Todavia, ele age com toda legalidade, porque o direito internacional proíbe a ameaça ou o uso da força nos negócios internacionais, exceto em circunstâncias muito precisas, das quais não faz parte a guerra do Vietnã. Nesse caso em particular, que me interessa enormemente, o Estado americano age como um criminoso. E as pessoas têm o direito de impedir os criminosos de cometerem seus crimes hediondos. Não é porque o criminoso afirma que sua ação é ilegal – quando o senhor procura detê-lo – que isso é verdade.

Uma ilustração chocante disso, e de que o senhor certamente ouviu falar, é o caso das *Pentagon Papers* nos Estados Unidos.

Em duas palavras e deixando de lado as questões de procedimento, o Estado busca perseguir as pessoas que denunciam seus crimes.

Evidentemente é absurdo, e não se deve conceder nenhuma atenção a essa distorção do processo judiciário arrazoado. Ademais, penso que o sistema atual da justiça explica esse despropósito. Caso contrário, deveremos então nos opor a isso.

M. *Foucault*: É, portanto, em nome de uma justiça mais pura que o senhor critica o funcionamento da justiça. Essa é uma questão importante para nós atualmente. É verdade que, em todas as lutas sociais, há uma questão de justiça. Mais precisamente, o combate contra a justiça de classe, contra sua injustiça, sempre faz parte da luta social; demitir os juízes, mudar os tribunais, anistiar os condenados, abrir as prisões, desde sempre isso fez parte das transformações sociais, do momento em que elas se tornaram um pouco violentas. Nos dias de hoje, na França, as funções de justiça e de polícia são o alvo de numerosos ataques da parte daqueles chamados de "esquerdistas". Mas, se a justiça está em jogo em um combate, é como instrumento de poder; não é na esperança de que, finalmente, um dia, nessa sociedade ou em uma outra, as pessoas serão recompensadas de acordo com seus méritos, ou punidas conforme suas faltas. Melhor do que pensar a luta social em termos de justiça, é preciso enfatizar a justiça em termos de luta social.

N. Chomsky: Sim, mas o senhor certamente acredita que seu papel na luta é justo, que seu combate é justo, para introduzir um conceito de um outro domínio. Penso que isso é importante. Se o senhor tivesse a impressão de conduzir uma guerra injusta, o senhor raciocinaria de maneira diferente.

Gostaria de reformular ligeiramente o que o senhor disse. Parece-me que a diferença não se situa entre a legalidade e a justiça ideal, mas sim entre a legalidade e uma justiça mais justa.

Com certeza, não estamos absolutamente em condições de criar um sistema jurídico ideal, não mais do que uma sociedade ideal. Não sabemos o bastante, somos demasiadamente limitados, demasiadamente parciais. Devendo agir como seres sensíveis e responsáveis, podemos imaginar uma sociedade e uma justiça melhores, e mesmo criá-las. Esse sistema terá certamente suas falhas, mas comparando-o àquele que já existe, sem acreditar que atingimos o sistema ideal, podemos ter o seguinte raciocínio: o conceito de legalidade e o de justiça não são idênticos nem totalmente distintos. Uma vez que a legalidade engloba a justiça, no sentido de uma melhor justiça se referindo a uma melhor sociedade, devemos obedecer à lei e forçar o Estado, as grandes corporações e a polícia a obedecerem à lei, se disso tivermos o poder.

É claro que, ali onde o sistema jurídico tende a representar não uma melhor justiça, mas, sim, técnicas de opressão codificadas em um sistema autocrático particular, então um ser humano ponderado deverá ignorá-las e opor-se a elas, de modo eficaz, ao menos quanto ao princípio, caso ele não o possa, por uma razão qualquer, quanto aos fatos.

M. Foucault: Gostaria simplesmente de responder à sua primeira frase: o senhor disse que, se não considerasse justa a guerra que o senhor faz contra a polícia, o senhor não a faria. Gostaria de responder nos termos de Spinoza. Eu lhe direi que o proletariado não faz guerra à classe dirigente porque ele considera que essa guerra seja justa. O proletariado faz guerra à classe dirigente porque, pela primeira vez na história, ele quer tomar o poder. E porque ele quer derrubar o poder da classe dirigente ele considera que essa guerra é justa.
N. Chomsky: Não concordo.
M. Foucault: Faz-se guerra para ganhar, e não porque ela é justa.
N. Chomsky: Pessoalmente, não estou de acordo. Por exemplo, se eu chegasse a me convencer de que o acesso do proletariado ao poder arrisca conduzir a um Estado policial terrorista, no qual a liberdade, a dignidade e as relações humanas convenientes desaparecerão, eu tentaria impedi-lo. Penso que a única razão de esperar um tal acontecimento é acreditar, com ou sem razão, que valores humanos fundamentais podem se beneficiar dessa transferência de poder.
M. Foucault: Quando o proletariado tomar o poder, pode ocorrer que ele exerça para com as classes sobre as quais ele acaba de triunfar um poder violento, ditatorial, e até mesmo sangrento. Não vejo que objeção se possa fazer a isso.

Agora o senhor me dirá: e se o proletariado exerce esse poder sangrento, tirânico e injusto sobre ele próprio? Então lhe responderei: isso só pode se produzir se o proletariado não tiver realmente tomado o poder, mas sim uma classe exterior ao proletariado, ou um grupo de pessoas interior ao proletariado, uma burocracia ou os restos da pequena burguesia.

N. Chomsky: Essa teoria da revolução não me satisfaz por uma quantidade de razões, históricas ou não. Ainda que devêssemos aceitá-la no quadro da argumentação, essa teoria sustenta que o proletariado tem o direito de tomar o poder e de exercê-lo na violência, com sangue e na injustiça, sob o pretexto, em minha opinião errôneo, de que isso conduziria a uma sociedade mais justa, na qual o Estado definhará e na qual os proletários formarão uma classe universal etc. Sem essa justificação futura, o conceito de uma ditadura violenta e sangrenta do proletariado seria perfeitamente injusto.

1974 – Da Natureza Humana: Justiça contra Poder 119

Isso é um outro problema; porém sou muito cético quanto a uma ditadura violenta e sangrenta do proletariado, sobretudo quando ela é expressa por representantes autodesignados de um partido de vanguarda que – e disso temos experiência histórica suficiente para sabê-lo e predizê-lo – serão simplesmente os novos dirigentes dessa sociedade.

M. Foucault: Sim, mas não falei do poder do proletariado, que seria em si injusto. O senhor tem razão de dizer que isso seria demasiado fácil. Eu queria dizer que o poder do proletariado poderia, em um certo período, implicar violência e uma guerra prolongada contra uma classe social sobre a qual ele ainda não triunfou inteiramente.

N. Chomsky: Pois bem, não digo que é absoluto. Por exemplo, não sou um pacifista radical. Não afirmo que, em qualquer circunstância, seja ruim recorrer à violência, embora o recurso à violência seja injusto em um sentido. Acho que se deve definir uma justiça relativa.

O uso da violência e a criação de graus de uma certa injustiça relativa só podem ser justificados se afirmarmos – com a maior prudência – que concorrem para um resultado mais equitativo. Sem essa base, isso é totalmente imoral, em minha opinião.

M. Foucault: Quanto ao objetivo que o proletariado propõe para ele próprio, ao conduzir a guerra de classe, não acho que basta dizer que ele seja em si mesmo o de uma maior justiça. O que o proletariado quer fazer cassando a classe atualmente no poder, e tomando para si o poder, é a supressão, precisamente, do poder de classe em geral.

N. Chomsky: Bom, mas essa justificação vem depois.

M. Foucault: É a justificação em termos de poder, não em termos de justiça.

N. Chomsky: Mas *trata-se* de justiça; porque o objetivo alcançado é suposto ser justo. Nenhum leninista ousará dizer: "Nós, o proletariado, temos o direito de tomar o poder e de jogar todo mundo no crematório." Se isso devesse se produzir, valeria mais impedir o proletariado de ter acesso ao poder.

A ideia é a de que um período de ditadura, talvez mesmo violento e sangrento – pelas razões que mencionei, continuo cético quanto a esse assunto –, é justificado porque ele significa o desmoronamento e o fim da opressão de classe: um objetivo correto para um ser humano. É essa qualificação final que justifica toda a empreitada. Que ele assim o seja, no fundo, é uma outra questão.

M. Foucault: Se o senhor quiser, serei um pouco nietzschiano. Em outros termos, parece-me que a ideia de justiça é, nela mesma, uma ideia que foi inventada e posta a trabalhar nos diferentes tipos de sociedade, como um instrumento de um certo poder político e econômico, ou como uma arma contra esse poder. Mas me parece que, de qualquer modo, a própria noção de justiça funciona no interior de uma sociedade de classe como reivindicação feita pela classe oprimida, e como justificação do lado dos opressores.

N. Chomsky: Não concordo.

M. Foucault: E, em uma sociedade sem classes, não tenho certeza que se deva ainda utilizar essa noção de justiça.

N. Chomsky: Eu não concordo com isso, de modo algum. Penso que existe uma espécie de base absoluta – se o senhor insiste, a minha posição é difícil, porque não posso desenvolvê-la claramente – residindo nas qualidades humanas fundamentais, sobre as quais se funda uma "verdadeira" noção de justiça.

Eu acho um tanto apressado caracterizar nossos sistemas judiciários atuais como simples instrumentos de opressão de classe; não acho que eles o sejam. Penso que eles encarnam também outras formas de opressão, encarnando além disso uma pesquisa de verdadeiros conceitos de justiça, de honra, de amor, de bondade e de simpatia que são, em minha opinião, reais.

Penso que, em qualquer sociedade futura, que jamais será perfeita, é claro, esses conceitos existirão e permitirão melhor integrar a defesa das necessidades humanas fundamentais, tais como as necessidades de solidariedade e de simpatia, e, provavelmente, eles ainda refletirão as injustiças e os elementos de opressão da sociedade existente.

Entretanto, penso que o que o senhor descreve corresponde a uma situação muito diferente. Por exemplo, tomemos o caso de um conflito nacional. Duas sociedades tentam destruir-se. A noção de justiça não entra em jogo. A única questão que se apresenta é a seguinte: de que lado o senhor está? O senhor defenderá sua própria sociedade e destruirá a outra?

Em um sentido, pondo-se à parte um certo número de problemas históricos, essa foi a situação em que se encontravam os soldados que se massacravam nas trincheiras, por ocasião da Primeira Guerra Mundial. Eles se confrontavam por nada. Para terem o direito de se destruir uns aos outros. Nesse tipo de circunstância, a justiça não desempenha nenhum papel.

Certamente, pessoas de espírito ponderado o sublinharam, e elas foram jogadas na prisão por causa disso, como Karl Liebknecht, ou ainda Bertrand Russell, para tomar um exemplo de um outro campo. Eles entendiam que nenhuma espécie de justiça autorizava esse massacre mútuo, e que tinham o dever de denunciá-lo. Eles eram considerados loucos, siderados, criminosos, mas, com certeza, foram os únicos homens sãos de espírito de sua época.

No gênero de circunstâncias que o senhor descreve, no qual a única questão é saber quem vai ganhar esse combate mortal, penso que a reação humana normal deve ser: denunciar a guerra, recusar qualquer vitória, tentar parar o combate a qualquer preço, com o risco de ser mandado para a prisão ou ser morto, destino de muitas pessoas ponderadas.

Não acho que seja uma situação típica nas questões humanas, nem que ela se aplica à luta das classes ou à revolução social. Neste caso, se não se é capaz de justificar esse combate, é preciso abandoná-lo. Deve-se mostrar que a revolução social que se conduz é levada com a finalidade de justiça, para satisfazer necessidades humanas fundamentais, e não para dar o poder a um outro grupo, simplesmente porque ele assim o quer.

M. Foucault: Bem, eu ainda tenho tempo para responder?
F. Elders: Sim.
M. Foucault: Quanto? Porque...
F. Elders: Dois minutos.
M. Foucault: Bem, digo que é injusto...
N. Chomsky: Indubitavelmente, sim.
M. Foucault: Não posso responder em tão pouco tempo. De modo simples, direi o seguinte. Finalmente, esse problema de natureza humana, enquanto permaneceu apresentado em termos teóricos, não provocou discussão entre nós. Definitivamente, nos compreendemos muito bem no que tange a essas questões teóricas.

De outro lado, quando discutimos sobre o problema da natureza humana e os problemas políticos, apareceram diferenças entre nós. Contrariamente ao que o senhor pensa, o senhor não pode me impedir de acreditar que essas noções de natureza humana, de justiça, de realização da essência humana são noções e conceitos que foram formados no interior de nossa civilização, dentro de nosso tipo de saber, dentro de nossa forma de filosofia, e que, por conseguinte, isso faz parte de nosso sistema de classes; e não se pode, por mais lamentável que seja, fazer valer essas noções para descrever ou justificar um combate que deveria – que deve, em princípio – subverter os próprios fundamentos de nossa sociedade. Há aí uma extrapolação da qual eu não consigo encontrar a justificação histórica. É o ponto...

N. Chomsky: Está claro.

F. Elders: Sr. Foucault, se o senhor fosse obrigado a descrever nossa sociedade atual em termos tomados emprestado da patologia, qual a forma de suas loucuras que mais o impressionaria?

M. Foucault: Em nossa sociedade contemporânea?

F. Elders: Sim.

M. Foucault: O senhor quer que eu diga por qual doença nossa sociedade está mais afetada?

F. Elders: Sim.

M. Foucault: A definição da doença e da loucura e a classificação dos loucos foram feitas de modo a excluir de nossa sociedade um certo número de pessoas. Se nossa sociedade se definisse como louca, ela se excluiria a si própria. Ela pretende fazê-lo por razões de reforma interna. Ninguém é mais conservador do que aqueles que lhe dizem que o mundo moderno está acometido de ansiedade ou de esquizofrenia. Essa é, de fato, uma maneira hábil de excluir certas pessoas ou certos esquemas de comportamento.

Não penso que se possa, a não ser por metáfora ou jogo, validamente dizer que nossa sociedade é esquizofrênica ou paranoica sem privar as palavras de seu sentido psiquiátrico. Se o senhor quiser me fazer chegar a extremos, diria que nossa sociedade está acometida de uma doença verdadeiramente muito curiosa, muito paradoxal, da qual ainda não descobrimos o nome; e essa doença mental tem um sintoma bastante curioso, que é o próprio sintoma que provocou a doença mental. É isso.

F. Elders: Formidável. Pois bem, acho que podemos imediatamente iniciar a discussão.

Alguém do auditório que intervém: Sr. Chomsky, gostaria de lhe propor uma questão. Ao longo do debate, o senhor utilizou o termo "proletariado". O que o senhor entende por proletariado em uma sociedade tecnológica altamente desenvolvida? Penso que essa é uma noção marxista, que não representa a situação sociológica exata.

N. Chomsky: Sua observação é muito justa. Essa é uma das razões pelas quais eu tento evitar o assunto dizendo que ele me deixa muito cético, pois penso que devemos dar à noção de proletariado uma nova interpretação adaptada à nossa condição social atual. Gostaria de renunciar a essa palavra, tão carregada de conotações históricas específicas, e pensar, de preferência, nas pessoas que realizam o trabalho produtivo da sociedade, no domínio manual e intelectual. Elas deveriam estar habilitadas para organizar as condições de seu trabalho, e para determinar seu objetivo e o uso que dele é feito. Em virtude de meu conceito de natureza humana, penso que isso inclui parcialmente todo mundo. Creio que todo ser humano que não é deformado nem física nem mentalmente é – e aqui estou convencido, contrariamente ao Sr. Foucault, de que o conceito de doença mental tem provavelmente um caráter absoluto, ao menos em certa medida – não só capaz, mas também desejoso de produzir um trabalho criativo, se ele tiver a oportunidade.

Nunca vi uma criança recusar-se a construir alguma coisa com cubos, ou a aprender alguma coisa nova, ou a enfrentar a tarefa seguinte. Os adultos são diferentes, unicamente porque eles passaram um tempo na escola e em outras instituições repressivas que rechaçaram essa vontade.

Nesse caso, o proletariado – chame-o como o senhor quiser – pode realmente ser universal, quer dizer, representar todos os seres movidos pela necessidade fundamental de serem eles próprios, de criar, de explorar, de exprimir sua curiosidade...

Alguém do auditório que intervém: Posso interrompê-lo?

N. Chomsky: ... de fazer coisas úteis, o senhor sabe.

Alguém do auditório que intervém: Se o senhor utiliza uma tal categoria que, no pensamento marxista, tem um outro sentido...

N. Chomsky: Foi por isso que eu disse que deveríamos, talvez, renunciar a esse conceito.

Alguém do auditório que intervém: Não seria melhor o senhor escolher um outro termo? Sobre isso, gostaria de propor ainda uma questão: segundo o senhor, que grupos farão a revolução?

N. Chomsky: Sim, essa é uma questão diferente.

Alguém do auditório que intervém: É uma ironia da história o fato de que, nesse momento, jovens intelectuais saídos da média e da alta burguesias pretendam ser proletários e nos convoquem a irmos ao encontro do proletariado. A consciência de classe não parece existir junto aos verdadeiros proletários. Isso é um grande dilema.

N. Chomsky: Bom, penso que sua questão é concreta, específica, e muito bem pensada.

Não é verdade que, em nossa sociedade, todas as pessoas façam um trabalho útil, produtivo, ou satisfatório para elas – isso está muito longe da verdade –, ou que, se elas realizassem a mesma atividade nas condições de liberdade, essa atividade se tornaria produtiva e satisfatória.

Um grande número de pessoas se dedica, de preferência, a outros gêneros de atividades. Por exemplo, elas geram a exploração, criam o consumo artificial, ou mecanismos de destruição e de opressão, ou ainda não têm nenhum lugar em uma economia industrial estagnante. Muitas pessoas são privadas da possibilidade de terem um trabalho produtivo.

Penso que a revolução, se o senhor quiser, deveria ser feita *em nome* de todos os seres humanos; mas ela seria conduzida por certas categorias de pessoas realmente *implicadas* no trabalho produtivo da sociedade, que difere segundo o caso. Em nossa sociedade ele compreende, penso eu, os trabalhadores intelectuais; ele compreende um espectro de população que vai dos trabalhadores manuais aos operários qualificados, aos engenheiros, aos pesquisadores, a uma ampla classe de profissões liberais, e a muitos empregados do setor terciário, que constitui a massa da população, ao menos nos Estados Unidos, e penso que aqui também.

Portanto, acho que os estudantes revolucionários não estão inteiramente errados: a maneira pela qual a *intelligentsia* se identifica é muito importante em uma sociedade industrial moderna. É essencial que se pergunte se eles se identificam como *managers* sociais, se têm a intenção de se tornar tecnocratas, funcionários de Estado ou empregados do setor privado, ou se eles se identificarão com a força produtiva que participa intelectualmente da produção.

Neste último caso, eles estarão em condições de desempenhar um papel correto em uma revolução social progressista. No caso precedente, eles farão parte da classe dos opressores.

Alguém do auditório que intervém: Obrigado.

F. *Elders:* Continue, por favor.

Alguém do auditório que intervém: Sr. Chomsky, fiquei impressionado com o que o senhor disse sobre a necessidade intelectual de criar novos modelos de sociedade. Um dos problemas que se apresentam em nosso trabalho com grupos de estudantes de Utrecht é a busca de uma coerência dos valores. Um dos valores que o senhor mais ou menos mencionou é a necessidade da descentralização do poder. As pessoas dessa área deveriam participar da tomada de decisões.

É o valor da descentralização e da participação: mas, por outro lado, vivemos em uma sociedade na qual é cada vez mais necessário tomar decisões em escala mundial. A fim de distribuir mais equitativamente a ajuda social, uma centralização maior pode ser necessária. Esses problemas deveriam ser resolvidos em muito alto nível. É uma das incoerências da criação de novos modelos de sociedade, e gostaríamos de conhecer suas ideias sobre isso.

Tenho ainda uma pequena questão – ou melhor, uma observação: como pode o senhor, considerando sua atitude muito corajosa no que tange à guerra do Vietnã, sobreviver em uma instituição como o MIT,[1] conhecido aqui como um dos grandes empreendedores da guerra e produtor de decididores intelectuais desse conflito?

N. *Chomsky:* Em primeiro lugar, vou responder à segunda questão, esperando não esquecer da primeira. Não, vou começar pela primeira. Caso eu esqueça da outra, o senhor me fará lembrá-la.

Em geral, sou a favor da descentralização. Não gostaria de fazer dela um princípio absoluto, mas, apesar de uma importante margem de especulação, imagino que um sistema de poder centralizado funcione de maneira muito eficaz no interesse dos elementos os mais poderosos que estão no interior desse sistema.

Certamente, um sistema de poder descentralizado e de livre associação enfrentará o problema da desigualdade evocado pelo senhor: uma região é mais rica do que uma outra etc. Imagino ser mais seguro confiar no que espero que sejam as *emoções* humanas fundamentais de solidariedade e de busca

---

1 *Massachusetts Institute of Technology.*

de justiça, que podem se desenvolver em um sistema de livre associação.

Penso que é mais seguro desejar o progresso sobre a base desses instintos humanos do que sobre aquela das instituições do poder centralizado, que agirão inevitavelmente em favor de seus componentes os mais poderosos.

É um pouco abstrato e demasiado geral; não gostaria de afirmar que é uma regra válida para toda ocasião, mas penso que é um princípio eficaz em numerosas circunstâncias.

Por exemplo, acho que Estados Unidos democráticos, socialistas e libertários seriam mais suscetíveis de conceder uma ajuda substancial aos refugiados do Paquistão do Leste do que um sistema de poder centralizado que age principalmente no interesse das multinacionais. Sabe, isso é verdade em muitos outros casos. Mas me parece que esse princípio merece alguma reflexão.

Quanto à ideia sugerida por sua questão – e que é expressa frequentemente – de que um imperativo técnico, uma propriedade da sociedade tecnológica avançada, exige um poder centralizado e autoritário – muitas pessoas o afirmam, o primeiro é Robert McNamara –, eu a julgo completamente absurda; nunca encontrei nenhum argumento a seu favor.

Parece-me que a tecnologia moderna, tal como o tratamento dos dados ou a comunicação, tem precisamente implicações contrárias. Ela sugere que a informação e a compreensão buscadas são rapidamente acessíveis a todo mundo. Não é necessário concentrá-la nas mãos de um pequeno grupo de *managers* que controlam todo o saber, toda a informação e todo o poder de decisão. A tecnologia tem a propriedade de nos liberar; ela se converte tal como qualquer outra coisa, tal como o sistema judiciário, em um instrumento de opressão, porque o poder é mal distribuído. Acho que nada na tecnologia ou na sociedade tecnológica modernas nos afasta da descentralização do poder. Muito ao contrário.

Sobre o segundo ponto, vejo dois aspectos: como o MIT me suporta e como posso tolerá-lo?

Acho que não se deve ser demasiado esquemático. É verdade que o MIT é uma das mais importantes instituições na pesquisa militar. Mas ela encarna também valores libertários essenciais que, felizmente para o mundo, estão fortemente ancorados na sociedade americana. Não de modo suficientemente profundo para salvar os vietnamitas, mas o bastante para impedir desastres muito piores.

Devemos aqui formular algumas reservas. O terror e a agressão imperialistas existem, tal como o racismo e a exploração. Mas eles se acompanham de uma real preocupação com os direitos individuais defendidos, por exemplo, pelo *Bill of the Rights*, que não é absolutamente uma expressão da opressão de classes. É também uma expressão da necessidade de proteger o indivíduo do poder do Estado.

Tudo isso coexiste. Não é simples, tudo não é branco ou preto. Por causa do equilíbrio particular no qual as coisas coexistem, um instituto que produz armas de guerra está disposto a tolerar e mesmo a encorajar à guerra uma pessoa implicada na desobediência civil.

Quanto a dizer como eu suporto o MIT, é uma outra questão. As pessoas pretendem, com uma lógica que eu não entendo, que um homem de esquerda deveria dissociar-se das instituições opressivas. Conforme essa argumentação, Karl Marx não deveria ter estudado no British Museum, que era, no mínimo, o símbolo do imperialismo o mais cruel no mundo, o lugar onde um império havia acumulado todos os tesouros adquiridos através do roubo das colônias. Penso que Karl Marx teve toda razão em estudar no British Museum e utilizar todos os recursos, na verdade os valores liberais da civilização que ele tentava vencer. O mesmo se aplica nesse caso.

Alguém do auditório que intervém: O senhor não teme que sua presença no MIT dê a ele uma consciência tranquila?

N. Chomsky: Não vejo como. Minha presença no MIT serve de modo marginal a ajudar, não sei em que medida, a desenvolver o ativismo estudantil contra muitas das intervenções do MIT como instituição. Ao menos *eu o espero*.

F. Elders: Há alguma outra questão?

Alguém do auditório que intervém: Gostaria de retomar a questão da centralização. O senhor disse que a tecnologia não contradiz a descentralização. Mas a tecnologia é capaz de criticar, ela própria, sua influência? O senhor não acha necessário criar uma organização central que critique a influência da tecnologia sobre o universo inteiro? E não vejo como isso poderia se incorporar em uma pequena instituição tecnológica.

N. Chomsky: Pois bem, não tenho nada contra a interação das livres associações federais. Nesse sentido, a centralização, a interação, a comunicação, a discussão, o debate podem encontrar seu lugar, e a crítica também, se o senhor assim o desejar. Falo aqui de descentralização do poder.

O ouvinte: Claro, o poder é necessário, por exemplo, para proibir as instituições tecnológicas de realizarem um trabalho que beneficiará somente a corporação.

N. Chomsky: Sim, meu ponto de vista é o seguinte: se devêssemos escolher entre confiar em um poder centralizado ou nas livres associações entre comunidades libertárias, para tomar uma decisão justa, eu confiaria, antes, na segunda solução. Pois penso que ela pode servir para maximizar os instintos humanos honestos, enquanto um sistema de poder centralizado tenderá, de um modo geral, a maximizar um dos piores instintos humanos, o instinto rapinador, destruidor, que visa a adquirir o poder para si mesmo e a aniquilar os outros. É uma espécie de instinto que se desperta e funciona sob certas circunstâncias históricas, e penso que desejamos criar uma sociedade na qual ele seria reprimido e substituído por instintos mais sãos.

Alguém do auditório que intervém: Espero que o senhor tenha razão.

F. Elders: Senhoras e senhores, penso que o debate está encerrado. Sr. Chomsky e Sr. Foucault, eu lhes agradeço infinitamente, em meu nome e em nome do público, por essa discussão aprofundada sobre as questões tanto filosóficas, teóricas, quanto políticas.

1974

Sobre a Prisão de Attica

"Michel Foucault on Attica" ("Sobre a prisão de Attica"; entrevista com J. K. Simon; trad. F. Durand-Bogaert), *Telos*, n. 19, primavera de 1974, p. 154-161. (Entrevista traduzida e editada a partir de uma conversa gravada em fita magnética, depois de uma visita à prisão de Attica, em abril de 1972.)

– *Recentemente visitamos a prisão de Attica, e sei que, além de seus trabalhos sobre a exclusão – a exclusão dos doentes, dos loucos, a exclusão sob todas as suas formas –, o senhor vem se interessando, há um ano, um ano e meio, pela reforma das prisões na França. Gostaria de saber sobre suas reações quanto a essa visita. É a primeira vez, eu acho, que o senhor visita uma prisão.*

– Nossa! É verdade, já que na França não se tem o direito de visitar as prisões. Só se pode entrar em uma prisão se somos detentos, guardas ou advogados. De fato, nunca pertenci a nenhuma dessas três categorias. A polícia nunca me prendeu por mais tempo do que 12 horas: portanto, nunca tive a ocasião de conhecer verdadeiramente as prisões francesas. Foi graças a vocês que pude, pela primeira vez, penetrar em uma prisão; e é certo que, para um francês, visitar Attica é uma experiência terrificante. Embora eu nunca tenha entrado nas prisões francesas, muito ouvi falar delas por pessoas que nelas permaneceram por um tempo, e sei que são lugares vetustos e decrépitos, nos quais os prisioneiros são com frequência amontoados uns sobre os outros, em celas de uma imundice repugnate.

Attica, a olhos vistos, não é de modo algum esse gênero de prisão. O que me chocou talvez mais do que qualquer outra coisa foi, na entrada, uma espécie de fortaleza factícia no estilo Disneylândia, onde se deu às vedetas ares de torres medievais flanqueadas por muralhas. E, atrás dessa paisagem – antes de tudo grotesca e que esmaga todo o resto – descobre-se que Attica é uma imensa máquina. Esse lado máquina é o mais impressionante – os intermináveis corredores muito limpos e aquecidos que impõem aos que deles se servem trajetórias bem precisas, evidentemente calculadas para serem o mais eficazes possível, e ao mesmo tempo mais fáceis de vigiar, mais diretas. Sim... e tudo isso desemboca em imensos ateliês, como o ateliê de metalurgia, onde tudo é bem limpo e parece próximo da perfeição. Um antigo detento de Attica, que encontrei anteontem, disse-me que, de fato, esses famosos ateliês sempre prontos a serem mostrados são muito perigosos, que muitos detentos se feriram ali. Mas, à primeira vista, a impressão que se tem é a de visitar mais do que uma simples usina – uma máquina, o interior de uma máquina.

Então, naturalmente, a questão que nos colocamos é a seguinte: o que a máquina produz? Para que serve essa instalação gigantesca, e o que é que sai dela? Na época em que se concebeu Auburn e a prisão de Filadélfia, que serviram de modelos (com pouquíssimas modificações até o momento) às grandes máquinas de encarceramento, acreditava-se que efetivamente a prisão produzia alguma coisa: homens virtuosos. Mas sabe-se hoje, e a administração tem perfeita consciência disto, que a prisão não produz nada desse gênero. Que ela não produz absolutamente nada. Que se trata unicamente de um extraordinário truque de mágica, de um mecanismo inteiramente singular de eliminação circular: a sociedade elimina enviando para a prisão pessoas que a prisão quebra, esmaga, elimina fisicamente; uma vez quebradas essas pessoas, a prisão as elimina libertando-as, reenviando-as à sociedade; nesta, sua vida na prisão, o tratamento que sofreram, o estado no qual saíram, tudo concorre industriosamente para que, de modo infalível, a sociedade os elimine de novo, reenviando-os para a prisão, à qual etc... Attica é uma máquina de eliminar, uma espécie de enorme estômago, um rim que consome, destrói, tritura e depois rejeita, e que consome a fim de eliminar o que já foi eliminado. O senhor lembra que quando visitamos Attica falaram-nos das quatro alas do prédio e dos quatro corredores, os quatro grandes corredores A, B, C e D. Pois bem, eu soube, também pelo antigo detento, que existia um quinto, do qual não nos falaram: o corredor E. E o senhor sabe o que é esse corredor?

– *Não.*

– É muito simplesmente a máquina da máquina, ou melhor, a eliminação da eliminação, da eliminação em segundo grau:

a ala psiquiátrica. É para lá que são enviados aqueles que não se integram na máquina, e que a máquina não chega a assimilar conforme suas normas; aqueles a quem seu próprio processo mecânico está inapto para triturar, tornando necessário um outro mecanismo.

– *O senhor estudou o processo de exclusão como uma espécie de conceito abstrato, e sei que o interior dos hospitais, tal como aquele de um certo número de instituições, lhe é familiar. Ter visitado um lugar como Attica – quero dizer, ter estado ali, fisicamente – provoca uma mudança afetiva em sua atitude no que concerne ao processo de exclusão? Ou a visita apenas reforçou suas ideias sobre a exclusão?*

– Não, a visita as teria, antes, abalado. Seja como for, um problema veio à luz, bastante diferente daqueles sobre os quais refleti anteriormente; é possível que a mudança não tenha sido inteiramente determinada pela visita, mas esta certamente a precipitou. Até o momento, eu pensava a exclusão da sociedade como uma espécie de função geral um pouco abstrata, e eu me sentia à vontade ao pensar essa função como um elemento, por assim dizer, constitutivo da sociedade: cada sociedade só podendo funcionar sob a condição de que um certo número de seus membros seja dela excluído. A sociologia tradicional, quer dizer, a sociologia de tipo durkheimiana, formula o problema da seguinte maneira: Como a sociedade pode criar uma coesão entre os indivíduos? Qual é a forma de relação, comunicação simbólica ou afetiva que se estabelece entre os indivíduos? Qual é o sistema de organização que permite à sociedade constituir uma totalidade? De minha parte, eu me interessei, de algum modo, pelo problema inverso ou, se o senhor preferir, pela resposta inversa: através de qual sistema de exclusão, eliminando quem, criando qual divisão, através de que jogo de negação e de rejeição a sociedade pode começar a funcionar?

Ora, agora, formulo esse problema em termos contrários: a prisão é uma organização demasiado complexa para que se a reduza a funções puramente negativas de exclusão; seu custo, sua importância, o cuidado que se emprega para administrá-la, as justificações que se tenta dar, tudo isso parece indicar que ela possui funções positivas. O problema torna-se então descobrir qual o papel que a sociedade capitalista faz seu sistema penal desempenhar, qual o objetivo buscado, quais os efeitos produzidos por todos esses procedimentos de castigo e de exclusão.

Qual é o lugar que eles ocupam no processo econômico, que importância eles têm no exercício e manutenção do poder, que papel eles representam no conflito de classes.

– Eu me perguntava, precisamente, até que ponto o senhor pôde ficar sensível ao contexto político, quando percorríamos os corredores de Attica. De minha parte, eu estava tão assolado pelo aspecto puramente humano, pela impressão de sofrimento latente e de repressão, que havia momentos em que – e isso é talvez paradoxal – eu esquecia completamente o contexto político.

– É muito difícil para mim responder-lhe sobre a questão do horror humano, e mesmo físico, que emana de Attica. Eu tive, acho, a mesma impressão que o senhor; apenas talvez eu seja menos sensível que o senhor, ou um pouco coriáceo. Quando um francês circula nesses corredores que, eu repito, chocam por sua limpeza, ele tem a impressão de penetrar em uma escola privada ou religiosa um pouco austera; afinal, os liceus e os colégios do século XIX não eram mais agradáveis. Mas, no fundo, quando repenso nisso, o que mais me pareceu terrificante em Attica foi esta estranha relação entre o centro e a periferia. Penso no duplo jogo das grades: as que separam a prisão do exterior e as que, no interior da prisão, isolam cada cela individual de sua vizinha. No que concerne às primeiras, as barras das grades, eu sei bem com que argumento os teóricos da prisão as justificam: é preciso proteger a sociedade. (Poder-se-ia dizer, é claro, que os perigos maiores que espreitam a sociedade não estão representados pelos ladrões de carros, mas sim pelas guerras, pela fome, pela exploração, por todos aqueles que as autorizam e as provocam, mas continuemos...) Uma vez ultrapassada essa primeira série de grades, poderíamos imaginar encontrar um lugar onde os prisioneiros são readaptados à vida comunitária, ao respeito à lei, à prática da justiça. Em vez disso, o que descobrimos? Que o lugar onde os detentos passam entre 10 e 12 horas por dia, o lugar onde eles se consideram em casa, é uma apavorante jaula de animal, medindo mais ou menos um metro e meio por dois, inteiramente fechada com grades de um lado. O lugar onde eles estão sozinhos, onde dormem e onde leem, onde se vestem e atendem às suas necessidades é uma jaula para animal selvagem. É nisso que reside toda a hipocrisia da prisão. Ficamos imaginando o representante da administração que guia a visita, escarnecendo de nós, internamente. Quase o ouvimos dizer para si mesmo, e também para nós, alguma coisa como: "Vocês nos confiaram estes ladrões e estes assassinos porque os consideram como animais selvagens; vocês nos pediram para transformá-los em dóceis carneirinhos do outro lado destas grades que os protegem; mas não há nenhuma razão para que nós, guardas, representantes da lei e da ordem, instrumentos de sua moral e de seus preconceitos, não os consideremos também, seguindo o convite de vocês, animais selvagens. Nós somos como vocês. Nós somos vocês. Portanto, nesta jaula em que vocês nos fecharam com eles, nós restabelecemos entre eles e nós a relação de exclusão e de poder instaurada pela grande prisão entre eles e vocês. Foram vocês que os designaram para nós como animais selvagens; a nosso turno, nós lhes transmitimos a mensagem. E quando ela estiver bem aprendida por eles, atrás de suas grades, nós os reenviaremos a vocês."

É somente pela ação coletiva, pela organização política e pela rebelião que os detentos poderão escapar deste sistema de adestramento. As prisões americanas parecem, bem mais facilmente do que as prisões europeias, poder ser um lugar de ação política. As prisões americanas, de fato, desempenham um duplo papel: o de lugar de castigo, tal como existe hoje e há séculos, e o de campo de concentração, tal como existia na Europa durante a guerra, e na África durante a colonização europeia (na Argélia, por exemplo, durante o período em que os franceses ali estavam). Não se deve esquecer de que há, nos Estados Unidos, mais de um milhão de prisioneiros,[1] para uma população de 220 milhões de habitantes, contra 30 mil na França, para uma população de 50 milhões de habitantes. A proporção não é a mesma, de modo algum. Por outro lado, nos Estados Unidos, deve haver um negro em cada 30 ou 40 detentos; aí se vê a função de eliminação maciça que a prisão americana preenche. O sistema penal, o conjunto do sistema de interdições, mesmo as menores (como o abuso do álcool, o

---

1 O *Statistical Abstract of the United States*, editado em 1978, cita 141 mil detentos nas prisões federais e dos Estados, em junho de 1972, dos quais 58.900 eram negros. De fato, essa categorização dos detentos pela raça só foi oficialmente levada em consideração em 1978, segundo o Bureau of Justice Statistics em Washington. Os dados antecipados por M. Foucault provêm verossimilmente de sua leitura da imprensa dos Black Panthers. Na mesma época, a população negra representava 11,27% da população americana.

excesso de velocidade, o consumo de haxixe), servem de instrumentos e de pretextos a esta prática de concentração radical. Não é nada surpreendente que a luta política pela justiça penal tenha sido levada mais longe nos Estados Unidos do que na França.

– *Entre as questões que eu me faço, há aquela de saber se, no contexto da sociedade americana, não se pode considerar a prisão como um símbolo, um microcosmo da sociedade em geral, ou então... O senhor disse há pouco que a prisão parecia com as escolas de outrora...*

– Na Europa, na Europa...

– *Sim, na Europa, mas agora o senhor conhece a América o suficiente para ter visto todas estas* no man's land, *estes terrenos indefinidos bordeando as cidades, nos subúrbios; o senhor me falou, em termos bastante precisos, dos* drugstores *nos aeroportos, desses lugares que não se parecem com lugar nenhum. E, é claro, encontramos por toda parte em nossa sociedade grades como as das prisões. A distância entre o centro de uma cidade, um gueto, por exemplo, e o interior de uma prisão seria tão grande, a ponto que não poderíamos conceber a prisão como um elemento normal da sociedade americana? Ou, ao contrário, a prisão seria simplesmente uma extensão dessa sociedade, o que, de algum modo, figura sua extremidade?*

– Acho sua questão bem a propósito, pois é verdade que Attica parece muito com a América, ao menos com a América tal como ela aparece aos olhos de um europeu um pouco perdido e não muito desembaraçado como eu, quer dizer, gigantesca, tecnológica, um pouco assustadora, com este aspecto piranesiano* que impregna a visão que muitos europeus têm de Nova Iorque. É verdade que o que vimos se parece com a sociedade americana, mas não creio que possamos nos contentar de dizer: "Ah sim, as prisões americanas são a imagem da sociedade americana, assim como as prisões europeias o são da sociedade europeia", pois, levada ao extremo, esta frase quer dizer que, no fundo, estamos todos na prisão; que na rua, na

---

* (N.T.) De Piranesi (Jiambattista), gravador e arquiteto italiano, um dos maiores aquafortistas de seu tempo. Atribuíram-se a ele mais de duas mil peças de grande formato. Realizou uma série de gravuras sobre o tema "Os Cárceres" (prisões monumentais).

usina, em um dormitório, estamos também na prisão. É exato dizer que estamos presos dentro de um sistema de vigilância e de punição contínuas. Mas a prisão não é somente punitiva; ela é também um dos instrumentos do processo de eliminação. A prisão é a eliminação física das pessoas que saem dela, que morrem nela, às vezes diretamente, e quase sempre indiretamente, uma vez que elas não podem mais encontrar um emprego, não têm nenhum meio de subsistência, não podem mais reconstituir uma família. E, à força de passarem de uma prisão a uma outra, de um crime a um outro, elas acabam por serem de fato eliminadas fisicamente.

– Então, por onde se começa a reformar as prisões? Pois, tal como na guerra do Vietnã, os que buscam reformar as prisões talvez se enganem, tendo a impressão de que eliminam a fonte do mal pelo único fato de fazerem desaparecer o sintoma mais visível. Não é ilusório esperar uma reforma a partir do próprio interior das prisões? As prisões não são um elemento da estrutura social, de tal modo que nada que parta dali pode vir a ter sucesso?

– O grupo que constituímos na França não está, em primeiro lugar e principalmente, interessado pelas reformas das prisões. Acho até que nosso projeto é radicalmente diferente. Na França – sei que na América, por causa do exército, a situação é um pouco diferente –, o sistema penal e de encarceramento incide de um modo preferencial e insistente sobre uma certa franja da população, que não está verdadeiramente integrada à classe operária, que não está controlada, em certa medida, pelos grandes sindicatos. Com frequência, os representantes de algumas organizações políticas nos disseram que o problema das prisões não entrava no quadro da luta proletária. Há várias razões para isso. A primeira é que a fração da classe operária que constantemente tem de se haver com a polícia e com a justiça é, em boa parte, constituída de pessoas que estão fora da usina. Que seu desemprego seja voluntário ou involuntário, sua forma de oposição à sociedade burguesa não se exprime por meio de manifestações, de lutas politicamente organizadas ou de pressões profissionais e econômicas tal como as greves. A segunda razão é que a burguesia utiliza com frequência essa categoria da população contra os trabalhadores: a burguesia, eventualmente, faz dela uma força de trabalho temporária, ou recruta para a polícia. A terceira razão é que o proletariado é, no que concerne à moral e à legalidade, ao roubo e ao crime, totalmente impregnado da ideologia burguesa.

Portanto, no momento atual, estamos em uma situação em que diferentes categorias de pessoas buscam superar conflitos e oposições estabelecidos e mantidos pelo sistema capitalista entre elas; em uma situação em que as lutas que acontecem no interior das usinas estão mais ligadas hoje do que o foram no passado às lutas que acontecem no exterior das usinas (concernindo ao alojamento, ao problema da qualidade de vida); em uma situação em que se reconhece que o combate ideológico geral é uma parte integrante da luta política. Por todas essas razões, o isolamento dessa fração da classe operária que, na origem, estava sob a dominação da pressão da polícia está se apagando lentamente. Sua reintegração no seio das lutas políticas é o objetivo primeiro de nosso grupo.

– *A esse respeito, penso na história que o senhor nos contou sobre Genet e a distinção que existia entre certas categorias de prisioneiros... Esse tipo de coisas é mais bem reconhecido hoje pelo proletariado, seja ele francês ou americano?*

– O senhor evidentemente faz referência ao que Genet me contou um dia sobre as prisões. Durante a guerra, Genet era prisioneiro na Santé. Um dia, ele deveria ser transferido para o Palácio da Justiça para receber sua condenação. Ora, na época, era costume algemar-se os prisioneiros de dois em dois para conduzi-los ao Palácio da Justiça. No momento em que iam algemar Genet com um outro detento, este detento perguntou: "Quem é este cara com quem vocês estão me algemando?" E o guarda respondeu: "Um ladrão." Então, o outro detento se esticou todo e disse: "Eu me recuso. Eu sou um prisioneiro político, sou um comunista e me recuso a ser algemado com um ladrão." Depois desse dia, Genet me disse que não só desconfia, como tem um certo desprezo por todas as formas de movimentos de ação políticos organizados na França...

– *Eu me pergunto até que ponto, desde essa época, os que estão implicados nas questões políticas tomaram consciência da ausência de diferenciação entre as diferentes categorias de prisioneiros. Se consideraram a possibilidade de que esses outros prisioneiros, vítimas de problemas sociais que estão na origem de sua própria luta, não sejam prisioneiros políticos no sentido próprio da palavra e que, no entanto, permanecem mais profundamente prisioneiros em termos políticos do que eles próprios o são?*

– Acredito que se operou, ao longo do século XIX, o que se poderia chamar de uma mutação histórica. É quase certo que na Europa, e mais particularmente na França, os movimentos operários e seus cabeças foram coagidos – a fim de escaparem da repressão policial, sob sua forma mais violenta e mais selvagem – a marcar sua diferença do conjunto da população criminosa. Havia todo um empenho em se apresentar esses movimentos como organizações de assassinos, de matadores contratados, de ladrões, de alcoólatras. Portanto, era necessário que eles se abrigassem dessas acusações e escapassem dos castigos que disso resultavam. Vem daí, também, a obrigação que sentiram, como se ela fosse a sua, de assumir a responsabilidade de todo um sistema de moralidade saído, de fato, da classe dirigente, e de aceitar, no fim das contas, a distinção burguesa entre virtude e vício, e de respeito pela propriedade do outro. Eles foram coagidos a recriar para eles próprios uma espécie de puritanismo moral que representava, ao mesmo tempo, uma condição necessária à sua sobrevivência e um instrumento útil em sua luta. Essa espécie de rigorismo moral permaneceu como um dos fundamentos da ideologia cotidiana do proletariado, e é certo que, até uma data recente, o proletariado e seus líderes sindicais ou políticos continuaram a aprovar a discriminação entre prisioneiros de direito comum e prisioneiros políticos. Afinal, não se devem esquecer todas as lutas, todos os esforços que foram necessários no século XIX para que os representantes dos trabalhadores não fossem mais tratados como escroques.

Na França, faz pouco tempo que essa mudança se operou. Foi depois da época em que alguns maoístas foram presos. Quando os maoístas estavam na prisão, eles começaram, é preciso dizê-lo, a reagir um pouco à maneira dos grupos políticos tradicionais, quer dizer, através de declarações como: "Não queremos ser assimilados aos criminosos de direito comum, não queremos que nossa imagem se confunda com a deles na opinião pública, e pedimos para ser tratados como prisioneiros políticos que têm direitos de prisioneiros políticos." Este foi, penso eu, um erro político percebido bastante rápido; discussões sobre o assunto foram iniciadas, e foi nesse momento que fundamos nosso grupo. Os maoístas rapidamente compreenderam que, no fim das contas, a eliminação de prisioneiros de direito comum, pela prisão, fazia parte do sistema de eliminação política do qual eles mesmos eram vítimas. Se fazemos a distinção, se aceitamos a diferença entre direito político e direito comum, isso significa que, fundamentalmente, se reconhecem a moral e a lei burguesas no que concerne ao respeito da propriedade, ao respeito dos valores tradicionais. Em sua definição mais ampla, a revolução cultural implica que, ao menos em uma sociedade como a nossa, não se faça mais diferença entre criminosos de direito comum e criminosos políticos. O direito é a política: no fundo, foi a burguesia que, por razões políticas e sobre a base de seu poder político, definiu os princípios do que se chama direito.

– *Os maoístas então não compreenderam somente o erro político que cometeram, quero dizer, dando ao público a impressão de que se classificavam à parte, de que pretendiam continuar a ser uma elite na prisão. Eles aprenderam também alguma coisa que concerne à política no sentido mais amplo.*

– É exato. Acho que nessa ocasião a compreensão deles se afinou muito. Eles descobriram que, no fundo, tanto o conjunto do sistema penal como o conjunto do sistema moral eram produtos de uma relação de poder instaurada pela burguesia, e constituíam ferramentas do exercício e da manutenção desse poder.

– *Eu repenso, ao escutá-lo, em uma cena do filme* A Batalha de Argel. *É simplesmente um exemplo entre outros, mas se observa, da parte dos revolucionários, um certo ascetismo que os conduz à recusa de se entregarem à droga, a considerarem a prostituição com repugnância. Penso nesse filme em que os heróis são apresentados como seres muito puros, em que um deles se recusa a acompanhar uma prostituta. Essa é uma atitude que, aliás, ainda hoje parece comum na Argélia. Em que medida esse ascetismo, do qual dão provas alguns revolucionários que querem permanecer puros (e que, na verdade, é o produto de uma educação burguesa), pode ser um traço que impede o verdadeiro revolucionário de conseguir fazer-se aceitar no seio de um movimento popular?*

– Pode-se dizer, em resposta à sua primeira questão, que o rigorismo do revolucionário é certamente a marca de suas origens burguesas, ou, em todo caso, de uma afinidade cultural e ideológica com a burguesia. Todavia, penso que convém ligar isso a um processo histórico. Até o início de século XIX, parece-me, e mesmo durante a Revolução Francesa, as revoltas populares se faziam sob o impulso comum não somente dos camponeses, dos pequenos artesãos e dos primeiros operários, mas também desta categoria de elementos agitados, mal integrados à sociedade, que eram, por exemplo, os assaltantes de estrada, os contrabandistas..., em suma, todos aqueles que o sistema jurídico em vigor, a lei do Estado, tinha rejeitado. No século XIX, ao longo das lutas políticas que permitiram ao proletariado fazer-se reconhecer como poder tendo exigências muito precisas, e também, apesar de tudo, escapar da eliminação e da coação violentas, tornou-se claro para esse proletariado a obrigação de marcar sua diferença junto a essa outra população agitada. Quando o sindicalismo operário se constituiu, ele teve de se dissociar, a fim de se fazer reconhecer, de todos os grupos sediciosos e de todos aqueles que recusavam a ordem jurídica: "Não somos assassinos, não atacamos nem o povo nem a produção; se cessamos a produção, não é num ímpeto de destruição total, mas por causa de exigências bem particulares." A moralidade familiar que, no final do século XVIII, não tinha nenhuma circulação nas camadas populares, tornou-se, no início do século XIX, um dos meios usados pelo proletariado para, de algum modo, fazer admitir sua respeitabilidade. A virtude popular, o bom operário, o bom pai, o bom marido, repeitosos da ordem jurídica: tal era a imagem que, a partir do século XVIII, a burguesia deixava transparecer e impunha ao proletariado, a fim de desviá-lo de toda forma de agitação ou de insurreição violentas, de toda tentativa de usurpação do poder e de suas regras. Essa imagem, de fato, o proletariado a fez sua e a utilizou de uma maneira que, com muita frequência, serviu às suas lutas. Em uma certa medida, essa moralidade teve o valor de um contrato de casamento entre o proletariado e a pequena burguesia durante toda a segunda metade do século XIX, de 1848 até Zola e Jaurès.

No que concerne à sua segunda questão – saber se o purismo não é um *handicap* para o chefe revolucionário –, responderei que sim, em geral, ele o é. Encontramos hoje, em nossas sociedades – esta é pelo menos a opinião de nosso grupo –, verdadeiras forças revolucionárias que são constituídas, precisamente, de todas essas camadas mal integradas na sociedade, perpetuamente rejeitadas, e que, por sua vez, rejeitam a ordem moral burguesa. Como podemos nos associar a elas na batalha política se não nos desembaraçarmos dos preconceitos morais que são os nossos? Afinal, se levarmos em conta o desempregado inveterado que declara: "Eu prefiro estar desempregado a trabalhar", se considerarmos as mulheres, as prostitutas, os homossexuais, os drogados, há aí uma força de contestação da sociedade que não temos o direito, penso eu, de negligenciar em uma luta política.

– *Se seguimos a lógica de seu pensamento, pode-se quase dizer que os que trabalham na reabilitação dos prisioneiros são talvez os inimigos mais virulentos da revolução. Nesse caso – se o senhor me permite voltar à minha primeira questão –, o tipo que guiou nossa visita a Attica, e que nos deu a impressão de ser um homem cheio de boas intenções, inteiramente "correto", embora desprovido de qualquer imaginação, o senhor diria que esse homem poderia ser o inimigo mais perigoso?*

– O que o senhor diz é inteiramente verdade. Não desejo aprofundá-lo, pois o senhor formulou muito bem o problema. Dito isso, o responsável pelos programas culturais que nos guiou em Attica, acho que se pode também dizer que ele é perigoso em termos imediatos. Um dos antigos detentos que encontrei, logo após nossa visita, me disse: "Ele é um dos guardas mais perversos."

Mas encontramos também psicólogos que, manifestamente, eram pessoas muito sérias, muito liberais, que tinham sobre as coisas um olhar bastante justo. Contudo, se, para eles, roubar a propriedade do outro, cometer um assalto à mão armada em um banco, prostituir-se, matar, dormir com um homem quando se é um homem também, se todos esses atos são problemas psicológicos que eles devem ajudar o indivíduo a resolver, isso não é sinal de que, fundamentalmente, eles são cúmplices do sistema? Eles não estão tentando mascarar o fato de que, no fim das contas, cometer um delito, cometer um crime, põe em questão, de maneira fundamental, o funcionamento da sociedade? De maneira tão fundamental que esquecemos tratar-se aqui de um problema social, que temos a impressão de que é um problema moral e que isso concerne aos direitos dos indivíduos...

E o senhor bem viu de que maneira se pode apresentar o problema. De modo que subscrevo inteiramente o que o senhor disse, e me pergunto se tudo o que concerne à reintegração, tudo o que constitui uma solução psicológica ou individual do problema, não mascara a natureza profundamente política e eliminadora desses indivíduos pela sociedade, e sua contestação dessa sociedade. Toda essa luta obscura é, penso eu, política. O crime é "um golpe de Estado que vem de baixo". A expressão vem de *Os miseráveis*.

1975

Prefácio (*in* Jackson)

Prefácio, *in* Jackson (B.), *Leurs prisons. Autobiographies de prisonniers américains*, Paris, Plon, 1975, p. I-VI.

O presente livro é feito de entrevistas com detentos em várias prisões do Texas, gravadas por Bruce Jackson. Ou melhor, ele é feito de longos monólogos, relançados de tempos em tempos através de questões apenas perceptíveis. Este grande desfraldar de histórias, de lembranças, de fábulas, de detalhes ínfimos e de enormidades, de desafios, de raiva, de gargalhadas tem com que nos surpreender, nós que estamos acostumados, no que concerne aos crimes, ao pudor das confissões dificilmente concedidas, no que concerne à prisão, à interdição de ver e de ouvir. A América, sem dúvida, o Texas, talvez?

Nós, europeus, vivemos na continuidade de nossa história. A América vive perpetuamente o nascimento e a morte da lei. Nossas categorias são as da vitória e da derrota. As deles são as da violência e da legalidade. Nossa personagem imaginariamente sobrecarregada é o general de guerra ou o soldado. A deles é o xerife.

Mas enquanto no país do *western* se via – sobre o fundo de violência e de apropriação selvagem – recompor-se pela graça do "justiceiro" a lei moral e a ordem, sem mais nem menos, entre Dallas e Houston, no país de Bonnie e Clyde, a lei se corrompe, se dissolve, apodrece, morre; e de seu cadáver ensolarado nasce em plena zoeira o enxame de crimes, grandes e pequenos, mas todos volúveis.

*

Talvez sejamos mais texanos do que o cremos. Lá, dizia Claude Mauriac, a política, a polícia e o meio ambiente não fazem senão um. O ponto de sua ironia contida incidia com muita certeza sobre este "lá".

O que *Leurs prisons* deixa bem claro é que os muros da prisão devem seu formidável poder menos à sua impermeabilidade material do que aos inúmeros fios, aos mil canais, às fibras infinitas e entrecruzadas que os trespassam. A força da prisão é a incessante capilaridade que a alimenta e a esvazia; ela funciona graças a todo um sistema de comportas, grandes e pequenas, que se abrem e se fecham, aspiram, escarram, despejam, derrubam, engolem, evacuam. Ela está colocada em uma confusão de ramificações, de correntes, de vias de retorno, de caminhos que entram e saem. Não se deve ver nela a altiva fortaleza que se fecha sobre os grandes senhores da revolta ou sobre uma sub-humanidade maldita, mas sim a casa-coador, a casa de passe, o inevitável motel. Em escala continental, no Texas, na Califórnia ou em Chicago, os mesmos se encontram e encontram aqueles que conheceram em Chicago, na Califórnia e no Texas. Eles, ou seus rastros, ou suas lembranças, ou seus amigos, ou seus inimigos. Isso faz pensar nessas fotos noturnas em que os faróis ao se sucederem com toda rapidez deixam uma rede de linhas brancas e imóveis. Sobre todos os Estados Unidos, uma teia de aranha. Quatro grandes autoestradas para conduzir à prisão: a droga, a prostituição, o jogo, os cheques. Delinquência de ruptura? Não. Mas derivação mais ou menos rápida a partir do tolerado, do meio-legal, do parcialmente ilícito; ramificação sobre um tráfico aceito, protegido, integrado a todas as atividades "honestas", e das quais os prisioneiros são a um só tempo a mão de obra febril, os subempreiteiros ardilosos e cegos, as mais fáceis vítimas. Diz-se facilmente – seja para "psiquiatrizá-los", seja para "heroizá-los" – que eles são "marginais". Mas as margens onde circulam não são marcadas pela fronteira da exclusão; elas são os espaços discretos e ensurdecidos que permitem ao perfil mais honroso se estender, e à lei mais austera se aplicar. O que um certo lirismo chama de "margens" da sociedade, e que se imagina como um "fora", são os intervalos internos, as pequenas distâncias intersticiais que permitem o funcionamento. Os mil relatos dos interlocutores de Jackson são, sobre esse ponto também, eloquentes, mesmo quando se trata de assalto à mão armada, quer dizer, de uma prática de deliquência que representa um grau de ruptura bem superior ao rame-rame cotidiano da prostituição, ou da escroqueria, ou do jogo. Leiam a história do gângster que, de manhã bem cedo, foi fazer uma limpa no supermercado ainda quase vazio. Os primeiros clientes o tomam por caixa, ele lhes devolve o troco e manda o diretor amordaçado dar um recibo. Ou a do caixa, de quem se tira o dinheiro mas não os cheques, que agradece aos ladrões e lhes pede que, se de fato for o caso, na ocasião de um próximo assalto sejam eles que retornem. Patrões, caixas, seguranças, policiais, assaltantes, cada um desempenha seu papel e segue seu trajeto, segundo um circuito bem balizado. E que é perfeitamente tolerado – isto é importante – não pelas "pessoas" ou pela "opinião" (para os quais, ao contrário, se tem a ingenuidade de fazer crescer o medo), mas sim por aqueles que detêm o dinheiro e o poder.

A lei e a ordem – americanas ou europeias – têm suas franjas, que não são regiões recalcitrantes ou mal controladas que eles buscariam arrancar dos adversários; elas são para eles as condições de seu exercício real. Para tornar coletivamente aceitável essa relação de poder que é a lei, é preciso que o ilegalismo da delinquência seja conservado com cuidado, e organizado como um perigo permanente. O amor pela lei, ou pelo menos a docilidade geral, se compra ao preço dessas cumplicidades, afinal pouco custosas. O teatro polícia-delinquência, que ocupa um lugar tão amplo em tudo o que se lê e se vê desde o século XIX, é um dos complementos e dos contrapesos indispensáveis do sufrágio universal. Para que a lei possa valer comodamente em sua violência secreta, para que a ordem possa impor coações, é preciso que haja, não nas fronteiras exteriores, mas no próprio centro do sistema, e como uma espécie de jogo para todas as suas engrenagens, essas zonas de "perigo" que são silenciosamente toleradas, e depois magnificadas pela imprensa, pela literatura policial, pelo cinema. E pouco importa, finalmente, que o criminoso, ali, seja apresentado como um herói da revolta pura, ou como um monstro humano apenas saído das florestas, contanto que ele faça medo.

*

Ora, é aí que a formidável ironia e a vivacidade negra e vermelha dos relatos recolhidos por Bruce Jackson tomam seu sentido.

1975 – Prefácio (in Jackson)

Uma tradição que se formou no século XIX, e cujos rastros não estão ainda apagados na Europa, organizava sobre dois registros o discurso que a delinquência tinha sobre ela própria. De um lado, nós outros delinquentes somos os produtos da sociedade: produtos, já que em sua crueldade ela nos explorou, rejeitou, excluiu, coagiu, apesar de nós, à violência, e nos impeliu à guerra. Produtos também, já que nós nos parecemos com ela: nossa violência é a dela, e, se há em nós uma parte de maldade e de loucura, é a que ela depositou em nós com suas próprias mãos. Para ela, somos os descendentes que se lhe parecem demasiado para que ela não nos odeie. Mas, se o delinquente é um "produto", a própria delinquência, em seu gesto, é representada como uma revolta: a verdadeira guerra social – o roubo oposto a este outro roubo que é a propriedade, o assassinato voltado contra a morte lenta ou rápida dos massacres de guerra, ou na usina de explorações imposta pela sociedade aos indivíduos. Em suma, o delinquente-vítima e a delinquência-ruptura.

Neste livro, o discurso sustentado é em tudo o inverso. O que dizem sem cessar os prisioneiros de Bruce Jackson é que a própria delinquência, em seus circuitos e seus procedimentos, em suas escroquerias, seus roubos e seus assassinatos, funciona, em resumo, para o maior lucro e o melhor rendimento do sistema; que todos os assaltos são tolerados, que a prostituição e os jogos são arranjados, que há por toda parte aberturas para a droga e para a escroqueria, que tudo é possível e mesmo desenhado em pontilhado; que a polícia, ali, sempre toma parte. Mas, finalmente, o que faz o delinquente (o delinquente obstinado e multirrecalcitrante a quem Jackson se dirigiu) é menos o patético de uma situação comum com tantas outras do que uma espécie de singular força na ironia. É que o delinquente lhe acrescenta, faz a mais, não pode parar, jogador mais do que joguete. Se há uma subversão em tudo isso, não é na própria forma da delinquência que estaria a revolta, mas sim na intensidade de um encarniçamento, em uma série de repetições, em uma corrida frenética que acaba por explodir com as portas mais bem abertas, com os mais largos canais. E, de um golpe, aparece a coisa escandalosa, a intolerável verdade que é preciso sufocar fazendo desaparecer definitivamente o culpado: é que tudo fora arranjado, de alto a baixo do sistema, para que funcionem os ilegalismos e os delinquentes mais lucrosos se multipliquem. Não é se voltando contra a lei estabelecida; é escarnecendo dos ilegalismos arranjados que os detentos texanos interrogados por Jackson fazem escândalo, politicamente. E esse efeito político não pode ser dissociado do riso enorme que atravessa todos esses relatos. Nenhuma confissão, jamais um grito de inocência, nem a menor justificação. Mas a acumulação, o festim, a orgia de delitos, a sobrecarga, a ficção sem dúvida, a *overdose* dos feitos e da "gesta" incansavelmente contada por estes Pantagruéis da criminalidade. É a delinquência enraivecida, Margot la Folle, rindo às gargalhadas e arrastando, enganchados em seus ouropéis de travesti, em sua arma de assaltante, em sua metralhadora de gângster, os xerifes, os policiais, os tenentes, os prefeitos e senadores, todo o pessoal, para o baixo *front* da *law and order*. Contem quantos *hold-up* Bob e Ray puderam fazer, quantas vezes a Grosse Sal se fez engaiolar, quantos conluios Websler organizou, quantas vezes Bebop foi fazer sua provisão de heroína, quantos otários Slim depenou com seus dados, quantas vezes Maxwell se fez ser comido.

*

A forma tradicional do escândalo na França, e sem dúvida na Europa, era o inocente condenado e todo o aparelho da justiça funcionando para impor e manter essa condenação. Nos Estados Unidos, é a exageração da culpabilidade do culpado, o formidável amontoado de tudo o que ele pôde cometer, as largas avenidas que se abriram diante dele, as tolerâncias das quais ele se beneficiou e, finalmente, a cumplicidade de todo o aparelho, não em sua condenação, mas em sua própria criminalidade. De um lado, Jean Valjean ou Monte-Cristo. Do outro, Al Capone, Bonnie e Clyde, ou a máfia. O tipo de escândalo "europeu" – digamos melhor, do escândalo antigo, o do século XIX – era o caso Dreyfus, no qual todo o aparelho de Estado, até no mais alto nível, estava comprometido na perseguição daquele que não era culpado. O tipo de escândalo "americano" é o Watergate, no qual, de um delito menor, se remonta, pouco a pouco, à rede dos ilegalismos permanentes, segundo os quais funciona o aparelho do poder. O escândalo, nesse caso, não era o fato de que o poder tivesse querido encobrir um crime que lhe era útil, tampouco que o homem mais poderoso do mundo tivesse sido um delinquente de direito comum bastante vulgar, mas sim que seu poder tivesse sido exercido e só tenha podido exercer-se cotidianamente pela delinquência a mais ordinária. Terminada a criminalidade individual e total dos reis shakespearianos que os envolvia de uma aura monstruosa e, de certa maneira, os sacralizava. Estamos, há muito tempo, na idade em que o funcionamento do poder e a gestão dos ilegalismos têm parte comum.

Escutem essas vozes gritantes, inexauríveis, ferozes, irônicas gravadas por Bruce Jackson. Elas não cantam o hino dos malditos em revolta. Elas fazem "cantar", em nome de todas as peças que uns e outros pregaram entre si, a lei e a ordem, e o poder que funciona através destas.

1975

A Prisão Vista por um Filósofo Francês

"Il carcere visto da un filosofo francese" ("A prisão vista por um filósofo francês"; entrevista com F. Scianna; trad. A. Ghizzardi), *L'europeo*, n. 1.515, 3 de abril de 1975, p. 63-65.

– *Por que a prisão, professor?*
– Temos vergonha de nossas prisões. Esses enormes edifícios que separam dois mundos de homens, construídos outrora com orgulho, a ponto de situá-los, com frequência, nos centros das cidades, hoje nos constrangem. As polêmicas que se desencadeiam com regularidade a respeito das prisões, e recentemente devido a numerosas revoltas, testemunham de modo claro esse sentimento. Polêmicas, constrangimento e ausência de amor que, aliás, acompanharam as prisões desde que elas se afirmaram como pena universal, digamos em torno de 1820. E, no entanto, essa instituição resistiu 150 anos. É um fato bastante extraordinário. Como, eu me perguntei, uma estrutura que foi tão censurada pôde resistir por tanto tempo?
– *Como nascem as prisões?*
– No começo, eu pensava que era inteiramenete falha de Beccaria, dos reformadores, das Luzes, em suma. Depois, olhando mais de perto, eu me dei conta de que não era nada disso. Os reformadores, e em particular Beccaria, que se ergueram contra a tortura e os excessos punitivos do despotismo monárquico, não propuseram absolutamnete a prisão como alternativa. Seus projetos, os de Beccaria sobretudo, assentavam sobre uma nova economia penal, que tendia a ajustar as penas conforme a natureza de cada delito: assim, a pena de morte para os assassinatos, o confisco dos bens para os ladrões e, é claro, a prisão, mas para os delitos contra a liberdade.
O que foi organizado, em contrapartida, foi a prisão como pena universal e semelhante para todos, tendo somente uma gradação no que concerne à duração. Se isso se produziu, não

foi, portanto, devido a polêmicas dos reformadores; Beccaria não queria substituir os suplícios e torturas pela prisão.

– *Por que então essa passagem do suplício à prisão?*

– Até o século XVIII, com o absolutismo monárquico, o suplício não desempenhava o papel de reparação moral; ele tinha, antes, o sentido de uma cerimônia política. O delito, como tal, devia ser considerado como um desafio à soberania do monarca; ele perturbava a ordem de seu poder sobre os indivíduos e sobre as coisas.

O suplício público, longo, terrificante, tinha exatamente a finalidade de reconstruir essa soberania; seu caráter espetacular servia para fazer participar o povo do reconhecimento dessa soberania; sua exemplaridade e seus excessos serviam para definir a extensão infinita dessa soberania. O poder do príncipe é excessivo por natureza. Os reformadores, com seu projeto de nova economia penal, estavam na esteira de uma sociedade em plena transformação. A proposta de Beccaria era uma espécie de lei de talião, mas ela não deixava de ser uma lei, válida para todos, e, portanto, se substraia à arbitrariedade da vontade do príncipe. A proporcionalidade das penas para os delitos refletia e reflete ainda a nova ideologia capitalista da sociedade: para um trabalho, um salário proporcional; para os delitos, penas proporcionais.

Esse princípio permanece nas variações da duração das penas de detenção, mas é contradito pela privação da liberdade como castigo único.

– *Como aconteceu então de a forma punitiva ter se imposto?*

– As explicações dadas até o momento se reportavam essencialmente às modificações econômicas da sociedade. No tempo dos príncipes, em uma sociedade do tipo feudal, o valor de mercado do indivíduo como mão de obra era mínimo, a própria vida, por causa das violentas epidemias, da grande mortalidade infantil etc., não tinha de modo algum o mesmo valor que nos séculos seguintes. Seja como for, o objetivo do castigo não era levar à morte; a arte do suplício, ao contrário, consistia em retardar a morte ao máximo em uma "requintada agonia", como o diz um de seus teóricos.

Nesse sentido, o momento da mudança qualificativa, na filosofia do castigo, foi a guilhotina. Hoje, tem-se o hábito de falar disso como de um vestígio da barbárie medieval. Não se trata disso. Em sua época, a guilhotina foi uma engenhosa pequena máquina que transformou o suplício em execução capital, que se efetuava como um relâmpago, de modo quase abstrato, verdadeiro grau zero do sofrimento. Apelava-se sempre ao povo para que ele assistisse ao ritual teatral da pena, mas somente a fim de ratificar a execução, e não para que ele participasse dela.

Com a nova estrutura econômica da sociedade, a burguesia precisa organizar sua chegada ao poder com a ajuda de uma nova tecnologia penal muito mais eficaz do que a precedente.

– *De todo modo, mais suave.*

– A "suavidade" das penas não tem nada a ver com a eficácia do sistema penal. É preciso desembaraçar-se da ilusão segundo a qual a atribuição das penas se faz com o objetivo de reprimir os delitos: as medidas punitivas não desempenham somente o papel negativo de repressão, mas também o "positivo" de legitimar o poder que edita as regras. Pode-se até afirmar que a definição das "infrações à lei" serve justamente de fundamento ao mecanismo punitivo.

Com os príncipes, o suplício legitimava o poder absoluto, sua "atrocidade" se desdobrava sobre os corpos, porque o corpo era a única riqueza acessível. A casa de correção, o hospital, a prisão, os trabalhos forçados nascem com a economia mercantil e evoluem com ela. O excesso não é mais necessário, muito ao contrário. O objetivo é a maior economia do sistema penal. Este é o sentido de sua "humanidade".

O que é verdadeiramemte importante, de fato, na nova realidade social não é a exemplaridade da pena, mas sua eficácia. Por isso é que o mecanismo empregado consiste menos em punir do que em vigiar.

– *Mas a vigilância não estava excluída da tradição penal até o século XIX?*

– Sim. Pode-se também afirmar que, apesar do rigor do sistema, sob a monarquia, o controle da sociedade era muito mais fraco, mais largas as malhas através das quais passavam os mil e um ilegalismos populares. As condenações permaneciam frequentemente sem um amanhã, o uso as fazia cair. O contrabando, a pastagem abusiva, a colheita da lenha nas terras do rei, embora ameaçados de penas terríveis, na realidade, não ocasionavam perseguições. De certa maneira, eles entravam no jogo do sistema, tal como continuam a entrar nele em certas realidades econômicas e sociais particularmente atrasadas.

– Lauro dizia que o contrabando em Nápoles é a Fiat do Sul.

– Exatamente. Mas no fim do século XVIII a burguesia, com as novas exigências da sociedade industrial, com uma maior subdivisão da propriedade, não pôde mais tolerar os ilegalismos populares; ela buscou novos métodos de coação do indivíduo, de controle, de enquadramento e de vigilância. Os reformadores da época das Luzes propunham uma nova economia penal, não a nova tecnologia de que se necessitava.

– Em que tradição se enterram as raízes culturais da prisão?

– A forma prisão nasce muito antes de sua introdução no sistema penal. Nós a encontramos em estado embrionário em toda ciência do corpo, de sua "correção", de sua aprendizagem que era adquirida nas usinas, nas escolas, nos hospitais, nas casernas. "Mas eles respiram!", comentava com irritação o grão-duque Michele quando assistia a uma parada militar.

O novo ideal do poder torna-se a "cidade pestilenta", que é também a cidade punitiva. Ali, onde há peste, há a quarentena; todo mundo está controlado, catalogado, internado, submetido à regra. Para defender a vida e a segurança da coletividade, concede-se o direito de matar qualquer um que circule sem autorização, exceto alguns grupos de ínfima importância, os indivíduos descritos por Manzoni, aqueles aos quais eram atribuídas as tarefas as mais ignóbeis, como o transporte dos cadáveres pestilentos. A estrutura arquitetural dessa exigência tecnológica é fornecida por Bentham, em 1791, com seu *panóptico*.[1]

– O que é o pan-óptico?

– É um projeto de construção com uma torre central que vigia toda uma série de celas, dispostas circularmente, em direção oposta à luz, nas quais se encarceram os indivíduos. Do centro, controla-se qualquer coisa e todo movimento sem ser visto.

---

1 Bentham (J.), *Panopticon*, Dublin e Londres, 1791 (*Le Panoptique. Mémoire sur un nouveau principe pour construire des maisons d'inspection et nommément des maisons de force*, Paris, Imprimerie Nationale, 1791).

O pan-óptico de Bentham, 1791.

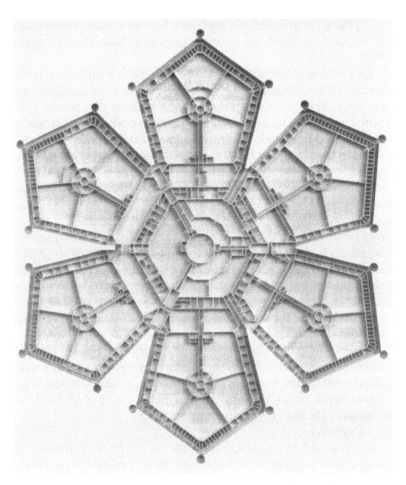

Penitenciária de Millbank. Planta em estilo pan-óptico.

O poder desaparece, ele não mais se representa, mas existe; ele se dilui inclusive na infinita multiplicidade de seu único olhar.

As prisões modernas, e mesmo um grande número dentre as mais recentes chamadas "modelos", se assentam sobre esse princípio. Mas, com seu *pan-óptico*, Bentham não pensava de maneira específica na prisão; seu modelo podia ser utilizado – e o foi – por qualquer estrutura da sociedade nova. A polícia, invenção francesa que fascinou imediatamente os governos europeus, é a gêmea do *pan-óptico*.

A fiscalização moderna, os asilos psiquiátricos, os fichários, os circuitos de televisão e tantas outras tecnologias que nos envolvem são sua concreta aplicação. Nossa sociedade é muito mais benthamiana do que beccariana. Os lugares nos quais se encontrou a tradição de conhecimentos que conduziram à prisão mostram por que esta se parece com as casernas, com os hospitais, com as escolas, e por que esses se parecem com as prisões.

– Mas a prisão foi criticada desde o começo. Ela foi definida como um fracasso penal, uma usina de delinquentes.

– Isso, todavia, não serviu para destruí-la. Depois de um século e meio, ela se mantém sempre de pé. Aliás, ela é verdadeiramente um fracasso? Ou não seria, antes, um sucesso, e justamente pelas mesmas razões pelas quais a acusam de fracassar? De fato, a prisão é um sucesso.

– *Que sucesso?*

– A prisão cria e mantém uma sociedade de delinquentes, o meio, com suas regras, sua solidariedade, sua marca moral de infâmia. A existência dessa minoria delinquente, longe de ser a medida estrondosa de um fracasso, é muito importante para a estrutura do poder da classe dominante.

Sua primeira função é a de desqualificar todos os atos ilegais que se reagruparam sob uma comum infâmia moral. Outrora não era assim: um bom número de atos ilegais cometidos pelo povo era, na realidade, tolerado. Hoje, isso não é mais possível; o delinquente, fruto da estrutura penal, é antes de tudo um criminoso como qualquer um que infringe a lei, seja qual for a razão. Em seguida, cria-se uma estrutura intermediária da qual se serve a classe dominante para seus ilegalismos: são os delinquentes, justamente, que a constituem. O exemplo mais gritante é o da exploração do sexo. De um lado, instauram-se interdições, escândalos e repressões em torno da vida sexual; isso permite transformar a necessidade em "mercadoria" sexual difícil e cara; depois, exploram-na. Nenhuma grande indústria de não importa qual país industrializado pode rivalizar com a enorme rentabilidade do mercado da prostituição. Isso é válido para o álcool na época da proibição; hoje, para a droga (cf. o acordo turco-americano para a cultura da papoula), para o contrabando do tabaco, de armas...

– *Como é mantida a ligação com o poder?*

– Essas enormes massas de dinheiro se elevam, se elevam até o momento em que chegam às grandes empresas financeiras e políticas da burguesia. Em suma, mantém-se um tabuleiro de xadrez, onde há casas perigosas, e outras seguras. Nas perigosas estão sempre os delinquentes. Esta é a ligação. E chegamos ao outro papel da delinquência: a cumplicidade com as estruturas policiais no controle da sociedade. Um sistema de chantagens e de trocas no qual os papéis são confundidos, como em um círculo. Um alcaguete é algo além de um policial-delinquente ou de um delinquente-policial? Na França, a estrepitosa figura símbolo dessa realidade é Vidocq, o famoso bandido que se torna em um certo momento chefe de polícia.

Os delinquentes têm ainda outra excelente função no mecanismo do poder: a classe no poder se serve da ameaça da criminalidade como um álibi contínuo para endurecer o controle da sociedade. A delinquência dá medo, e se cultiva esse medo. Não é a troco de nada que, a cada momento de crise social e econômica, assiste-se a uma "recrudescência da criminalidade" e ao apelo consecutivo a um governo policial. Pela ordem pública, se diz. Na realidade, para se pôr um freio sobretudo na ilegalidade popular e operária. Em suma, a criminalidade desempenha uma espécie de nacionalismo interno. Tal como o medo do inimigo faz "amar" o exército, o medo dos delinquentes faz "amar"o poder policial.

– *Mas não a prisão. A prisão, não se consegue fazer amá-la.*

– Porque há um fundo de suplício nos mecanismos modernos da justiça criminal que não foi completamente exorcizado, ainda que hoje ele seja cada vez mais incluído na nova penalidade do incorporal. A nova penalidade, de fato, mais do que punir, corrige e cuida. O juiz torna-se um médico e vice-versa. A sociedade de vigilância quer fundar seu direito sobre a ciência; isso torna possível a "suavidade" das penas, ou melhor, dos "cuidados", das "correções", mas estende seu poder de controle, de imposição da "norma". Persegue-se o "diferente". O delinquente não é fora da lei, mas ele se situa desde o começo no próprio centro desses mecanismos nos quais se passa insensivelmente da disciplina à lei, do desvio ao delito, em uma continuidade de instituições que se remetem umas às outras: do orfanato ao reformatório, à penitenciária, da cidade operária ao hospital, à prisão.

ID# 1975

Entrevista sobre a Prisão: o Livro e o seu Método

"Entrevista sobre a prisão: o livro e o seu método" (entrevista com J.-J. Brochier), *Magazine littéraire*, n. 101, junho de 1975, p. 27-33.

– *Uma das preocupações de seu livro é denunciar as lacunas dos estudos históricos. Por exemplo, o senhor observa que nunca ninguém fez o exame da história: ninguém pensou nisso, mas é impensável que ninguém o tenha pensado.*

– Os historiadores estão, tal como os filósofos ou os historiadores da literatura, acostumados a uma história dos apogeus. Mas, hoje, diferentemente dos outros, eles aceitam com mais facilidade remexer um material "não nobre". A emergência desse material plebeu na história data de uns bons 50 anos. Tem-se então menos dificuldade de se entender com eles. O senhor jamais escutará um historiador dizer o que disse alguém cujo nome não importa, em uma revista incrível, *Raison présente*, a respeito de Buffon e de Ricardo: Foucault só se ocupa com os medíocres.[1]

– *Quando o senhor estuda a prisão, o senhor lamenta, parece, a ausência de um material, de monografia sobre tal ou tal prisão, por exemplo.*

– Atualmente, recorre-se muito à monografia, mas a monografia considerada menos como o estudo de um objeto particular do que como uma tentativa de fazer emergir novamente os pontos onde um tipo de discurso se produziu e se formou. O que seria hoje um estudo sobre uma prisão ou sobre um hospital psiquiátrico? Fizeram-se centenas deles no século XIX, principalmente sobre os hospitais, estudando a história

---

1 Revault d'Allonnes (O.), "Michel Foucault: les mots contre les choses", *Raison présente*, n. 2, 1967, p. 29-41.

das instituições, a cronologia dos diretores, sei lá mais o quê.

Agora, fazer a história monográfica de um hospital consistiria em fazer surgir o arquivo desse hospital no próprio movimento de sua formação, como um discurso se constituindo e se misturando ao próprio movimento do hospital, às instituições, inflectindo-os, reformando-os. O que se tentaria reconstituir é o emaranhado do discurso no processo, na história. Um pouco na linha do que Faye teria feito para o discurso totalitário.[2]

A constituição de um *corpus* apresenta um problema, para minhas pesquisas, mas um problema sem dúvida diferente daquele da pesquisa linguística, por exemplo. Quando se quer fazer um estudo linguístico, ou o estudo de um mito, somos obrigados a nos dar um *corpus*, a definir esse *corpus* e estabelecer seus critérios de constituição. No domínio muito mais impreciso estudado por mim, o *corpus* é em um sentido indefinido: jamais se chegará a constituir o conjunto dos discursos pronunciados sobre a loucura, ainda que se limitando a uma época dada em um dado país. Para a prisão, não teria sentido limitar-se aos discursos pronunciados sobre a prisão. Há igualmente os que vêm da prisão, as decisões, os regulamentos que são elementos constituintes da prisão, o funcionamento mesmo da prisão que tem suas estratégias, seus discursos não formulados, suas astúcias que não são, afinal, as de ninguém, mas que são todavia vividas, asseguram o funcionamento e a permanência da instituição. É tudo isso que há, a um só tempo, para recolher e fazer aparecer. E o trabalho, em minha opinião, consiste mais em fazer aparecer esses discursos em suas conexões estratégicas do que constituí-los excluindo os outros discursos.

– *O senhor determina na história da repressão um momento central: a passagem da punição à vigilância.*

– É isso. O momento em que se percebeu, segundo a economia do poder, ser mais eficaz e mais rentável vigiar do que punir. Esse momento corresponde à formação, a um só tempo rápida e lenta, de um novo tipo de exercício do poder, no século XVIII e no início do século XIX. Todo mundo conhece as grandes perturbações, os reajustamentos institucionais que fizeram

---

2 Faye (J. P.), *Langages totalitaires. Critique de la raison narrative*, Paris, Hermann, 1972; *Théorie du récit. Introduction aux "Langages totalitaires"*, Paris, Hermann, col. "Savoir", 1972.

com que se mudasse de regime político, a maneira com que as delegações de poder do sistema estatal foram modificadas.

Mas, quando penso na mecânica do poder, penso em sua forma capilar de existir, no ponto em que o poder encontra o próprio grânulo dos indivíduos, atinge seus corpos, vem inserir-se em seus gestos, suas atitudes, seus discursos, sua aprendizagem, sua vida cotidiana. O século XVIII encontrou um regime, por assim dizer, sináptico do poder, de seu exercício no corpo social. Não acima do corpo social. A mudança de poder oficial foi ligada a esse processo, mas através de decalagens. É uma mudança de estrutura fundamental que permitiu que fosse realizada, com uma certa coerência, essa modificação dos pequenos exercícios do poder. É verdade também que foi a montagem desse novo poder microscópico, capilar, que impeliu o corpo social a ejetar elementos como a corte, a personagem do rei. A mitologia do soberano não era mais possível a partir do momento em que uma certa forma do poder se exercia no corpo social. O soberano tornava-se então uma personagem fantástica, ao mesmo tempo monstruosa e arcaica.

Portanto, há correlação entre os dois processos, mas não correlação absoluta. Na Inglaterra, houve as mesmas modificações do poder capilar da França. Mas, lá, a personagem do rei, por exemplo, foi deslocada em funções de representação, em vez de ser eliminada. Não se pode, portanto, dizer que a mudança, no nível do poder capilar, seja absolutamente ligada às mudanças intitucionais no nível das formas centralizadas do Estado.

– *O senhor mostra que, a partir do momento em que a prisão se constituiu sob sua forma de vigilância, ela secretou seu próprio alimento, quer dizer, a delinquência.*

– Minha hipótese é que a prisão foi, desde sua origem, ligada a um projeto de transformação dos indivíduos. Tem-se o hábito de acreditar que a prisão era uma espécie de esgoto de criminosos, esgotos cujos inconvenientes seriam verificados com o uso, de tal modo que se diria ser necessário reformar as prisões, fazer delas um instrumento de transformação dos indivíduos. Isso não é verdade: os textos, os programas, as declarações de intenção aí estão. Desde o começo, a prisão devia ser um instrumento tão aperfeiçoado quanto a escola ou a caserna ou o hospital, e agir com precisão sobre os indivíduos.

O fracasso foi imediato, e registrado quase ao mesmo tempo que o próprio projeto. Desde 1820, constata-se que a prisão, longe de transformar os criminosos em pessoas honestas, só serve para fabricar novos criminosos, ou para enterrar ainda mais os criminosos na criminalidade. Foi então que houve, como sempre acontece no mecanismo do poder, uma utilização estratégica do que era um inconveniente. A prisão fabrica delinquentes, mas os delinquentes são, finalmente, úteis, tanto no domínio econômico como no domínio político. Os delinquentes, isso serve. Por exemplo, no lucro que se pode extrair da exploração do prazer sexual: a instalação do grande edifício da prostituição, no século XIX, que só foi possível graças aos delinquentes, que se tornaram o relé entre o prazer sexual cotidiano e caro e a capitalização.

Outro exemplo: todo mundo sabe que Napoleão III tomou o poder graças a um grupo constituído, ao menos no nível mais baixo, de delinquentes de direito comum. E basta ver o medo e o ódio sentidos pelos operários do século XIX para com os delinquentes para compreender que estes eram utilizados contra aqueles, nas lutas políticas e sociais, para missões de vigilância, de penetração nas organizações, para impedir ou furar as greves etc.

– *Em suma, os americanos, no século XX, não foram os primeiros a utilizar a máfia para esse gênero de trabalho.*

– Absolutamente, não.

– *Havia também o problema do trabalho penal: os operários temiam uma concorrência, um trabalho a baixo custo que teria arruinado seu salário.*

– Talvez. Mas eu me pergunto se o trabalho penal não foi orquestrado precisamente para constituir entre os delinquentes e os operários esse desentendimento tão importante para o funcionamento geral do sistema. O que a burguesia temia era essa espécie de ilegalismo sorridente e tolerado que se conhecia no século XVIII. Não se deve exagerar: os castigos no século XVIII eram de grande selvageria. Mas também é verdade que os criminosos, ao menos alguns dentre eles, eram bem tolerados pela população. Não havia classe autônoma de delinquentes. Alguém como Mandrin era recebido pela burguesia, pela aristocracia, assim como pelos camponeses nos lugares por onde passava, e protegido por todo mundo. A partir do momento em que a capitalização pôs nas mãos da classe popular uma riqueza investida sob a forma de matérias-primas, de máquinas, de máquinas-ferramentas, foi absolutamente necessário proteger essa riqueza. Pois a sociedade industrial exige que a riqueza esteja diretamente entre as mãos não daqueles que a possuem, mas daqueles que permitem extrair dela um lucro, fazendo-a trabalhar. Como proteger essa riqueza? É claro, através de uma moral rigorosa: daí a formidável casula de moralização que caiu do alto sobre a população do século XIX. Observem as formidáveis campanhas de cristianização junto aos operários ocorridas nessa época. Foi absolutamente necessário constituir o povo como um sujeito moral, portanto separá-lo da delinquência, portanto separar nitidamente o grupo dos delinquentes, mostrá-los como perigosos não apenas para as pessoas ricas, mas também para as pessoas pobres, mostrá-los carregados de todos os vícios provocadores dos maiores perigos. Daí o nascimento da literatura policial e a importância nos jornais das crônicas, dos horríveis relatos de crimes.

– *O senhor mostra que eram as classes pobres as principais vítimas da delinquência.*

– E, quanto mais elas eram vítimas, mais elas tinham medo.

– *Mas era nessas classes que se a recrutava.*

– Sim, e a prisão foi o grande instrumento para se recrutar. A partir do momento em que alguém entrava na prisão, ajustava-se um mecanismo que o tornava infame; e quando ele saía não podia fazer nada diferente do que voltar a ser delinquente. Ele necessariamente caía no sistema que fazia dele um alcaguete, ou um policial, ou um denunciante. A prisão profissionalizava. Em vez de ter, como no século XVIII, seus bandos de nômades que percorriam o campo, e que eram com frequência de grande selvageria, houve esse meio delinquente bem fechado, bem penetrado pela polícia, meio essencialmente urbano, e que é de uma utilidade política e econômica não desprezível.

– *O senhor observa, com razão, que o trabalho penal tem a particularidade de servir para nada. Nós nos perguntamos, então, qual é seu papel na economia geral.*

– Em sua concepção primitiva, o trabalho penal não é a aprendizagem de tal ou tal ofício, mas a aprendizagem da própria virtude do trabalho. Trabalhar no vazio, trabalhar por trabalhar, devia dar aos indivíduos a forma ideal do trabalhador. Quimera, talvez, mas que fora perfeitamente programada e definida pelos quacres na América (constituição das *workhouses*) e pelos holandeses. Depois, a partir de 1835-1840, tornou-se claro que não se buscava corrigir os delinquentes, torná-los virtuosos, mas sim agrupá-los em um meio bem definido, fixado, que pudesse ser uma arma com fins econômicos ou políticos. O problema então não era o de ensinar-lhes alguma coisa, mas, ao contrário, o de não ensinar-lhes nada, para se estar bem seguro de que eles não poderiam fazer nada ao saírem da prisão. O caráter de inanidade do trabalho penal que, no início, estava ligado a um projeto preciso servia agora a uma outra estratégia.

– *O senhor não acha que hoje, e isto é um fenômeno chocante, se passa do plano da delinquência ao plano da infração, do ilegalismo, fazendo-se assim o caminho inverso ao do século XVIII?*

– De fato, acho que a grande intolerância da população para com o delinquente, instaurada pela moral e pela política do século XIX, está em vias de pulverizar-se. Aceita-se cada vez mais certas formas de ilegalismo, de irregularidades. Não somente aquelas que eram toleradas ou aceitas outrora, como as irregularidades fiscais ou financeiras, com as quais a burguesia conviveu e manteve os melhores relacionamentos. Mas esta irregularidade que consiste, por exemplo, em roubar um objeto em uma loja.

– *Mas não seria porque as primeiras irregularidades, fiscais e financeiras, chegaram ao conhecimento de todos, que o sentimento geral para com as "pequenas irregularidades" foi modificado? Há algum tempo, uma estatística do* Monde *comparava o considerável prejuízo econômico das primeiras, e os poucos meses ou anos de prisão aos quais elas foram sancionadas, com o prejuízo pouco significativo das segundas (aí contidas as irregularidades violentas como os* hold-up*) e o número considerável de anos de prisão que elas valeram a seus autores. E o artigo manifestava um sentimento escandalizado diante dessa disparidade.*

– Essa é uma questão delicada que, atualmente, é objeto de discussões nos grupos de antigos delinquentes. É bem verdade que, na consciência das pessoas, mas também no sistema econômico atual, uma certa margem de ilegalismo se revela como não dispendiosa, e perfeitamente tolerável. Na América, sabe-se que o *hold-up* é um risco permanente corrido pelos grandes magazines. Faz-se um cálculo aproximado do seu custo, e percebe-se que o custo de uma vigilância e de uma proteção eficazes seria demasiado elevado, portanto, não rentável. E se deixa acontecer. Os seguros cobrem; tudo isso faz parte do sistema.

Diante desse ilegalismo, que parece expandir-se atualmente, temos de nos haver com um questionamento da linha divisória entre infração tolerável e tolerada e delinquência infamante, ou temos de nos haver com uma simples *détente* do sistema que, ao se dar conta de sua solidez, pode aceitar em suas margens alguma coisa que, afinal, não o compromete de modo algum?

Sem dúvida, há também uma mudança na relação das pessoas com a riqueza. A burguesia não tem mais, para com a riqueza, o apego à propriedade tal como tinha no século XIX. A riqueza não é mais aquilo que se possui, mas sim aquilo de que se tira proveito. A aceleração no fluxo da riqueza, suas capacidades cada vez maiores de circulação, o abandono do entesouramento, a prática do endividamento, a diminuição da parte dos patrimônios nas fortunas fazem com que o roubo não pareça às pessoas mais escandaloso do que a escroqueria ou a fraude fiscal.

– *Há também uma outra modificação: o discurso sobre a delinquência, simples condenação no século XIX ("ele rouba porque é malvado"), torna-se, hoje, explicação ("ele rouba porque é pobre"). E também: é mais grave roubar quando se é rico do que quando se é pobre.*

– Há isso. E se fosse só isso talvez pudéssemos estar tranquilos e otimistas. Mas não há, misturado a isso, um discurso explicativo que comporta um certo número de perigos? Ele rouba porque é pobre, mas se sabe muito bem que nem todos os pobres roubam. Portanto, para que aquele roube, é preciso haver nele algo que não vai bem. Esse algo é seu caráter, seu psiquismo, sua educação, seu inconsciente, seu desejo. De repente, o delinquente é remetido de uma tecnologia penal, a da prisão, a uma tecnologia médica, senão a do asilo, ao menos a de ficar sob o encargo de pessoas responsáveis.

– *Do mesmo modo, a ligação que o senhor faz entre técnica e repressão penal e médica corre o risco de escandalizar alguns.*

– Sabe, há uma quinzena de anos, talvez se conseguisse escandalizar ao dizer coisas desse tipo. Eu notei que, até hoje, os psiquiatras nunca me perdoaram *História da loucura*. Ainda não tem 15 dias que recebi uma carta com injúrias. Mas penso que esse gênero de análise é, hoje, por qualquer ferida que possa ainda causar, sobretudo aos psiquiatras que arrastam há tanto tempo sua má consciência, mais bem admitido.

– *O senhor revela que o sistema médico sempre foi auxiliar do sistema penal, mesmo nos dias de hoje, quando o psiquiatra colabora com o juiz, com o tribunal, com a prisão. Para alguns médicos mais jovens que têm tentado se livrar desses compromissos, essa análise é talvez injusta.*

– Talvez. Aliás, em *Vigiar e punir*, eu só lanço algumas indicações. Atualmente, estou preparando um trabalho sobre as *expertises* psiquiátricas em matéria penal. Publicarei dossiês propriamente espantosos, dos quais uns remontam ao século XIX, mas outros são mais contemporâneos.

– *O senhor distingue duas delinquências: a que acaba na polícia e a que se dissipa na estética, Vidocq e Lacenaire.*

– Eu parei minha análise por volta de 1840, época que me parecia muito significativa. Foi nesse período que começou o longo concubinato da polícia com a delinquência. Fez-se o balanço do fracasso da prisão, soube-se que a prisão não reforma, ao contrário, fabrica a delinquência e delinquentes, e foi o momento em que se descobriram os benefícios que se poderiam tirar dessa fabricação. Esses delinquentes poderiam servir para alguma coisa, nem que fosse para vigiar os delinquentes. Vidocq é bem característico disso. Ele vinha do século XVIII, do período revolucionário e imperial, quando ele era contrabandista, um pouco cafetão, desertor. Ele fazia parte dos nômades que percorriam as cidades, os campos, os exércitos, que circulavam. Criminalidade à antiga. Depois, foi absorvido pelo sistema. Foi condenado a trabalhos forçados, saiu de lá como informante, tornou-se policial e, finalmente, chefe de polícia. Simbolicamente, ele foi o primeiro grande delinquente utilizado como delinquente pelo aparelho do poder.

Quanto a Lacenaire, ele é o sinal de um outro fenômeno, diferente, mas ligado ao primeiro: o do interesse estético, literário, que começa a se fazer incidir sobre o crime, a heroificação estética do crime. Até o século XVIII, os crimes só eram heroificados sob dois modos: um modo literário, quando se tratava dos crimes de um rei, e porque eram crimes de um rei, ou um modo popular que encontramos nos "pasquins", folhetos que relatam as façanhas de Mandrin, ou de um grande assassino. Dois gêneros que não se comunicavam de modo algum.

Por volta de 1840 aparece o herói criminoso, herói porque criminoso, que não é nem aristocrata nem popular. A burguesia, então, se propicia seus próprios heróis criminosos. Foi nesse mesmo momento que se constituiu o corte entre os criminosos e as classes populares: o criminoso não deve ser um herói popular, mas sim um inimigo das classes pobres. A burguesia, por sua vez, constituiu uma estética em que o crime não é mais popular, mas sim uma destas belas-artes das quais ela é a única capaz. Lacenaire é o tipo deste novo criminoso. Ele é de origem burguesa ou pequeno-burguesa. Seus pais fizeram maus negócios, mas ele foi bem educado, frequentou o colégio, sabe ler e escrever. Isso lhe permitiu exercer um papel de líder em seu meio. A maneira como ele fala dos outros delinquentes é característica: eles eram animais rudes, indolentes e desajeitados. Lacenaire, ele, era o cérebro lúcido e frio. Constitui-se, assim, o novo herói, que traz todos os sinais e todas as cauções da burguesia. Isso nos conduzirá a Gaboriau, e ao romance policial no qual o criminoso é sempre saído da burguesia. No romance policial, nunca se vê criminoso popular. O criminoso é sempre inteligente, ele joga com a polícia uma espécie de jogo em igualdade. O divertido é que, na realidade, Lacenaire era lamentável, ridículo e desajeitado. Ele sempre sonhara matar, mas não conseguia. A única coisa que ele sabia fazer era chantagear os homossexuais que ele aliciava no Bois de Boulogne. O único crime que cometeu foi o de um velhinho com quem ele havia feito algumas canalhices na prisão. E, por um fio, Lacenaire não foi morto por seus companheiros de detenção em La Force, que o acusavam, sem dúvida com razão, de ser um informante.

– *Quando o senhor diz que os delinquentes são úteis, não se poderia pensar que, sob muitos aspectos, a delinquência faz mais parte da natureza das coisas do que da necessidade político-econômica? Pois se poderia pensar que, para uma sociedade industrial, a delinquência é uma mão de obra menos rentável do que a mão de obra operária.*

– Por volta de 1840, o desemprego e o emprego de tempo parcial são uma das condições da economia. Tinha-se mão de obra para dar e vender.

Mas pensar que a delinquência faz parte da ordem das coisas, sem dúvida, faz parte também da inteligência cínica do pensamento burguês no século XIX. Era preciso ser tão ingênuo quanto Baudelaire para imaginar-se que a burguesia é boba e austera. Ela é inteligente e cínica. Basta ler o que ela dizia de si mesma e, melhor ainda, o que ela dizia dos outros. A sociedade sem delinquência, sonhou-se com isso no final do século XVIII. E, logo depois, pufft! A delinquência era muito útil para que se pudesse sonhar uma coisa tão estúpida e, afinal, também perigosa, como uma sociedade sem delinquência. Sem delinquência, nada de polícia. O que é que torna a presença e o controle policiais toleráveis pela população senão o medo do delinquente? O senhor fala de um ganho inesperado e prodigioso. Essa instituição tão recente e tão incômoda, que é a polícia, só é justificada por isso. Se aceitamos no meio de nós essas pessoas de uniforme, armadas, enquanto nós não temos o direito de assim estar, que nos pedem nossos documentos, que vêm rondar diante da soleira de nossa porta, como isso seria possível se não houvesse delinquentes? E se não houvesse todos os dias nos jornais artigos nos quais nos relatam o quanto os delinquentes são numerosos e perigosos?

– *O senhor é muito duro com a criminologia, seu "discurso linguarudo", seu "repeteco".*

– Alguma vez o senhor leu textos de criminologistas? É de lhe tirar o fôlego. E eu o digo com espanto, não com agressividade, porque não consigo compreender como esse discurso da criminologia pôde permanecer ali. Tem-se a impressão de que o discurso da criminologia tem uma tal utilidade, é tão fortemente recorrido e tornado tão necessário pelo funcionamento do sistema que ele nem mesmo teve necessidade de se dar uma justificação teórica, ou mesmo simplesmente uma coerência ou uma armadura. Ele é inteiramente utilitário. E acho que se deve procurar saber por que um discurso "douto" foi tornado tão indispensável pelo funcionamento da penalidade do século XIX. Ele foi tornado necessário por este álibi, que funciona desde o século XVII: quando se impõe um castigo a alguém, não é para puni-lo pelo que ele fez, mas para transformá-lo naquilo que ele é. A partir desse momento, julgar uma pena, ou seja, declarar a alguém: nós vamos cortar sua cabeça, ou mandá-lo para a prisão, ou simplesmente lhe taxar uma multa por ter feito tal ou tal coisa, é um ato que não tem mais nenhuma significação. Desde que se suprima a ideia de vingança, que outrora era o feito do soberano, do soberano atacado em sua própria soberania pelo crime, a punição só pode ter significação em uma tecnologia da reforma. E os próprios juízes, sem querer e mesmo sem se darem conta, passaram, pouco a pouco, de um veredicto que ainda tinha conotações punitivas a um veredicto que não podem justificar, em seu próprio vocabulário, senão sob a condição de que seja transformador do indivíduo. Mas os intrumentos que lhes foram dados, a pena de morte, outrora os trabalhos forçados, hoje a reclusão ou a detenção, sabe-se muito bem que eles não transformam, donde a necessidade de transmitir seus poderes aos que pronunciarão, sobre o crime e sobre os criminosos, um discurso que poderá justificar as medidas em questão.

– *Em suma, o discurso criminologista é útil somente para dar um semblante de boa consciência aos juízes?*

– Sim. Ou melhor, indispensável para permitir julgar.

– *Em seu livro sobre Pierre Rivière, é o criminoso que fala e que escreve. Mas, diferentemente de Lacenaire, ele perpetrou seu crime até o fim. Em primeiro lugar, como foi que o senhor encontrou esse texto surpreendente?*

– Por acaso. Procurando sistematicamente as *expertises* médico-legais e psiquiátricas sob o ponto de vista penal, nas revistas dos séculos XIX e XX.

– *É raríssimo que um camponês analfabeto, ou muito pouco alfabetizado, se dê ao trabalho de escrever assim 40 páginas para explicar e relatar seu crime.*

– É uma história absolutamente estranha. Entretanto, pode-se dizer que, e isto me impressionou, nessas circunstâncias, escrever sua vida, suas lembranças, o que lhe aconteceu, constituía uma prática da qual se encontra um número bastante grande de testemunhos, precisamente nas prisões. Um certo Appert, um dos primeiros filantropos a percorrer uma quantidade de prisões de trabalhos forçados e de cárceres, fez os detentos escreverem suas memórias, das quais publicou alguns fragmentos.[3] Na América, encontramos também, com esse papel, médicos e juízes. Foi a primeira grande curiosidade para com estes indivíduos que se desejava transformar, e para a transformação dos quais era preciso se ter um certo saber, uma certa técnica. Essa curiosidade pelo criminoso não existia de modo algum no século XVIII, quando se tratava simplesmente de saber se o acusado havia realmente feito aquilo de que o acusavam. Isso estabelecido, a tarifa era fixa.

---

3 Appert (B.), *Bagnes, prisons et criminels*, Paris, Guibert, 1836.

A questão: quem é este indivíduo que cometeu este crime?, é uma questão nova. No entanto, ela não basta para explicar a história de Pierre Rivière. Pois Pierre Rivière, ele o diz claramente, quis começar a escrever suas memórias antes de cometer seu crime. Nesse livro, não quisemos de maneira nenhuma fazer uma análise psicológica, psicanalítica ou linguística de Pierre Rivière, mas sim fazer aparecer a maquinaria médica e judiciária que circundava a história. Quanto ao resto, deixamos aos psicanalistas e aos criminologistas a preocupação de falar. O que é surpreendente é que esse texto, que os deixou sem voz na época, hoje, deixou-os no mesmo mutismo.

– *Eu encontrei, na* História da loucura, *uma frase em que o senhor diz que convém "desembaraçar as cronologias e as sucessões históricas de qualquer perspectiva de progresso".*

– É algo que devo aos historiadores das ciências. Eu tenho essa preocupação de método, esse ceticismo radical, mas sem agressividade, que tem por princípio não tomar o ponto em que estamos como a conclusão de um progresso que teria precisamente de se reconstituir na história, quer dizer, ter a respeito de nós mesmos, de nosso presente, do que somos, do aqui e do hoje, esse ceticismo que impede que se suponha que é melhor, ou que é mais. O que não quer dizer que não se tente reconstituir processos generativos, mas sem afetá-los de uma positividade, de uma valorização.

– *Enquanto a ciência procedeu muito tempo no postulado de que a humanidade progredia.*

– A ciência? Antes a história da ciência. E não digo que a humanidade não progrida. Digo que este é um mau método de formular o problema: como aconteceu que nós tenhamos progredido? O problema é: como isso acontece? E o que acontece agora não é forçosamente melhor ou mais elaborado, ou mais bem elucidado do que se passou outrora.

– *Suas pesquisas incidem sobre as coisas banais ou banalizadas porque não são vistas. Por exemplo, eu estou chocado com o fato de as prisões estarem nas cidades, e não serem vistas por ninguém. Ou, quando são vistas, as pessoas se perguntam distraidamente se se trata de uma prisão, de uma escola, de uma caserna ou de um hospital, sem mais nada. O acontecimento, não é para fazer saltar aos olhos o que ninguém via?*

Do mesmo modo, de certa maneira, estudos muito detalhados, como a situação do regime fiscal e dos camponeses do baixo Languedoc entre 1880 e 1882, um fenômeno capital que ninguém olhava, tal como a prisão.
– Em um certo sentido, a história sempre foi feita assim. Fazer aparecer o que não se via pode ser devido ao fato de utilizarmos um instrumento de aumento, e em vez de estudar as instituições da monarquia entre o século XVI e o final do século XVIII pode-se perfeitamente estudar a instituição do conselho de um nível mais alto entre a morte de Henrique IV e o acontecimento de Luís XIII. Permanece-se no mesmo domínio de objeto, mas o objeto aumentou.

Porém fazer ver o que não se via pode ser deslocar-se de nível, dirigir-se a um nível que até então não era historicamente pertinente, que não tinha nenhuma valorização, nem moral, nem estética, nem política, nem histórica. Que a maneira como se trata os loucos faça parte da história da razão, isso hoje é evidente. Mas não o era há 50 anos, quando a história da razão era Platão, Descartes, Kant, ou ainda Arquimedes, Galileu e Newton.

– *Ainda há entre razão e desrazão um jogo de espelhos, uma antinomia simples, que não existe quando o senhor escreve: "Faz-se a história das experiências sobre os cegos de nascença, as crianças-lobo ou a hipnose. Mas quem fará a história mais geral, mais imprecisa, mais determinante também do exame... Pois nesta delicada técnica encontram-se engajados todo um domínio de saber, todo um tipo de poder."*

– De um modo geral, os mecanismos de poder nunca foram muito estudados na história. Estudaram-se as pessoas que detinham o poder. Era a história anedótica dos reis, dos generais, ao que se opôs a história dos processos, das infraestruturas econômicas. A estas se opôs uma história das instituições, quer dizer, o que se considera como superestrutura em relação à economia. Ora, o poder em suas estratégias, a um só tempo gerais e finas, em seus mecanismos, nunca foi muito estudado. Uma coisa que foi ainda menos estudada são as relações entre o poder e o saber, as incidências de um sobre o outro. Admite-se, é uma tradição do humanismo, que, desde que se toca no poder, cessa-se de saber: o poder torna louco, os que governam são cegos. E unicamente os que estão a distância do poder, que não estão ligados à tirania por nada, fechados em sua estufa, em seu quarto, em suas meditações, unicamente estes podem descobrir a verdade.

Ora, tenho a impressão de que existe, procurei fazer aparecer, uma perpétua articulação do poder com o saber e do saber com o poder. Não há que se contentar em dizer que o poder tem necessidade de tal ou tal descoberta, de tal ou tal forma de saber, mas sim que exercer o poder cria objetos de saber, os faz emergir, acumula informações, as utiliza. Não se pode compreender nada do saber econômico se não se sabe como se exercia, em sua cotidianidade, o poder, e o poder econômico. O exercício do poder cria perpetuamente o saber e, inversamente, o saber acarreta efeitos de poder. O mandarinato universitário não é senão a forma mais visível, a mais esclerosada e a menos perigosa dessa evidência. Há que ser muito ingênuo para se imaginar que é no mandarim universitário que culminam os efeitos de poder ligado ao saber. Além disso, eles são difusos, ancorados, perigosos, de modo diferente do que na personagem do velho professor.

O humanismo moderno se engana, portanto, ao estabelecer essa divisão entre saber e poder. Eles são integrados, e não se trata de sonhar com um momento em que o saber não dependeria mais do poder, o que é uma maneira de reconduzir sob forma utópica o mesmo humanismo. Não é possível que o poder se exerça sem saber, não é possível que o saber não engendre poder. "Liberemos a pesquisa científica das exigências do capitalismo monopolista": é talvez um excelente *slogan*, mas jamais passará de um *slogan*.

– *Com relação a Marx e ao marxismo, o senhor parece ter uma certa distância, o que já lhe censuraram a respeito de* A arqueologia do saber.

– Sem dúvida. Mas há também de minha parte uma espécie de jogo. Acontece com frequência de eu citar conceitos, frases, textos de Marx, mas sem me sentir obrigado a ajuntar a pequena peça autenticadora, que consiste em fazer uma citação de Marx, em colocar cuidadosamente a referência em nota de pé de página, e em acompanhar a citação de uma reflexão elogiosa, mediante o que se é considerado como alguém que conhece Marx, que reverencia Marx e que se verá honrado pelas revistas ditas marxistas. Eu cito Marx sem dizê-lo, sem colocar aspas, e, como eles não são capazes de reconhecer os textos de Marx, eu passo por ser aquele que não cita Marx. Será que um físico, quando faz física, sente a necessidade de citar Newton ou Einstein? Ele os utiliza, mas não tem necessidade de aspas, de notas em pé de página ou de aprovação elogiosa que prove a que ponto ele é fiel ao pensamento do mestre. E como os outros físicos sabem o que fez Einstein, o que ele inventou, demonstrou, eles o reconhecem na passagem. É impossível fazer história atualmente sem utilizar uma ladainha de conceitos ligados direta ou indiretamente ao pensamento de Marx, e sem se situar em um horizonte que foi descrito e definido por Marx. No limite, poderíamos nos perguntar qual diferença poderia haver entre ser historiador e ser marxista.

– *Para parafrasear Astruc quando diz: o cinema americano é pleonasmo, poder-se ia dizer: o historiador marxista é pleonasmo.*

– Mais ou menos. E é no interior desse horizonte geral definido e codificado por Marx que começa a discussão. Com aqueles que vão se declarar marxistas porque jogam esta espécie de regra do jogo que não é a do marxismo, mas a da comunistologia, quer dizer, definida pelos partidos comunistas que indicam a maneira como se deve utilizar Marx para ser, por eles, declarado marxista.

– *E o que se passa com Nietzsche? Estou chocado por sua presença difusa, mas cada vez mais forte, e finalmente em oposição com a hegemonia de Marx, no pensamento e no sentimento contemporâneos, a partir de uma dezena de anos.*

– Hoje, fico mudo quando se trata de Nietzsche. No tempo em que eu era professor, fiz com frequência cursos sobre ele, mas não o faria hoje. Se eu fosse pretensioso, daria como título geral ao que faço: genealogia da moral.

Nietzsche é aquele que deu como alvo essencial, digamos, do discurso filosófico, a relação ao poder. Enquanto, para Marx, era a relação de produção. Nietzsche é o filósofo do poder, mas que conseguiu pensar o poder sem se fechar no interior de uma teoria política para fazê-lo.

A presença de Nietzsche é cada vez mais importante. Mas me cansa a atenção que lhe prestam para fazer sobre ele os mesmos comentários que se fizeram ou que se farão sobre Hegel ou Mallarmé. As pessoas que eu gosto eu as utilizo. A única marca de reconhecimento que se pode testemunhar a um pensamento como o de Nietzsche é precisamente utilizá-lo, deformá-lo, fazê-lo ranger, gritar. Agora, que os comentadores digam se somos ou não fiéis, isso não tem nenhum interesse.

1976

Perguntas a Michel Foucault sobre Geografia

"Perguntas a Michel Foucault sobre geografia". *Hérodote*, n. 1, janeiro-março de 1976, p. 71-85.

"... A geografia deve estar, com certeza, no cerne do que me ocupo."

Michel Foucault

– *O trabalho que o senhor empreendeu confirma (e alimenta), em grande parte, a reflexão engajada por nós sobre geografia e, de modo mais geral, sobre as ideologias e estratégias do espaço.*

Ao questionar a geografia, encontramos um certo número de conceitos: saber, poder, ciência, formação discursiva, olhar, episteme, e sua arqueologia contribuiu para orientar nossa reflexão. Assim, a hipótese lançada em A arqueologia do saber *de que uma formação discursiva não se define nem por um objeto, nem por um estilo, nem por um jogo de conceitos permanentes, nem pela persistência de uma temática, mas deve ser apreendida como um sistema de dispersão regulado, permitiu-nos melhor circunscrever o discurso geográfico.*

Por isso, ficamos surpresos com seu silêncio no que concerne à geografia (afora erro, o senhor só evoca sua existência em uma comunicação dedicada a Cuvier, e mesmo assim só a evoca para relegá-la às ciências naturais).[1] *Paradoxalmente, teríamos nos espantado se a geografia tivesse sido levada em conta, pois, apesar de Kant e Hegel, os filósofos ignoram a geografia. Caberia incriminar os geógrafos que, depois de Vidal de La Blache, cuidaram para se fechar, no abrigo das ciências sociais, do marxismo, da epistemologia e da história das ciências, ou caberia incriminar os filósofos, incomodados*

---

1 Ver *A Posição de Cuvier na História da Biologia*, vol. II desta obra.

por uma geografia inclassificável, "deslocada", arqueada entre as ciências naturais e as ciências sociais? Será que a geografia tem um lugar em sua arqueologia do saber? O senhor não estaria reproduzindo, arqueologizando-a, a separação entre ciências da natureza (a inquirição, o enquadro) e ciências do homem (o exame, a disciplina), dissolvendo assim o lugar onde a geografia poderia se estabelecer?

– Em primeiro lugar, uma resposta vulgarmente empírica. Em seguida, veremos se há outra coisa por trás. Se eu fizesse uma lista de todas as ciências, de todos os domínios de saber dos quais eu não falo e deveria falar, e dos quais estou próximo, de uma maneira ou de outra, a lista seria infinita. Não falo de bioquímica, não falo de arqueologia. Nem mesmo fiz uma arqueologia da história. Tomar uma ciência porque ela é interessante, porque ela é importante ou porque sua história teria algo de exemplar não me parece um bom método. Sem dúvida é um bom método se quisermos fazer uma história correta, isenta, conceitualmente asséptica. Mas, a partir do momento em que se quer fazer uma história que tem um sentido, uma utilização, uma eficácia política, não se pode fazê-lo concretamente senão sob a condição de que se esteja ligado, de um modo ou de outro, aos combates que se desenrolam nesse domínio. Aquele do qual tentei fazer a genealogia foi inicialmente o da psiquiatria, porque eu tinha uma certa prática e uma certa experiência do hospital psiquiátrico, e sentia ali os combates, linhas de força, pontos de enfrentamento, tensões. A história feita por mim eu só a fiz em função desses combates. O problema, a jogada, a aposta, consistindo em poder sustentar um discurso verdadeiro e que fosse estrategicamente eficaz; ou, ainda, como a verdade da história pode ter politicamente seu efeito.

– *Isso vai ao encontro de uma hipótese que eu submeto ao senhor: se há pontos de enfrentamento, tensões, linhas de força em geografia, eles são subterrâneos pelo próprio fato da ausência de polêmica em geografia. Ora, o que pode atrair um filósofo, um epistemólogo, um arqueólogo é ou arbitrar ou tirar proveito de uma polêmica já engajada.*

– É verdade que a importância de uma polêmica pode atrair. Mas não sou de modo algum essa espécie de filósofo que sustenta ou quer sustentar um discurso de verdade sobre não importa qual ciência. Fazer a lei em toda ciência é o projeto positivista. Não tenho certeza se, em certas formas de marxismo "renovado", não se encontrou semelhante tentação, que consistia em dizer: o marxismo, como ciência das ciências, pode fazer a teoria da ciência e estabelecer a divisão entre ciência e ideologia. Ora, essa posição de árbitro, de juiz, de testemunha universal, é um papel ao qual eu me recuso inteiramente, pois ele me parece ligado à instituição universitária da filosofia. Se faço as análises que faço, não é porque haja uma polêmica que gostaria de arbitrar, mas porque estive ligado a certos combates: medicina, psiquiatria, penalidade. Nunca pretendi fazer uma história geral das ciências humanas, nem fazer uma crítica em geral da possibilidade das ciências. O subtítulo de *As palavras e as coisas* não é *a* arqueologia, mas *uma* arqueologia das ciências humanas.

Cabe a vocês, que estão ligados diretamente ao que se passa na geografia, que estão confrontados com todos esses enfrentamentos de poder que passam pela geografia, cabe a vocês enfrentá-los, munirem-se dos instrumentos que lhes permitiriam combater *in loco*. E, no fundo, vocês deveriam me dizer: "O senhor não se ocupou desta coisa que não lhe concerne tanto e que o senhor não conhece bem." E eu lhes responderei: "Se uma ou duas das coisas (abordagem ou método) que acreditei poder utilizar na psiquiatria, na penalidade, na história natural puderem lhes servir, fico muito contente com isso. Se vocês forem obrigados a buscar outras, ou transformar meus instrumentos, mostrem-no para mim, porque eu poderei, eu também, tirar proveito disso."

– *Com muita frequência o senhor se refere aos historiadores: Lucien Febvre, Braudel, Le Roy Ladurie. E o senhor lhes presta homenagem em muitos trechos. Acontece que esses historiadores tentaram engajar um diálogo com a geografia, e mesmo instaurar uma geo-história ou uma antropogeografia. Através desses historiadores, havia a ocasião de um encontro com a geografia. Por outro lado, ao estudar a economia política e a história natural, o senhor passou de leve pelo domínio geográfico. Pode-se realçar, assim, um afloramento constante da geografia sem que esta nunca seja levada em consideração. Não há, em minha questão, nem demanda de uma hipotética arqueologia da geografia, nem verdadeiramente uma decepção: apenas uma surpresa.*

– Tenho um certo escrúpulo em só responder através de argumentos de fato, mas creio que é preciso também desconfiar dessa vontade de essencialidade: se o senhor não fala de alguma coisa, certamente é porque o senhor tem obstáculos importantes que iremos desentocar. Pode-se muito bem não falar de alguma coisa simplesmente porque não a conhecemos, não porque temos dela um saber inconsciente e, por isso, inacessível. O senhor me perguntava se a geografia tem um lugar na arqueologia do saber. Sim, sob a condição de mudar a formulação. Encontrar um lugar para a geografia, isso quereria dizer que a arqueologia do saber tem um projeto de recobrimento total e exaustivo de todos os domínios do saber, o que não é de modo algum o que me passa pela cabeça. A arqueologia do saber será sempre apenas um modo de abordagem.

É verdade que a filosofia, em todo caso depois de Descartes, sempre foi ligada no Ocidente ao problema do conhecimento. Não se escapa disso. Alguém que se pretenda filósofo e que não se questione sobre "o que é o conhecimento" ou "o que é a verdade" em que sentido poder-se-ia dizer que é um filósofo? E digo em vão que não sou um filósofo; se, todavia, é da verdade que me ocupo, apesar de tudo, sou um filósofo. Depois de Nietzsche, essa questão se transformou. Não é mais: qual é o caminho mais certo da verdade? Mas sim: qual foi o caminho fortuito da verdade? Era a questão de Nietzsche, é também a questão de Husserl em *La crise des sciences européennes*.[2] A ciência, a coação do verdadeiro, a obrigação de verdade, os procedimentos ritualizados para produzi-la atravessam completamente toda a sociedade ocidental há milênios e são agora universalizados para se tornar a lei geral de qualquer civilização. Qual é sua história, quais são os efeitos disso, como isso se trama com as relações de poder? Se tomamos essa via, então a geografia está referida a um semelhante método. Na verdade, é preciso tentar esse método para a geografia, como se faria, do mesmo modo, para a farmacologia, para a microbiologia, para a demografia... sei lá. Não há lugar, propriamente falando, mas seria preciso poder fazer essa arqueologia do saber geográfico.

---

2 Husserl (E.), *Die Krisis der europäischen Wissenschaften und die transzendentale Phänomenologie*, Belgrado, Philosophia, 1936, t. 1, p. 77-176 (*La crise des sciences européennes et la phénoménologie transcendantale*, trad. G. Granel, Paris, Gallimard, 1976).

– *Se a geografia não é visível, não é percebida no campo explorado pelo senhor, onde o senhor pratica suas buscas, isso talvez esteja ligado à conduta deliberadamente histórica ou arqueológica que privilegia, de fato, o fator tempo. Pode-se realçar assim uma preocupação rigorosa de periodização que contrasta com a imprecisão, a relativa indeterminação de suas localizações. Seus espaços de referência são, indistintamente, a cristandade, o mundo ocidental, o Norte da Europa, a França, sem que esses espaços de referência sejam verdadeiramente justificados ou mesmo precisados. O senhor escreve que "cada periodização recorta na história um certo nível de acontecimentos e, inversamente, cada camada de acontecimentos nomeia sua própria periodização, já que, segundo o nível que se escolha, dever-se-ão delimitar periodizações diferentes, e que, segundo a periodização que tomemos, atingir-se-ão níveis diferentes. Alcança-se assim a metodologia complexa da descontinuidade". Pode-se, e inclusive é preciso, conceber e construir uma metodologia da descontinuidade com relação ao espaço e às escalas espaciais. O senhor privilegia, de fato, o fator tempo, com o risco de delimitações ou de espacializações nebulosas, nômades. Espacializações incertas que contrastam com a preocupação de recortar camadas, períodos, idades.*

– Toca-se, aqui, em um problema de método, mas também de suporte material, que é muito simplesmente a possibilidade para um homem sozinho de percorrê-lo. De fato, eu poderia perfeitamente dizer: história da penalidade na França. Afinal, foi o que eu fiz, essencialmente, com um certo número de expansões, referências, pontos de identificação, de outro lugar. Se eu não o digo, se deixo oscilar uma espécie de fronteira vaga, um pouco ocidental, um pouco nômade, é porque a documentação manuseada por mim ultrapassa um pouco a França. É que, com muita frequência, para compreender um fenômeno francês, fui obrigado a me referir a alguma coisa que se passava alhures, que ali seria pouco explícita, anterior no tempo, e que serviu de modelo. O que me permitiu, sob reserva de modificações regionais ou locais, situar esses fenômenos nas sociedades anglo-saxônica, espanhola, italiana etc. Não faço mais precisões, pois seria tão abusivo dizer "eu só falo da França" quanto dizer "eu falo de toda a Europa". E caberia, de fato, precisar – mas seria um trabalho para ser feito por muitos –

onde esse gênero de processo para, a partir do que se pode dizer: "É outra coisa o que acontece."

– *Essa espacialização incerta contrasta com a profusão de metáforas espaciais: posição, deslocamento, lugar, campo; às vezes até geográficas: território, domínio, solo, horizonte, arquipélago, geopolítica, região, paisagem.*

– Pois bem, vamos retomar um pouco essas metáforas geográficas.

Território é, sem dúvida, uma noção geográfica, mas é em primeiro lugar uma noção jurídico-política: o que é controlado por um certo tipo de poder.

Campo: noção econômico-jurídica.

Deslocamento: deslocam-se um exército, uma tropa, uma população.

Domínio: noção jurídico-política.

Solo: noção histórico-geológica.

Região: noção fiscal, administrativa, militar.

Horizonte: noção pictural, mas também estratégica.

Só há uma noção que é verdadeiramente geográfica, a de arquipélago. Eu só a utilizei uma vez, e por causa de Soljenitsyne – o arquipélago carcerário[3] –, para designar essa dispersão e ao mesmo tempo o recobrimento universal de uma sociedade por um tipo de sistema punitivo.

– *Certamente, essas noções não são todas estritamente geográficas. No entanto, são noções de base de todo enunciado geográfico. Apontamos, assim, o fato de que o discurso geográfico produz poucos conceitos, e os retira um pouco de toda parte. Paisagem é uma noção pictural, mas é um objeto essencial da geografia tradicional.*

– Mas o senhor está bem certo de que eu tomo emprestado essas noções da geografia, e não do que a geografia precisamente os toma emprestado?

– *O que é preciso realçar, no que concerne a certas metáforas espaciais, é que elas são tanto geográficas quanto estratégicas, e isso é bastante normal, já que a geografia se desenvolveu à sombra do exército. Entre o discurso geográfico e o discurso estratégico, pode-se observar uma circulação de noções: a região dos geógrafos não é outra senão a região militar (de* regere, *comandar), e província não é outra coisa*

---

3 Em *Vigiar e punir* (1975). Expressão suprimida nas edições seguintes.

senão o território vencido (de vincere). O campo remete ao campo de batalha...

– Eu fui bastante censurado por essas obsessões espaciais, e, de fato, elas me obcecaram. Mas, através delas, creio ter descoberto o que, no fundo, eu buscava: as relações que pode haver nelas entre poder e saber. Uma vez que se pode analisar o saber em termos de região, de domínio, de implantação, de deslocamento, de transferência, pode-se apreender o processo pelo qual o saber funciona como um poder e reconduz seus efeitos. Têm-se uma administração do saber, uma política do saber, relações de poder que passam através do saber e que, muito naturalmente, se quisermos descrevê-las, remetem-nos a essas formas de dominação às quais se referem noções como campo, posição, região, território. E o termo político-estratégico indica como o militar e o administrativo vêm efetivamente increver-se, seja sobre um solo, seja nas formas de discurso. Quem só considerasse a análise dos discursos em termos de continuidade temporal seria necessariamente levado a analisá-la e a considerá-la como a transformação interna de uma consciência individual. Ele edificaria ainda uma grande consciência coletiva no interior da qual as coisas aconteceriam.

Metaforizar as transformações do discurso pelo viés de um vocabulário temporal conduz necessariamente à utilização do modelo da consciência individual, com sua temporalidade própria. Tentar decifrá-lo, ao contrário, através das metáforas espaciais, estratégicas, permite apreender precisamente os pontos pelos quais os dicursos se transformam em, através e a partir das relações de poder.

– *Althusser, em* Lire le Capital, *coloca, e se coloca, uma questão análoga: "O recurso às metáforas espaciais [...] das quais o presente texto faz uso apresenta um problema teórico: o de seus títulos de existência em um discurso de pretensão científica. Esse problema pode ser exposto como se segue: por que uma certa forma de discurso científico requer necessariamente o uso de metáforas tomadas emprestado de discursos não científicos?*"[4] *Althusser, assim, apresenta o recurso às metáforas espaciais como necessário, mas ao*

---

4 Althusser (L.), Macherey (P.), Rancière (J.), *Lire le Capital*, t. I, Paris, Maspero, 1965; Althusser (L.), Balibar (É.), Establet (R.), *Lire le Capital*, t. II, Paris, Maspero, 1965.

mesmo tempo como regressivo, não rigoroso. Tudo faz pensar, ao contrário, que as metáforas espaciais, longe de serem reacionárias, tecnocráticas, abusivas ou ilegítimas, são, antes, o sintoma de um pensamento "estratégico", "combatente", que apresenta o espaço do discurso como terreno e condição de práticas políticas.

– De fato, em tais expressões, trata-se de guerra, de administração, de implantação, de gestão de um poder. Dever-se-ia fazer uma crítica dessa desqualificação do espaço que reina há numerosas gerações. Será que isso começou com Bergson, ou antes dele? O espaço é o que estava morto, congelado, não dialético, imóvel. Em contrapartida, o tempo era rico, fecundo, vivo, dialético.

A utilização de termos espaciais tem um arzinho de antihistória para todos os que confundem a história com as velhas formas da evolução, da continuidade viva, do desenvolvimento orgânico, do progresso da consciência ou do projeto da existência. Do momento em que se falava em termos de espaço, é porque se era contra o tempo. Porque se "negava a história", como diziam os tolos, porque se era "tecnocrata". Eles não entendiam que, no balizamento das implantações, das delimitações, dos recortes de objetos, dos enquadramentos, das organizações de domínios, o que se fazia aflorar eram processos – históricos, é claro – de poder. A descrição espacializante dos fatos de discurso abre para a análise dos efeitos de poder que lhe estão ligados.

– *Com* Vigiar e punir, *essa estrategização do pensamento transpõe um novo degrau. Com o panoptismo, estamos além da metáfora. O que está em jogo é a descrição de instituições em termos de arquitetura, de figuras espaciais. O senhor chega até a evocar, em conclusão, a "geopolítica imaginária" da cidade carcerária. Essa figura pan-óptica dá conta do aparelho de Estado em seu conjunto? Em seu último livro, aparece um modelo implícito do poder: uma disseminação de micropoderes, uma rede de aparelhos dispersos, sem um aparelho único, sem sede nem centro, e uma coordenação transversal de instituições e de tecnologias. No entanto, o senhor assinala a estatização das escolas, hospitais, reformatórios e educandários até então sob o encargo dos grupos religiosos, ou das associações beneficentes. E, paralelamente, instala-se uma polícia centralizada exercendo uma vigilância perma-*

nente, exaustiva, capaz de tornar tudo visível, sob condição de se tornar ela própria invisível. "A organização do aparelho policial sanciona no século XVIII a generalização das disciplinas e atinge as dimensões do Estado."
– Através do panoptismo, viso a um conjunto de mecanismos que funcionam entre todos os feixes de procedimento dos quais o poder se serve. O panoptismo foi uma invenção tecnológica na ordem do poder, como a máquina a vapor na ordem da produção. Essa invenção tem de particular o fato de ter sido utilizada, inicialmente, em níveis locais: escolas, casernas, hospitais. Fez-se ali a experimentação da vigilância integral. Aprendeu-se a organizar dossiês, a estabelecer anotações e classificações, a fazer a contabilidade integrativa dos dados individuais. Certamente, a economia e a fiscalização já haviam utilizado alguns desses procedimentos. Mas a vigilância permanente de um grupo escolar ou de um grupo de doentes é outra coisa. E esses métodos foram, a partir de um certo momento, generalizados. O aparelho policial foi um dos principais vetores dessa expansão, mas a administração napoleônica também. Penso ter citado uma bela descrição do papel dos procuradores-gerais no Império, como sendo o olho do imperador, e, do primeiro procurador-geral em Paris ao pequeno substituto na província, é um único e mesmo olhar que vigia as desordens, evita os perigos de criminalidade, sanciona todos os desvios. E se por acaso alguma coisa nesse olhar universal vier a se relaxar, a se adormecer em algum lugar, então o Estado não estará longe de sua ruína. O panoptismo não foi confiscado pelos aparelhos de Estado, mas estes se apoiaram sobre as espécies de pequenos panoptismos regionais e dispersos. De modo que, se quisermos apreender os mecanismos de poder em sua complexidade e em seu detalhe, não podemos limitar-nos à análise unicamente dos aparelhos de Estado. Haveria um esquematismo a ser evitado – esquematismo que, aliás, não encontramos no próprio Marx – que consiste em localizar o poder no aparelho de Estado, e em fazer do aparelho de Estado o instrumento privilegiado, capital, maior, quase único do poder de uma classe sobre uma outra classe. De fato, o poder em seu exercício vai muito mais longe, passa por canais muito mais finos, é muito mais ambíguo, porque cada um é, no fundo, titular de um certo poder e, em certa medida, veicula o poder. O poder não tem como única função reproduzir as relações de

produção. As redes da dominação e os circuitos da exploração interferem, se recobrem e se apoiam, mas não coincidem.

— *Se o aparelho de Estado não é o vetor de todos os poderes, é igualmente verdade, e de modo muito particular na França com o sistema pan-óptico-prefeitoral, que ele controla o essencial das práticas disciplinares.*

— A monarquia administrativa de Luís XIV e de Luís XV, tão fortemente centralizada, com certeza foi um primeiro modelo. O senhor sabe que foi na França de Luís XV que se inventou a polícia. Não tenho de modo algum a intenção de diminuir a importância e a eficácia do poder de Estado. Acho simplesmente que, ao se insistir demasiado sobre seu papel, e sobre seu papel exclusivo, arrisca-se a deixar escapar todos os mecanismos e efeitos de poder que não passam diretamente pelo aparelho de Estado, que com frequência o sustentam bem melhor, o reconduzem, dão-lhe o máximo de eficácia. Tem-se, com a sociedade soviética, o exemplo de um aparelho de Estado que mudou de mãos e que deixa as hierarquias sociais, a vida em família, a sexualidade, o corpo, mais ou menos como se estivessem em uma sociedade de tipo capitalista. Os mecanismos de poder que atuam no ateliê, entre o engenheiro, o contramestre e o operário, o senhor acredita que sejam muito diferentes na União Soviética e aqui?

— *O senhor mostrou como o saber psiquiátrico trazia nele, supunha, exigia o cerco do asilo, como o saber disciplinar trazia nele o modelo da prisão, a medicina de Bichat, os muros do hospital, e a economia política, a estrutura da usina. Pode-se perguntar, tanto como pilhéria quanto a título de hipótese, se o saber geográfico não traz em si o círculo, a fronteira, quer seja ela nacional, departamental ou cantonal. E, portanto, se às figuras de internamento reveladas pelo senhor – as do louco, do delinquente, do doente, do proletário – não se deve acrescentar a do cidadão soldado. O espaço do internamento seria então infinitamente mais vasto e menos estanque?*

— É extremamente sedutor. E, segundo o senhor, isto seria o homem das nacionalidades? Pois esse discurso geográfico que justifica as fronteiras é o discurso do nacionalismo.

— *A geografia sendo, com a história, constitutiva desse discurso nacional, o que marca bem a instauração da escola de Jules Ferry, que confia à história-geografia a tarefa de enraizamento e de inculcação do espírito cívico e patriótico.*

– Tendo, como efeito, a constituição de uma identidade. Pois minha hipótese é de que o indivíduo não é o dado sobre o qual se exerce e se abate o poder. O indivíduo, com suas características, sua identidade, em sua referência a si mesmo, é o produto de uma relação de poder que se exerce sobre corpos, multiplicidades, movimentos, desejos, forças. Aliás, sobre os problemas da identidade regional, e sobre todos os conflitos que pode haver entre ela e a identidade nacional, haveria muito o que dizer.

– *O documento como instrumento de saber-poder atravessa os três umbrais distinguidos pelo senhor: medida junto aos gregos, inquirição na Idade Média, exame no século XVIII. O documento toma a forma de cada um dos umbrais, se transforma de instrumento de medida em instrumento de inquirição para tornar-se, hoje, instrumento de exame (título de eleitor, título de cobrança etc.). É verdade que a história do documento (ou a arqueologia dele) não respeita "sua" cronologia.*

– Um título de votos expressos ou de opiniões eleitorais: é um instrumento de exame. Creio que houve, historicamente, essa sucessão dos três modelos. Mas é bem claro que essas três técnicas não permaneceram isoladas umas das outras. Elas imediatamente se contaminaram. A inquirição utilizou a medida, e o exame utilizou a inquirição. Depois o exame ricocheteou sobre as duas outras, de modo que reencontramos um aspecto de sua primeira questão: será que distinguir exame e inquirição não reconduz à divisão ciência social–ciência da natureza? De fato, gostaria de ver de que modo a inquirição como modelo, como esquema administrativo, fiscal e político pôde servir de matriz a esses grandes percursos que aconteceram a partir do final da Idade Média até o século XVIII, e em que as pessoas sulcando o mundo recolhiam informações. Elas não as recolhiam em estado bruto. Literalmente, elas inquiriam, seguindo esquemas mais ou menos claros para elas, mais ou menos conscientes. E penso que as ciências da natureza de fato se alojaram no interior desta forma geral que era a inquirição, tal como as ciências do homem nasceram a partir do momento em que foram ajustados os procedimentos de vigilância e de registro dos indivíduos. Mas isso era apenas o ponto de partida.

E, pelos cruzamentos que se produziram imediatamente, inquirição e exame interferiram e, por conseguinte, ciências da natureza e ciências do homem igualmente entrecruzaram seus conceitos, seus métodos, seus resultados. Creio que na geografia ter-se-ia um belo exemplo de uma disciplina que utiliza sistematicamente inquirição, medida e exame.

– *Aliás, há no discurso geográfico uma figura onipresente: a do inventário, ou catálogo. E esse tipo de inventário serve-se do triplo registro da inquirição, da medida e do exame. O geógrafo – talvez seja sua função essencial, estratégica – coleta a informação. Inventário que em estado bruto não tem grande interesse, e que de fato só é utilizável pelo poder. O poder não tem necessidade de ciência, mas sim de uma massa de informações que ele está, por sua posição estratégica, em condições de explorar.*

Assim, compreende-se melhor o pouco alcance epistemológico dos trabalhos geográficos, embora sejam (ou, melhor, fossem) de um proveito considerável para os aparelhos de poder. Os viajantes do século XVII ou esses geógrafos do século XIX eram de fato agentes de informações que coletavam e cartografavam a informação, informação que era diretamente explorável pelas autoridades coloniais, os estrategistas, os mercadores, ou os industriais.

– Posso citar um fato que apresento sem garantias. Uma pessoa especializada nos documentos datando do reinado de Luís XIV, ao consultar a correspondência diplomática do século XVII, se deu conta de que muitos relatos, que foram em seguida reproduzidos como relatos de viajantes e que reportavam uma quantidade de maravilhas, de plantas incríveis, de animais monstruosos, eram na realidade relatos codificados. Eram informações precisas sobre o estado militar do país que atravessavam, os recursos econômicos, os mercados, as riquezas, as possibilidades de relação. De modo que muitas pessoas imputam à ingenuidade tardia de alguns naturalistas e geógrafos do século XVIII coisas que eram na realidade informações extraordinariamente precisas, das quais parece que se tinha a chave.

– *Ao nos perguntarmos por que a geografia não conhecera nenhuma polêmica, nós imediatamente pensamos na fraca influência que Marx exercera sobre os geógrafos. Não houve geografia marxista, nem mesmo tendência marxista na geografia. Os geógrafos que se valem do marxismo bifurcam, de fato, para a economia ou para a sociologia, privilegiam as escalas planetária e mediana. Marxismo e geografia se articulam dificilmente. Talvez o marxismo, em todo caso O* capital e, de modo geral, os textos econômicos, ao privilegiarem o fator tempo, se prestam mal à espacialização.

É disso que se trata nessa passagem de uma entrevista em que o senhor diz: "Seja qual for a importância das modificações trazidas às análises de Ricardo, não creio que suas análises econômicas escapem ao espaço epistemológico instaurado por Ricardo".

– Marx, para mim, não existe. Quero dizer, essa espécie de entidade que foi construída em torno de um nome próprio, e que se refere ora a um certo indivíduo, ora à totalidade do que ele escreveu, ora a um imenso processo histórico que deriva dele. Penso que suas análises econômicas, a maneira como ele analisa a formação do capital, são por uma grande parte comandadas pelos conceitos que ele deriva da própria trama da economia ricardiana. Não tenho nenhum mérito em dizê-lo, é o próprio Marx quem o disse. Mas tomem, em contrapartida, sua análise da Comuna de Paris, ou seu *18 brumaire de Louis-Napoléon*:[5] vocês têm ali um tipo de análise histórica que manifestamente não decorre do modelo do século XVIII.

Fazer funcionar Marx como um "autor", localizável em um aspecto discursivo único e suscetível de uma análise em termos de originalidade ou de coerência interna, é sempre possível. Afinal, tem-se bem o direito de "academizar" Marx. Mas é desconhecer a explosão que ele produziu.

– Se relermos Marx através de uma exigência espacial, sua obra aparece heterogênea. Ele tem trechos inteiros que denotam uma sensibilidade espacial surpreendente.

– Alguns deles são notáveis. Assim como tudo o que Marx escreveu sobre o exército e seu papel no desenvolvimento do poder político. São coisas muito importantes que praticamente foram deixadas em alqueive, em benefício dos incessantes comentários sobre a mais-valia.

Gostei muito desta entrevista com o senhor, porque mudei de opinião entre o começo e o final dela. É verdade que, no começo, eu achava que o senhor reinvindicava o lugar da geografia como os professores que protestam quando se lhes propõe uma reforma do ensino: "O senhor diminuiu o horário

---

5 Marx (K.), "Der Achtzehnte Brumaire des Louis Bonaparte", *La révolution*, n. 1, 20 de maio de 1852 (*Le 18 brumaire de Louis Bonaparte*, Paris, Éditions Sociales, 1969).

das ciências naturais ou da música..." Então, eu disse para mim mesmo: "Eles são gentis em querer que lhes façamos sua arqueologia, mas, afinal, que eles mesmos a façam." Eu não percebi de modo algum o sentido de sua objeção. Eu me dou conta de que os problemas que o senhor formula a respeito da geografia são essenciais para mim. Entre um certo número de coisas que relacionei, havia a geografia que era o suporte, a condição de possibilidade da passagem de uma a outra. Deixei coisas em suspenso, ou fiz relações arbitrárias.

Quanto mais eu caminho, mais me parece que a formação dos discursos e a genealogia do saber têm de ser analisadas a partir não dos tipos de consciência, das modalidades de percepção ou das formas de ideologias, mas sim das táticas e estratégias de poder. Táticas e estratégias que se desdobram através das implantações, das distribuições, dos recortes, dos controles de territórios, das organizações de domínios que poderiam bem constituir uma espécie de geopolítica, por onde minhas preocupações iriam ao encontro de seus métodos. Há um tema que gostaria de estudar nos próximos anos: o exército como matriz de organização e de saber – a necessidade de estudar a fortaleza, o "campo", o "movimento", a colônia, o território.[6] A geografia deve, de fato, estar bem no cerne daquilo com que me ocupo.

---

6 Estas pesquisas foram efetivamente conduzidas, notadamente com F. Béguin, P. Cabat e o Cerfi.

1976

Michel Foucault: Crimes e Castigos na URSS e em outros Lugares...

Michel Foucault: "Crimes e castigos na URSS e em outros lugares..." (entrevista com K. S. Karol), *Le nouvel observateur*, n. 585, 26 de janeiro-1º de fevereiro de 1976, p. 34-37.

– *Vedetas, arame farpado, cães policiais, prisioneiros transportados em caminhões como animais: essas imagens, lamentavelmente clássicas do universo do campo de concentração, os telespectadores franceses as encontraram, há um mês, no primeiro documentário filmado que chegou ao Ocidente sobre um campo de detenção na URSS. Os soviéticos inicialmente contestaram a autenticidade do documento. Depois, eles reconheceram a existência desse campo, mas afirmaram, para justificá-la, que só os detentos de direito comum estavam ali internados. E é preciso dizer que muita gente, na França, pensou: "Ah bom! Se só se trata de 'prisioneiros de direto comum'..." O que o senhor pensou sobre essas imagens e sobre essas reações?*

– Em primeiro lugar, os soviéticos disseram o seguinte, o que me chocou muito: "Não há nada de escandaloso nesse campo: a prova disso é que está no meio da cidade, todo mundo pode vê-lo." Como se o fato de um campo de concentração ser instalado em uma grande cidade – no caso, Riga – sem que seja necessário dissimulá-lo, tal como os alemães o faziam, às vezes, fosse uma desculpa! Como se este impudor de não esconder o que se faz, ali onde se faz, autorizasse a reinvindicar o silêncio em qualquer outro lugar, e a impô-lo aos outros: o cinismo funcionando como censura. É o argumento de Cyrano: já que meu nariz é enorme, bem no meio do meu rosto, vocês não têm o direito de falar dele. Como se não fosse preciso, nessa presença de um campo em uma cidade, reconhecer o brasão de um poder que se exerce sem pudor, tal como nossas prefeituras, nossos Palácios de Justiça ou nossas prisões. Antes de saber se os detentos que ali estão são "políticos", a instalação do campo, nesse lugar tão visível, e o terror que ele exala são, em si, políticos. O arame farpado que prolonga os muros das casas, os feixes de luz que se entrecruzam e o passo das sentinelas à noite, isso é político. E é uma política.

A segunda coisa que me chocou foi o argumento citado pelo senhor: "Afinal, esses indivíduos são condenados de direito comum." Ora, o vice-ministro da Justiça da URSS precisou que em seu país a noção de preso político sequer existe. Só são condenáveis os que visam a enfraquecer o regime social e o Estado, através da alta traição, da espionagem, do terrorismo, das falsas notícias, da propaganda caluniosa. Em suma, ele dava, sobre o direito comum, a definição que se dá em qualquer outro lugar do delito político.

Isso é, ao mesmo tempo, lógico e estranho. De fato, no regime soviético – quer se trate de uma "ditadura do proletariado" ou do "Estado do povo todo", perguntem a Marchais[1] –, a distinção entre o prisioneiro "político" e o de "direito comum" deve apagar-se, é verdade. Mas em benefício, me parece, do político. Qualquer atentado à legalidade, um roubo, a menor das fraudes, é um atentado não aos interesses privados, mas sim à sociedade inteira, à propriedade do povo, à produção socialista, ao corpo político. Eu entenderia os soviéticos caso eles dissessem: "Não há mais, entre nós, um único prisioneiro de direito comum, porque não há mais um único delito que não seja político. O direito, de comum que era, tornou-se inteiramente político." Em primeiro lugar, deve-se responder ao ministro soviético: "O senhor é um mentiroso; o senhor sabe que vocês têm prisioneiros políticos." E, em seguida, acrescentar: "E, aliás, como, depois de 60 anos de socialismo, vocês ainda têm uma penalidade de direito comum?"

Só que, elaborar politicamente a penalidade implicaria se privar da desconsideração que se fez incidir sobre os prisioneiros de "direito comum", e que é um dos fatores de adesão geral ao sistema penal.

E, sobretudo, isso implicaria que a reação ao delito fosse tão política quanto a qualificação que dele é dada. Mas, de fato,

---

1 O XXII Congresso do PCF, de 4 a 8 de fevereiro seguinte, abandonará a noção de ditadura do proletariado, quando Georges Marchais era secretário-geral.

as vedetas, os cães, os longos acampamentos cinzas só são políticos porque figuram, para toda a eternidade, as armas de Hitler e de Stalin, e porque eles lhes serviam para livrar-se de seus inimigos. No entanto, como técnicas de punição (internamento, privações, trabalho forçado, violências, humilhações), estão próximos do velho aparelho penitenciário, inventado no século XVIII. A União Soviética pune conforme o método da ordem "burguesa", quero dizer, da ordem de há dois séculos. E, longe de transformá-los, ela seguiu sua inclinação mais forte; ela os agravou, os levou ao pior. O que chocou os telespectadores naquela noite é que eles acreditaram ver passar, sob os toldos, entre cães e metralhadoras, no meio dos fantasmas ressuscitados de Dachau, a leva imemorial dos condenados às galés: o espetáculo sem lugar nem data pelo qual, há dois séculos, os poderes, continuamente, fabricam o pavor.

– *Mas a explicação desses paradoxos não estaria no fato de que a URSS pretende ser socialista sem que, na realidade, o seja minimamente? Disto decorre, necessariamente, a hipocrisia dos dirigentes soviéticos e a incoerência de suas justificativas oficiais. Há algum tempo, tornou-se evidente, me parece, que, se essa sociedade não encontra os meios de "autocorreção" que se acreditou vislumbrar na ocasião do XX Congresso do PC da URSS, é porque suas taras são estruturais, residem no modo de produção e não apenas no nível de uma direção política mais ou menos burocratizada.*

– Sem dúvida, é verdade que os soviéticos, se por um lado modificaram o regime da propriedade e o papel do Estado no controle da produção, quanto ao resto, eles muito simplesmente transferiram para seu país as técnicas de gestão e do poder postas em funcionamento na Europa capitalista do século XIX. Os tipos de moralidade, as formas de estética, os métodos disciplinares, tudo o que funcionava efetivamente na sociedade burguesa, já por volta de 1850, passou em bloco no regime soviético. Eu penso que o sistema do encarceramento foi inventado como sistema penal generalizado no decorrer do século XVIII, e instalado no século XIX, em ligação com o desenvolvimento das sociedades capitalistas e do Estado correspondente a essas sociedades. Aliás, a prisão não é senão uma das técnicas de poder que foram necessárias para assegurar o desenvolvimento e o controle das forças produtivas. A disciplina de ateliê, a disciplina escolar, a disciplina militar, todas as disciplinas de existência, em geral, foram invenções técnicas dessa época. Ora, toda técnica pode se transferir. Do mesmo modo como os soviéticos utilizaram o taylorismo e outros métodos de gestão experimentados no Ocidente, eles adotaram nossas técnicas disciplinares, acrescentando ao arsenal que havíamos afinado uma arma nova, a disciplina de partido.

– *Parece-me que os cidadãos soviéticos têm ainda mais dificuldade que os ocidentais em compreender a significação política de todos esses mecanismos. Vejo a prova disso, sobretudo, por encontrarmos, infelizmente, junto aos oponentes do regime, uma grande prevenção, muitos preconceitos para com os detentos de direito comum. A descrição feita por Soljenitsyne dos prisioneiros de direito comum nos provoca arrepios. Ele os mostra como sub-homens que não sabem sequer exprimir-se em uma língua qualquer, e o mínimo que se pode dizer é que ele não lhes demonstra nenhuma compaixão.*

– É certo que a hostilidade manifestada aos detentos de direito comum por aqueles que se consideram, na URSS, prisioneiros políticos pode parecer chocante àqueles que pensam que na base da delinquência há miséria, revolta, recusa às explorações e às servidões. Mas há que se ver as coisas em sua relatividade tática. É preciso considerar o fato de que a população dos detentos de direito comum, tanto na União Soviética como na França ou alhures, é muito fortemente controlada, penetrada, manipulada pelo próprio poder. Os "revoltados" são tão minoritários e os "submissos" tão majoritários junto aos delinquentes quanto aos não delinquentes. O senhor acredita que se teria mantido por tanto tempo, ao conservar as prisões, um sistema de punição que tem como efeito principal a recidiva, se a delinquência não "servisse" de um modo ou de outro? Muito cedo se percebeu, desde o século XIX, que a prisão, quase sempre, fazia de um condenado um delinquente por toda a vida. O senhor acredita que não se encontrariam outros meios de punir se, precisamente, essa profissionalização do delinquente não tivesse permitido constituir uma "armada de reserva do poder" (para garantir tráficos diversos, como a prostituição; para fornecer informantes, homens de ação, furadores de greve, penetras de sindicato e, mais recentemente, seguranças para candidatos às eleições, inclusive presidenciais)?

Em suma, há todo um antigo contencioso histórico entre os detentos de direito comum e os oponentes políticos, visto que a tática de todos os poderes sempre foi a de querer confundi-los em uma mesma criminalidade "egoísta", interessada e selvagem.

Não digo que os prisioneiros de direito comum, na URSS, sejam os fiéis servidores do poder. Mas eu me pergunto se não é necessário para os prisioneiros políticos, nas condições muito difíceis nas quais devem lutar, se desmarcarem dessa massa, mostrarem claro que seu combate não é o dos "ladrões e assassinos" aos quais se queria assimilá-los. Mas isso talvez não passe de uma posição tática.

De qualquer forma, parece-me difícil reprovar a atitude dos dissidentes soviéticos que cuidam para não se deixarem confundir com os detentos de direito comum. Penso que muitos membros da resistência, quando eram presos sob a ocupação, se aferravam – por razões políticas – em não se deixarem assimilar aos traficantes do mercado negro, cujo destino, aliás, era menos terrível.

Se o senhor me propusesse a mesma questão para os dias de hoje, e em um país como a França, minha resposta seria diferente. Parece-me que seria preciso fazer aparecer o grande *degradé* dos ilegalismos, desde aquele, às vezes enaltecido, sempre tolerado, do deputado da UDR-Imobiliário,* do grande traficante de armas ou de drogas, que se servem das leis, até o do pequeno ladrão, perseguido e punido, que recusa as leis, as ignora ou, com frequência, é apanhado nas suas armadilhas. Seria preciso mostrar qual partilha a máquina penal introduz entre eles. Aqui, a diferença importante não é entre detentos de direito comum e políticos, mas sim entre os utilizadores da lei que praticam ilegalismos rentáveis e tolerados, e os ilegalismos rudimentares utilizados pelo aparelho penal para fabricar funcionários da delinquência.

– *Por outro lado, existe na URSS, tal como aqui, um profundo corte entre os meios populares e os candenados de direito comum. Recentemente, na televisão italiana, vi um programa cuja sequência final mostrava um cemitério no pátio de uma prisão. Ali são enterrados sem uma sepultura digna desse nome aqueles que são mortos durante a pena. As famílias não vêm buscar os restos mortais, sem dúvida porque o transporte custa caro, mas sobretudo porque elas*

---

* (N.T.) UDR – *Union des Démocrates pour la République* (União dos Democratas para a República).

têm vergonha. Essas imagens me pareceram carregadas de um profundo simbolismo social.

– A ruptura entre a opinião pública e os delinquentes tem a mesma origem histórica que o sistema carcerário. Ou melhor, ela é um dos benefícios importantes retirados desse sistema pelo poder. De fato, até o século XVIII – e em algumas regiões da Europa, até o século XIX e mesmo no início do século XX – não havia, entre os delinquentes e as camadas profundas da população, a relação de hostilidade que existe hoje. O corte entre ricos e pobres era tão profundo, a hostilidade entre eles tão grande, que o ladrão – esse extraviador de riquezas – era uma personagem bastante bem acolhida nas classes mais pobres.

Até o século XVII, se podia fazer do bandido, do ladrão, uma personagem heroica. Mandrin, Guillery etc. deixaram na mitologia popular uma imagem que, esgueirando-se pelas sombras, era muito positiva. O mesmo se passou com bandidos córsicos e sicilianos, ladrões napolitanos... Ora, esse ilegalismo tolerado pelo povo acabou aparecendo como um sério perigo, quando o roubo cotidiano, a pilhagem, a pequena escroqueria se tornaram demasiadamente custosos no trabalho industrial ou na vida urbana. Então, uma nova disciplina econômica foi imposta a todas as classes da sociedade (honestidade, exatidão, poupança, respeito absoluto da propriedade).

Portanto, foi preciso, por um lado, proteger mais eficazmente a riqueza; por outro, fazer de tal modo que o povo adquirisse, para com o ilegalismo, uma atitude francamente negativa. Foi assim que o poder fez nascer – e a prisão muito contribuiu para isso – um núcleo de delinquentes sem comunicação real com as camadas profundas da população, mal tolerado por ela; devido a esse mesmo isolamento, ela era facilmente penetrável pela polícia e podia desenvolver a ideologia do "meio" que vimos se formar no decorrer do século XIX. Não há por que se surpreender de encontrar, hoje, no meio da população, uma desconfiança, um desprezo, um ódio pelo delinquente: é o resultado de 150 anos de trabalho político, policial, ideológico. Não há por que se surpreender tampouco de que o mesmo fenômeno se manifeste na URSS hoje.

– Um mês depois de passar na televisão o documentário sobre o campo de Riga, a libertação do matemático Leonid Pliouchtch colocou no primeiro plano da atualidade um outro aspecto da repressão na URSS, lamentavelmente conhecido

há muito tempo: o internamento dos oponentes em estabelecimentos psiquiátricos.

– O internamento de um oponente político em um asilo é singularmente paradoxal em um país que se diz socialista. Ao se tratar de um assassino ou de um estuprador de meninas, buscar os motivos do delito em uma patologia do autor e tentar curá-lo através de um tratamento apropriado poderia talvez justificar-se – em todo caso, não é ilógico. Em contrapartida, o oponente político (quero dizer, aquele que não admite o sistema, não o compreende e o recusa) é, de todos os cidadãos da União Soviética, aquele que não deveria ser considerado em nenhum caso como um doente: ele deveria ser o objeto de uma intervenção de caráter unicamente político, destinada a lhe abrir os olhos, a elevar seu nível de consciência, a fazê-lo compreender em que a realidade soviética é inteligível e necessária, desejável e amável. Ora, são os oponentes políticos que, mais do que os outros, são o objeto de uma intervenção terapêutica. Isso não é reconhecer, de saída, que não é possível, em termos racionais, convencer alguém de que sua oposição está mal fundamentada?

Isso não é admitir que o único meio de tornar aceitável a realidade soviética àqueles que não gostam dela é intervindo autoritariamente, através de técnicas farmacêuticas, em seus hormônios e em seus neurônios? Há nisso um paradoxo muito revelador: a realidade soviética só pode se tornar amável sob largactyl. Será preciso que ela seja "inquietante" para que os "tranquilizantes" sejam necessários quando se quer fazer com que ela seja aceita? Terão os dirigentes do regime renunciado à racionalidade de sua "revolução", não se preocupando mais senão com a manutenção de mecanismos de docilidade? É essa renúncia fundamental a tudo o que caracteriza o projeto socialista que, no fim das contas, as técnicas punitivas utilizadas na URSS revelam.

– *Contudo, houve uma evolução na URSS. O caráter repressivo do sistema se atenuou muito. No tempo de Stalin, todo mundo tremia: hoje, o senhor é diretor de usina; amanhã, o senhor poderá estar em um campo. Atualmente, há um certo número de intocáveis. Se o senhor é um acadêmico, o senhor não irá mais para a prisão. Não apenas Sakharov continua em liberdade, mas, dos 600 acadêmicos soviéticos, somente 60 assinaram o texto denunciando Sakharov. Isso quer dizer que os outros podem se permitir dizer: "Não, eu não assino." Há 20 anos, isso teria sido inconcebível.*

– O senhor diz que o terror diminuiu. Com certeza. Mas, no fundo, o terror não é o máximo da disciplina, é seu fracasso. No regime stalinista, o próprio chefe de polícia podia ser executado um belo dia ao sair do Conselho de Ministros. Nenhum chefe do NKVD* é morto em seu leito. Havia um sistema do qual não se podia excluir o abalo e a mudança; no limite, alguma coisa podia acontecer. Digamos que o terror é sempre reversível; ele remonta fatalmente àqueles que o exercem. O medo é circular. Mas, a partir do momento em que os ministros, os comissários de polícia, os acadêmicos, todos os responsáveis do partido se tornam inamovíveis e não temem mais nada para si mesmos, a disciplina, mais abaixo, vai funcionar perfeitamente, sem que haja, inclusive, a possibilidade, talvez um pouco quimérica mas sempre presente, de um reviramento. A disciplina vai reinar, sem sombra e sem risco.

Penso que as sociedades do século XVIII inventaram a disciplina porque os grandes mecanismos do terror se tornaram ao mesmo tempo demasiadamente custosos e perigosos. Desde a Antiguidade, o terror era o quê? Era o exército, a quem se entregava uma população, e que queimava, pilhava, violentava e massacrava. Quando um rei queria se vingar de uma revolta, ele lançava suas tropas. Um meio espetacular mas oneroso, que não se pode mais permitir utilizar, a partir do momento em que se tem uma economia cuidadosamente calculada, em que não se pode sacrificar os proveitos, as manufaturas, os equipamentos industriais. Daí a necessidade de encontrar outra coisa: as disciplinas aplicadas, contínuas e silenciosas.

O campo de concentração foi uma fórmula mediana entre o grande terror e a disciplina, uma vez que ele permitia, por um lado, fazer as pessoas morrerem de medo; por outro, sujeitar aqueles que eram temidos ao interior de um quadro disciplinar, que era o mesmo que o da caserna, do hospital, da usina, mas multiplicado por dez, por cem, por mil...

– *Reencontramos aqui a ideia – em minha opinião completamente falsa, porém comum a muitos sistemas penitenciários – segundo a qual o trabalho manual seria um meio de redenção.*

---

* (N.T.) NKVD, sigla com as iniciais das palavras russas significando: Comissariado do Povo para Assuntos Internos.

– Isso é algo que já estava inscrito no sistema penal europeu no século XIX: se alguém cometia um delito ou um crime, era, se pensava, porque ele não trabalhava. Se ele tivesse trabalhado, quer dizer, se ele tivesse sido enquadrado no sistema disciplinar que fixa o indivíduo ao seu trabalho, ele não teria cometido o delito. Então, como se vai puni-lo? Pois bem, com o trabalho. Mas o que há de paradoxal é que esse trabalho apresentado como desejável e como meio de reinserção do delinquente na sociedade servir-se-ão dele como de um instrumento de perseguição física, impondo ao condenado, de manhã à noite, o trabalho mais insípido, monótono, brutal, cansativo, extenuante e, no limite, mortal.

Estranha polivalência do trabalho: castigo, princípio de conversão moral, técnica de readaptação, critério de melhoria e objetivo final. Ora, sua utilização, segundo esse mesmo esquema, é ainda mais paradoxal na União Soviética. De duas coisas, uma: ou bem o trabalho imposto aos prisioneiros (de direito comum ou políticos, pouco importa aqui) é da mesma natureza que o de todos os trabalhadores da União Soviética – mas será que esse trabalho desalienado, não explorador, socialista, deve ser detestável a ponto de só se poder fazê-lo entre arames farpados, e com os cães nos calcanhares? –, ou é um subtrabalho, um trabalho-castigo. Será que devemos crer que um país socialista faça passar a reeducação moral e política de seus cidadãos por uma caricatura tão desvalorizante do trabalho? Parece-me, aliás, que a China não escapa dessa utilização paradoxal do trabalho como castigo.

– *Permita-me lembrar, a título pessoal, que minha repugnância pelo sistema dos campos stalinistas, ou outros, vem da prática: passei mais de um ano dentro de um campo soviético e participei, na Armênia, da construção de uma grande ponte, hoje orgulhosamente mostrada aos turistas. Portanto, sou menos propenso do que qualquer um a desculpar a repressão onde quer que ela esteja. Assim, na China por exemplo, recusei visitar uma prisão modelo, pelo tanto que esse gênero de entrevista entre um homem livre e o que fica atrás das grades me parece falso, hipócrita e sem valor.*

Isso posto, penso que, no caso da China, há uma diferença. Em primeiro lugar, o regime chinês recusa adotar um "modelo" industrial calcado no do Ocidente ou no da URSS. Ele aposta em um desenvolvimento muito diferente e, para começar, ele não concede, como se faz alhures, a prioridade às indústrias gigantes em detrimento da agricultura. Isso já modifica consideravelmente essa "disciplina" que, historicamente, se encontra ligada à industrialização "clássica". Assim, 80% dos chineses, os que vivem no campo, praticamente não conhecem a prisão. Dizem-lhes: "Solucionem vocês mesmos os seus problemas e só nos mandem pessoas para prender nos casos excepcionais, quando se tratar de crimes de sangue."

Dito isso, é verdade que há campos. Mas, nesses campos, seja como for, o regime não se serve de delinquentes para impor a disciplina, assim como do lado de fora ele não mantém o "meio" para vigiar ou controlar a sociedade. É uma inovação incontestável, a julgar segundo todos os testemunhos, mesmo os dos anticomunistas, e ela me parece bastante meritória. Tanto mais que, no início, em 1949, a China tinha a reputação de ser um dos países mais pobres do mundo — nitidamente mais subdesenvolvido do que a URSS de 1917 — e de ser o país que batia todos os recordes no domínio do crime organizado e da prostituição. Ninguém pretende que, hoje, essa sociedade ainda terrivelmente pobre já tenha suprimido toda violência e toda delinquência. Pelo menos, seu sistema penitenciário tenta verdadeiramente reinserir as pessoas na sociedade reeducando-as politicamente, e evita fazer delas reincidentes, "funcionários da delinquência", brutalizando-as.

Os casos que se podem citar são sem dúvida particulares, mas são, contudo, significativos. Evidentemente, não falamos do imperador da China que, depois de ter sido um fantoche dos japoneses, beneficiou-se de uma clemência da qual raramente outros soberanos se beneficiaram em outras regiões da Terra. Mas a anistia, decretada esse ano para os "grandes criminosos de guerra" do Kuomintang, dá o que pensar. Pode-se imaginar os soviéticos, 20 anos depois da vitória, libertando os Koltchak, os Denikine, os Wrangel e dizendo-lhes: "Se vocês quiserem ficar, o Estado lhes fornecerá todas as facilidades, e se vocês quiserem partir ao encontro de seus antigos companheiros de armas no estrangeiro vão em frente"? Com esse gesto, os dirigentes chineses parecem mostrar que não temem o que esses ex-prisioneiros poderão contar sobre o que viram e sofreram durante a detenção. Ao contrário, foi Taiwan (Formosa) que recusou dar-lhes seus vistos...

Há, enfim, o caso dos quadros destituídos durante a Revolução Cultural e que, hoje, quase todos retomam seus postos. Com certeza teria sido preferível que se explicassem mais amplamente à opinião chinesa as razões e os mecanismos dessa reabilitação. Mas o fato é que um retorno tão maciço de antigos "purificados" é sem precedente na história das sociedades pós-revolucionárias. Isso dá o que pensar.

É claro, para mim, que a existência de um sistema de punição e de reabilitação "pelo trabalho manual" não é mais aceitável na China do que alhures. Depois da decepção soviética, seria loucura minimizar o perigo que os campos de trabalho representam, mesmo "melhorados", para o projeto socialista. O que quero ressaltar simplesmente é que, tendo escolhido um outro modo de desenvolvimento, os chineses têm, ainda assim, melhores chances de evitar os desastres provocados pela industrialização brutal, empreendida por Stalin no fim dos anos 20, e de um modo irreversível na URSS.

– Não tenho uma razão precisa para desconfiar da China, ao passo que, hoje em dia, penso tê-la para desconfiar de modo sistemático da União Soviética. Mas quero, imediatamente, destacar duas coisas. Parece-me, como o senhor disse, que os chineses não matam as pessoas. Muito bem. Quando uma falta política é cometida, entretanto, não sei se eles reeducam, de fato, os culpados, mas reconheçamos que eles reeducam muito mal aqueles diante dos quais a falta foi cometida. Tomemos o caso Lin Piao. Não sei se as pessoas implicadas nesse "crime político" foram reeducadas, mas considero que o povo chinês merece outras explicações sobre esse caso diferentes das que lhe foram dadas.

– *Estou inteiramente de acordo, e o escrevi em meu livro.*[2]

– Outra coisa: fico contentíssimo com o fato de o imperador Pu-yi ter morrido no meio de suas tulipas, mas há alguém que me causa pena. Não sei seu nome. Trata-se de um simples cabeleireiro homossexual de quem estouraram os miolos publicamente em um campo de concentração onde estava Pasqualini, que relata a cena em seu livro.[3] Este livro é o único

---

2 Karol (K. S.) The second chinese revolution, Nova Iorque, Hill e Wang, 1973 (*La seconde révolution chinoise*, Paris, Robert Laffont, 1973).
3 Pasqualini (J.) e Chelminski (R.), *Prisoner of Mao*, Nova Iorque, Paul Reynolds, 1973 (*Prisonnier de Mao! Sept ans dans un camp de travail en Chine*, trad. A. Delahaye, Paris, Gallimard, col. "Témoins", 1975).

documento preciso que temos sobre o sistema penal chinês, e confesso jamais ter lido qualquer refutação do que ele dizia. Mas uma coisa se destaca muito bem na leitura de seu próprio livro: certos métodos empregados pelos guardas vermelhos durante a Revolução Cultural, para convencer alguém de sua falta, para reeducá-lo, desqualificá-lo ou ridicularizá-lo, correspondem exatamente ao que relata Pasqualini. Tudo acontece como se os procedimentos interiores aos campos tivessem irrompido em plena luz do dia, eu ia dizer como 100 mil flores, na China da Revolução Cultural. Terrivelmente inquietante, essa semelhança entre cenas que tiveram milhões de testemunhas durante a Revolução Cultural e as cenas vividas em um campo, quatro ou cinco anos antes; penso, por exemplo, no ritual da prova. Tem-se a impressão de que a técnica dos campos se difundiu, como se levada por um sopro prodigioso, na Revolução Cultural.

– *A crítica ao comportamento dos guardas vermelhos, feita por Mao em sua entrevista a Snow, em 1970,[4] é tão severa quanto a sua, ainda que ele não situe a origem desse fenômeno no modo de funcionamento dos campos de trabalho. E, a despeito de uma certa decepção, Mao preconiza para o futuro o recurso a novas revoluções culturais e encoraja, por ora, a formação da "escola de portas abertas", da universidade totalmente refundada e antielitista, do exército sem gradus e da usina o menos hierarquizada possível. O senhor não acha que essas medidas são completamente incompatíveis com as técnicas disciplinares que, em todos os setores, foram desenvolvidas durante a industrialização na Europa (e mais tarde na URSS)?*

– Não posso absolutamente dizer não e, não tendo razão de fazê-lo, direi provisoriamente sim. Mas retomemos o problema do castigo em sua dimensão universal.

Por muito tempo as pessoas se inquietaram com o que era preciso punir; por muito tempo também, com a maneira de como se devia punir. E, agora, aparecem as estranhas questões: "É preciso punir?", "O que quer dizer punir?", "Por que esta ligação, aparentemente tão evidente, entre crime e castigo?". Que seja preciso punir um crime, isso nos é muito fa-

---

4 Snow (E.), "Mao m'a dit" (entrevista em Pequim em 18 de dezembro de 1970), *Le nouvel observateur*, n. 380, 21-27 de fevereiro de 1972, p. 59-64.

miliar, muito próximo, muito necessário e, ao mesmo tempo, alguma coisa de obscuro nos faz duvidar. Observem o covarde alívio de todos – magistrados, advogados, pareceres, jornalistas – quando chega esta personagem, abençoada pela lei e pela verdade, que vem dizer: "Mas fiquem tranquilos, não tenham vergonha de condenar, vocês não vão punir, vocês vão, graças a mim que sou médico (ou psiquiatra, ou psicólogo), readaptar e curar." "Pois bem, então, para a cadeia", dizem os juízes ao acusado. E eles se levantam, encantados, são inocentados. Propor uma "outra solução" para punir é colocar-se inteiramente recuado em relação ao problema que não é nem o do quadro jurídico da punição nem de sua técnica, mas do poder que pune.

Por isso é que me interessa este problema da penalidade na URSS. Podemos, é claro, divertir-nos com as contradições teóricas que marcam a prática penal dos soviéticos; mas são teorias que matam, e contradições de lama e de sangue. Podemos também surpreender-nos de que eles não tenham sido capazes de elaborar novas respostas aos crimes, às oposições ou delitos diversos; é preciso se indignar com o fato de eles terem retomado os métodos da burguesia em seu período de maior rigor, no início do século XIX, e de os terem estirado a uma enormidade e a uma meticulosidade, no sentido do infinitamente grande e do infinitamente pequeno, que surpreende.

A mecânica do poder, os sistemas de controle, de vigilância, de punição, na União Soviética, são, em dimensões desconhecidas, aqueles dos quais a burguesia (sob uma forma muito reduzida e balbuciante) precisou durante um tempo para estabelecer sua dominação. Ora, isso pode-se dizê-lo a muitos socialismos sonhados ou reais; entre a análise do poder no Estado burguês e a tese de seu enfraquecimento futuro, faltam a análise, a crítica, a demolição, o abalo dos mecanismos de poder. Os socialismos não precisam de uma outra carta de liberdades ou de uma nova declaração dos direitos: fácil, portanto inútil. Se eles querem merecer ser amados e não mais repelidos, se querem ser desejados, devem responder à questão do poder e de seu exercício. Devem inventar um exercício do poder que não dê medo. Seria esta a novidade.

1977

A Vida dos Homens Infames

"A vida dos homens infames", *Les cahiers du chemin*, n. 29, 15 de janeiro de 1977, p. 12-29.

A exumação dos arquivos do internamento do Hospital Geral e da Bastilha é um projeto constante desde a *História da loucura*. Foucault trabalha e faz trabalhar nele várias vezes seguidas. De antologia – da qual esse texto era a introdução – o projeto tornou-se coleção em 1978, com "Les vies parallèles" (Gallimard), em que Foucault publica o memorial de Herculine Barbin, depois, em 1979, *Le cercle amoureux d'Henri Legrand*, segundo manuscritos criptográficos conservados na Biblioteca Nacional, transcritos e apresentados por Jean-Paul e Paul-Ursin Dumont. Contudo, em 1979, Foucault propõe à historiadora Arlette Farge – que acabava de publicar *Vivre dans la rue à Paris au XVIIIe siècle* (col. "Archives", Julliard/Gallimard) – examinar os manuscritos reunidos para a antologia. Dessa colaboração nasce *Le désordre des familles* (col. "Archives", Julliard/Gallimard, 1982), dedicado às cartas régias com ordem de prisão (*lettres de cachet*).

Este não é um livro de história. A escolha que nele se encontrará não seguiu outra regra mais importante do que meu gosto, meu prazer, uma emoção, o riso, a surpresa, um certo assombro ou qualquer outro sentimento, do qual teria dificuldades, talvez, em justificar a intensidade, agora que o primeiro momento da descoberta passou.

É uma antologia de existências. Vidas de algumas linhas ou de algumas páginas, desventuras e aventuras sem nome, juntadas em um punhado de palavras. Vidas breves, encontradas por acaso em livros e documentos. *Exempla*, mas – diferentemente do que os eruditos recolhiam no decorrer de suas leituras – são exemplos que trazem menos lições para meditar do que breves efeitos cuja força se extingue quase instantaneamente. O termo "notícia" me conviria bastante para designá-los, pela dupla referência que ele indica: a rapidez do relato e a realidade dos acontecimentos relatados; pois tal é, nesses textos, a condensação das coisas ditas, que não se sabe se a intensidade que os atravessa deve-se mais ao clamor das palavras ou à violência dos fatos que neles se encontram. Vidas singulares, tornadas, por não sei quais acasos, estranhos poemas, eis o que eu quis juntar em uma espécie de herbário.

A ideia me veio um dia, lembro-me bem, em que eu lia na Biblioteca Nacional um registro de internamento redigido logo no início do século XVIII. Parece-me, inclusive, que ela me veio da leitura que fiz das duas notícias que se seguem.

Mathurin Milan, posto no hospital de Charenton no dia 31 de agosto de 1707: "Sua loucura sempre foi a de se esconder de sua família, de levar uma vida obscura no campo, de ter processos, de emprestar com usura e a fundo perdido, de vaguear seu pobre espírito por estradas desconhecidas, e de se acreditar capaz das maiores ocupações."

Jean Antoine Touzard, posto no Chateau de Bicêtre no dia 21 de abril de 1701: "Recoleto apóstata, sedicioso, capaz dos maiores crimes, sodomista, ateu, se é que se pode sê-lo; um verdadeiro monstro de abominação que seria menos inconveniente sufocar do que deixar livre."

Eu ficaria embaraçado em dizer o que exatamente senti quando li esses fragmentos e muitos outros que lhes eram semelhantes. Sem dúvida, uma dessas impressões das quais se diz que são "físicas", como se pudesse haver outras. E confesso que essas "notícias", surgindo de repente através de dois séculos de silêncio, abalaram mais fibras em mim do que o que comumente chamamos literatura, sem que possa dizer, ainda hoje, se me emocionei mais com a beleza desse estilo clássico, drapeado em algumas frases em torno de personagens sem dúvida miseráveis, ou com os excessos, a mistura de obstinação sombria e de perfídia dessas vidas das quais se sentem, sob as palavras lisas como a pedra, a derrota e o afinco.

Há muito tempo, utilizei documentos semelhantes para um livro. Se eu o fiz então é sem dúvida por causa dessa vibração que sinto ainda hoje, quando me ocorre encontrar essas vidas ínfimas que se tornaram cinzas nas poucas frases que as abateram. O sonho teria sido o de restituir sua intensidade em uma análise. Na falta do talento necessário, por muito tempo remoí só a análise; tomei os textos em sua aridez; procurei qual tinha sido sua razão de ser, a quais instituições ou a qual prática política eles se referiam; propus-me a saber por que, de repente, tinha sido tão importante em uma sociedade como a nossa que um monge escandaloso ou um agiota extravagante e inconsequente fossem "sufocados" (como se sufoca um grito, um fogo ou um animal); procurei saber a razão pela qual se quis impedir com tanto zelo os pobres espíritos de passearem pelas estradas desconhecidas. Mas as intensidades primeiras que me motivaram permaneciam do lado de fora. E uma vez que havia o risco de elas não passarem para a ordem das razões, uma vez que meu discurso era incapaz de levá-las como caberia, o melhor não seria deixá-las na forma mesma que me fizeram senti-las?

Daí a ideia desta compilação, feita um pouco segundo a ocasião. Compilação que se compôs sem pressa e sem objetivo claramente definido. Por muito tempo pensei em apresentá-la segundo uma ordem sistemática, com alguns rudimentos de explicação, e de maneira que se pudesse manifestar um mínimo de significação histórica. Renunciei a isso, por razões sobre as quais retornarei daqui a pouco; eu me resolvi quanto a juntar simplesmente um certo número de textos, pela intensidade que eles me pareciam ter; eu os acompanhei com alguns preliminares; e os distribuí de maneira a preservar – em minha opinião, o menos mal possível – o efeito de cada um. Minha insuficiência votou-me ao lirismo frugal da citação.

Este livro, portanto, não convirá aos historiadores, menos ainda que os outros. Livro de humor e puramente subjetivo? Diria, antes – mas isso talvez dê no mesmo –, que é um livro de convenção e de jogo, o livro de uma pequena mania que deu a si seu sistema. Na verdade, creio que o poema do agiota extravagante ou do monge sodomita me serviram, de ponta a ponta, de modelo. Foi para reencontrar alguma coisa como essas existências-relâmpagos, como esses poemas-vidas, que eu me impus um certo número de regras simples:

– que se tratasse de personagens tendo existido realmente;
– que essas existências tivessem sido, ao mesmo tempo, obscuras e desventuradas;
– que fossem contadas em algumas páginas, ou melhor, algumas frases, tão breves quanto possível;
– que esses relatos não constituíssem simplesmente historietas estranhas ou patéticas, mas que de uma maneira ou de

outra (porque eram queixas, denúncias, ordens ou relações) tivessem feito parte realmente da história minúscula dessas existências, de sua desgraça, de sua raiva ou de sua incerta loucura;

– e que do choque dessas palavras e dessas vidas nascesse para nós, ainda, um certo efeito misto de beleza e de terror.

Mas, sobre essas regras que podem parecer arbitrárias, é preciso que eu me explique um pouco mais.

*

Eu quis que se tratasse sempre de existências reais; que se pudessem dar-lhes um lugar e uma data; que por trás desses nomes que não dizem mais nada, por trás dessas palavras rápidas e que bem podem ser, na maioria das vezes, falsas, mentirosas, injustas, exageradas, houvesse homens que viveram e estão mortos, sofrimentos, malvadezas, ciúmes, vociferações. Bani, portanto, tudo o que pudesse ser imaginação ou literatura: nenhum dos heróis negros que elas puderam inventar me pareceu tão intenso quanto esses remendões, esses soldados desertores, essas vendedoras de roupas de segunda mão, esses tabeliães, esses monges vagabundos, todos enraivecidos, escandalosos ou desprezíveis; e isso pelo único fato, sem dúvida, de que sabemos que eles existiram. Do mesmo modo, bani todos os textos que pudessem ser memórias, lembranças, quadros, todos os que relatavam bem a realidade, mas mantendo-a a distância do olhar, da lembrança, da curiosidade ou da diversão. Persisti para que esses textos mantivessem sempre uma relação, ou melhor, o maior número de relações possíveis com a realidade: não somente que a ela se referissem, mas que nela operassem; que fossem uma peça na dramaturgia do real, que constituíssem o instrumento de uma vingança, a arma de um ódio, um episódio em uma batalha, a gesticulação de um desespero ou de um ciúme, uma súplica ou uma ordem. Não procurei reunir textos que seriam, melhor que outros, fiéis à realidade, que merecessem ser guardados por seu valor representativo, mas textos que desempenharam um papel nesse real do qual falam, e que se encontram, em contrapartida, não importa qual seja sua exatidão, sua ênfase ou sua hipocrisia, atravessados por ela: fragmentos de discurso carregando os fragmentos de uma realidade da qual fazem parte. Não é uma compilação de retratos que se lerá aqui: são armadilhas, armas, gritos, gestos, atitudes, astúcias, intrigas cujas palavras foram os instrumentos. Vidas reais foram "desempenhadas" nestas poucas frases; não quero dizer com isso que elas ali foram figuradas, mas que, de fato, sua liberdade, sua infelicidade, com frequência, sua morte, em todo caso, seu destino, foram, ali, ao menos em parte, decididos. Esses discursos realmente atravessaram vidas; essas existências foram efetivamente riscadas e perdidas nessas palavras.

Quis também que essas personagens fossem elas próprias obscuras; que nada as predispusesse a um clarão qualquer, que não fossem dotadas de nenhuma dessas grandezas estabelecidas e reconhecidas – as do nascimento, da fortuna, da santidade, do heroísmo ou do gênio; que pertencessem a esses milhares de existências destinadas a passar sem deixar rastro; que houvesse em suas desgraças, em suas paixões, em seus amores e em seus ódios alguma coisa de cinza e de comum em relação ao que se considera, em geral, digno de ser contado; que, no entanto, tivessem sido atravessadas por um certo ardor, que tivessem sido animadas por uma violência, uma energia, um excesso na malvadeza, na vilania, na baixeza, na obstinação ou no azar que lhes dava, aos olhos de seus familiares, e à proporção de sua própria mediocridade, uma espécie de grandeza assustadora ou digna de pena. Parti em busca dessas espécies de partículas dotadas de uma energia tanto maior quanto menores elas próprias o são, e difíceis de discernir.

Para que alguma coisa delas chegue até nós, foi preciso, no entanto, que um feixe de luz, ao menos por um instante, viesse iluminá-las. Luz que vem de outro lugar. O que as arranca da noite em que elas teriam podido, e talvez sempre devido, permanecer é o encontro com o poder: sem esse choque, nenhuma palavra, sem dúvida, estaria mais ali para lembrar seu fugidio trajeto. O poder que espreitava essas vidas, que as perseguiu, que prestou atenção, ainda que por um instante, em suas queixas e em seu pequeno tumulto, e que as marcou com suas garras, foi ele que suscitou as poucas palavras que disso nos restam; seja por se ter querido dirigir a ele para denunciar, queixar-se, solicitar, suplicar, seja por ele ter querido intervir e tenha, em poucas palavras, julgado e decidido. Todas essas vidas destinadas a passar por baixo de qualquer discurso e a desaparecer sem nunca terem sido faladas só puderam deixar rastros – breves, incisivos, com frequência enigmáticos – a partir do momento de seu contato instantâneo com o poder. De modo que é, sem dúvida, para sempre impossível recuperá-las nelas próprias, tais como podiam ser "em estado livre"; só podemos balizá-las tomadas nas declamações, nas parcialidades táticas, nas mentiras imperativas supostas nos jogos de poder e nas relações com ele.

Alguém me dirá: isto é bem próprio de você, sempre a mesma incapacidade de ultrapassar a linha, de passar para o outro lado, de escutar e fazer ouvir a linguagem que vem de outro lugar ou de baixo; sempre a mesma escolha, do lado do poder, do que ele diz ou do que ele faz dizer. Essas vidas, por que não ir escutá-las lá onde, por elas próprias, elas falam? Mas, em primeiro lugar, do que elas foram em sua violência ou em sua desgraça singular, nos restaria qualquer coisa se elas não tivessem, em um dado momento, cruzado com o poder e provocado suas forças? Afinal, não é um dos traços fundamentais de nossa sociedade o fato de que nela o destino tome a força da relação com o poder, da luta com ou contra ele? O ponto mais intenso das vidas, aquele em que se concentra sua energia, é bem ali onde elas se chocam com o poder, se debatem com ele, tentam utilizar suas forças ou escapar de suas armadilhas. As falas breves e estridentes que vão e vêm entre o poder e as existências as mais essenciais, sem dúvida, são para estas o único monumento que jamais lhes foi concedido; é o que lhes dá, para atravessar o tempo, o pouco de ruído, o breve clarão que as traz até nós.

Quis, em suma, reunir alguns rudimentos para uma lenda dos homens obscuros, a partir dos discursos que, na desgraça ou na raiva, eles trocam com o poder.

"Lenda", porque ali se produz, tal como em todas as lendas, um certo equívoco do fictício e do real. Mas ele ali se produz por razões inversas. O lendário, seja qual for seu núcleo de realidade, finalmente não é nada além do que a soma do que se diz. Ele é indiferente à existência ou à inexistência daquele de quem ele transmite a glória. Se este existiu, a lenda o recobre de tantos prodígios e o embeleza de tantas impossibilidades que tudo se passa, ou quase, como se ele nunca tivesse vivido. E, se ele é puramente imaginário, a lenda narra sobre ele tantos relatos insistentes que ele toma a espessura histórica de alguém que teria existido. Nos textos que se lerão mais adiante, a existência desses homens e dessas mulheres remete exatamente ao que deles foi dito; do que eles foram ou do que fizeram nada subsiste, exceto em poucas frases. Aqui, é a raridade e não a prolixidade que faz com que real e ficção se equivalham. Não tendo sido nada na história, não tendo desempenhado nos acontecimentos ou entre as pessoas importantes nenhum papel apreciável, não tendo deixado em torno deles nenhum vestígio que pudesse ser referido, eles não têm e nunca terão existência senão ao abrigo precário dessas palavras. E, graças aos textos que falam deles, eles nos chegam sem trazer mais indícios de realidade do que se viessem de *La légende dorée*,[1] ou de um romance de aventuras. Essa pura existência verbal, que faz desses infelizes ou desses facínoras seres quase fictícios, eles a devem ao seu desaparecimento quase exaustivo e a essa chance ou a esse azar que fez sobreviver, ao acaso dos documentos encontrados, algumas raras palavras que falam deles ou que eles próprios pronunciaram. Lenda negra, mas sobretudo lenda seca, reduzida ao que foi dito um dia, e que improváveis encontros conservaram até nós.

Este é um outro traço dessa lenda negra. Ela não se transmitiu como a que é dourada por alguma necessidade profunda, seguindo trajetos contínuos. Ela é, por sua natureza, sem tradição; rupturas, apagamento, esquecimentos, cancelamentos, reaparições, é apenas através disso que ela pode nos chegar. O acaso a leva desde o início. Foi preciso, primeiramente, um jogo de circunstâncias que, contra qualquer expectativa, atraíram sobre o indivíduo o mais obscuro, sobre sua vida medíocre, sobre seus erros afinal bastante comuns o olhar do poder e o clamor de sua cólera: acaso que fez com que a vigilância dos responsáveis ou das instituições, destinada sem dúvida a apagar qualquer desordem, tenha detido este de preferência àquele, esse monge escandaloso, essa mulher espancada, esse bêbado inveterado e furioso, esse vendedor brigão, e não tanto outros, ao lado destes, cujo barulho não era menor. E depois foi preciso que entre tantos documentos perdidos e dispersos

---

[1] Nome dado à compilação de vidas dos santos, composta na metade do século XIII pelo dominicano Jacques de Voragine. *La légende dorée*, Paris, Garnier-Flammarion, n. 132-133, 1967, 2 vol.

fosse este e não outro que tivesse chegado até nós e que fosse encontrado e lido. De modo que, entre essas pessoas sem importância e nós que não a temos mais do que eles, nenhuma relação de necessidade. Nada tornava provável que elas surgissem das sombras, elas mais do que outras, com sua vida e suas desgraças. Divertamo-nos, se quisermos, vendo aí uma revanche: a chance que permite que essas pessoas absolutamente sem glória surjam do meio de tantos mortos, gesticulem ainda, continuem manifestando sua raiva, sua aflição ou sua invencível obstinação em divagar compensa talvez o azar que lançara sobre elas, apesar de sua modéstia e de seu anonimato, o raio do poder.

Vidas que são como se não tivessem existido, vidas que só sobrevivem do choque com um poder que não quis senão aniquilá-las, ou pelo menos apagá-las, vidas que só nos retornam pelo efeito de múltiplos acasos, eis aí as infâmias das quais eu quis, aqui, juntar alguns restos. Existe uma falsa infâmia, a de que se beneficiam estes homens de assombro ou de escândalo que foram Gilles de Rais, Guillery ou Cartouche, Sade e Lacenaire. Aparentemente infames, por causa das lembranças abomináveis que deixaram, dos delitos que lhes atribuem, do horror respeitoso que inspiraram, eles de fato são homens da lenda gloriosa, mesmo se as razões dessa fama são inversas àquelas que fazem ou deveriam fazer a grandeza dos homens. Sua infâmia não é senão uma modalidade da universal *fama*. Mas o recoleto apóstata, mas os pobres espíritos perdidos pelos caminhos desconhecidos, estes são infames com a máxima exatidão; eles não mais existem senão através das poucas palavras terríveis que eram destinadas a torná-los indignos para sempre da memória dos homens. E o acaso quis que fossem essas palavras, essas palavras somente, que subsistissem. Seu retorno agora no real se faz na própria forma segundo a qual os expulsaram do mundo. Inútil buscar neles um outro rosto, ou conjecturar uma outra grandeza; eles não são mais do que aquilo através do que se quis abatê-los: nem mais nem menos. Assim é a infâmia estrita, aquela que, não sendo misturada nem de escândalo ambíguo nem de uma surda admiração, não compõe com nenhuma espécie de glória.

*

Comparativamente à grande compilação da infâmia, que reuniria seus vestígios um pouco de toda parte e de todos os tempos, eu me dou conta, na verdade, de que a escolha que aqui está é bem mesquinha, estreita, um pouco monótona. Trata-se de documentos que datam, todos, mais ou menos da mesma centena de anos, 1660-1760, e que provêm da mesma fonte: arquivos do internamento, da polícia, das petições ao rei e das cartas régias com ordem de prisão. Suponhamos que se trate de um primeiro volume e que a *Vida dos homens infames* possa se estender a outros tempos e a outros lugares.

Escolhi esse período e esse tipo de textos por causa de uma velha familiaridade. Mas se o gosto que tenho por eles há anos não foi contradito e se retorno a eles ainda é porque conjecturo um começo; em todo caso, um acontecimento importante em que se cruzaram mecanismos políticos e efeitos de discurso.

Esses textos dos séculos XVII e XVIII (sobretudo se os compararmos com o que será, logo depois, a vulgaridade administrativa e policial) têm um brilho, eles revelam no meandro de uma frase um esplendor, uma violência que desmente, ao menos aos nossos olhos, a pequenez do caso ou a mesquinhez bastante vergonhosa das intenções. As vidas mais dignas de pena aí são descritas com as imprecações ou com a ênfase que parecem convir às mais trágicas. Efeito cômico, sem dúvida; há alguma coisa de irrisório ao se convocar todo o poder das palavras, e através delas a soberania do céu e da terra, em torno de desordens insignificantes ou de desgraças tão comuns: "Abatido sob o peso da mais excessiva dor, Duchesne, funcionário subalterno, ousa, com uma humilde e respeitosa confiança, lançar-se aos pés de Vossa Majestade para implorar sua justiça contra a mais malvada de todas as mulheres... Que esperança não deve conceber o desventurado que, encontrando-se em estado miserável, recorre hoje à Vossa Majestade depois de haver esgotado todas as vias de doçura, admoestações e deferência para reconduzir a seu dever uma mulher despojada de qualquer sentimento de religião, de honra, de probidade e mesmo de humanidade? Tal é, *Sire*, o estado do infeliz que ousa fazer ressoar sua queixosa voz nas orelhas de Vossa Majestade." Ou, ainda, a da nutriz abandonada que pede a detenção de seu marido em nome de seus quatro filhos "que talvez nada tenham a esperar de seu pai senão um exemplo terrível dos efeitos da desordem. Sua justiça, *Sire*, lhes poupará de uma tão aviltante instrução, a mim, à minha família o opróbrio e a infâmia, e colocará fora do estado de fazer qualquer dano à sociedade um mau cidadão que não pode senão causar-lhe dano". Talvez riamos. Mas não se deve esquecer de que a essa retórica que não é grandiloquente senão pela pequenez das coisas às quais ela se aplica o poder responde em termos que não nos parecem mais comedidos; entretanto, com a diferença de que em suas palavras passa o brilho de suas decisões; e sua solenidade pode autorizar-se, senão da importância daqueles que eles punem, ao menos do rigor do castigo que impõem. Se levam para a prisão sabe-se lá que astróloga, é porque "há poucos crimes que ela não tenha cometido, e nenhum de que ela não seja capaz. Assim, há tanta caridade quanto justiça ao se livrar incessantemente o público de uma mulher tão perigosa, que o rouba, o engana e o escandaliza impunemente há tantos anos". Ou a propósito de um jovem estroina, mau filho e devasso: "É um monstro de libertinagem e de impiedade... Usuário de todo os vícios: tratante, indócil, impetuoso, violento, capaz de atentar contra a vida de seu próprio pai com intenção deliberada... sempre de sociedade com mulheres do nível mais baixo de prostituição. Tudo o que se lhe apresenta de suas vigarices e de seus desregramentos não causa nenhuma impressão em seu coração; ele só responde através de um sorriso de celerado que faz conhecer sua insensibilidade, e ocasiona apreender que ele seja incurável." Ao menor insulto, já se está no abominável, ou pelo menos no discurso da invectiva e da execração. Essas mulheres sem costumes e essa crianças enraivecidas não empalidecem, comparadas a Nero ou a Rodogune. Os discursos do poder na Idade Clássica, tal como o discurso que a ele se dirige, engendra monstros. Por que esse teatro tão enfático do cotidiano?

A tomada do poder sobre o dia a dia da vida o cristianismo a organizara, em sua grande maioria, em torno da confissão: obrigação de fazer passar regularmente pelo fio da linguagem o mundo minúsculo do dia a dia, as faltas banais, as fraquezas mesmo imperceptíveis, até o jogo perturbador dos pensamentos, das intenções e dos desejos; ritual de confissão em que aquele que fala é ao mesmo tempo aquele de quem se fala; apagamento da coisa dita por seu próprio enunciado, mas aumento igualmente da própria confissão que deve permanecer secreta, e não deixar atrás de si nenhum outro rastro senão o arrependimento e as obras de penitência. O Ocidente cristão inventou essa surpreendente coação, que ele impôs a cada um, de tudo dizer para tudo apagar, de formular até as mínimas faltas em um murmúrio ininterrupto, obstinado, exaustivo, ao qual nada devia escapar, mas que não devia sobreviver a si próprio nem por um instante. Para centenas de milhões de homens e durante séculos, o mal teve de se confessar na primeira pessoa, em um cochicho obrigatório e fugidio.

Ora, a partir de um momento que se pode situar no final do século XVII, esse mecanismo se encontrou enquadrado e ultrapassado por um outro cujo funcionamento era muito diferente. Agenciamento administrativo e não mais religioso; mecanismo de registro e não mais de perdão. O objetivo visado era, no entanto, o mesmo. Em parte, ao menos: passagem do cotidiano para o discurso, percurso do universo ínfimo das irregularidades e das desordens sem importância. Mas a confissão não desempenha aí o papel eminente que lhe reservara o cristianismo. Para esse enquadramento, se utilizam, e sistematicamente, procedimentos antigos, mas, até então, localizados: a denúncia, a queixa, a inquirição, o relatório, a espionagem, o interrogatório. E tudo o que assim se diz se registra por escrito, se acumula, constitui dossiês e arquivos. A voz única, instantânea e sem rastro da confissão penitencial que apagava o mal apagando-se ela própria é, doravante, substituída por vozes múltiplas que se depositam em uma enorme massa documental e constituem assim, através dos tempos, como a memória incessantemente crescente de todos os males do mundo. O mal minúsculo da miséria e da falta não é mais remetido ao céu pela confidência apenas audível da confissão; ele se acumula sobre a terra sob a forma de rastros escritos. É um tipo de relações completamente diferentes que se estabelece entre o poder, o discurso e o cotidiano, uma maneira totalmente diferente de o reger e de o formular. Nasce, para a vida comum, uma nova *mise en scène*.

Seus primeiros instrumentos, arcaicos mas já complexos, são conhecidos: são as petições, as cartas régias com as ordens de prisão ou as ordens do rei, os internamentos diversos, os relatórios e as decisões de polícia. Não retomarei essas coisas já sabidas; mas apenas sobre certos aspectos que podem dar conta da intensidade estranha e de uma espécie de beleza com que, às vezes, são revestidas essas imagens prematuras, nas quais pobres homens tomaram, para nós que os percebemos de tão longe, o rosto da infâmia. As cartas régias com ordens de prisão, o internamento, a presença generalizada da polícia, tudo isso não evoca, habitualmente, senão o despotismo de um monarca absoluto. Mas é preciso se observar bem que este "arbitrário" era uma espécie de serviço público. As "ordens do rei" não baixavam de improviso, de cima para baixo, como signos da cólera do monarca, senão nos casos mais raros. Na maior parte do tempo elas eram solicitadas contra alguém por seus familiares, seu pai e sua mãe, um de seus parentes, sua família, seus filhos ou filhas, seus vizinhos, às vezes o padre local, ou algum membro representativo; elas eram humilde e insistentemente solicitadas, como se se tratasse de algum grande crime que teria merecido a cólera do soberano, por alguma obscura história de família: esposos injuriados ou espancados, fortuna dilapidada, conflitos de interesse, jovens indóceis, vigarices ou bebedeiras, e todas as pequenas desordens de conduta. A *lettre de cachet* com ordens de prisão, tida como a vontade expressa e particular do rei de fazer encarcerar um de seus súditos, fora das vias da justiça regular, não era senão a resposta a essa demanda vinda de baixo. Mas ela não era concedida com pleno direito a quem a pedia; uma inquirição devia precedê-la, destinada a julgar o fundamento da demanda; ela devia estabelecer se esse abuso ou essa bebedeira, essa violência e essa libertinagem mereciam, de fato, um internamento, e em quais condições e por quanto tempo: tarefa da polícia, que recolhia, para fazê-la, testemunhos, espionagens, e todo murmúrio duvidoso que faz névoa em torno de cada um.

O sistema *lettre de cachet* com ordens de prisão-internamento não foi senão um episódio bastante breve: não mais do que um século, e localizado apenas na França. Ele não é menos importante na história dos mecanismos do poder. Ele não assegura a irrupção espontânea do arbítrio real no elemento mais cotidiano da vida. Ele assegura, antes, sua distribuição segundo circuitos complexos e em um jogo de demandas e respostas. Abuso do absolutismo? Talvez; não, todavia, no sentido de que o monarca abusaria pura e simplesmente de seu próprio poder, mas no sentido de que cada um pode usar para si, para seus próprios fins e contra os outros, a enormidade do poder absoluto: uma espécie de pôr à disposição mecanismos da soberania, uma possibilidade dada, a quem fosse bastante hábil para captá-los, desviando em seu benefício os efeitos. Daí um certo número de consequências: a soberania política vem inserir-se no nível mais elementar do corpo social; de súdito a súdito – e, às vezes, trata-se dos mais humildes –, entre os membros de uma mesma família, nas relações de vizinhança, de interesses, de profissão, de rivalidade, de ódio e de amor, se podem fazer valer, além das armas tradicionais da autoridade e da obediência, os recursos de um poder político que tem a forma do absolutismo; cada um, se ele sabe jogar o jogo, pode tornar-se para o outro um monarca terrível e sem lei: *homo homini rex*; toda uma cadeia política vem entrecruzar-se com a trama do cotidiano. Mas esse poder é preciso ainda, ao menos por um instante, dele se apropriar, canalizá-lo, captá-lo e incliná-lo na direção que se quer; é preciso, para usá-lo em seu benefício, "seduzi-lo"; ele se torna a um só tempo objeto de cobiça e objeto de sedução; desejável portanto, e isso na mesma medida em que ele é totalmente temível. A intervenção de um poder político sem limites na relação cotidiana torna-se, assim, não somente aceitável e familiar, mas profundamente almejada, não sem se tornar, por isso mesmo, o tema de um medo generalizado. Não há por que se surpreender com essa tendência que, pouco a pouco, abriu as relações de pertinência ou de dependência tradicionalmente ligadas à família, para os controles administrativos e políticos. Nem surpreender-se de que o poder desmedido do rei, funcionando assim no meio das paixões, das raivas, das misérias e das vilanias, tenha podido tornar-se, apesar de tudo, ou melhor, devido à sua utilidade mesma, objeto de execração. Os que utilizavam as cartas régias com ordens de prisão e o rei que as concedia foram pegos na armadilha de sua cumplicidade: os primeiros perderam cada vez mais sua potência tradicional em benefício de um poder administrativo; quanto a este, por ter se metido todos os dias em tantos ódios e intrigas, tornou-se detestável. Como dizia o duque de Chaulieu, eu acho que, nas *Mémoires de deux jeunes mariées*,[2] ao cortar a cabeça do rei, a Revolução Francesa decapitou todos os pais de família.

---

2 Alusão aos propósitos do duque de Chaulieu, relatados na *Lettre de Mademoiselle de Chaulieu à Madame de l'Estorade*, in Balzac (H. de), *Mémoires de deux jeunes mariées*, Paris, Librairie Nouvelle, 1856, p. 59: "Ao cortar a cabeça de Luís XVI, a Revolução cortou a cabeça de todos os pais de família."

De tudo isso, gostaria de deter, por ora, o seguinte: com o dispositivo de petições, de *lettres de cachet* com ordens de prisão, de internamento, da polícia, nascerá uma infinidade de discursos que atravessa o cotidiano em todos os sentidos, e se encarrega, mas de um modo absolutamente diferente da confissão, do mal minúsculo das vidas sem importância. Nas redes do poder, ao longo de circuitos bastante complexos, vêm prender-se as disputas da vizinhança, as brigas dos pais e de seus filhos, os desentendimentos dos casais, os excessos do vinho e do sexo, as disputas públicas e muitas paixões secretas. Houve, ali, um imenso e onipresente apelo para se pôr em discurso todas essas agitações e cada um dos pequenos sofrimentos. Um murmúrio que não cessará começa a se elevar: aquele através do qual as variações individuais de conduta, as vergonhas e os segredos são oferecidos pelo discurso para as tomadas do poder. O insignificante cessa de pertencer ao silêncio, ao rumor que passa ou à confissão fugidia. Todas essas coisas que compõem o comum, o detalhe sem importância, a obscuridade, os dia sem glória, a vida comum, podem e devem ser ditas, ou melhor, escritas. Elas se tornaram descritíveis e passíveis de transcrição, na própria medida em que foram atravessadas pelos mecanismos de um poder político. Durante muito tempo, só os gestos dos grandes mereceram ser ditos sem escárnio; o sangue, o nascimento e a exploração davam direito à história. E, se às vezes acontecia aos mais humildes terem acesso a uma espécie de glória, era por algum feito extraordinário – o resplendor de uma santidade ou a enormidade de uma maldade. Que pudesse haver na ordem de todos os dias alguma coisa como um segredo a ser levantado, que o não essencial pudesse ser, de uma certa maneira, importante, isto permaneceu excluído até que viesse se colocar, sobre essas turbulências minúsculas, o olhar branco do poder.

Nascimento, portanto, de uma imensa possibilidade de discurso. Um certo saber do cotidiano tem, aí, pelo menos uma parte de sua origem e, com ele, uma grade de inteligibilidade aplicada sobre nosso gestos, sobre nossas maneiras de ser e de fazer, empreendida pelo Ocidente. Mais foi preciso para isso a onipresença, ao mesmo tempo real e virtual, do monarca; foi preciso imaginá-lo bastante próximo de todas essas misérias, bastante atento à menor dessas desordens para que se decidisse solicitá-lo; foi preciso que ele próprio aparecesse como dotado de uma espécie de ubiquidade física. Em sua forma primeira, esse discurso sobre o cotidiano era inteiramente voltado para o rei; endereçava-se a ele; devia penetrar nos grandes rituais cerimoniosos do poder; devia adotar sua forma e revestir seus signos. O banal não podia ser dito, descrito, observado, enquadrado e qualificado senão em uma relação de poder que era assombrada pela figura do rei – por seu poder real e pelo fantasma de sua potência. Daí a forma singular desse discurso: ele exigia uma linguagem decorativa, imprecativa ou suplicante. Cada uma dessas pequenas histórias do dia a dia devia ser dita com a ênfase dos raros acontecimentos que são dignos de reter a atenção dos monarcas; a grande retórica devia vestir esses casos de nada. Nunca, mais tarde, a morna administração policial nem os dossiês da medicina ou da psiquiatria encontrarão semelhantes efeitos de linguagem. Às vezes, um edifício verbal suntuoso para contar uma obscura vilania ou uma pequena intriga; às vezes, algumas frases breves que fulminam um miserável e o fazem mergulhar novamente em sua noite; ou ainda o longo relato das desgraças contadas sob o modo da súplica ou da humildade: o discurso político da banalidade não podia ser senão solene.

Mas nesses textos se produz também um outro efeito de disparate. Com frequência ocorria que as demandas fossem feitas por pessoas de muito baixa condição, pouco ou não alfabetizadas; elas próprias com seus magros conhecimentos ou, em seu lugar, um escriba mais ou menos hábil compunham, como podiam, as fórmulas e torneios de frase que pensavam requeridos quando alguém se dirige ao rei ou aos grandes, e os misturavam com as palavras maljeitosas e violentas, expressões rudes, através das quais elas pensavam, sem dúvida, dar às suas súplicas mais força e verdade; então, em frases solenes e deslocadas, ao lado de palavras anfigúricas, brotavam expressões rudes, inábeis, malsoantes; à linguagem obrigatória e ritual entrelaçavam-se as impaciências, as cóleras, as raivas, as paixões, os rancores, as revoltas. Uma vibração e intensidades selvagens abalam as regras desse discurso afetado e irrompem com suas próprias maneiras de dizer. Assim, fala a mulher de Nicolas Bienfait: ela "toma a liberdade de representar muito humildemente ao *Sire* que o dito Nicolas Bienfait, cocheiro de aluguel, é um homem extremamente devasso que a mata de pancada, e que tudo vende, tendo já causado a morte de suas duas mulheres, das quais a primeira ele lhe matou o filho dentro de seu corpo, e a segunda, depois de a ter vendido, por seus maus-tratos a fez morrer definhando, até querer estrangulá-la na véspera de sua morte... A terceira, ele quer comer-lhe o coração sobre a grelha, sem muitos outros assassinatos que fez; *Sire*, eu me jogo aos pés de Vossa Grandeza para implorar Vossa Misericórdia. Espero de sua bondade que o senhor me faça justiça, pois estando minha vida em risco a todo momento não cessarei de orar ao Senhor pela conservação de vossa saúde..."

Os documentos que reuni aqui são homogêneos; e eles correm sério risco de parecerem monótonos. Todos, entretanto, funcionam no disparate. Disparate entre as coisas contadas e a maneira de dizê-las; disparate entre os que se queixam e suplicam e os que têm sobre eles todo o poder; disparate entre a ordem minúscula dos problemas levantados e a enormidade do poder aplicado; disparate entre a linguagem da cerimônia e do poder e a dos furores ou das impotências. São textos que apontam na direção de Racine, ou Bossuet, ou Crébillon; mas eles portam com eles toda uma turbulência popular, toda uma miséria e uma violência, toda uma "baixeza" como se dizia, que nenhuma literatura nessa época teria podido acolher. Eles fazem aparecer indigentes, pobres pessoas, ou simplesmente medíocres, em um estranho teatro no qual tomam posturas, clamores de vozes, grandiloquências, em que revestem molambos de roupagens que lhes são necessários se quiserem que se lhes preste atenção na cena do poder. Às vezes, eles fazem pensar em uma pobre trupe de saltimbancos que se enfarpelaria nem bem nem mal, com alguns ouropéis outrora suntuosos para representar diante de um público de ricos que debochará deles. Fora isso, que desempenhem sua própria vida e diante de poderosos que podem decidir sobre ela. Personagens de Céline querendo se fazer ouvir em Versalhes.

Dia virá em que todo esse disparate estará apagado. O poder que se exercerá no nível da vida cotidiana não mais será o de um monarca, próximo ou distante, todo-poderoso e caprichoso, fonte de toda justiça e objeto de não importa qual sedução, a um só tempo princípio político e potência mágica; ele será constituído de uma rede fina, diferenciada, contínua, na qual se alternam instituições diversas da justiça, da polícia, da medicina, da psiquiatria. E o discurso que se formará, então, não terá mais a antiga teatralidade artificial e inábil; ele se desenvolverá em uma linguagem que pretenderá ser a da observação e da neutralidade. O banal se analisará segundo a grelha eficaz mas cinza da administração, do jornalismo e da ciência; exceto se for buscar seus esplendores um pouco mais longe disso, na literatura. Nos séculos XVII e XVIII, se está na idade ainda tosca e bárbara em que todas essas mediações não existem; o corpo dos miseráveis é confrontado quase diretamente com o do rei, sua agitação com suas cerimônias; não há tampouco linguagem comum, mas um choque entre os gritos e os rituais, entre as desordens que se quer dizer e o rigor das formas que se deve seguir. Daí, para nós que olhamos de longe, esse primeiro afloramento do cotidiano no código do político, estranhas fulgurações, alguma coisa de agudo e de intenso que se perderá mais tarde quando se farão, dessas coisas e desses homens, "negócios", crônicas ou casos.

*

Momento importante este em que uma sociedade emprestou palavras, torneios e frases, rituais de linguagem à massa anônima de pessoas para que pudessem falar de si mesmas – falar delas publicamente e sob a tripla condição de que esse discurso fosse dirigido e posto em circulação em um dispositivo de poder bem definido, que fizesse aparecer o fundo até então apenas perceptível das existências, e que a partir dessa guerra ínfima das paixões e dos interesses ele desse ao poder a possibilidade de uma intervenção soberana. A orelha de Denys era uma pequena máquina bem elementar se a compararmos com esta. Como o poder seria leve e fácil, sem dúvida, de desmantelar, se ele não fizesse senão vigiar, espreitar, surpreender, interditar e punir; mas ele incita, suscita, produz; ele não é simplesmente orelha e olho; ele faz agir e falar.

Essa maquinaria foi sem dúvida importante para a constituição de novos saberes. Ela tampouco é estranha a todo um novo regime da literatura. Não quero dizer que a carta régia com ordens de prisão está no ponto de origem de formas literárias inéditas, mas que na virada dos séculos XVII e XVIII as relações do discurso, do poder, da vida cotidiana e da verdade se enlaçaram sob um novo modo em que também a literatura se encontrava engajada.

A fábula, de acordo com o sentido da palavra, é o que merece ser dito. Por muito tempo, na sociedade ocidental, a vida do dia a dia só pôde ter acesso ao discurso atravessada e transfigurada pelo fabuloso; era preciso que a vida fosse extraída para fora dela mesma pelo heroísmo, pela façanha, pela Providência e pela graça, eventualmente por um crime abominável; era preciso que ela fosse marcada com um toque de impossível. Somente então ela se tornava dizível. O que a colocava fora de acesso lhe permitia funcionar como lição e exemplo. Quanto mais o relato saía do comum, mais ele tinha força para fascinar ou persuadir. Nesse jogo do "fabuloso imaginário", a indiferença para com o verdadeiro e para com o falso era, portanto, fundamental. E se acontecia alguém se propor a dizer da própria mediocridade do real não era senão para provocar um efeito de chiste: apenas o fato de falar dele fazia rir.

A partir do século XVII, o Ocidente viu nascer toda uma "fábula" da vida obscura da qual o fabuloso se viu proscrito. O impossível ou o irrisório cessaram de ser a condição sob a qual se poderia contar o comum. Nasce uma arte da linguagem cuja tarefa não é mais cantar o improvável, mas fazer aparecer o que não aparece – não pode ou não deve aparecer: dizer os últimos graus, e os mais sutis, do real. No momento em que se instaura um dispositivo para forçar a dizer o "ínfimo", o que não se dizia, o que não merece nenhuma glória, o "infame" portanto, um novo imperativo se forma, o qual vai constituir o que se poderá chamar a ética imanente ao discurso literário do Ocidente: suas funções cerimoniais vão se apagar pouco a pouco; não terá mais como tarefa manifestar de modo sensível o clamor demasiado visível da força, da graça, do heroísmo, da potência; mas ir buscar o que é o mais difícil de perceber, o mais escondido, o mais penoso de dizer e de mostrar, finalmente o mais proibido e o mais escandaloso. Uma espécie de imposição para desalojar a parte mais noturna e mais cotidiana da existência (com o risco de aí descobrir, às vezes, as figuras solenes do destino) vai delinear o que é a tendência da literatura a partir do século XVII, depois que ela começou a ser literatura no sentido moderno da palavra. Mais do que uma forma específica, mais do que uma relação essencial à forma, é essa coação, ia dizer essa moral, que a caracteriza e que trouxe até nós seu imenso movimento: dever de dizer os mais comuns dos segredos. A literatura não consiste unicamente nessa grande política, nessa grande ética discursiva; tampouco se reduz inteiramente a ela; mas tem nela seu lugar e suas condições de existência. Daí sua dupla relação com a verdade e o poder. Enquanto o fabuloso só pode funcionar em uma indecisão entre verdadeiro e falso, a literatura se instaura em uma decisão de não verdade: ela se dá explicitamente como artifício, mas engajando-se a produzir efeitos de verdade que são reconhecíveis como tais; a importância que se concedeu, na época clássica, ao natural e à imitação é, sem dúvida, uma das primeiras maneiras de formular esse funcionamento "de verdade" da literatura. A ficção, doravante, substituiu o fabuloso, o romance se desembaraçou do romanesco e só se desenvolverá liberando-se dele cada vez mais completamente. A literatura, portanto, faz parte desse grande sistema de coação através do qual o Ocidente obrigou o cotidiano a se pôr em discurso; mas ela ocupa um lugar particular: obstinada em procurar o cotidiano por baixo dele mesmo, em ultrapassar os limites, em levantar brutal ou insidiosamente os segredos, em deslocar as regras e os códigos, em fazer dizer o inconfessável, ela tenderá, então, a se pôr fora da lei ou, ao menos, a ocupar-se do escândalo, da transgressão ou da revolta. Mais do que qualquer outra forma de linguagem, ela permanece o discurso da "infâmia": cabe a ela dizer o mais indizível – o pior, o mais secreto, o mais intolerável, o descarado. A fascinação que a psicanálise e a literatura exercem uma sobre a outra, há anos, é, neste ponto, significativa. Mas não se deve esquecer de que essa posição singular da literatura não é senão o efeito de um certo dispositivo de poder que atravessa no Ocidente a economia dos discursos e as estratégias do verdadeiro.

Eu dizia, ao começar, que gostaria que se lessem esses textos do mesmo modo que "notícias". Era demasiado dizer, sem dúvida; nenhum deles valerá o menor relato de Tchekhov, de Maupassant ou de James. Nem "quase" nem "subliteratura", não é sequer o esboço de um gênero; é, na desordem, no barulho e na dor, o trabalho do poder sobre as vidas, e o discurso que dele nasce. *Manon Lescaut*[3] conta uma dessas histórias.

---

3 Prévost (A. F.), *Les aventures du chevalier Des Grieux et de Manon Lescaut*, Amsterdam, 1733.

1977

Poder e Saber

"Kenryoku to chi" ("Poder e saber"); entrevista com S. Hasumi gravada em Paris, dia 13 de outubro de 1977), *Umi*, dezembro de 1977, p. 240-256.

– *O interesse do público por suas obras tem aumentado consideravelmente no Japão nesses últimos anos, pois, em seguida à tradução tão esperada de* As palavras e as coisas, *houve a de* Vigiar e punir, *publicada há dois anos, e uma parte de* A vontade de saber, *que acaba de ser traduzido. No entanto, existe no meio intelectual japonês mitos Foucault que tornam impossível uma leitura objetiva de sua obra. Esses mitos veiculam três imagens falsas de sua personalidade, mas geralmente aceitas como verossimilhantes.*

O primeiro mito aceito é o de um Foucault estruturalista, massacrando a história e o homem, do qual já lhe falei na entrevista anterior.[1] *O segundo é o de um Foucault homem de método, mito que se difundiu no Japão depois da tradução de* A arqueologia do saber. *Foi devido a este livro que o acolheram, de algum modo, como a criança prodígio da filosofia que, depois de haver passeado no domínio suspeito da literatura, retornava a uma reflexão séria sobre o método. O terceiro mito é o de um Foucault contestador. Consideram-no contestador já que o senhor fala da prisão e dos prisioneiros. Espera-se então que sua* História da sexualidade *seja um livro de contestação... Esses mitos existem igualmente na França?*

– Eles estão difundidos na França, eles também estão difundidos nos Estados Unidos. Há dois dias, recebi um artigo, aliás muito benfeito, de alguém que retomava sucessivamente meus diferentes livros em sua ordem cronológica, e que os apresentava, na verdade com muita objetividade, a partir da

---

1 Ver *Da Arqueologia à Dinástica*, neste volume.

História da loucura até a *História da sexualidade*. A imagem de cada um dos meus livros não era falsa, mas, contudo, fiquei completamente pasmo, quando no final dessa apresentação o autor dizia: "Pois bem, vejam vocês, Foucault é um aluno de Lévi-Strauss, é um estruturalista, e seu método é completamente anti-histórico ou a-histórico!". Ora, apresentar a *História da loucura*, apresentar *O nascimento da clínica*, *História da sexualidade* e *Vigiar e punir* como livros a-históricos não compreendo. Acrescentaria simplesmente que não houve um comentador, nem mesmo um, para observar que, em *As palavras e as coisas*, que passa como sendo meu livro estruturalista, a palavra "estrutura" não é usada uma só vez. Se ela é mencionada a título de citação, ela nunca é utilizada por mim, nem a palavra "estrutura", nem nenhuma das noções através das quais os estruturalistas definem seu método. É, portanto, um preconceito inteiramente difundido. Este mal-entendido está se dissipando na França, mas diria honestamente que havia, apesar de tudo, suas razões de ser, porque muitas das coisas que fazia não foram, durante muito tempo, completamente claras aos meus próprios olhos. É verdade que pesquisei em direções um tanto diferentes.

Poder-se-ia, é claro, retraçar uma espécie de fio condutor. Meu primeiro livro foi a história da loucura, quer dizer, um problema ao mesmo tempo de história do saber médico, de história das instituições médicas e psiquiátricas. Daí passei para uma análise da medicina em geral e das instituições médicas no início da modernidade da medicina; em seguida, para o estudo das ciências empíricas como a história natural, a economia política, a gramática. Tudo isto é uma espécie, não digo de lógica, mas de progressão, por justaposição; mas sob esse desenvolvimento livre, apesar de tudo verossimilhante, havia alguma coisa que eu mesmo não entendia muito bem, e que no fundo era: qual era o problema, como se diz em francês, do qual eu corria atrás.

Durante muito tempo acreditei que aquilo de que eu corria atrás era uma espécie de análise dos saberes e dos conhecimentos, tais como podem existir em uma sociedade como a nossa: o que se sabe da loucura, o que se sabe da doença, o que se sabe do mundo, da vida? Ora, não creio que esse era meu problema. Meu verdadeiro problema é aquele que, aliás, atualmente, é o problema de todo mundo: o do poder. Penso que é preciso se reportar aos anos 1960, ao que se passava naquele momento, digamos em 1955, já que foi por volta de 1955 que comecei a trabalhar. No fundo havia duas grandes heranças históricas do século XX que não haviam sido assimiladas, e para as quais não se tinha instrumento de análise. Essas duas heranças negras eram o fascismo e o stalinismo. De fato, o século XIX encontrara, como problema mais importante, o da miséria, o da exploração econômica, o da formação de uma riqueza, o do capital, a partir da miséria daqueles mesmos que produziam a riqueza. Este formidável escândalo suscitara a reflexão de economistas e de historiadores que tentaram resolvê-lo, justificá-lo como podiam e, no coração de tudo isso, o marxismo. Penso que, ao menos na Europa ocidental – talvez também no Japão –, quer dizer, nos países desenvolvidos, industrialmente desenvolvidos, não foi tanto o problema da miséria que se apresentava quanto o problema do excesso de poder. Houve regimes, fossem capitalistas, que era o caso do fascismo, fossem socialistas ou se dizendo socialistas, que era o caso do stalinismo, nos quais o excesso de poder do aparelho de Estado, da burocracia, e diria igualmente dos indivíduos uns com os outros, constituía alguma coisa de absolutamente revoltante, tão revoltante quanto a miséria no século XIX. Os campos de concentração, que foram conhecidos em todos esses países, foram para o século XX o que as famosas vilas operárias, o que os famosos pardieiros operários, o que a famosa mortalidade operária foram para os contemporâneos de Marx. Ora, nada nos instrumentos conceituais, teóricos, que tínhamos em mente nos permitia captar bem o problema do poder, já que o século XIX, que nos legara esses instrumentos, só percebeu esse problema através dos esquemas econômicos. O século XIX nos prometera que no dia em que os problemas econômicos se resolvessem todos os efeitos de poder suplementar excessivo estariam resolvidos. O século XX descobriu o contrário: podem-se resolver todos os problemas econômicos que se quiser, os excessos do poder permanecem. Por volta de 1955, o problema do poder começou a aparecer em sua nudez. Eu diria que, até então, até 1955, se pudera considerar – e é bem o que os marxistas nos contavam – que se o fascismo e seus excessos de poder tinham se produzido, e mesmo, no limite, se os excessos do stalinismo tinham podido se produzir, era devido a dificuldades econômicas atravessadas pelo capitalismo em 1929, atravessadas pela União Soviética durante o duro período dos anos 1920-1940. Ora, em 1956, ocorre uma coisa que acho capital, fundamental: o fascismo, tendo desaparecido sob suas formas institucionais na Europa, Stalin estando morto e o stalinismo tendo sido liquidado ou pretensamente liquidado por Khrouchtchev em 1956, os húngaros se revoltam em Budapeste, os russos intervêm e o poder soviético, que no entanto não deveria ser coagido pelas urgências econômicas, reagiu como se viu. Na mesma época, na França, e isto era muito importante, havia a guerra da Argélia; ali também se via que além de todos os problemas econômicos – o capitalismo francês mostrava que podia perfeitamente se abster da Argélia, da colonização argelina – tinha-se de lidar com mecanismos de poder que se embalavam, de algum modo, por si mesmos, além das urgências econômicas fundamentais. Necessidade de pensar esse problema do poder e ausência de instrumentos conceituais para pensá-lo. Creio que, no fundo, de modo um tanto inconsciente, todas as pessoas de minha geração, e sou apenas uma delas, finalmente procuraram apreender esse fenômeno do poder. Agora, reconstituirei retrospectivamente o trabalho que fiz, essencialmente em função desta questão.

Na *História da loucura*, do que se trata? Procurar balizar qual é não tanto o tipo de conhecimento que se pôde formar no que diz respeito à doença mental, mas qual é o tipo de poder que a razão não cessou de querer exercer sobre a loucura, do século XVII até nossa época. No trabalho que fiz sobre *O nascimento da clínica*, era igualmente este o problema. Como é que o fenômeno da doença constituiu, para a sociedade, para o Estado, para as instituições do capitalismo em vias de desenvolvimento, uma espécie de desafio ao qual foi preciso responder através de medidas de institucionalização da medicina, dos hospitais? Que *status* se deu aos doentes? Foi o que eu quis fazer, igualmente para a prisão. Portanto, toda uma série de análises do poder. Diria que *As palavras e as coisas*, sob seu aspecto literário, puramente especulativo, é igualmente um pouco isto, o balizamento dos mecanismos de poder no interior dos próprios discursos científicos: à qual regra somos obrigados a obedecer, em uma certa época, quando se quer ter um discurso científico sobre a vida, sobre a história natural, sobre a economia política? A que se deve obedecer, a que coação estamos submetidos, como, de um discurso a outro, de um modelo a outro, se produzem efeitos de poder? Então, é toda essa ligação do saber e do poder, mas tomando como ponto central os mecanismos de poder, é isso, no fundo, o que constitui o essencial do que eu quis fazer, quer dizer, isto não tem nada a ver com o estruturalismo, e se trata, sem dúvida nenhuma, de uma história – bem-sucedida ou não, não me cabe julgar –, de uma história dos mecanismos de poder e da maneira como eles se engrenaram.

É certo que não tenho, aliás não mais do que as pessoas de minha geração, nenhum instrumento inteiramente pronto para construir isso. Procuro construí-lo a partir das inquirições empíricas precisas sobre tal ou tal ponto, sobre tal ou tal setor muito preciso. Não tenho uma concepção global e geral do poder. Sem dúvida, depois de mim virá alguém que o fará. Eu, eu não faço isso.

– *Portanto, o problema essencial para o senhor, depois de seu primeiro livro, a* História da loucura, *continua sendo o problema do poder.*

– É isso.

– *No entanto, o senhor nunca falou, ou falou raramente, do que chamamos de luta das classes ou de infraestrutura para abordar esse problema. Portanto, desde o começo, o senhor viu muito bem que a análise de inspiração marxista não mais funcionava para esse gênero de fenômeno.*

– Tomemos o caso da História da loucura, domínio ao qual me referi naquele momento. Duas coisas eram certas: de um lado, os loucos não constituem uma classe e as pessoas sensatas uma outra. Não se pode superpor a série de enfrentamentos que podem se produzir de uma parte a outra da linha que divide a razão e a desrazão. Isso é evidente, não há necessidade de comentários. É preciso dizê-lo, ainda. Por outro lado, é certo que a institucionalização de certas formas práticas, como o internamento, a organização de hospitais psiquiátricos, a diferença, por exemplo, entre o internamento em um hospital e os cuidados que podem ser dados a um cliente em uma clínica, todas essas diferenças não são sem dúvida estranhas à existência de classes no sentido marxista do termo, mas a maneira como esse enfrentamento de classes se manifesta nos domínios estudados por mim é extremamente complicada. É através de uma quantidade de caminhos muito diferentes, muito emaranhados, muito confusos que se pode encontrar o elo efetivo que há entre relações de classes, dobras de uma instituição como a do internamento do hospital geral, do hospital psiquiátrico.

Para dizer as coisas mais simplesmente, mais claramente: no centro dos mecanismos de internamento que se desenvolveram no século XVI, sobretudo no século XVII, em toda a Europa, encontramos o problema do desemprego, pessoas que não encontraram trabalho, que emigraram de um país a outro, que circularam através de todo o espaço social. Essas pessoas que foram liberadas ao final das guerras de religião, depois ao final das guerras de Trinta Anos, os camponeses empobrecidos, tudo isso constituiu uma população flutuante, inquietante, à qual se tentou reagir através de um internamento global, no interior do qual os próprios loucos foram aprisionados. Tudo isso é muito complicado, mas não acho que seja fecundo, que seja operante dizer que a psiquiatria é a psiquiatria de classe, a medicina, a medicina de classe, os médicos e psiquiatras, os representantes dos interesses de classe. Não se chega a lugar nenhum quando se faz isso, mas é preciso, contudo, reinserir a complexidade desses fenômenos no interior de processos históricos que são econômicos etc.

– *Sobre a* História da loucura, *lembro-me que, no início dos anos 1960, os pesquisadores japoneses de literatura francesa falavam de seu livro como o faziam de* L'idée du bonheur au XVIIIe siècle, *de Robert Mauzi,*[2] *uma espécie de estudo monotemático sobre a loucura. Não se previu, então, o alcance desse livro 10 anos depois. No Japão, não se compreendeu exatamente, naquele momento, tendo no entanto lido o capítulo sobre o grande internamento, em que isso era importante. Não compreendemos seu pensamento sempre dirigido na mesma direção, mas sem ter fixado método, o que no senhor é essencial, e que provocou mal-entendidos. Por exemplo, depois da publicação de* A arqueologia do saber *muito se falou do método Foucault. Mas, justamente, o senhor nunca fixou um método...*

– Não. *A arqueologia do saber* não é um livro de metodologia. Não tenho um método que aplicaria, do mesmo modo, a domínios diferentes. Ao contrário, diria que é um mesmo campo de objetos, um domínio de objetos que procuro isolar, utili-

---

2 Mauzi (R.), *L'idée de bonheur dans la littérature et la pensée française au XVIIIe siècle*, Paris, Armand Colin, 1960.

zando instrumentos encontrados ou forjados por mim, no exato momento em que faço minha pesquisa, mas sem privilegiar de modo algum o problema do método. Neste sentido também, não sou de modo algum estruturalista, já que os estruturalistas dos anos 1950, 1960, tinham essencialmente como alvo definir um método que fosse, senão universalmente válido, ao menos geralmente válido para toda uma série de objetos diferentes: a linguagem, os discursos literários, os relatos míticos, a iconografia, a arquitetura... Este não é absolutamente meu problema: procuro fazer aparecer essa espécie de camada, ia dizer essa interface, como dizem os técnicos modernos, a interface do saber e do poder, da verdade e do poder. É isso. Eis aí meu problema.

Há efeitos de verdade que uma sociedade como a sociedade ocidental, e hoje se pode dizer a sociedade mundial, produz a cada instante. Produz-se verdade. Essas produções de verdades não podem ser dissociadas do poder e dos mecanismos de poder, ao mesmo tempo porque esses mecanismos de poder tornam possíveis, induzem essas produções de verdades, e porque essas produções de verdade têm, elas próprias, efeitos de poder que nos unem, nos atam. São essas relações verdade/poder, saber/poder que me preocupam. Então, essa camada de objetos, ou melhor, essa camada de relação, é difícil de apreender; e, como não há teorias gerais para apreendê-las, eu sou, se quiserem, um empirista cego, quer dizer, estou na pior das situações. Não tenho teoria geral e tampouco tenho um instrumento certo. Eu tateio, fabrico, como posso, instrumentos que são destinados a fazer aparecer objetos. Os objetos são um pouquinho determinados pelos instrumentos, bons ou maus, fabricados por mim. Eles são falsos, se meus instrumentos são falsos... Procuro corrigir meus instrumentos através dos objetos que penso descobrir e, neste momento, o instrumento corrigido faz aparecer que o objeto definido por mim não era exatamente aquele. É assim que eu hesito ou titubeio, de livro em livro.

– *O senhor acaba de pronunciar uma expressão significativa para definir sua atitude de pesquisa: "empirista cego".* Justamente, sobre A arqueologia do saber, *eu escrevi um artigo em que digo: "O mais belo momento nos discursos do Sr. Foucault é quando ele se encontra em um lugar de não saber e confessa sua impotência ante as relações complexas das ideias e dos acontecimentos..." Este lugar de não saber não* é uma falta que o desencoraja, mas, antes, uma necessidade quase existencial que o impele a pensar e que o incita a estabelecer uma relação criadora com a linguagem. É esta relação com o pensamento e a linguagem, muito particular ao senhor, que provoca uma quantidade de mal-entendidos. Normalmente, se preestabelece um método que permite analisar alguma coisa de desconhecido. O senhor não aceita esta relação conhecido/desconhecido...

– É isso. Quer dizer, em geral, ou se tem um método sólido para um objeto que não se conhece, ou o objeto preexiste, sabe-se que ele está ali, mas se considera que ele não foi analisado como devia, e se fabrica um método para analisar este objeto preexistente já conhecido. Estas são as duas únicas maneiras convenientes de se conduzir. Quanto a mim, eu me conduzo de maneira totalmente insensata e pretensiosa, sob aparente modéstia, mas é pretensão, presunção, delírio de presunção, quase no sentido hegeliano, querer falar de um objeto desconhecido com um método não definido. Então, visto a carapuça, sou assim...

– *Então, em seu livro sobre a sexualidade...*

– Gostaria de acrescentar uma palavra. Depois do que eu disse, me perguntarão: "Por que o senhor fala, o senhor tem ou não um fio condutor?" Eu retomarei o que dizia há pouco sobre o stalinismo. Existe atualmente – e é nisto que intervém a política – em nossas sociedades um certo número de questões, de problemas, de feridas, de inquietação, de angústias que são o verdadeiro motor da escolha que faço e dos alvos que procuro analisar, dos objetos que procuro analisar, e da maneira que tenho de analisá-los. É o que somos – os conflitos, as tensões, as angústias que nos atravessam – que, finalmente, é o solo, não ouso dizer sólido, pois por definição ele é minado, perigoso, o solo sobre o qual eu me desloco.

– *Aliás, por isso é que o senhor fala do poder ao fazer a História da sexualidade. Mas, ali também, creio que pode haver um mal-entendido, pois a palavra "poder" sempre foi associada, é associada atualmente, à noção de soberania estatal, enquanto o senhor procura definir a palavra "poder" em seu livro como não sendo nem uma instituição, nem uma estrutura, nem um poder estatal, mas um lugar estratégico onde se encontram todas as relações de forças poder/saber. Tenho a impressão de que o senhor fala de outra coisa dife-*

rente do poder, que o senhor fala do que o senhor chama de verdade, não a verdade produzida em toda parte pela sociedade atual, mas a verdade que o senhor deve alcançar através da ficção de seu trabalho. Eu me engano, talvez, mas sua definição não se aplica melhor ao que o senhor chama de verdade?

– Não, o senhor não se engana. Acho que posso dizer o mesmo, um pouco diferentemente, dizendo que, na França, em geral, entendem-se também como poder os efeitos de dominação que estão ligados à existência de um Estado e ao funcionamento dos aparelhos de Estado. O poder: imediatamente, o que vem à mente das pessoas é o exército, a polícia, a justiça. Para falar da sexualidade: outrora, condenavam os adúlteros, condenavam os incestos; hoje, condenam os homossexuais, os violentadores. Ora, quando se tem esta concepção do poder, penso que o localizamos somente nos aparelhos de Estado, enquanto as relações de poder existem – mas isso, sabe-se apesar de tudo, porém nem sempre se tira as consequências –, passam por muitos outras coisas. As relações de poder existem entre um homem e uma mulher, entre aquele que sabe e aquele que não sabe, entre os pais e as crianças, na família. Na sociedade, há milhares e milhares de relações de poder e, por conseguinte, relações de forças de pequenos enfrentamentos, microlutas, de algum modo. Se é verdade que essas pequenas relações de poder são com frequência comandadas, induzidas do alto pelos grandes poderes de Estado ou pelas grandes dominações de classe, é preciso ainda dizer que, em sentido inverso, uma dominação de classe ou uma estrutura de Estado só podem bem funcionar se há, na base, essas pequenas relações de poder. O que seria o poder de Estado, aquele que impõe, por exemplo, o serviço militar, se não houvesse, em torno de cada indivíduo, todo um feixe de relações de poder que o liga a seus pais, a seu patrão, a seu professor – àquele que sabe, àquele que lhe enfiou na cabeça tal ou tal ideia?

A estrutura de Estado, no que ela tem de geral, de abstrato, mesmo de violento, não chegaria a manter assim, contínua e cautelosamente, todos os indivíduos, se ela não se enraizasse, não utilizasse, como uma espécie de grande estratégia, todas as pequenas táticas locais e individuais que encerram cada um entre nós. É isso. Eu queria fazer aparecer um pouquinho esse fundo das relações de poder. Isso, para responder ao que o senhor dizia sobre o Estado. Por outro lado, eu queria fazer aparecer também que essas relações de poder utilizam métodos e técnicas muito, muito diferentes umas das outras, segundo as épocas e segundo os níveis. A polícia, por exemplo, certamente tem seus métodos – nós os conhecemos –, mas há igualmente todo um método, toda uma série de procedimentos pelos quais se exercem o poder do pai sobre seus filhos, toda uma série de procedimentos pelos quais, em uma família, vemos se enlaçarem relações de poder, dos pais sobre os filhos, mas também dos filhos sobre os pais, do homem sobre a mulher, e também da mulher sobre o homem, sobre os filhos. Tudo isso tem seus métodos e sua tecnologia próprios. Enfim, é preciso dizer também que não se podem conceber essas relações de poder como uma espécie de dominação brutal sob a forma: "Você faz isto, ou eu o mato." Essas não são senão situações extremas de poder. De fato, as relações de poder são relações de força, enfrentamentos, portanto, sempre reversíveis. Não há relações de poder que sejam completamente triunfantes e cuja dominação seja incontornável. Com frequência se disse – os críticos me dirigiram esta censura – que, para mim, ao colocar o poder em toda parte, excluo qualquer possibilidade de resistência. Mas é o contrário!

Quero dizer que as relações de poder suscitam necessariamente, apelam a cada instante, abrem a possibilidade a uma resistência, e é porque há possibilidade de resistência e resistência real que o poder daquele que domina tenta se manter com tanto mais força, tanto mais astúcia, quanto maior for a resistência. De modo que é mais a luta perpétua e multiforme que procuro fazer aparecer do que a dominação morna e estável de um aparelho uniformizante. Em toda parte se está em luta – há, a cada instante, a revolta da criança que põe seu dedo no nariz à mesa, para aborrecer seus pais, o que é uma rebelião, se quiserem –, e, a cada instante, se vai da rebelião à dominação, da dominação à rebelião; e é toda esta agitação perpétua que gostaria de tentar fazer aparecer. Não sei se respondi exatamente à sua questão. Havia a questão da verdade. Se o senhor quiser, de fato, por verdade, não entendo uma espécie de norma geral, uma série de proposições. Entendo por verdade o conjunto de procedimentos que permitem a cada instante e a cada um pronunciar enunciados que serão considerados verdadeiros. Não há absolutamente instância suprema. Há regiões onde esses efeitos de verdade são perfeitamente codificados, onde o procedimento pelos quais se pode chegar a enunciar as verdades são conhecidos previamente, regulados. São, em geral, os domínios científicos. No caso das matemáticas, é absoluto. No caso das ciências, digamos empíricas, já é muito mais flutuante. E depois, afora as ciências, têm-se também os efeitos de verdade ligados ao sistema de informações: quando alguém, um locutor de rádio ou de televisão, lhe anuncia alguma coisa, o senhor acredita ou não acredita, mas isso se põe a funcionar na cabeça de milhares de pessoas como verdade, unicamente porque foi pronunciado daquela maneira, naquele tom, por aquela pessoa, naquela hora.

Não fui o primeiro a introduzir a questão do poder, longe disso, da qual lhe falava há pouco. Todo um grupo de pessoas muito interessantes a estudaram, e bem antes de 1956. Todos os que, a partir de um ponto de vista marxista, procuraram estudar o que chamavam de fenômeno burocrático, enfim, a burocratização do partido. Isso foi feito muito cedo, depois dos anos 1930, nos círculos trotskistas ou derivados do trotskismo. Eles fizeram um trabalho considerável. Fizeram aparecer toda uma quantidade de coisas importantes, mas é absolutamente verdade que a maneira como apresento o problema é diferente, pois não busco ver qual é a aberração produzida nos aparelhos de Estado, e que conduziu a esse suplemento do poder. Busco, ao contrário, ver como, na vida cotidiana, nas relações entre os sexos, nas famílias, entre os doentes mentais e as pessoas sensatas, entre os doentes e os médicos, enfim, em tudo isso, há inflação de poder. Dito de outro modo, a inflação de poder, em uma sociedade como a nossa, não tem uma origem única, que seria o Estado e a burocracia de Estado. Desde que há uma inflação perpétua, uma inflação rastreante, como diriam os economistas, que nasce a cada instante, quase que a cada passo nosso, não se pode dizer: "Mas por que, aqui, exerço o poder? Não apenas com que direito, mas para que isso serve?" Tomem, por exemplo, o que se passou no que concerne aos doentes mentais. Viveu-se, durante séculos, com a ideia de que, se não os internássemos em primeiro lugar, isso seria perigoso para a sociedade; em segundo, isso seria perigoso para eles próprios. Dizia-se que era preciso protegê-los contra eles próprios internando-os, que a ordem social arriscava ser comprometida. Ora, assiste-se, hoje, a uma espécie de abertura geral dos hospitais psiquiátricos – isso hoje tornou-se bastante sistemático, não sei se no Japão, mas na Europa –, e se percebe que isso não aumenta de modo algum a taxa de perigo para as pessoas sensatas. Certamente, citarão o caso de pessoas que foram liberadas de um hospital psiquiátrico e que mataram alguém. Mas, se olharem as estatísticas, se olharem como isso acontecia antes, não há mais, diria, antes, que há menos do que no tempo em que se procurava internar todo mundo e em que, afora das evasões, havia toda uma quantidade de pessoas que nunca haviam sido internadas...

– *Para retomar a noção de história, gostaria de saber se o senhor pensa em Gaston Bachelard quando o senhor emprega as palavras "ruptura" ou "corte" epistemológicos?*

– Em um sentido, sim. De fato, eu parti, ali também, de uma constatação empírica. Acho que não usei essa palavra, ruptura, na *História da loucura*. E a empreguei, com toda certeza, ou noções análogas, em *O nascimento da clínica* e em *As palavras e as coisas*, porque de fato, nesses domínios, que são domínios científicos, e somente nesses, assiste-se e assistiu-se – ao menos entre os séculos XVI e XIX – a uma quantidade de mudanças bruscas da ordem dos fatos de observação. Lanço um desafio a qualquer um que olhe os livros de medicina, por exemplo, do período que vai de 1750 a 1820, a não ver, em um dado momento e em um espaço de tempo – um lapso de tempo extraordinariamente restrito: 15 ou 20 anos –, uma mudança não apenas nas teorias, não apenas nos conceitos, não somente nas palavras, no vocabulário, mas nos objetos de que se fala – na relação com as coisas –, uma mudança radical e que faz com que – e esta é uma prova de reconhecimento epistemológico que não engana – quando lemos um livro de medicina, de um bom médico dos anos 1820-1830, com nosso saber médico de hoje, sabemos perfeitamente do que ele nos fala. Dizemos para nós mesmos: "Ah! Ele se enganou sobre as causas. Ah! Aqui, ele não viu tal ou tal coisa. Ah! Ali logo depois a microbiologia trouxe tal ou tal coisa." Mas sabemos do que ele fala. Quando lemos um livro de medicina, mesmo sendo de um grande médico dos anos antes de 1750, uma em cada duas vezes somos obrigados a nos dizer: "Mas de que doença ele fala? O que é isso? Isto corresponde a quê?" Diante das descrições de epidemias que são muito benfeitas, com muitas precisões, que datam do início do século XVIII, se é obrigado a dizer: "Pois bem, isto devia ser tal doença, mas não se tem certeza", o que prova que o olhar e a relação com as coisas [mudaram].[3] Ainda uma vez, isto se faz sob a forma do corte. Quando se lê a *Histoire naturelle* de Buffon,[4] sabe-se muito bem de que fala Buffon. No entanto, a maneira como ele trata as coisas e apresenta os problemas será completamente subvertida, de um modo geral, a partir de Cuvier, ou seja, 40 anos depois, quando, com a *Anatomie comparée*,[5] Cuvier poderá fazer uma decifração das estruturas, fazer aproximações, classificações, organizações de um tipo totalmente diferente. Ali também o corte aparece imediatamente. Quando falo de corte, não é, de modo algum, que eu faço dele um princípio de explicação; ao contrário, procuro apresentar o problema e procuro dizer: consideremos todas essas diferenças, não tentemos apagar esses cortes dizendo: "Houve continuidade." Ao contrário, consideremos todas as diferenças, somemo-las, não depreciemos as diferenças existentes e busquemos saber o que aconteceu, o que foi transformado, o que foi diminuído, o que foi deslocado, qual é o conjunto das transformações que permitem passar de um estado do discurso científico a um outro. Mas tudo isso vale para os discursos científicos e nunca é senão a propósito deles que isso se produz. É específico da história do discurso científico ter mutações bruscas. Nos outros domínios não se têm, de modo algum, mutações bruscas. Por exemplo, para a *História da sexualidade*, estou lendo todos os textos da pastoral e das direções de consciência cristã: eu lhes asseguro que, desde S. Bento, de S. Jerônimo, dos padres gregos, sobretudo os monges da Síria e do Egito, até o século XVII, tem-se uma continuidade absolutamente extraordinária, notável, com, evidentemente, ora acelerações, ora moderações, estabilizações, toda uma vida ali contida, mas rupturas, de jeito nenhum. A ruptura não é, para mim, absolutamente uma noção fundamental, é um fato de constatação. Aliás, observei que as pessoas que conheciam a literatura científica não ficavam, de modo algum, chocadas

---

3 No original, a frase está sem o verbo.
4 Buffon (G. L. Leclerc, conde de), *Histoire naturelle générale et particulière, avec la description du cabinet du Roi* (em colaboração com Daubenton, Guéneau de Montbéliard, o abade Bexon, Lacépède), Paris, Imprimerie Royale, 1749-1803, 44 vol.
5 Cuvier (G.), *Leçons d'anatomie comparée*, Paris, Crochard, ano VIII, 2 vol.

quando eu falava de ruptura. Um historiador da medicina não nega esse corte.
– *Quando o senhor fala de corte, isso choca os historiadores de inspiração marxista, já que o senhor não fala da Revolução Francesa...*
– Eles são engraçados... É inteiramente certo que eu não falo disso no que concerne à formação da anatomia comparada; com certeza podemos encontrar um certo número de efeitos da Revolução Francesa na carreira de tal ou tal professor no Museum, ou em coisas assim. Mas este não é o verdadeiro problema. Em contrapartida, falei da Revolução Francesa – eu era bem obrigado a falar dela, eu teria recebido as más graças caso não falasse – no que diz respeito às instituições psiquiátricas, uma vez que a estrutura do internamento, a instituição do internamento foram completamente subvertidas durante a Revolução Francesa. Os historiadores marxistas esquecem sempre de dizer que falei da Revolução Francesa a esse respeito. Eles esquecem também de dizer que falei disso com relação à medicina, porque, na medicina, sabe Deus como isso foi importante; a desestruturação de estruturas corporativas do corpo médico no exato momento da Revolução, todos os projetos que houve para uma espécie de medicina global, higienista, medicina de saúde mais que de doença, nos anos 1790-1793, e a importância que as guerras revolucionárias e napoleônicas tiveram para a formação de um novo corpo médico, falei de tudo isso. Infelizmente, os marxistas não falam disso uma vez que eu falei. Em contrapartida, quando, no que se refere à anatomia patológica, eu não falo da Revolução Francesa – o que me parece, contudo, uma violação extraordinária do direito das pessoas – se diz: "Ah! Observem, ele nunca fala da Revolução Francesa."
– *Sobre a* História da sexualidade, *o senhor faz uma análise muito aprofundada do papel da confissão no Ocidente. O senhor acredita que, em um mundo onde essa ciência da sexualidade não existe, a confissão desempenhe ainda um papel?*
– Cabe observar. No budismo, têm-se procedimentos de confissão que são definidos, codificados de uma maneira extremamente rigorosa (de uma maneira monacal) para os monges. O budismo tem, assim, estruturas de confissão. Ele não as tem manifestamente em uma escala tão grande quanto no

Ocidente cristão, onde todo mundo foi submetido ao procedimento da confissão, onde todo mundo era suposto confessar seus pecados, e onde milhões de pessoas, centenas de milhões de pessoas, foram efetivamente coagidas a confessar seus pecados. Formalmente, quando se olham as regras do monarquismo budista e as regras da confissão cristã, têm-se muitas analogias, mas, na realidade, isso não funcionou absolutamente da mesma maneira.

– *A confissão toma sempre a forma de um relato em torno da verdade, de um crime ou de um pecado. Isto poderia ter, por conseguinte, relações formais com outras formas de relatos: por exemplo, relatos de aventuras, relatos de conquistas etc. Em sua opinião, será que haveria uma forma narrativa específica da confissão na sociedade moderna?*

– O cristianismo, se não inventou, ao menos instaurou um procedimento de confissão inteiramente singular na história das civilizações, coação que permaneceu durante séculos e séculos. A partir da Reforma, o discurso da confissão, de algum modo, explodiu, em vez de ficar localizado no interior do ritual da penitência; ela se tornou um comportamento que podia ter funções simplesmente, digamos, psicológicas, de melhor conhecimento de si mesmo, de melhor domínio de si, de esclarecimento de suas próprias tendências, de possibilidade de gerir sua própria vida – práticas de exames de consciência tão fortemente encorajadas pelo protestantismo, afora inclusive a penitência e a confissão, e a confissão ao pastor. Viu-se também, naquele momento, desenvolver-se a literatura na primeira pessoa, em que as pessoas têm seu diário, dizem o que fizeram, contam seu dia, prática que se desenvolveu sobretudo nos países protestantes, ainda que haja exemplos também nos países católicos. Depois, chegou a literatura, na qual a confissão teve uma importância tão grande – *La princesse de Clèves*,[6] na França –, e a literatura em que se conta, sob uma forma apenas disfarçada, ligeiramente romanesca, suas próprias aventuras. Formidável difusão do mecanismo da confissão que chega, agora, a essas sessões que se têm na França – suponho que vocês tenham a mesma coisa no Japão –, essas sessões no rádio e, dentro em breve, na televisão, em que as

---

6 La Fayette (M.-M. Pioche de La Vergne, condessa de), *La princesse de Clèves*, Paris, Barbin, 1678.

pessoas virão dizer: "Pois bem, escutem: eu não me entendo mais com minha mulher, não posso mais fazer amor com ela, não tenho mais ereção na cama com ela, estou muito confuso, o que devo fazer?..." A história da confissão não termina assim, haverá outras peripécias... tudo isso é um fenômeno muito importante e muito próprio, em sua origem, ao Ocidente cristão. No Japão, vocês têm atualmente esse fenômeno, mas ele veio do Ocidente. Na civilização japonesa tradicional, não havia necessidade de confissões, esta exigência de confissões tão fortemente ancoradas na alma ocidental pelo cristianismo. Caberia estudar isso.

– *No Japão, por volta de 1900, houve uma tentativa de modernização do gênero romanesco, cujos partidários reclamavam uma literatura de confissão...*
– Ah! É...?
– *Essa literatura romântica de confissão estilo Jean-Jacques Rousseau tornou-se até uma tradição dos romances japoneses contemporâneos, curiosamente designada sob o nome de "naturalismo"! Existe toda uma literatura de confissão espontânea. Estranhamente, ela mobilizou aqueles que nunca aprenderam a ler ou a escrever. Por exemplo, um condenado à morte escreveu romances desse gênero na prisão, tal como Fieschi, que pedia que tudo o que escrevia fosse publicado sem que a ortografia fosse mudada. Assim, prisão, escrita, vontade de confissão...*
– Eis aí um fenômeno do qual bem se pode dizer que é um fenômeno de ruptura. O relato de antigos delinquentes, o relato de prisioneiros, o relato de pessoas na expectativa de serem condenadas à morte praticamente não existiam antes do início do século XIX – têm-se raros testemunhos disso. Depois, a partir de 1820, têm-se mil testemunhos de prisioneiros que escreviam, pessoas que iam solicitar aos prisioneiros para dizer-lhes: "Mas escrevam então suas lembranças, suas memórias, deem-nos testemunhos." Os jornalistas se jogam aos pés dos criminosos para que estes queiram, de bom grado, lhes dar declarações. É um fenômeno muito importante, muito curioso, que se produziu muito rapidamente, mas que está ligado também à antiga tradição de que os criminosos deviam ser punidos, essencialmente, a partir de suas confissões. Era preciso fazer um criminoso confessar. Mesmo quando se tinham provas contra ele, buscava-se, apesar de tudo, obter uma confissão, como

uma espécie de autenticação do crime pelo próprio criminoso. Além disso, no início do século XIX, a ideia de que a punição de um crime devia ser essencialmente a correção do criminoso, sem melhorias, a transformação de sua alma implicava que esse homem fosse conhecido e se manifestasse. Desde que o castigo não é mais a réplica a um crime, mas uma operação transformadora do criminoso, o discurso do criminoso, sua confissão, o trazer a público o que ele é, o que ele pensa, o que ele deseja, torna-se indispensável. É uma espécie de mecanismo de apelo, se quiserem.

– Penso em um escritor como Céline, por exemplo. Depois de seu retorno à França, tudo o que ele escreveu é uma confissão um pouco truncada, contando tudo o que lhe aconteceu, tudo o que fez. Gaston Gallimand compreendeu muito bem o gosto do público pelas confissões, a confissão...

– Com toda certeza. A falta, no Ocidente, é uma das experiências fundamentais que desencadeia a fala, mais do que a exploração. Tomemos os heróis gregos da *Ilíada* e da *Odisseia*. Nem Aquiles, nem Agamêmnon, nem Ulisses falam a partir da falta. A falta intervém de tempos em tempos, mas não é o mecanismo do desencadeamento. Pode-se dizer atualmente que, ao contrário, é sobre o fundo de falta que se desencadeia o mecanismo de apelo do discurso e o da literatura.

– Eu destaco a palavra "literatura" que o senhor acaba de pronunciar. Antigamente, o senhor falava dela espontaneamente, e muito.

– Oh! Muito, muito... um pouquinho!

– Mas, contudo...

– A razão é muito simples. Naquela época, eu não sabia muito bem do que eu falava, eu procurava a lei ou o princípio de meu discurso. Agora, eu sei melhor.

– Mas, justamente, não se poderia acreditar que aquilo que o senhor faz neste momento é mais próximo da literatura e que, deste modo, o senhor não sente mais necessidade de falar dela? Pois, longe de serem discursos sobre a verdade, seus escritos têm por alvo empurrar os limites do pensamento e fazer aparecer o que se pode chamar de o próprio corpo da linguagem.

– Teria vontade de responder: é verdade que não é a verdade que me preocupa. Falo da verdade, procuro ver como se atam, em torno dos discursos considerados como verdadeiros, os efeitos de poder específicos, mas meu verdadeiro problema, no fundo, é o de forjar instrumentos de análise, de ação política e de intervenção política sobre a realidade que nos é contemporânea e sobre nós mesmos.

Para tomar um exemplo muito simples: o senhor me dizia que se leu a *História da loucura* como uma monografia sobre um tema. Mas claro, não passava disso, e o que foi que aconteceu? Muito curiosamente, e não tive nenhum domínio sobre isso, o fato de que se faça a história da instituição psiquiátrica, de que se mostre de qual mecanismo de poder ela estava cativa, literalmente feriu a consciência dos psiquiatras quanto à sua prática, alertou a consciência das pessoas quanto ao que ocorria nos hospitais psiquiátricos, embora esse livro, que não passa de uma história verdadeira ou falsa, válida ou não, pouco importa, da instituição psiquiátrica, é considerado como um livro de antipsiquiatria e, ainda hoje, sou insultado – ou seja, 16 anos depois da publicação desse livro – como sendo um desses odiosos provocadores que, inconscientes dos perigos e dos riscos que corriam e faziam correr, fizeram a apologia da loucura e da antipsiquiatria.

1977

Poderes e Estratégias

"Poderes e estratégias" (entrevista com J. Rancière), *Les révoltes logiques*, n. 4, inverno de 1977, p. 89-97.

– *Não há uma inversão que faz da crítica do internamento a palavra mestra dos neoliberalismos ou dos neopopulismos?*

– Temo, de fato, um certo uso da aproximação *gulag*-internamento. Um certo uso que consiste em dizer: todos temos nossos *gulag*, ele ali está, à nossa porta, em nossas cidades, em nossos hospitais, em nossas prisões; ele está aqui, em nossas cabeças. Temo que sob o pretexto de "denúncias sistemáticas" se instale um ecletismo acolhedor. E que aqui venham abrigar-se muitas manobras. Abraçam, com uma ampla indignação, com um grande "suspiro Lamourette",* todas as perseguições políticas do mundo, e permitem assim ao PCF participar de um comício em que Pliouchtch deve falar. O que autoriza o dito PCF a manter três discursos:
– dirigindo-se pelos lados a todos e a ninguém: eis-nos aqui, vocês e nós, todos juntos, muito infelizes; os problemas da URSS são os mesmos que os de todos os países do mundo, nem menores nem piores, e reciprocamente partilhemos nossas lutas, quer dizer, dividamo-las;
– aos parceiros eleitorais: vejam como somos livres, nós também, em relação à URSS. Tal como vocês, denunciamos o *gulag*: deixem-nos fazer;

---

* (N.T.) Lamourette (Achien), prelado e político francês, 1742-1794; membro do Legislativo pedia, em face dos perigos externos, a união de todos os deputados, em um forte abraço; essa fraternidade sem fronteiras ficou célebre sob o nome de "o beijo Lamourette"; *Grand Larousse Encyclopédique*, Paris, 1962.

– no interior do PC: vejam como somos hábeis em evitar o problema do *gulag* soviético. Nós o dissolvemos nas águas turvas dos internamentos políticos em geral.

Parece-me que é preciso distinguir a *instituição "gulag"* e a *questão do "gulag"*. Tal como as tecnologias políticas, a instituição *gulag* tem sua história, suas transformações e transferências, seu funcionamento e seus efeitos. O internamento da Idade Clássica faz parte, verossimilmente, de sua arqueologia.

A questão do *gulag* marca uma escolha política. Há aqueles que formulam a questão do *gulag* e aqueles que não a formulam. Formulá-la quer dizer quatro coisas.

a) É recusar interrogar o *gulag* a partir dos textos de Marx ou de Lenin, perguntando-se por qual erro, desvio, desconhecimento, distorção especulativa ou prática a teoria pôde ser traída a este ponto.

É, ao contrário, interrogar todos esses discursos, por antigos que sejam, a partir da realidade do *gulag*. Mais do que procurar nesses textos o que poderia condenar antecipadamente o *gulag*, trata-se de perguntar o que, neles, o permitiu, o que continua a justificá-lo, o que permite, hoje, aceitar sempre sua intolerável verdade. A questão do *gulag* não deve ser formulada em termos de erro (rebatimento teórico), mas de realidade.

b) É recusar localizar a interrogação só no nível das causas. Se perguntamos imediatamente: o que é "causa" do *gulag* (o atraso do desenvolvimento da Rússia, a transformação do partido em burocracia, as dificuldades econômicas próprias à URSS?), se faz do *gulag* uma espécie de doença – abscesso, infecção, degenerescência, involução. Só se o pensa negativamente; obstáculo a suspender, disfunção a corrigir. O *gulag*, doença de maternidade no país que pariu dolorosamente o socialismo.

A questão do *gulag* deve ser formulada em termos positivos. O problema das causas não pode ser dissociado daquele do funcionamento: para que ele serve, que funcionamento ele garante, a quais estratégias ele se integra?

O *gulag* deve ser analisado como operador econômico-político em um Estado socialista. Nenhum rebatimento historicista. O *gulag* não é um resto, ou uma sequência. Ele é um presente pleno.

c) É recusar dar-se, para fazer a crítica do *gulag*, um princípio de filtragem, uma lei que seriam interiores a nosso próprio discurso ou a nosso próprio sonho. Quero dizer com isto: renunciar à política das aspas; não se safar afetando o socialismo soviético de aspas infamantes e irônicas que abrigam o bom, o verdadeiro socialismo – sem aspas –, o único que dará o verdadeiro ponto de vista legítimo para fazer uma crítica politicamente válida do *gulag*. De fato, o único socialismo que merece as aspas da irrisão é aquele que, em nossa cabeça, leva a vida sonhadora da idealidade. É preciso, ao contrário, que abramos os olhos ao que permite, lá, no próprio lugar, resistir ao *gulag*; aquilo a partir do que ele se torna insuportável, e aquilo que pode dar aos homens do *antigulag* a coragem de se levantar e de morrer para poder dizer uma palavra ou um poema. É preciso saber o que faz Mikael Stern dizer: "Eu não me renderei"; e saber também como esses homens e essas mulheres "quase iletrados" que foram reunidos (sob quais ameaças?) para acusá-lo encontraram a força para desculpá-lo publicamente. São estes que se devem escutar e não nosso pequeno romance de amor secular com o "socialismo". Em que se apoiam, o que lhes dá sua energia, o que opera em sua resistência, o que os faz erguer-se? E, sobretudo, que não lhes perguntem se eles são, sempre a despeito de tudo, "comunistas", como se fosse esta a condição para que nós outros aceitemos ouvi-los.[1] A alavanca contra o *gulag* não está em nossa cabeça, mas nos corpos deles, em sua energia, no que fazem, dizem e pensam.

d) É recusar a dissolução universalista na "denúncia" de todos os internamentos possíveis. O *gulag* não é uma questão a formular uniformemente a toda sociedade, seja ela qual for. A questão deve ser formulada especificamente a toda sociedade socialista, uma vez que nenhuma delas desde 1917 conseguiu, de fato, funcionar sem um sistema mais ou menos desenvolvido de *gulag*.

Em suma, há que fazer valer, parece-me, a especificidade da questão do *gulag* contra todo rebatimento teórico (que faz dele um erro legível a partir dos textos), contra todo rebatimento historicista (que faz dele um efeito de conjuntura isolável a partir de suas causas), toda dissociação utópica (que o colocaria, com o "pseudossocialismo", em oposição ao "próprio" socialis-

---

[1] (N.A.) Cabe notar que, na França, não encontramos, como em outros países, essa publicação regular da contracultura soviética. É nela, não nos textos de Marx, que deveria estar, para nós, o material de reflexão.

mo), toda dissolução univerzalizante na forma geral do internamento. Todas essas operações têm um mesmo papel, e elas não são demasiadas para garantir uma tarefa tão difícil: continuar, a despeito do *gulag*, a fazer circular entre nós um discurso de esquerda cujos princípios organizadores permaneceriam os mesmos. Parece-me que a análise de Glucksmann escapa de todos esses rebatimentos praticados de tão bom grado.[2]

Dito isso sobre a especificidade da questão do *gulag*, restam dois problemas:

– como ligar concretamente, na análise e na prática, a crítica das tecnologias de normalização que derivam historicamente do internamento clássico e a luta contra o *gulag* soviético, como perigo historicamente crescente? Onde estão as prioridades? Quais laços orgânicos estabelecer entre as duas tarefas?

– o outro problema, ligado ao precedente (a resposta a este último condicionando, por uma parte, a resposta ao primeiro), atinge a existência de uma "plebe", alvo constante e constantemente mudo dos dispositivos de poder. Para a primeira questão, parece-me impossível dar uma resposta peremptória e individual. É preciso tentar elaborar uma através das conjunturas políticas que devemos agora atravessar. Para a segunda, em contrapartida, parece-me que se pode dar ao menos um esboço de resposta. Não se deve, sem dúvida, conceber a "plebe" como o fundo permanente da história, o objetivo final de todos os assujeitamentos, o fogo nunca inteiramente extinto de todas as revoltas. Sem dúvida, não há realidade sociológica da "plebe". Mas há sempre, com certeza, alguma coisa no corpo social, nas classes, nos grupos, nos próprios indivíduos que escapa, de uma certa maneira, às relações de poder; alguma coisa que não é a matéria primeira mais ou menos dócil ou recalcitrante, mas que é o movimento centrífugo, a energia inversa, a escapada.

"A" plebe sem dúvida não existe, mas existe "algo de" plebe. Há algo de plebe nos corpos, e nas almas, há algo dela nos indivíduos, no proletariado, na burguesia, mas com uma extensão das formas, das energias, das irredutibilidades diversas. Essa parte de plebe é menos o exterior, no que diz respeito às relações de poder, do que seu limite, seu avesso, seu contra-

---

2 Glucksmann (A.), *La cuisinière et le mangeur d'hommes. Essai sur les rapports entre l'État, le marxisme et les camps de concentration*, Paris, Éd. du Seuil, col. "Combats", 1975.

golpe; é o que responde a todo avanço do poder através de um movimento para dele se livrar; é, portanto, o que motiva cada novo desenvolvimento das redes de poder. A redução da plebe pode efetuar-se de três maneiras: seja por seu assujeitamento efetivo, seja por sua utilização como plebe (cf. o exemplo da delinquência no século XIX), seja ainda quando ela se fixa, ela própria, segundo uma estratégia de resistência. Tomar a plebe deste ponto de vista, que é o do avesso e o do limite em relação ao poder, é portanto indispensável para fazer a análise de seus dispositivos: a partir daí se podem compreender o seu funcionamento e seus desenvolvimentos. Não acho que isso possa se confundir, de nenhuma maneira, com um neopopulismo que substantivaria a plebe, ou com um neoliberalismo que cantaria seus direitos primitivos.

– *A questão do exercício do poder é pensada, hoje em dia e de bom grado, nos termos do amor (do senhor) ou do desejo (das massas pelo fascismo). Pode-se fazer a genealogia dessa subjetivação? E se podem especificar as formas de consentimento, as "razões de obedecer" da qual ela traveste o funcionamento?*

É em torno do sexo que se institui, segundo alguns, o inelutável do senhor, segundo outros, a subversão mais radical. O poder é então representado como interdição, a lei, como forma, e o sexo, como matéria da interdição. Este dispositivo – que autoriza dois discursos contraditórios – está ligado ao "acidente" da descoberta freudiana, ou ele remete a uma função específica da sexualidade na economia do poder?

– Não me parece que se possam abordar essas duas noções do mesmo modo: amor do senhor e desejo das massas pelo fascismo. Certamente, nos dois casos, encontramos uma certa "subjetivação" das relações de poder; mas ela não se produz aqui e ali da mesma maneira.

O que incomoda, na afirmação do desejo das massas pelo fascismo, é que a afirmação cobre a falta de uma análise histórica precisa. Vejo nisso, sobretudo, o efeito de uma complexidade geral na recusa de decifrar o que foi realmente o fascismo (recusa que se traduz, seja pela generalização: o fascismo está em toda parte e sobretudo em nossas cabeças, seja pela esquematização marxista). A não análise do fascismo é um dos fatos políticos importantes destes últimos 30 anos. O que permite fazer dele um significante flutuante, cuja função é essencialmente de denúncia: os procedimentos de todo poder são suspeitos de serem fascistas, tal como as massas são suspeitas de o serem em seus desejos. Sob a afirmação do desejo das massas pelo fascismo jaz um problema histórico que ainda não encontramos os meios de resolver.

A noção de "amor do senhor"[3] apresenta, eu acho, outros problemas. Ela é uma certa maneira de não colocar o problema do poder, ou melhor, de apresentá-lo de maneira que não se possa analisá-lo. E isso pela inconsistência da noção de senhor, assediada somente pelos fantasmas diversos do senhor e seu escravo, do mestre e seu discípulo, do senhor e seu operário, do senhor que diz a lei e a verdade, do senhor que censura e proíbe.

É que a essa redução da instância do poder à figura do senhor está ligada uma outra: a redução dos procedimentos de poder à lei de interdição. Essa redução à lei desempenha três papéis principais:

– ela permite fazer um esquema do poder que é homogêneo não importa em que nível nos coloquemos e seja qual for o domínio: família ou Estado, relação de educação ou de produção;

– ela permite nunca pensar o poder senão em termos negativos: recusa, delimitação, barreira, censura. O poder é o que diz não. E o enfrentamento com o poder assim concebido só aparece como transgressão;

– ela permite pensar a operação fundamental do poder como um ato de fala: enunciação da lei, discurso da interdição. A manifestação do poder reveste a forma pura do "tu não deves".

Uma semelhante concepção ocasiona um certo número de benefícios epistemológicos. E isto pela possibilidade de ligá-la a uma etnologia centrada em uma análise das grandes interdições da aliança, e a uma psicanálise centrada nos mecanismos do recalque. Uma única e mesma "fórmula" de poder (a interdição) é assim aplicada a todas as formas de sociedades e a todos os níveis de assujeitamento. Ora, fazendo do poder uma instância do não, se é conduzido a uma dupla "subjetivação": do lado onde ele se exerce, o poder é concebido como uma espécie

---

3 Alusão aos trabalhos de Pierre Legendre: *L'amour du censeur. Essai sur l'ordre dogmatique*, Paris, Éd. du Seuil, 1974; *Jouir du pouvoir. Traité de la bureaucratie patriote*, Paris, Éd. de Minuit, 1976.

de grande Sujeito absoluto – real, imaginário, ou puramente jurídico, pouco importa – que articula a interdição: soberania do pai, do monarca, da vontade geral. Do lado onde o poder é submetido, tende-se igualmente a "subjetivá-lo", determinando o ponto onde se faz a aceitação da interdição, o ponto onde se diz "sim" ou "não" ao poder; e é assim que para dar conta do exercício da soberania se supõe seja a renúncia aos direitos naturais, seja o contrato social, seja o amor do senhor. Do edifício construído pelos juristas clássicos às atuais concepções, parece-me que o problema é sempre apresentado nos mesmos termos: um poder essencialmente negativo que supõe, de um lado, um soberano cujo papel é o de interditar e, do outro, um sujeito que deve, de uma certa maneira, dizer sim a essa interdição. A análise contemporânea do poder, em termos de libido, continua articulada por essa antiga concepção jurídica.

Por que o privilégio secular de uma semelhante análise? Por que o poder é tão regularmente decifrado nos termos puramente negativos da lei de interdição? Por que o poder é imediatamente refletido como sistema de direito? Dir-se-á sem dúvida que, nas sociedades ocidentais, o direito sempre serviu de máscara para o poder. Parece que essa explicação não é inteiramente suficiente. O direito foi um instrumento efetivo de constituição dos poderes monárquicos na Europa, e durante séculos o pensamento político foi ordenado ao problema de soberania e de seus direitos. Por outro lado, o direito, sobretudo no século XVIII, foi uma arma de luta contra este mesmo poder monárquico que dele se serviu para afirmar-se. Enfim, ele foi o modo de representação principal do poder (e por representação não se deve entender tela ou ilusão, mas modo de ação real).

O direito não é nem a verdade nem o álibi do poder. Ele é um instrumento ao mesmo tempo complexo e parcial do poder. A forma da lei e os efeitos de interdições que ela porta devem ser recolocados entre muitos outros mecanismos não jurídicos. Assim, o sistema penal não deve ser analisado pura e simplesmente como um aparelho de interdição e de repressão de uma classe sobre uma outra, nem tampouco como álibi que abriga violência sem lei da classe dominante; ele permite uma gestão política e econômica através da diferença entre legalidade e ilegalismos. Do mesmo modo para a sexualidade: a interdição não é, sem dúvida, a forma mais importante segundo a qual o poder a investe.

– *A análise das técnicas de poder se opõe aos discursos sobre o amor do senhor ou sobre o desejo do fascismo. Mas será que ela não lhes deixa também o lugar livre, ao absolutizar o poder, ao pressupô-lo como já sempre ali, perseverando em seu ser em face de uma guerrilha igualmente perseverante das massas, e não se ocupando da questão: a quem e a que ele serve? Por trás disso, será que não haveria uma relação dúplice da anatomia política com o marxismo: a luta das classes recusada como* ratio *do exercício do poder funcionando, no entanto, como garantia última de inteligibilidade do adestramento dos corpos e dos espíritos (produção de uma força de trabalho apta para as tarefas que a exploração capitalista etc. lhe atribui)?*

– É verdade, parece-me, que o poder "já está sempre ali"; que nunca estamos "fora", que não há "margens" para a cambalhota daqueles que estão em ruptura. Mas isso não quer dizer que se deva admitir uma forma incontornável de dominação ou um privilégio absoluto da lei. Que nunca se possa estar "fora do poder" não quer dizer que se está inteiramente capturado na armadilha.

Eu sugeriria, de preferência (mas estas são hipóteses a serem exploradas):

– que o poder é coextensivo ao corpo social; não há, entre as malhas de sua rede, praias de liberdades elementares;

– que as relações de poder são intrincadas em outros tipos de relação (de produção, de aliança, de família, de sexualidade) em que desempenham um papel ao mesmo tempo condicionante e condicionado;

– que elas não obedecem à forma única da interdição e do castigo, mas que são formas múltiplas;

– que seu entrecruzamento delineia fatos gerais de dominação, que esta dominação se organiza em estratégia mais ou menos coerente e unitária; que os procedimentos dispersados, heteromorfos e locais de poder são reajustados, reforçados, transformados por essas estratégias globais, e tudo isso com numerosos fenômenos de inércia, de intervalos, de resistências; que não se deve, portanto, pensar um fato primeiro e maciço de dominação (uma estrutura binária com, de um lado, os "dominantes" e, do outro, os "dominados"), mas, antes, uma produção multiforme de relações de dominação, que são parcialmente integráveis a estratégias de conjunto;

– que as relações de poder "servem", de fato, porém não porque estão "a serviço" de um interesse econômico dado como primitivo, mas porque podem ser utilizadas em estratégias;
– que não há relações de poder sem resistências; que estas são tão mais reais e eficazes quanto mais se formem ali mesmo onde se exercem as relações de poder; a resistência ao poder não tem que vir de fora para ser real, mas ela não é pega na armadilha porque ela é a compatriota do poder. Ela existe tanto mais quanto ela esteja ali onde está o poder; ela é, portanto, como ele, múltipla e integrável a estratégias globais.

A luta de classes pode, portanto, não ser a "*ratio* do exercício do poder" e ser, todavia, "garantia de inteligibilidade" de algumas grandes estratégias.

– *A análise da guerrilha massas/poder pode escapar aos pensamentos reformistas, que fazem da revolta o pisca-pisca que obriga em nível mais alto a uma nova adaptação, ou o engodo através do qual se institui uma nova forma de domínio? Pode-se pensar a recusa fora do dilema do reformismo e do angelismo? A entrevista de L'arc*[4] *com Deleuze dava à teoria a função de uma caixa de ferramentas a serviço de assuntos políticos novos, baseada em experiências como a do GIP. Hoje, quando os partidos tradicionais reinstalaram sua hegemonia à esquerda, como fazer da caixa de ferramentas outra coisa além de um instrumento de pesquisa sobre o passado?*

– É preciso distinguir a crítica do reformismo como prática política da crítica de uma prática política pela desconfiança de que ela possa dar lugar a uma reforma. Esta segunda forma de crítica é frequente nos grupos de extrema esquerda, e sua utilização faz parte dos mecanismos de microterrorismo com os quais eles frequentemente funcionam. Ela consiste em dizer: "Atenção! Qualquer que seja a radicalidade ideal de suas intenções, sua ação é tão local, seus objetivos tão isolados, que o adversário poderá, neste ponto preciso, manejar a situação, ceder se preciso, sem em nada comprometer sua situação de conjunto; melhor ainda, ele balizará, a partir daí, os pontos de transformações necessários; e eis vocês recuperados." O anátema está lançado. Ora, parece-me que esta crítica "através" do reformismo se assenta sobre dois erros:

---

4 (N.A.) "Les intellectuels et le pouvoir. Entretien Michel Foucault et Gilles Deleuze", *L'arc*, n. 49: *Deleuze*, 1972 (ver *Os Intelectuais e o Poder*, neste volume).

– o desconhecimento da forma estratégica que os processos da luta revestem. Se admitimos que a forma ao mesmo tempo geral e concreta da luta é a contradição, é certo que tudo o que pode localizá-la, tudo o que permite compor com ela, terá valor de freio ou de bloqueio. Mas o problema é saber se a lógica da contradição pode servir de princípio de inteligibilidade e de regra de ação na luta política. Toca-se, aqui, em uma questão histórica considerável: como aconteceu que, a partir do século XIX, se tendesse tão constantemente a dissolver os problemas específicos da luta e de sua estratégia na lógica pobre da contradição? Há, para isso, toda uma série de razões que se deveria tentar analisar um dia. Em todo caso, é preciso pensar a luta, suas formas, seus objetivos, seus meios, seus processos, segundo uma lógica que será liberada de coações esterilizantes da dialética. Para pensar o laço social, o pensamento político "burguês" do século XVIII se deu a *forma jurídica do contrato*. Para pensar a luta, o pensamento "revolucionário" do século XIX se deu a *forma lógica da contradição*: esta não vale mais do que a outra. Em contrapartida, os grandes Estados do século XIX se deram um pensamento estratégico, enquanto as lutas revolucionárias só pensaram sua estratégia de um modo muito conjuntural, e tentando sempre inscrevê-lo no horizonte da contradição;
– a fobia da réplica reformista no adversário está ligada também a um outro erro. É o privilégio que se concede ao que se chama, sem riscos, de "teoria" do elo mais fraco: um ataque local só deveria ter sentido e legitimidade se fosse apontado na direção do elemento que, saltando, permitirá a ruptura total da cadeia: ação local, portanto, mas que, através da escolha de sua localização, agirá, radicalmente, sobre o todo. Aqui também seria preciso se perguntar por que esta proposição teve um tal sucesso no século XX, e por que ela foi erigida em teoria. Com certeza, ela permitiu pensar o que havia sido para o marxismo o imprevisível: a revolução na Rússia. Mas, de um modo geral, é preciso reconhecer que se trata, ali, de uma proposição não dialética, mas estratégica – extremamente elementar, aliás. Ela foi o mínimo estratégico aceitável para um pensamento comandado pela forma dialética e permaneceu bem próxima também da dialética, já que ela enunciava a possibilidade, para uma situação local, de valer como a contradição do todo. Daí a solenidade com que se erigiu em "teoria" esta proposição

"leninista" que decorre exatamente da primeira aprendizagem de um subtenente da reserva. E é em nome desta proposição que se aterroriza toda ação local, através do seguinte dilema: ou bem vocês atacam localmente, mas é preciso estar certo de que é o elo mais fraco, cuja ruptura fará com que tudo vá pelos ares; ou bem tudo não foi pelos ares, o elo não era o mais fraco, o adversário só teve que remanejar seu *front*, a reforma reabsorveu o ataque de vocês.

Parece-me que toda essa intimidação pelo medo da reforma está ligada à insuficiência de uma análise estratégica própria à luta política – à luta no campo do poder político. O papel da teoria, hoje, parece-me ser justamente este: não formular a sistemática global que repõe tudo no lugar, mas analisar a especificidade dos mecanismos de poder, balizar as ligações, as extensões, edificar pouco a pouco um saber estratégico. Se "os partidos tradicionais reinstalaram sua hegemonia à esquerda" e sobre lutas diversas que não controlaram, uma das razões – entre muitas outras – foi porque só se deu uma lógica profundamente inadequada para analisar seu desenvolvimento e seus efeitos.

A teoria como caixa de ferramentas, quer dizer:

– que se trata de construir não um sistema, mas um instrumento: uma *lógica* própria às relações de poder e às lutas que se engajam em torno deles;

– que essa pesquisa só pode se fazer aos poucos, a partir de uma reflexão (necessariamente histórica em algumas de suas dimensões) sobre situações dadas.

N.B.: Estas questões me foram feitas por escrito. Respondi do mesmo modo, mas improvisando e sem praticamente nada mudar da primeira redação. Não por crença nas virtudes da espontaneidade, mas para deixar um caráter problemático, voluntariamente incerto nas afirmações proferidas. O que eu disse ali não é "o que eu penso", mas com frequência o que me pergunto se não se o poderia pensar.

1978

Diálogo sobre o Poder

"Dialogue on power" ("Diálogo sobre o poder"; entrevista com estudantes de Los Angeles; trad. F. Durand-Bogaert), in Wade (S.) ed. *Chez Foucault*, Los Angeles, Circabook, 1978, p. 4-22.

Discussão muito informal transcrita por Grant Kim, a partir de uma gravação realizada em maio de 1975 na Founders Room do Pomone College, em Claremont. O Circabook é uma espécie de cópia mimeografada destinada ao *campus*, realizada por Simeon Wade e Michel Stoneman.

Um estudante: Gostaria de lhe perguntar sobre a relação que o senhor estabelece entre discurso e poder. Se o discurso é o centro de uma espécie de poder autônomo, a fonte do poder – admitindo que "fonte" é a palavra que convém –, como podemos supor reconhecer essa fonte? Qual é a diferença entre sua análise do discurso e o método fenomenológico tradicional?

M. Foucault: Não procuro encontrar, por trás do discurso, alguma coisa que seria o poder e sua fonte, tal como em uma descrição de tipo fenomenológico, ou como em qualquer outro método interpretativo. Eu parto do discurso tal qual ele é! Em uma descrição fenomenológica, se busca deduzir do discurso alguma coisa que concerne ao sujeito falante; tenta-se encontrar, a partir do discurso, quais são as intencionalidades do sujeito falante – um pensamento em via de se fazer. O tipo de análise que pratico não trata do problema do sujeito falante, mas examina as diferentes maneiras pelas quais o discurso desempenha um papel no interior de um sistema estratégico em que o poder está implicado, e para o qual o poder funciona. Portanto, o poder não é nem fonte nem origem do discurso. O poder é alguma coisa que opera através do discurso, já que o próprio discurso é um elemento em um dispositivo estratégico de relações de poder. Está claro?

Um estudante: Suponha que o senhor se dedique, em um texto, a descrever um tal sistema de discurso. Será que seu texto capta esse poder? Ele é uma duplicação ou uma repetição do poder? É assim que se deve falar disso? Ou o senhor diria que seu texto procura manifestar que o poder ou o sentido têm sempre como sentido o poder?

M. Foucault: Não, o poder não é o sentido do discurso. O discurso é uma série de elementos que operam no interior do mecanismo geral do poder. Consequentemente, é preciso considerar o discurso como uma série de acontecimentos, como acontecimentos políticos, através dos quais o poder é vinculado e orientado.

Um estudante: Penso no texto do historiador. O que diz o historiador, de fato, sobre o discurso do passado? Qual é a relação entre o poder e o texto do historiador?

M. Foucault: Não entendo exatamente por que você fala do discurso dos historiadores. Posso tomar um outro exemplo que me é mais familiar? Por exemplo, o problema da loucura, do discurso sobre a loucura, e de tudo o que foi dito em certas épocas sobre a loucura. Não creio que o problema seja o de saber quem relatou esse discurso, que maneira de pensar ou mesmo de perceber a loucura penetrou na consciência das pessoas em uma época dada, mas, antes, acho que o problema é o de examinar o discurso sobre a loucura, as instituições que dela se encarregaram, a lei e o sistema jurídico que a regulamentaram, a maneira como os indivíduos se viram excluídos por não terem emprego ou por serem homossexuais. Todos esses elementos pertencem a um sistema de poder, no qual o discurso não é senão um componente religado a outros componentes. Elementos de um conjunto. A análise consiste em descrever as ligações e relações recíprocas entre todos esses elementos. Fica mais claro assim?

O estudante: Sim, obrigado.

Um estudante: Ontem à noite, o senhor disse que acabou de terminar um livro dedicado à reforma penal e aos sistemas jurídicos, à exclusão que se operou nesse quadro. Gostaria de saber se o senhor está em condições de elaborar um modelo de poder no que concerne ao sistema penitenciário. Como o senhor vê a maneira com que os detentos são tratados? Trata-se de punição e de reabilitação?

M. Foucault: De fato, acho que encontrei a figura que dá conta desse tipo de poder, desse sistema de poder. Uma descrição dele bastante exata me foi dada pelo pan-óptico de Bentham. Podemos descrever, de maneira muito geral, o sistema pelo qual se excluiu a loucura nos séculos XVII e XVIII. No final do século XVIII, a sociedade instaurou um modo de poder que não se fundamentava sobre a exclusão – é ainda o termo que se emprega –, mas sobre a inclusão no interior de um sistema no qual cada um devia ser localizado, vigiado, observado noite e dia, no qual cada um devia ser acorrentado à sua própria identidade. Vocês sabem que Bentham sonhou com a prisão ideal – quer dizer, o tipo de prédio que pudesse ser tanto um hospital como uma prisão, um asilo, uma escola ou uma usina: no centro, uma torre, circundada de janelas, depois um espaço vazio, e um outro prédio circular contendo as celas varadas por janelas. Em cada uma dessas celas se podem alojar, segundo o caso, um operário, um louco, um estudante ou um prisioneiro. Um só homem postado na torre central basta para observar, exatamente, o que, a cada instante, as pessoas estão fazendo em sua pequena cela. Isto, para Bentham, figura a fórmula ideal de internamento de todos esses indivíduos em instituições. Encontrei em Bentham o Cristóvão Colombo da política. Acho que o pan-óptico representa uma espécie de motivo mitológico de um novo tipo de sistema de poder: aquele ao qual nossa sociedade recorre nos dias de hoje.

Um estudante: O senhor se considera um filósofo ou um historiador?

M. Foucault: Nem um nem outro.

O estudante: A história não é o principal objeto de seu estudo? Sobre o que se fundamenta sua concepção da história?

M. Foucault: Eu me dei como objeto uma análise do discurso, fora de qualquer formulação de ponto de vista. Meu programa não se fundamenta tampouco nos métodos da linguística. A noção de estrutura não tem nenhum sentido para mim. O que me interessa, no problema do discurso, é o fato de que alguém disse alguma coisa em um dado momento. Não é o sentido que eu busco evidenciar, mas a função que se pode atribuir uma vez que essa coisa foi dita naquele momento. Isto é o que eu chamo de acontecimento. Para mim, trata-se de considerar o discurso como uma série de acontecimentos, de estabelecer e descrever as relações que esses acontecimentos – que podemos chamar de acontecimentos discursivos – mantêm com outros acontecimentos que pertencem ao sistema econômico, ou ao campo político, ou às instituições. Considerando sob esse ângulo, o discurso não é nada além de um acontecimento como os outros, mesmo se, é claro, os acontecimentos discursivos têm, em relação aos outros acontecimentos, sua função específica. Um outro problema é o de balizar o que constitui as funções específicas do discurso, e isolar certos tipos de discurso entre outros. Estudo também as funções estratégicas de tipos particulares de acontecimentos discursivos no interior de um sistema político ou de um sistema de poder. Será que eu disse o bastante?

O professor: Como o senhor descreveria sua visão da história? Como a dimensão da história se integra ao discurso?

M. Foucault: O fato de eu considerar o discurso como uma *série* de acontecimentos nos situa automaticamente na dimensão da história. O problema é que, durante 50 anos, a maioria dos historiadores escolheu estudar e descrever não acontecimentos, mas estruturas. Assiste-se, hoje, a um retorno aos acontecimentos no campo da história. Quero dizer com isso que o que os historiadores chamavam de acontecimento, no século XIX, era uma batalha, uma vitória, a morte de um rei, ou qualquer coisa dessa ordem. Contra esse tipo de história, os historiadores das colônias, das sociedades mostraram que a história era feita de um grande número de estruturas permanentes. A tarefa do historiador era a de trazer à luz essas estruturas. É um objetivo que encontramos, na França, no trabalho de Lucien Febvre, de Marc Bloch e de outros. Hoje, os historiadores retornam aos acontecimentos e buscam ver de que maneira a evolução econômica ou a evolução demográfica podem ser tratadas como acontecimentos.

Tomarei como exemplo um ponto que já se estuda há muitos anos. A maneira como se operou o controle dos nascimentos na vida sexual dos ocidentais é ainda muito enigmática. Esse fenômeno é um acontecimento muito importante, tanto do ponto de vista econômico quanto do ponto de vista biológico. Vocês sabem que na Grã-Bretanha e na França o controle de natalidade é praticado há séculos. É claro que é um fenômeno que interessou sobretudo a certos círculos restritos, à aristocracia, mas ele era observado também junto a pessoas muito pobres. Atualmente, sabemos que no sul da França e nos campos praticava-se sistematicamente o controle de natalidade, desde a segunda metade do século XVIII. Isso é um acontecimento.

Tomemos um outro exemplo. Há, no século XIX, um momento preciso a partir do qual a taxa de proteína, na alimentação, aumentou, e a parte de cereais diminuiu. Esse é um acontecimento histórico, econômico e biológico. O historiador de hoje se detém no estudo desses fenômenos como tantos tipos novos de acontecimentos. Penso que isso é alguma coisa que pessoas como eu têm em comum com os historiadores. Não sou historiador no sentido estrito do termo; mas os historiadores e eu temos em comum um interesse pelo acontecimento.

Um estudante: Qual é, neste novo tipo de abordagem histórica, o lugar ocupado pelo que o senhor chama de arqueologia do saber? Quando o senhor usa a expressão "arqueologia do saber", o senhor faz referência a uma metodologia de um gênero novo, ou então se trata simplesmente de uma analogia entre as técnicas da arqueologia e as da história?

M. Foucault: Permita-me voltar atrás, um pouco, e acrescentar alguma coisa ao que eu dizia sobre o acontecimento como principal objeto de pesquisa. Nem a lógica do sentido nem a lógica da estrutura são pertinentes para esse tipo de pesquisa. Não necessitamos nem da teoria e da lógica do sentido nem da lógica e do método da estrutura; precisamos é de outra coisa.

Um estudante: Eu entendo. O senhor poderia nos dizer agora se a arqueologia é um novo método ou simplesmente uma metáfora?

M. Foucault: Bem...

O estudante: Será um elemento central de sua concepção da história?

M. Foucault: Utilizo a palavra "arqueologia" por duas ou três razões principais. A primeira é que é uma palavra com a qual se pode jogar. *Arche*, em grego, significa "começo". Em francês, temos também a palavra "arquivo", que designa a maneira como os elementos discursivos foram registrados e podem ser extraídos. O termo "arqueologia" remete, então, ao tipo de pesquisa que se dedica a extrair os acontecimentos discursivos como se eles estivessem registrados em um arquivo. Uma outra razão pela qual utilizo essa palavra concerne a um objetivo que fixei para mim. Procuro reconstituir um campo histórico em sua totalidade, em todas as suas dimensões políticas, econômicas, sexuais. Meu problema é encontrar a matéria que convém analisar, o que constitui o próprio fato do discurso. Assim, meu projeto não é o de fazer um trabalho de historiador, mas descobrir por que e como se estabelecem relações entre os acontecimentos discursivos. Se faço isso, é com o objetivo de saber o que somos hoje. Quero concentrar meu estudo no que nos acontece hoje, no que somos, no que é nossa sociedade. Penso que há, em nossa sociedade e naquilo que somos, uma dimensão histórica profunda, e, no interior desse espaço histórico, os acontecimentos discursivos que se produziram há séculos ou há anos são muito importantes. Somos inextricavelmente ligados aos acontecimentos discursivos. Em um certo sentido, não somos nada além do que aquilo que foi dito, há séculos, meses, semanas...

Um estudante: Parece-me que uma teoria do poder, quer ela se fundamente sobre estruturas ou funções, implica sempre um traço qualitativo. Alguém que queira estudar a estrutura e a função das manifestações do poder em uma dada sociedade – a Espanha de Franco ou a República Popular de Mao, por exemplo – teria de se haver com estruturas e usos do poder qualitativamente diferentes. Nesse sentido, penso que toda teoria do poder deve se interrogar sobre seus fundamentos ideológicos. Do mesmo modo, é muito difícil estabelecer o tipo de acontecimentos ou de explicações que permitam identificar as estruturas ou as funções do poder, sem levar em conta suas conotações políticas. Então, o senhor vê que o poder não está livre da ideologia.

M. Foucault: Nada tenho a acrescentar senão que estou de acordo.

O estudante: Mas, se o senhor concorda, o senhor não acha que isso limita seriamente qualquer tentativa de construir um paradigma do poder, que se fundamentaria sobre as convicções políticas às quais se está ligado?

M. Foucault: Essa é a razão pela qual não procuro descrever um paradigma do poder. Gostaria de observar a maneira como diferentes mecanismos de poder funcionam em nossa sociedade, entre nós, no interior e fora de nós. Gostaria de saber de que maneira nossos corpos, nossas condutas do dia a dia, nossos comportamentos sexuais, nosso desejo, nossos discursos científicos e teóricos se ligam a muitos sistemas de poder que são, eles próprios, ligados entre si.

Um estudante: Em que sua posição difere da de alguém que adotaria uma interpretação materialista da história?

M. Foucault: Penso que a diferença se deve ao fato de que se trata, no materialismo histórico, de situar na base do sistema as forças produtivas, em seguida as relações de produção para se chegar à superestrutura jurídica e ideológica, e finalmente ao que dá sua profundidade, tanto ao nosso pensamento quanto à consciência dos proletários. As relações de poder são, em minha opinião, ao mesmo tempo mais simples e muito mais complicadas. Simples, uma vez que não necessitam dessas construções piramidais; e muito mais complicadas, já que existem múltiplas relações entre, por exemplo, a tecnologia do poder e o desenvolvimento das forças produtivas.

Não se pode compreender o desenvolvimento das forças produtivas a não ser que se balizem, na indústria e na sociedade, um tipo particular ou vários tipos de poder em atividade – e em atividade no interior das forças produtivas. O corpo humano é, nós sabemos, uma força de produção, mas o corpo não existe tal qual, como um artigo biológico ou como um material. O corpo existe no interior e através de um sistema político. O poder político dá um certo espaço ao indivíduo: um espaço onde se comportar, onde adaptar uma postura particular, onde sentar de uma certa maneira, ou trabalhar continuamente. Marx pensava – e ele o escreveu – que o trabalho constitui a essência concreta do homem. Penso que essa é uma ideia tipicamente hegeliana. O trabalho não é a essência do homem. Se o homem trabalha, se o corpo humano é uma força produtiva, é porque o homem é obrigado a trabalhar. E ele é obrigado porque ele é investido por forças políticas, porque ele é capturado nos mecanismos de poder.

Um estudante: O que me incomoda é a maneira como esse ponto de vista falsifica o grande princípio marxista de base. Marx pensava que, se somos obrigados a trabalhar, somos coagidos a aceitar uma certa forma de socialização a fim de fazer concluir o processo de produção. Dessa obrigação resulta o que chamamos de relações de estrutura. Se queremos compreender quais tipos de relações sociais existem em uma dada sociedade, então devemos procurar descobrir quais estruturas de poder estão ligadas aos processos de produção. E não creio que se trate de uma relação determinada; acho, verdadeiramente, que se trata de uma relação recíproca, de uma relação dialética.

M. Foucault: Não aceito essa palavra dialética. Não e não! É preciso que as coisas estejam bem claras. Desde que se pronuncia a palavra "dialética", se começa a aceitar, mesmo que não se diga, o esquema hegeliano da tese e da antítese e, com ele, uma forma de lógica que me parece inadequada, se quisermos dar uma descrição verdadeiramente concreta desses problemas. Uma relação recíproca não é uma relação dialética.

O estudante: Mas, se o senhor só aceita a palavra "recíproca" para descrever essas relações, o senhor torna impossível toda forma de contradição. Por essa razão é que eu acho que a utilização da palavra "dialética" é importante.

M. Foucault: Examinemos, então, a palavra "contradição". Mas, em primeiro lugar, deixe-me dizer-lhe o quanto estou contente que você tenha apresentado esta questão. Acho que ela é muito importante. Veja, a palavra "contradição" tem, em lógica, um sentido particular. Sabemos bem o que é uma contradição na lógica das proposições. Mas quando se considera a realidade e se procura descrever e analisar um número importante de processos, descobre-se que essas zonas de realidade estão isentas de contradições.

Tomemos o domínio biológico. Nele encontramos um número importante de processos recíprocos antagonistas, mas isso não quer dizer que se trate de contradições. Isso não quer dizer que haja, de um lado do processo antagonista, um aspecto positivo e, do outro, um aspecto negativo. Penso que é muito importante compreender que a luta, que os processos antagonistas não constituem, tal como o ponto de vista dialético pressupõe, uma contradição no sentido lógico do termo. Não há dialética na natureza. Reivindico o direito de estar em desacordo com Engels, mas, na natureza – e Darwin o demonstrou muito bem –, encontramos numerosos processos antagonistas que não são dialéticos. Para mim, esse tipo de formulação hegeliana não se sustenta.

Se repito, de modo permanente, que existem processos como a luta, o combate, os mecanismos antagonistas, é porque encontramos esses processos na realidade. E não são processos dialéticos. Nietzsche falou muito sobre esses problemas. Diria até que ele falou deles bem mais frequentemente que Hegel. Mas Nietzsche descreveu esses antagonismos sem referência alguma às relações dialéticas.

Um estudante: Podemos aplicar o que o senhor diz a uma situação concreta precisa? Se considerarmos a questão do trabalho na sociedade industrial, em relação, por exemplo, com um problema particular de um trabalhador, teremos então uma relação recíproca, uma relação antagonista, ou o quê? Se analiso meus próprios problemas nessa sociedade, devo ver aí relações recíprocas ou relações antagonistas?

M. Foucault: Nem uma nem outra. Aqui, você invoca o problema da alienação. Mas, veja, podem-se dizer muitas coisas da alienação. Quando você diz "meus problemas", você não estaria introduzindo as grandes questões filosóficas, teóricas, como por exemplo: o que é a propriedade, o que é o sujeito humano? Você disse "meus" problemas. Mas isso constituiria o objeto de uma outra discussão. Que você tenha um trabalho e que o produto desse trabalho, de seu trabalho, pertença a outro é um fato. Todavia, não é uma contradição nem uma combinação recíproca; é o objeto de um combate, de um enfrentamento. Seja como for, o fato de que o produto de seu trabalho pertença a outro não é da ordem da dialética. Isso não constitui uma contradição. Você pode pensar que é moralmente indefensável, que você não pode suportá-lo, que é preciso lutar contra isso, sim, claro. Mas não é uma contradição, uma contradição lógica. E me parece que a lógica dialética é verdadeiramente muito pobre – de um uso fácil, mas verdadeiramente pobre – para quem almeja formular, em termos precisos, significações, descrições e análises dos processos do poder.

Um estudante: Quais são, se é que existem, os interesses normativos que subtendem sua pesquisa?

M. Foucault: Não foi alguma coisa sobre isso que debatemos ontem à noite, quando alguém me perguntou a que projeto deveríamos nos dedicar hoje em dia?

O estudante: Não, acho que não. Por exemplo, a maneira como o senhor escolhe seus temas. O que o conduz a escolher esses mais do que outros?

M. Foucault: É uma questão à qual é muito difícil responder. Poderia responder, colocando-me em um plano pessoal, em um plano conjetural, ou mesmo em um plano teórico. Eu escolheria o segundo, o plano conjetural. Ontem à noite tive uma discussão com alguém que me disse: "O senhor concentra seus estudos em domínios como a loucura, os sistemas penais etc., mas tudo isso nada tem a ver com a política." Penso que, de um ponto de vista marxista tradicional, ele tinha razão. É verdade que, durante os anos 1960, problemas como a psiquiatria ou a sexualidade pareciam, junto aos grandes problemas políticos tais como a exploração dos trabalhadores, por exemplo, problemas marginais. Ninguém, entre as pessoas de esquerda, na França e na Europa, se interessava, na época, pelos problemas da psiquiatria e da sexualidade, os quais eram considerados marginais e menores. Mas, depois da desestalinização, depois dos anos 1960, descobrimos, eu acho, que um bom número de coisas que considerávamos menores e marginais ocupam uma posição completamente central no domínio político, já que o poder político não consiste unicamente nas grandes formas institucionais do Estado, no que chamamos de aparelho de Estado. O poder não opera em um único lugar, mas em lugares múltiplos: a família, a vida sexual, a maneira como se trata os loucos, a exclusão dos homossexuais, as relações entre os homens e as mulheres... todas essas relações são relações políticas. Só podemos mudar a sociedade sob a condição de mudar essas relações. O exemplo da União Soviética é, nesse sentido, decisivo. Podemos dizer que a União Soviética é um país no qual as relações de produção mudaram depois da revolução. O sistema legal concernente à propriedade mudou também. Do mesmo modo, as instituições políticas se transformaram depois da revolução. Mas todas as relações de poder menos importantes na família, na sexualidade, na usina, entre os trabalhadores etc. permaneceram, na União Soviética, o que são nos outros países ocidentais. Nada mudou realmente.

Um estudante: Em seu recente trabalho sobre o Código e o sistema penal, o senhor evoca a importância do pan-óptico de Bentham. Em *L'ordre du discours*, o senhor anunciava seu projeto de estudar os efeitos do discurso psiquiátrico sobre o Código Penal. Eu me pergunto se, para o senhor, a prisão modelo de Bentham se integra no quadro do discurso psiquiátrico, ou então se o senhor vê nela somente o indício da maneira como o discurso psiquiátrico influenciou o Código Penal...

M. Foucault: Eu tenderia mais para a segunda solução. Penso, de fato, que Bentham respondeu a esse tipo de problema não somente através de uma figura, mas também de um texto. O pan-óptico representava verdadeiramente para ele uma nova técnica de poder que, além da doença mental, podia se aplicar a vários outros domínios.

Um estudante: A obra de Bentham teria tido, segundo o senhor, uma influência própria, ou ela só representou influências gerais que se exerciam sobre o discurso científico?

M. Foucault: Bentham, é claro, teve uma influência considerável, e os efeitos dessa influência se fazem sentir de maneira direta. Por exemplo, a maneira como se pôde construir e administrar as prisões na Europa e nos Estados Unidos é diretamente inspirada em Bentham. No início do século XX, nos Estados Unidos – não saberia lhes dizer onde –, pôde-se considerar certa prisão como modelo ideal de um hospital psiquiátrico, com algumas pequenas modificações. Se é verdade que um sonho como o de Bentham, um projeto tão paranoico exerceu influência considerável, é porque, no mesmo momento, se assistia, em toda a sociedade, à instalação de uma nova tecnologia do poder. Esta se manifestava, por exemplo, no novo sistema de vigilância que se instaurava no exército, na maneira como, nas escolas, as crianças eram expostas, todos os dias, ao olhar de seu professor. Tudo isso estava sendo instaurado no mesmo momento, e o conjunto do processo se encontra no sonho paranoico de Bentham. É o sonho paranoico de nossa sociedade, a verdade paranoica de nossa sociedade.

Um estudante: Se retornamos ao problema das influências recíprocas e à sua desilusão concernente ao interesse voltado para o sujeito falante, seria um erro isolar Bentham do contexto? Bentham não foi influenciado pelo que se passava na época, a saber, as práticas nas escolas, a vigilância no exército etc.? Não podemos dizer que é impróprio limitar-se unicamente a Bentham, e que deveríamos voltar nossa atenção sobre todas as influências que emanam da sociedade?

M. Foucault: Sim.

Um estudante: O senhor disse que éramos obrigados a trabalhar. Mas nós queremos trabalhar? Nós escolhemos trabalhar?

M. Foucault: Sim, desejamos trabalhar, queremos e gostamos de trabalhar, mas o trabalho não constitui nossa essência. Dizer que queremos trabalhar e fundar nossa essência sobre nosso desejo de trabalhar são duas coisas muito diferentes. Marx dizia que o trabalho é a essência do homem. Esta, no fundo, é uma concepção hegeliana. É muito difícil integrar essa concepção no conflito que opunha as classes no século XIX. Talvez vocês saibam que Lafargue, o genro de Marx, escreveu um pequeno livro do qual ninguém nunca fala nos círculos marxistas. Esse silêncio me diverte. A indiferença da qual este livro é objeto é irônica, mas ela é mais que irônica: ela é sintomática. Lafargue escreveu, no século XIX, um livro sobre o amor ao lazer. Era verdadeiramente impossível para ele imaginar que o trabalho pudesse constituir a essência do homem. Entre o homem e o trabalho não existe nenhuma relação essencial.

Um estudante: É algo que fazemos.

M. Foucault: O quê?

O estudante: Trabalhar!

M. Foucault: Às vezes.

Um estudante: O senhor poderia esclarecer a relação entre a loucura e o artista? Talvez em referência a Artaud. Como ligar – se é possível, e desejável – Artaud, o louco, a Artaud, o artista?

M. Foucault: Não posso, na verdade, responder a esta questão. Diria que a única questão que me interessa é a de saber como, a partir do final do século XVIII até os nossos dias, foi e é sempre possível ligar a loucura ao gênio, à beleza, à arte. Por que então nós temos esta ideia singular de que se alguém é um grande artista, então há necessariamente nele alguma coisa referida à loucura? Poderíamos dizer a mesma coisa do crime. Quando alguém comete alguma coisa como um belo crime, as pessoas não pensam que esse crime possa ser o feito de uma espécie de gênio, mas sim que há loucura atuando. A relação entre a loucura e o crime, a beleza e a arte é muito enigmática. Nossa tarefa, na minha opinião, é tentar compreender por que consideramos essas relações como evidentes. Mas não gosto de tratar tais questões diretamente – questões como: os artistas são loucos? Em que medida há uma loucura dos artistas e uma loucura dos criminosos? A ideia de que essas relações são evidentes persiste em nossa sociedade. Esse pôr em relação é inteiramente típico de nossa cultura.

Um estudante: O senhor disse, ontem à noite, que Sartre foi o último profeta. O senhor deu a entender que a tarefa do intelectual, hoje, era a de elaborar ferramentas e técnicas de análise, compreender os diferentes modos segundo os quais o poder se manifesta. O senhor mesmo não seria um profeta? O senhor não prediz acontecimentos ou o uso que se fará de suas ideias?

M. Foucault: Eu sou um jornalista.

O estudante: Devo entender que, segundo o senhor, a maneira como utilizam as ferramentas e as descobertas dos intelectuais não é da alçada deles? Que pertence aos trabalhadores, ao povo, o problema de saber que uso fazer do trabalho dos intelectuais? O senhor não pode antecipar o uso que se poderia fazer de suas ferramentas e de suas análises? O senhor pensa em alguns modos de utilização que não aprovaria?

M. Foucault: Não, não posso antecipar nada. O que posso dizer é que acho que devemos ser muito modestos no que concerne ao eventual uso político do que dizemos e fazemos. Não acho que exista uma filosofia conservadora ou uma filosofia revolucionária. A revolução é um processo político; é também um processo econômico. Mas isto não constitui uma ideologia revolucionária. E isso é importante. É a razão pela qual uma filosofia como a de Hegel pôde ser, ao mesmo tempo, uma ideologia, um método e uma ferramenta revolucionários, mas também alguma coisa de conservador. Tomem o exemplo de Nietzsche. Nietzsche desenvolveu ideias, ou ferramentas, se vocês preferirem, fantásticas. Ele foi retomado pelo partido nazista, e, agora, são os pensadores de esquerda que – um bom número entre eles – o utilizam. Portanto, não podemos saber, de modo certo, se o que dizemos é revolucionário ou não.

Esta, creio eu, é a primeira coisa que devemos reconhecer. O que não significa que nossa tarefa seja simplesmente a de fabricar ferramentas belas, úteis ou divertidas e, em seguida, escolher quais delas almejamos colocar no mercado caso alguém se ponha como comprador ou queira se servir delas. Tudo isso é muito bonito, porém há mais. Qualquer um que tente fazer qualquer coisa – elaborar uma análise, por exemplo, ou formular uma teoria – deve ter uma ideia clara da maneira como ele quer que sua análise ou sua teoria sejam utilizadas; deve saber a que fins ele almeja ver se aplicar a ferramenta que ele fabrica – que ele próprio fabrica –, e de que maneira ele quer que suas ferramentas se unam àquelas fabricadas por outros, no mesmo momento. De modo que considero muito importantes as relações entre a conjuntura presente e o que fazemos no interior de um quadro teórico. É preciso ter essas relações de modo bem claro na mente. Não se podem fabricar ferramentas para não importa o quê; é preciso fabricá-las para um fim preciso, mas saber que serão, talvez, ferramentas para outros fins.

O ideal não é fabricar ferramentas, mas construir bombas, porque, uma vez utilizadas as bombas que construímos, ninguém mais poderá se servir delas. E devo acrescentar que meu sonho, meu sonho pessoal, não é exatamente o de construir bombas, pois não gosto de matar pessoas. Mas gostaria de escrever livros-bombas, quer dizer, livros que sejam úteis precisamente no momento em que alguém os escreve ou os lê. Em seguida, eles desapareceriam. Esses livros seriam de tal forma que desapareceriam pouco depois de lidos ou utilizados. Os livros deveriam ser espécies de bombas e nada mais. Depois da explosão, se poderia lembrar às pessoas que esses livros produziram um belíssimo fogo de artifício. Mais tarde, os historiadores e outros especialistas poderiam dizer que tal ou tal livro foi tão útil quanto uma bomba, e tão belo quanto um fogo de artifício.

1978

A Sociedade Disciplinar em Crise

"A sociedade disciplinar em crise", *Asabi Jaanaru*, 20º ano, n. 19, 12 de maio de 1978. (Conferência no Instituto Franco-Japonês de Kansai, em Quioto, 18 de abril de 1978.)

– *Quais são as relações entre a teoria do poder clássico e a sua? E o que há de novo na sua teoria?*
– Não é a teoria que é diferente, mas o objeto, o ponto de vista. Em geral, a teoria do poder fala disso em termos de direito, e formula a questão de sua legitimidade, de seu limite e de sua origem. Minha pesquisa incide sobre as técnicas do poder, sobre a tecnologia do poder. Ela consiste em estudar como o poder domina e se faz obedecer. A partir dos séculos XVII e XVIII, essa tecnologia se desenvolveu enormemente; todavia, nenhuma pesquisa foi realizada. Na sociedade atual, nasceram diversas resistências, tais como o feminismo, os movimentos de estudantes, e as relações entre essas resistências e as técnicas do poder constituem um objeto de pesquisa interessante.
– *O objeto de suas análises é a sociedade francesa. Até onde esses resultados poderiam aspirar à universalidade? Por exemplo, eles são aplicáveis diretamente à sociedade japonesa?*
– Esta é uma questão importante. O objeto da análise é sempre determinado pelo tempo e pelo espaço, embora se tente lhe dar uma universalidade. Meu objetivo é analisar a técnica do poder que busca constantemente novos meios, e meu objeto é uma sociedade submetida à legislação criminal. Essa sociedade difere na França, na Alemanha e na Itália. Há diferença de sistemas. Em compensação, a organização que torna o poder eficaz é comum. Consequentemente, escolhi a França como tipo de uma sociedade europeia submetida a uma legislação criminal. Examinei como a disciplina foi desenvolvida nela, como ela mudou segundo o desenvolvimento da sociedade in-

dustrial e o aumento da população. A disciplina, que era eficaz para manter o poder, perdeu uma parte de sua eficácia. Nos países industrializados, as disciplinas entram em crise.

– *O senhor acaba de falar de "crises da disciplina". O que aconteceria depois dessas crises? Há possibilidades para uma nova sociedade?*

– Há quatro, cinco séculos, considerava-se que o desenvolvimento da sociedade ocidental dependia da eficácia do poder em preencher sua função. Por exemplo, importava na família como a autoridade do pai ou dos pais controlava os comportamentos dos filhos. Se esse mecanismo se quebrava, a sociedade desmoronava. O assunto importante era como o indivíduo obedecia. Nesses últimos anos, a sociedade mudou e os indivíduos também; eles são cada vez mais diversos, diferentes e independentes. Há cada vez mais categorias de pessoas que não estão submetidas à disciplina, de tal forma que somos obrigados a pensar o desenvolvimento de uma sociedade sem disciplina. A classe dirigente continua impregnada da antiga técnica. Mas é evidente que devemos nos separar, no futuro, da sociedade de disciplina de hoje.

– *O senhor insiste sobre os micropoderes, enquanto, no mundo atual, o poder de Estado permanece ainda o tema principal. Onde se situa o poder público em sua teoria do poder?*

– Em geral, se privilegia o poder de Estado. Muitas pessoas pensam que as outras formas do poder derivam dele. Ora, penso que, sem chegar a dizer que o poder de Estado deriva das outras formas de poder, ele é, ao menos, fundamentado sobre elas, e são elas que permitem ao poder de Estado existir. Como se pode dizer que derivam do poder de Estado o conjunto das relações de poder que existem entre os dois sexos, entre os adultos e as crianças, na família, nos escritórios, entre os doentes e os saudáveis, entre os normais e os anormais? Se queremos mudar o poder de Estado, é preciso mudar as diversas relações do poder que funcionam na sociedade. Se não, a sociedade não muda. Por exemplo, na URSS, a classe dirigente mudou, mas as antigas relações de poder permaneceram. O que é importante são essas relações de poder que funcionam independentemente dos indivíduos que têm o poder de Estado.

– *Em* Vigiar e punir, *o senhor escreve que o poder muda. E que o saber muda. Essa é uma posição pessimista para o saber?*

– Eu não disse que os dois se subordinam categoricamente. Desde Platão, sabe-se que o saber não pode existir totalmente independente do poder. Isso não significa que o saber está submetido ao poder, pois um saber de qualidade não pode nascer em tais condições. O desenvolvimento de um saber científico é impossível de compreender sem considerar as mudanças nos mecanismos do poder. O caso típico seria aquele da ciência econômica. Mas também uma ciência como a biologia evoluiu segundo elementos complexos, tais como os desenvolvimentos da agricultura, as relações com o estrangeiro, ou então a dominação das colônias. Não se pode pensar o progresso do saber científico sem pensar mecanismos de poder.

– *Como caso concreto concernindo ao saber e ao poder, temo que minha questão seja indiscreta: o senhor se ocupa da pesquisa sobre o poder de maneira radical e crítica. O senhor veio ao Japão como delegado cultural do governo francês...*[1] *Isso não aconteceria facilmente no Japão.*

– A França tem paixão de exportar sua cultura e ela exportaria até uma substância tóxica se fosse um produto francês. O Japão é um país relativamente livre, e minhas obras, aqui, são livremente traduzidas. Portanto, atualmente, é inútil proibir-me de vir aqui. No mundo inteiro, as trocas culturais se tornaram frequentes e importantes, e é impossível proibir a saída de um pensamento para o estrangeiro, a menos que haja um regime ditatorial absoluto. Não acho, de modo algum, que o governo francês seja um governo totalmente liberal, mas se poderia dizer que apenas reconhece a realidade tal qual ela é, e não a proíbe.

---

1 A segunda temporada de M. Foucault no Japão, em abril de 1978, ficou sob o encargo e foi organizada pela embaixada da França. O conselheiro cultural Thierry de Beaucé marcou muitas entrevistas entre M. Foucault e os representantes da vida política e cultural japonesa.

1978

Precisões sobre o Poder. Respostas a certas Críticas

"Precisazioni sul potere. Risposta ad alcuni critici" ("Precisões sobre o poder. Respostas a certas críticas"; entrevista com P. Pasquino, fevereiro de 1978, trad. C. Lazzeri), *Aut-Aut*, n. 167-168, setembro-dezembro de 1978, p. 3-11.

Esta entrevista de fevereiro de 1978 responde, não exclusivamente e sem nomeá-lo, a um ensaio do filósofo comunista Massimo Cacciari, publicado no número de setembro-outubro de 1977, da mesma revista, intitulado "Rationalité et irrationalité du politique chez Deleuze e Foucault" (*Aut-Aut*, n. 161). Cacciari opunha à concepção do poder desenvolvida em *Vigiar e punir* e em *Rhizome* a tática do PCI ao se tornar "pouco a pouco, dia após dia, ano após ano" o senhor do poder de Estado. Segundo Cacciari, as análises dos franceses legitimariam a autonomia e o Partido-Exército, duas palavras de organização da extrema esquerda italiana. Em 19 de novembro de 1978, o *Espresso* publica, sem que Foucault o saiba, três trechos desta entrevista como resposta *ad hominem* a Cacciari, sob o título: "Violentas polêmicas/Foucault e os comunistas italianos. Reacionário! Tiranos! Chorões! Defensores do *gulag*!". A esta, seguia uma resposta de Cacciari intitulada "E você, você vê carrasco em toda parte". Ver, n. 254, vol. III, da edição francesa desta obra.

– *Suas pesquisas depois, digamos, de* Vigiar e punir *começaram a fazer aparecer a predominância das relações e das tecnologias de poder. Isso criou, no campo intelectual e político, problemas e dificuldades. Nos Estados Unidos, as pessoas se perguntam em qual disciplina universitária se coloca seu trabalho; na Itália, perguntam mais qual é o efeito político de seu discurso.*

1º) Como o senhor definiria hoje o campo de seu trabalho e quais poderiam ser suas implicações políticas?

2º) Em suas análises, não haveria diferença entre ideologia e mecanismos de poder, entre ideologia e realidade. Esse tipo de análise, essa revirada completa – de que o censuram –, não seria senão um eco do que existe, uma confirmação do real.

3º) A metáfora do pan-óptico de Bentham – à qual tentam remeter todas as suas análises – reenviaria a uma transparência absoluta do poder que vê tudo.

4º) O conceito de resistência pode facilmente funcionar como cavilha, limite externo da análise que faria aparecer diante dela o Poder com P maiúsculo. Na realidade, o senhor pensa e o senhor diz provavelmente o contrário, particularmente em Vontade de saber, mas este é um problema ao qual, sem dúvida, o senhor será obrigado a retornar.

– Sem dúvida vale a pena, a título de introdução, dizer alguma coisa sobre esse problema do amálgama porque penso ser um fato importante. Tenho a impressão de que a operação consistiu no seguinte: entre o que diz Deleuze, o que diz Foucault e o que dizem os novos filósofos, não há diferença. Suponho, mas seria preciso verificar, que um quarto adversário se viu assimilado nesse amálgama: a teoria das necessidades radicais que, eu acho, é bastante importante na Itália, hoje, e da qual o PCI quer igualmente se livrar. Encontramos aqui alguma coisa que vale a pena ressaltar: é a velha tática, política e ideológica ao mesmo tempo, do stalinismo, que consistia em ter sempre um adversário único. Mesmo e sobretudo quando se luta em muitos *fronts*, deve-se fazer de modo que a batalha apareça como batalha contra um único e mesmo adversário. Existem mil diabos, dizia a Igreja, mas um único Príncipe da Trevas... e eles fazem a mesma coisa. Isto produziu, por exemplo, o social-fascismo, no momento exato em que era preciso lutar contra o fascismo, mas se queria combater, ao mesmo tempo, a social-democracia. Houve também a categoria de hitlero-trotskismo ou o titismo como elemento comum a todos os adversários. Portanto, eles conservaram de modo absoluto o mesmo procedimento.

Em segundo lugar, trata-se de um procedimento judiciário, que desempenhou um papel bem preciso em todos os processos, os de Moscou e os das democracias populares depois da guerra; isto quer dizer: já que vocês só são um único e mesmo adversário, nós lhes pediremos, antes de tudo, para dar conta não apenas do que vocês disseram, mas também de tudo o que não disseram, caso um de seus pretensos aliados ou cúmplices o tenha dito. Totalização dos pecados sobre cada uma das cabeças acusadas. E ainda: vocês veem bem que se contradizem, pois embora sejam um único e mesmo adversário vocês dizem uma coisa e também seu contrário. Dar conta do que foi dito e do contrário do que foi dito.

Há também um terceiro elemento que me parece importante, e que consiste na assimilação do inimigo e do perigo. Cada vez que aparece alguma coisa que, em relação a situações dadas, a tática reconhecidas, a temas ideológicos dominantes, representa um perigo, quer dizer, um problema surgido ou a necessidade de uma mudança de análise, não se deve nunca torná-la um perigo ou um acontecimento, mas denunciá-la imediatamente como um adversário. Para me referir a um exemplo preciso, penso que essas análises do poder no discurso institucionalizado do marxismo não têm senão um lugar relativamente restrito. O fato de que o problema tenha sido apresentado aliás não por mim, mas por uma multidão de pessoas, por outras coisas e por outros processos, constitui um acontecimento novo. Diante disso, os diferentes partidos comunistas, e o partido italiano em particular, não reagiram dizendo: isso é novo, devemos, talvez, considerá-lo. Eles diziam: se é novo, é um perigo e, portanto, um adversário.

Esses elementos, em minha opinião, merecem ser destacados como o fundamento das polêmicas atuais.

Na continuidade do que acabo de expor se encontra também a operação de "redução do sistema". Diante de análises desse tipo, diante dos problemas em relação aos quais, aliás, essas análises só são tentativas de resposta, imperfeitas, inábeis – sobre este ponto, não tenho nenhuma ilusão –, busca-se extrair delas imediatamente um certo número de teses, por mais caricaturais que possam ser, por mais arbitrária que seja a ligação entre as teses extraídas e o que efetivamente foi dito: o objetivo consiste em chegar a uma formulação de teses que autorize alguma coisa como uma condenação. Condenação pronunciada sobre a base da única comparação entre essas teses e as do marxismo, quer dizer, teses exatas.

Acho que podemos encontrar todos esses procedimentos atuando na enorme ficção que alguns comunistas construíram a propósito do que faço. Acho que se pode afirmar, com toda serenidade, que, entre o que eles me atribuem e o que digo, não há quase nenhuma relação. Atribuem-me, por exemplo, uma concepção naturalista do desejo: é de morrer de rir. Poder-se-iam acusá-los, talvez, de estupidez, aliás, isso é feito. Mas acho que o problema deve, de preferência, ser posto, apesar de tudo, no nível de seu cinismo. Quero dizer que eles sabem muito bem dizer mentiras e que se pode facilmente demonstrá-lo; eles sabem muito bem que o leitor honesto, ao ler o que eles escrevem sobre mim e sobre o que escrevi, perceberá que são mentiras. Mas o problema deles, e sua força, se prende ao fato de que aquilo que lhes interessa não é o que eles dizem, mas o que fazem quando dizem alguma coisa. E o que eles fazem consiste precisamente na constituição de um inimigo único, na utilização de um procedimento judiciário, no desenrolar de um procedimento de condenação no sentido político-judiciário: é a única coisa que lhes interessa. É preciso que o indivíduo seja condenável e condenado. Pouco importa a natureza das provas sobre a base das quais se o condena pois, nós bem o sabemos, o essencial em uma condenação não reside na qualidade das provas, mas na força daquele que a pronuncia.

No que concerne à redução de minhas análises à figura simples que é a metáfora do pan-óptico, creio que aqui também se pode responder em dois níveis. Pode-se dizer: comparemos o que eles me atribuem ao que eu disse. E aqui é fácil mostrar que as análises do poder conduzidas por mim não se reduzem de modo algum a essa figura, nem mesmo no livro em que eles foram tentar encontrá-la, quer dizer, em *Vigiar e punir*. De fato, se mostro que o pan-óptico foi uma utopia, uma espécie de forma pura elaborada no final do século XVIII para fornecer a fórmula mais cômoda de um exercício constante do poder imediato e total, se portanto eu fiz ver o nascimento, a formulação dessa utopia, sua razão de ser, é verdade também que mostrei, imediatamente, que se tratava, em termos precisos, de uma utopia que nunca funcionara tal como ela fora descrita, e que toda a história da prisão – sua realidade – consiste justamente em ter sempre passado ao largo desse modelo. Havia, com certeza, um funcionalismo no sonho de Bentham, mas nunca houve funcionalidade real da prisão: a realidade da prisão sempre foi tomada em diferentes séries estratégicas e táticas que levavam em consideração uma realidade espessa, pesada, cega, obscura. Portanto, é preciso ser de uma perfeita má-fé para dizer que propus uma concepção funcionalista da transparência do poder. Quanto aos outros livros, não falemos deles: em *Vontade de saber*, procurei indicar como deveriam ser conduzidas as análises do poder, em que sentido elas podiam ser orientadas, e todas essas indicações giravam em torno do tema do poder como série de relações complexas, difíceis, nunca funcionalizadas e que, em um certo sentido, não funcionam nunca. O poder não é onipotente, onisciente, ao contrário! Se as relações de poder produziram formas de inquirição, de análises dos modelos de saber, é precisamente porque o poder não era onisciente, mas cego, porque se encontrava em um impasse. Se assistimos ao desenvolvimento de tantas relações de poder, de tantos sistemas de controle, de tantas formas de vigilância, é justamente porque o poder sempre foi impotente. Quanto à natureza de minhas análises, é fácil mostrar que aquilo que me atribuem é pura e simples mentira. Então, é interessante tomar as coisas em um outro nível, e buscar compreender o que eles fazem ao proferir uma mentira tão fácil de desmascarar: e aqui acho que eles recorrem à técnica da inversão, da censura. No fundo, é verdade que a questão que eu formulava, eu a formulava tanto ao marxismo como a outras concepções da história e da política, e ela consistia no seguinte: as relações de poder não representariam, por exemplo, no que diz respeito às relações de produção, um nível de realidade a um só tempo complexo e relativamente – mas apenas relativamente – independente? Em outros termos, eu avancei a hipótese de que existe uma especificidade das relações de poder, uma espessura, uma inércia, uma viscosidade, um desenvolvimento e uma inventividade que lhes é própria e que era preciso analisar. Eu dizia simplesmente o seguinte: talvez tudo isso não seja tão simples quanto se crê, e esta afirmação se fundamentava, a um só tempo, em análises e em uma experiência. A experiência é a da União Soviética, mas também a dos partidos comunistas, porque 60 ou 70 anos de experiência contemporânea nos ensinaram que a ideia da tomada do aparelho de Estado, de seu enfraquecimento, do centralismo democrático, que tudo isso se reduzia a fórmulas maravilhosamente simples, que não consideravam, de modo algum, o que acontecia no nível do poder. Isso é verdade para a União Soviética como para qualquer partido comunista. Ademais, essa afirmação não era tão simples quanto se podia pensar, pois ela se fundamentava em análises históricas. É evidente, por exemplo, que, a partir do século XVI, o problema da arte do governo – como governar, com quais técnicas, graças à instalação de quais tipos de procedimentos, com quais instrumentos? – foi um problema decisivo para todo o Ocidente. Como devemos governar, como aceitamos ser governados...

Portanto, meu problema consistia em dizer: vejam, o problema do poder é complexo, e em mostrar em que sentido ele o é, com todas as consequências que isso pode ter até na política atual. A resposta dos comunistas foi a seguinte: o senhor fala de simplicidade e sustenta que as coisas são mais complicadas do que se pensa? Mas é o senhor quem dá provas da concepção mais simplificadora. E reduziram tudo o que eu dizia à forma simples do pan-óptico, que só representava um elemento de minha análise. Inversão da acusação: procedimento de advogado.

Um outro ponto sobre o qual se poderia dizer alguma coisa é a redução das análises das tecnologias de poder a uma espécie de metafísica do Poder com P maiúsculo, que as remete a um dualismo de enfrentamento entre esse poder e resistências mudas, surdas, de que nunca se dirá nada. Reconstruir-se-ia, então, uma espécie de conflito dual. Em primeiro lugar, nunca uso a palavra poder com P maiúsculo; são eles que o fazem. Em segundo, um certo marxista francês sustenta que, para mim, o poder é endógeno, e que eu teria construído um verdadeiro círculo ontológico ao deduzir o poder do poder. Afirmação estúpida e ridícula, uma vez que sempre procurei fazer o contrário. Tomemos um exemplo: a *História da loucura*, o primeiro livro que escrevi e no qual procurei enfrentar um pouco esse problema. Eu tinha de me haver com instituições psiquiátricas, onde o poder da administração, do diretor, dos médicos, da família funcionava em cheio perante os doentes mentais. Se eu quisesse fazer, tal como eles o pretendem, uma ontologia do Poder com P maiúsculo, teria procurado retraçar a gênese dessas grandes instituições de poder, teria centrado a análise exclusivamente no plano da instituição e da lei, da relação de forças regulamentada ou não, segundo a qual se teria exercido a violência contra a loucura ou os loucos. Ao contrário, tentei mostrar como, segundo esses recortes, essas relações de forças, essas instituições e toda essa rede de poder puderam se formar em um dado momento. A partir de quê? A partir desses processos econômicos e demográficos que aparecem claramente no final do século XVI, quando o problema dos pobres, dos vagabundos, das populações flutuantes se apresenta como problema econômico e político, e que se tenta resolvê-lo com todo um arsenal de instrumentos e armas (a lei sobre os pobres, o enquadramento mais ou menos forçado, enfim, o internamento, em particular o que ocorreu na França e em Paris em 1660-1661). Procurei, então, saber como esse feixe de relações de poder, que internou a loucura e a definiu como doença mental, podia ser outra coisa que não uma pura e simples relação de poder, uma pura e simples afirmação tautológica do tipo: eu, a razão, exerço o poder sobre ti, loucura. Como, ao contrário, uma relação de poder podia nascer no interior de uma transformação bem diferente, que era, ao mesmo tempo, a condição para que essas relações e esses processos econômicos pudessem ser regulamentados, controlados, e assim por adiante. Eu queria justamente mostrar essa heterogeneidade do poder, quer dizer, como ele nasce sempre de outra coisa diferente dele mesmo.

Poder-se-ia dizer a mesma coisa para a prisão, por exemplo. Fazer uma análise do poder em termos de afirmação ontológica teria significado interrogar-se sobre o que é a lei penal, e deduzir a prisão da essência mesma da lei que condena o crime. Inversamente, minha tentativa consistiu em reinserir a prisão no seio de tecnologias que são, com certeza, tecnologias de poder, mas que nasceram nos séculos XVII e XVIII, quer dizer, no momento em que toda uma série de problemas econômicos e demográficos reintroduzem o problema do que chamei de economia das relações de poder. Os sistemas de tipo feudal, ou os sistemas do tipo das grandes monarquias administrativas, seriam eles ainda válidos quando se trata de irrigar as relações de poder em um corpo social cujas dimensões demográficas, os movimentos de população, os processos econômicos são o que se tornaram? Então, tudo isso nasce de outra coisa. E não há poder, mas sim relações de poder que nascem, necessariamente, como efeitos e condições de outros processos.

Mas isso não constitui senão um aspecto do problema que gostaria de tratar; o outro aspecto é o das resistências. Se eu me fizesse uma concepção ontológica do poder, haveria, de um lado, o Poder com P maiúsculo, espécie de instância lunar, supraterrestre, e, do outro, as resistências dos infelizes que são coagidos a se vergarem ao poder. Penso que uma análise desse gênero é totalmente falsa, pois o poder nasce de uma pluralidade de relações que se enxertam em outra coisa, nascem de outra coisa e tornam possível outra coisa. Daí o fato de que, por um lado, essas relações de poder se inscrevem no interior de lutas que são, por exemplo, lutas econômicas ou religiosas. Portanto, não é fundamentalmente contra o poder que as lutas nascem. Mas, por outro lado, as relações de poder abrem um espaço no seio do qual as lutas se desenvolvem. No século XVIII, por exemplo, desenvolveu-se toda uma série de lutas muito interessantes, em torno da delinquência, do sistema penal, do aparelho judiciário: lutas do povo contra os notáveis, lutas dos intelectuais contra os velhos aparelhos, lutas do aparelho judiciário contra o novo pessoal político e tecnocrático que exercia o poder, ao menos em certos Estados, e que procuravam se livrar das velhas estruturas. Se há lutas das classes, e com certeza houve, elas investem nesse campo, o dividem, o sulcam e o organizam. Mas é preciso voltar a situar as relações de poder no interior das lutas, e não supor que há, de um lado, o poder e, do outro, aquilo sobre o qual ele se exerceria, e que a luta se desenrolaria entre o poder e o não poder.

Inversamente a essa posição ontológica entre poder e resistência, eu diria que o poder não é outra coisa senão uma certa modificação, a forma com frequência diferente de uma série de conflitos que constituem o corpo social, conflitos do tipo econômico, político. Portanto, o poder é como a estratificação, a institucionalização, a definição de técnicas, de instrumentos e de armas que servem em todos esses conflitos. É isto o que pode ser considerado, em um dado momento, como uma certa relação de poder, um certo exercício do poder. Isso desde que esteja claro que esse exercício – uma vez que ele, afinal, não é outra coisa senão a fotografia instantânea de lutas múltiplas e em contínua transformação –, que esse poder se transforma a si próprio sem cessar. Não se deve confundir uma situação de poder, um tipo de exercício, uma certa distribuição ou economia do poder em um dado momento com simples instituições de poder, tal como podem ser, por exemplo, o exército, a polícia, a administração.

Enfim, uma outra coisa de que me acusam é que, tendo me livrado do velho conceito de ideologia que me permitia lançar mão do real contra as falsas interpretações do real, que permitia funcionar sobre a base do dispositivo de desmistificação – as coisas são diferentes da maneira como são apresentadas –, eu operaria uma espécie de achatamento dos discursos no plano real, reduzindo minhas análises a uma simples reprodução da realidade de tal forma que meu discurso não seria senão um simples eco reacionário que só confirmaria as coisas. Aqui, também, é preciso compreender o que eles fazem quando dizem uma coisa desse gênero. Pois o que isso significa: o senhor só repete o real? Antes de tudo, isso pode querer dizer: o senhor só repete o que já foi dito. Eu, então, responderia: mostrem que isso já foi dito. Foram vocês que o disseram? Se eles me respondem: o senhor só repete o real, no sentido de que aquilo que digo é verdade, então eu concordo e agradeço-lhes por esse reconhecimento. É verdade que eu quis dizer precisamente o que aconteceu. Mas só seria um meio-agradecimento pois, no fundo, não é exatamente o que eu quis fazer.

Sobre as análises que conduzo e das quais eles dizem que elas reproduzem simplesmente a realidade, outros diriam: isso não é verdade, de jeito nenhum, é pura e simples imaginação. Os psiquiatras franceses, de imaginação mais ou menos marxista, chegaram a dizê-lo a propósito de a *História da loucura*, aliás, com um sucesso duvidoso. Eles chegaram a dizer que era uma fábula.

Na realidade, o que quero fazer, e aí reside a dificuldade da tentativa, consiste em operar uma interpretação, uma leitura de um certo real, de tal modo que, de um lado, essa interpretação possa produzir efeitos de verdade e que, do outro, esses efeitos de verdade possam tornar-se instrumentos no seio de lutas possíveis. Dizer a verdade para que ela seja atacável. Decifrar uma camada de realidade de maneira tal que dela surjam as linhas de força e de fragilidade, os pontos de resistência e os pontos de ataque possíveis, as vias traçadas e os atalhos. É uma realidade de lutas possíveis que tento fazer aparecer. Assim foi com a *História da loucura*; aliás, é bastante curioso que esse livro, que diz explicitamente: eu falarei do que aconteceu no que se refere à loucura e à doença mental, *grosso modo*, entre a segunda metade do século XVII e o início do século XIX – não fui além de Pinel –, esse livro todos os psiquiatras o leram como um livro de antipsiquiatria. Como se ele falasse da situação mental! Eles, ao mesmo tempo, tinham e não tinham razão. Não tinham razão porque isso não era verdade, eu não falava disso. Mas havia, contudo, alguma coisa de verdade na reação epidérmica e colérica por parte deles, pois, na realidade, ler a história dessa maneira significava, efetivamente, traçar nas realidades contemporâneas vias possíveis que se tornaram, em seguida, mediante as transformações indispensáveis, as vias realmente seguidas. O efeito de verdade que procuro produzir reside nessa maneira de mostrar que o real é polêmico. Isso vale também para a prisão, para o problema de delinquência. Aqui, também, trata-se de um livro que aborda 70 anos de história das instituições penais: 1760-1830/1840. Em praticamente todas as apreciações que foram feitas, se disse que esse livro fala da situação atual, mas não o suficiente porque as coisas, posteriormente, mudaram. Mas eu não falo da situação atual. Efetuo uma interpretação da história, e o problema é saber – mas não o resolvo – qual é a utilização possível dessas análises na situação atual.

E, aqui, penso que se deve fazer intervir o problema da função do intelectual. É inteiramente verdade que me recuso – quando escrevo um livro – a tomar uma posição profética que consiste em dizer às pessoas: eis aí o que vocês devem fazer; ou, então, isso é bom, isso não é bom. Eu lhes digo: eis como, *grosso modo*, parece-me que as coisas aconteceram, mas as descrevo de tal maneira que as vias de ataques possíveis sejam traçadas. Mas nisso não forço nem coajo ninguém a atacar. É uma questão que me concerne pessoalmente quando decido – sobre as prisões, asilos psiquiátricos, isso ou aquilo – me lançar em um certo número de ações. Digo então que a ação política pertence a um tipo de intervenção totalmente diferente dessas intervenções escritas e livrescas; é um problema de grupos, de engajamento pessoal e físico. Não se é radical por se ter pronunciado algumas fórmulas; não, a radicalidade é física, a radicalidade concerne à existência.

Então, retornando aos comunistas, diria que é dessa radicalidade que eles são desprovidos. Eles são desprovidos porque, para eles, o problema do intelectual não consiste em dizer a verdade, porque nunca se pediu aos intelectuais do Partido Comunista para dizerem a verdade; pediu-se a eles para tomarem uma posição profética e dizer: eis aí o que é preciso fazer, e que, bem entendido, é muito simplesmente aderir ao PC, fazer como o PC, estar com o PC, votar no PC. Em outras palavras, o que o PC pede ao intelectual é para que ele seja o transmissor de imperativos intelectuais, morais e políticos que o partido possa diretamente utilizar. Quanto ao intelectual que toma uma posição totalmente diferente, que consiste em dizer às pessoas: gostaria de produzir efeitos de verdade, de tal modo que eles possam ser utilizados para uma possível batalha, conduzida por aqueles que o desejam, nas formas a serem inventadas e em organizações a serem definidas, essa liberdade deixada por mim ao final de meu discurso, para qualquer um que queira ou não fazer alguma coisa, dessa liberdade, o pessoal do PC não fala. É exatamente o contrário do que se gostaria que eu fizesse, pois, para o PC, o verdadeiro intelectual é aquele que clama a realidade, explicando como ela deveria ser, imediatamente garantindo que ela será como deve ser no dia em que todos farão como o Partido Comunista. Posição precisamente contrária à minha, pois é isso o que eles não perdoam. Portanto, eles compreendem o que faço, mas não compreendem o que digo, ou ao menos eles correm o risco – e isso, uma vez mais, é verdadeiramente surpreendente – de mostrar aos olhos de todos que não compreendem o que digo. Contudo, isso não os preocupa, porque o problema deles é precaver-se contra o que faço, condená-lo e proibir, portanto, que as pessoas façam ou aceitem o que faço, tornar o que faço inaceitável. E a partir do momento em que não podem dizer: o que ele faz é inaceitável, eles dizem: o que ele diz é falso. Porém, para dizê-lo, eles são obrigados a mentir e a me fazer dizer o que não disse. Por isso é que não creio haver matéria para discussão sobre essa prosa difundida sobre a minha. É preciso, antes, compreender exatamente a razão de seus ataques. E se eles compreendem bem o que faço gostaria de fazer compreender o que eles fazem, quando dizem essas mentiras.

1978

A "Governamentalidade"

"La 'governamentalità'" ("A 'governamentalidade'", curso do Collège de France, ano 1977-1978: "Sécurité, territoire et polulation", 4ª aula, 1º de fevereiro de 1978), *Aut-Aut*, n. 167-168, setembro-dezembro de 1978, p. 12-29.

Através da análise de alguns dispositivos de segurança, procurei ver como aparecem os problemas específicos da população e, olhando um pouco mais de perto esses problemas, fui rapidamente remetido ao problema do governo. Em suma, tratava-se, nestas primeiras aulas, de instalar a série segurança-população-governo. Agora, é o problema do governo que gostaria de tentar inventariar um pouco.

Nunca faltou, tanto na Idade Média quanto na Antiguidade greco-romana, estes tratados que se apresentavam como "Conselhos ao Príncipe" quanto à maneira de se conduzir, de exercer o poder, de se fazer aceitar e respeitar por seus súditos; conselhos para amar Deus, obedecer a Deus, fazer passar na cidade dos homens a lei de Deus... Mas é bastante surpreendente que, a partir do século XVI e no período que vai da metade do século XVI ao final do século XVIII, se veja desenvolver, florir, toda uma série muito considerável de tratados que se apresentam não mais exatamente como "Conselhos ao Príncipe", nem como "Ciência da Política", mas que, entre o conselho ao príncipe e o tratado de ciência política, se apresentam como "artes de governar". O problema do governo explode no século XVI, simultaneamente, colocado por discussões de questões muito diversas e sob aspectos inteiramente múltiplos. Problema, por exemplo, do governo de si mesmo. O retorno ao estoicismo, no século XVI, gira em torno dessa reatualização do problema: "Como governar-se a si mesmo?" Problema, igualmente, do governo das almas e das condutas – e esse foi, certamente, todo o problema da pastoral católica ou protestante. Problema do governo das crianças, e essa é a grande problemática da pedagogia tal como aparece e se desenvolve no século XVI. E enfim, somente enfim, talvez, governo dos Estados pelos príncipes. Como governar-se, como ser governado, como governar os outros, por quem devemos aceitar ser governados, como fazer para ser o melhor governante possível. Parece-me que todos esses problemas são, em sua intensidade e em sua multiplicidade também, muito característicos do século XVI; e isso no ponto de cruzamento de dois processos, para dizer as coisas muito esquematicamente. O processo, é claro, que, ao desfazer as estruturas feudais, está instalando, ordenando os grandes Estados territoriais, administrativos, coloniais; e, depois, um movimento totalmente diferente que, aliás, não é sem interferências com o primeiro, e que, com a Reforma, depois com a Contrarreforma, questiona novamente a maneira como se quer ser espiritualmente dirigido nesta terra, em direção à sua salvação.

Movimento, por um lado, de concentração estatal; por outro, movimento de dispersão e de dissidência religiosas: é aqui, penso eu, no cruzamento entre esses dois movimentos, que se insere, com a intensidade particular ao século XVI, o problema do "como ser governado, por quem, até que ponto, com que fins, por quais métodos?" É uma problemática do governo em geral.

Em toda essa imensa e monótona literatura sobre o governo que se inaugura ou, em todo caso, explode em pleno século XVI e que se estenderá até o final do século XVIII, com a mutação que procurarei balizar mais adiante, gostaria de isolar simplesmente alguns pontos notáveis. Gostaria de balizar os pontos que concernem à própria definição do que entendemos por governo do Estado, o que chamaríamos, se quiserem, de governo sob sua forma política. Para isso, acho que o mais simples seria, sem dúvida, opor essa massa de literatura sobre o governo a um texto que, do século XVI ao século XVIII, não cessou de constituir, para essa literatura sobre o governo, uma espécie de ponto de repulsa, explícita ou implícita, em relação ao qual e por rejeição do qual se situa a literatura sobre o governo: este texto abominável é, evidentemente, *O príncipe*, de Maquiavel.[1] Texto do qual será interessante retraçar as relações que ele teve com todos os textos que o seguiram, criticaram, rejeitaram.

Em primeiro lugar, é preciso lembrar que *O príncipe* de Maquiavel não foi imediatamente abominado, mas, ao contrário, foi enaltecido por seus contemporâneos e seus sucessores

---

1 Maquiavel (N.), *Il principe*, Roma, 1532.

imediatos, e novamente enaltecido até o final do século XVIII, ou melhor, até os primeiros anos do século XIX, no momento em que, justamente, essa literatura sobre a arte de governar está prestes a desaparecer. *O príncipe* de Maquiavel reaparece no início do século XIX, essencialmente, aliás, na Alemanha, onde é traduzido, apresentado, comentado por pessoas como A. W. Rehberg,[2] H. Leo,[3] Ranke,[4] Kellermann. Na Itália, também, em um contexto que se deveria analisar. Um contexto que era, de uma parte, o de Napoleão, mas também o que criou a Revolução e o problema da revolução nos Estados Unidos: como e em quais condições se pode manter a soberania de um soberano sobre um Estado? É igualmente o contexto em que aparece, com Clausewitz, o problema das relações entre política e estratégia; é o da importância política, manifestada pelo próprio Congresso de Viena, em 1815, das relações de forças e do cálculo das relações de forças como princípio de inteligibilidade e de racionalização das relações internacionais. É, enfim, o problema da unidade territorial da Itália e da Alemanha já que, como vocês sabem, Maquiavel foi precisamente um daqueles que procuraram definir em quais condições a unidade territorial da Itália podia ser feita.

É nesse clima que Maquiavel vai reaparecer no início do século XIX. Mas, entrementes, entre a homenagem que foi feita a Maquiavel no início do século XVI e essa redescoberta, essa revalorização ocorrida no início do século XIX, é certo que houve uma vasta literatura anti-Maquiavel. Sob uma forma explícita: há toda uma série de livros que, em geral, aliás, vêm de meios católicos, com frequência dos jesuítas; tem-se, por exemplo, o texto de Ambrogio Politi, que se chama *Disputationes de libris a christiano detestandis*,[5] quer dizer, *Discussões sobre os livros que um cristão deve detestar*; há o livro de alguém que tem a infelicidade de ter como sobrenome Gentillet, e como nome Innocent: Innocent Gentillet escreveu um dos primeiros anti-Maquiavel que se chama *Discours sur les moyens de bien*

---

2 Rehberg (A. W.), *Das Buch von Fürsten*, Hanôver, 1910.
3 Leo (H.), Die Briefe des Florentinischen Kanzlers, Berlim, 1826.
4 Ranke (L. von), *Historisch-politische Zeitschrift*, Berlim, 1832-1833.
5 Politi (L.), *Disputationes de libris a christinano detestandis*, 1542 (na religião, padre Ambrogio Catarino da Siena).

gouverner contre Nicolas Machiavel.[6] Mais tarde se encontrará também, na literatura explicitamente antimaquiavelista, o texto de Frederico II, de 1740.[7] Mas há também toda uma literatura implícita em posição de distanciamento e de oposição surda a Maquiavel. É, por exemplo, o livro inglês de Thomas Elyot, publicado em 1580, que se chama *The governour*;[8] o livro de Paruta sobre *La perfection de la vie politique*,[9] e talvez um dos primeiros, sobre o qual me deterei, o de Guillaume de La Perrière, *Le miroir politique*,[10] publicado em 1567.

Que esse anti-Maquiavel seja manifesto ou subserviente, o que importa é que ele não tem simplesmente funções negativas de barreira, de censura, de rejeição do inaceitável; a literatura anti-Maquiavel é um gênero positivo, que tem seu objeto, seus conceitos, sua estratégia, e é como tal, nessa positividade, que gostaria de considerá-la.

Nessa literatura anti-Maquiavel explícita e implícita, o que encontramos? Com certeza encontramos em negativo uma espécie de representação ancorada no pensamento de Maquiavel; apresenta-se ou se reconstrói um Maquiavel adverso, do qual, aliás, se precisa para se dizer o que se tem a dizer. Esse Príncipe, mais ou menos reconstituído, contra o qual se luta, como o caracterizamos?

Em primeiro lugar, por um princípio: em Maquiavel, o Príncipe está em relação de singularidade, de exterioridade, de transcendência no que diz respeito ao seu principado. O Príncipe de Maquiavel recebe seu principado seja por herança, seja por aquisição, seja por conquista. De qualquer forma, ele não faz parte do principado, ele lhe é exterior. O laço que o liga ao seu principado é um laço seja de violência, seja de tradição, seja ainda um laço que foi estabelecido pelo acordo de tratados e pela cumplicidade, ou pelo acordo dos outros príncipes, pouco importa. Em todo caso, é um laço puramente sintético: não há pertinência fundamental, essencial, natural e jurídica entre

---

6 Gentillet (I.), Discours sur les moyens de bien gouverner et maintenir en bonne paix un royaume ou autre principauté, contre Nicolas Machiavel, 1576.
7 Frederico II, Anti-Machiavel, ou Essai de critique sur "Le prince" de Machiavel, La Haye, 1740.
8 Elyot (T.), *The Boke Named the Governour*, Londres, 1531.
9 Paruta (P.), Della perfezione della vita politica, Veneza, 1579.
10 De La Perrière (G.), Le miroir politique, contenant diverses manières de gouverner et policier les républiques, Paris, 1555.

o Príncipe e seu principado. Exterioridade, transcendência do Príncipe, eis o princípio. Corolário do princípio: uma vez que essa relação é de exterioridade, ela é frágil, e não cessará de ser ameaçada. Ameaça do exterior pelos inimigos do Príncipe que querem tomar ou retomar seu principado. Ameaça igualmente do interior, pois não há razão *a priori*, razão imediata, para que os sujeitos aceitem a autoridade do Príncipe. Em terceiro lugar, desse princípio e desse corolário se deduz um imperativo: o objetivo do exercício do poder será, bem entendido, o de manter, reforçar e proteger esse principado, entendido não como o conjunto constituído pelos súditos e território, o principado objetivo, mas como a relação do Príncipe com o que ele possui, ou seja, esse território que ele herdou ou adquiriu, os súditos que lhe estão submetidos. Esse principado, como relação do Príncipe com seus súditos e seu território, é isso o que se trata de proteger, e não direta ou fundamentalmente o território e seus habitantes. É esse laço frágil do Príncipe com seu principado que a arte de governar, a arte de ser Príncipe apresentada por Maquiavel, deve ter como objetivo.

De repente, isso acarreta para o livro de Maquiavel a consequência de que o modo de análise terá dois aspectos. De um lado, se tratará de balizarmos perigos: de onde eles vêm, em que consistem, qual é sua intensidade comparada: qual é o maior, qual é o mais fraco? E, em segundo lugar, se tratará de determinar uma arte de manipular as relações de forças que permitirão ao Príncipe fazer de modo que seu principado, como laço com seus súditos e com seu território, possa ser protegido. Sem entrar nos detalhes, digamos que *O príncipe* de Maquiavel, tal como aparece na filigrana desses tratados, explícita ou implicitamente dedicados ao anti-Maquiavel, aparece essencialmente como um tratado da habilidade do Príncipe em conservar seu principado. Penso que a literatura anti-Maquiavel quer substituir esse tratado da habilidade do Príncipe, do *savoir-faire* do Príncipe, por outra coisa que é novamente, quanto a isso, uma arte de governar: ser hábil em conservar seu principado não é de modo algum possuir a arte de governar.

Em que consiste a arte de governar? Para tentar balizar as coisas em seu estado ainda rude, vou tomar um dos primeiros textos da grande literatura antimaquiavélica, o de Guillaume de La Perrière, datado de 1555, e que se chama *Le miroir politique, contenant diverses manières de gouverner*.

Nesse texto, muito decepcionante se o compararmos com o próprio Maquiavel, se vê, todavia, esboçar-se um certo número de coisas que são, eu acho, importantes. Em primeiro lugar, o que La Perrière entende por governar e governante, qual é sua definição disso? Ele diz, na p. 46 de seu texto: "Governante pode ser chamado qualquer monarca, imperador, rei, príncipe, senhor, magistrado, prelado, juízes e semelhantes."[11] Tal como La Perrière, outros, tratando também da arte de governar, lembrarão com regularidade que se diz, igualmente, governar uma casa, crianças, almas, uma província, um convento, uma ordem religiosa, uma família.

Essas observações, que têm ar de ser e que são observações de puro vocabulário, têm, de fato, implicações políticas importantes. É que, na realidade, o Príncipe, tal como aparece em Maquiavel ou nas representações que dele são dadas, é, por definição – este é um princípio fundamental do livro, tal como se o lia –, único em seu principado, e em uma posição de exterioridade e de transcendência em relação a esse principado, enquanto, no livro de La Perrière, se vê que o governante, a prática do governo são, de um lado, práticas múltiplas, já que muitas pessoas governam: o pai de família, o superior de um convento, o pedagogo e o professor na relação com a criança ou com o discípulo. Portanto, há muitos governos em relação aos quais o do Príncipe, governando seu Estado, não é senão uma das modalidades. Por outro lado, todos esses governos são interiores à própria sociedade ou ao Estado. É no interior do Estado que o pai de família vai governar sua família, que o superior do convento vai governar seu convento. Portanto, há, ao mesmo tempo, pluralidade de formas de governo e imanência das práticas de governo em relação ao Estado, multiplicidade e imanência dessas atividades que se opõem radicalmente à singularidade transcendente do Príncipe de Maquiavel.

Certamente, entre todas essas formas de governo entrecruzando-se, enredando-se no interior da sociedade, no interior do Estado, há uma forma muito particular de governo que se tratará, precisamente, de balizar: é essa forma particular do governo que se aplicará ao Estado por inteiro. É assim que, buscando fazer a topologia das diferentes formas de governo, em um texto um pouco mais tardio do que aquele ao qual me

---

11 De La Perrière (G.), *op. cit.*, ed. de 1567.

referia – que data exatamente do século seguinte –, François de La Mothe Le Vayer, em uma série de textos pedagógicos para o Delfim, dirá que, no fundo, há três tipos de governo, cada um referido a uma forma de ciência ou de reflexão particular: o governo de si mesmo, referido à moral; a arte de governar uma família como se deve, referida à economia; enfim, a ciência de bem governar o Estado, referida à política.[12] Em relação à moral e à economia, é bem evidente que a política tem sua singularidade, e La Mothe Le Vayer indica bem que a política não é exatamente a economia nem inteiramente a moral.

Acho que o importante, aqui, é que, apesar dessa tipologia, aquilo a que se referem, o que postulam sempre essas artes de governar, o importante é uma continuidade essencial de uma a outra e da segunda à terceira. Enquanto a doutrina do Príncipe ou a teoria jurídica do soberano buscam sem cessar marcar bem a descontinuidade entre o poder do Príncipe e qualquer outra forma de poder, uma vez que se trata de explicar, de fazer valer, de fundamentar essa descontinuidade, aqui, nessas artes de governar, deve-se buscar balizar a continuidade, continuidade ascendente e descendente.

Continuidade ascendente, no sentido de que aquele que quer poder governar o Estado deve, primeiro, saber governar a si próprio; depois, em outro nível, governar sua família, seus bens, seu domínio e, finalmente, ele chegará a governar o Estado. É essa espécie de linha ascendente que caracterizará todas as pedagogias do Príncipe que são tão importantes nessa época, e de que La Mothe Le Vayer dá um exemplo. Para o Delfim, ele escreve primeiro um livro de moral, depois um livro de economia e, enfim, um tratado político.[13] É a pedagogia do Príncipe que vai, então, garantir essa continuidade ascendente das diferentes formas de governo.

Inversamente, tem-se uma continuidade descendente, no sentido de que, quando um Estado é bem governado, os pais de família sabem bem governar sua família, suas riquezas, seus bens, sua propriedade, e os indivíduos, também, se comportam como devem. Essa linha descendente, que faz repercutir

---

12 De La Mothe Le Vayer (F.), *L'œconomique du Prince*, Paris, Courbé, 1653.
13 De La Mothe Le Vayer (F.), *La géographie et la morale du Prince*, Paris, Courbé, 1651; *L'œconomique du Prince*, Paris, Courbé, 1653; *La politique du Prince*, Paris, Courbé, 1653.

até na conduta dos indivíduos ou na gestão das famílias o bom governo do Estado, é o que se começa a chamar, precisamente nessa época, de "polícia".

A pedagogia do Príncipe garante a continuidade ascendente das formas de governo, e a polícia, a continuidade descendente. Vocês veem, em todo caso, que nessa continuidade a peça essencial tanto na pedagogia do Príncipe quanto na polícia, o elemento central, é o governo da família, que se chama justamente "economia".

A arte do governo, tal como aparece em toda essa literatura, deve responder essencialmente à seguinte questão: como introduzir a economia, quer dizer, a maneira de gerir como se deve os indivíduos, os bens, as riquezas, tal como se pode fazer no interior de uma família, tal como pode fazê-lo um bom pai de família que sabe dirigir sua mulher, seus filhos, seu empregados, que sabe fazer prosperar a fortuna de sua família, que sabe manejar, para ela, as alianças que convêm, como introduzir essa atenção, essa meticulosidade, esse tipo de relação do pai de família para com sua família no interior da gestão de um Estado?

A introdução da economia no interior do exercício político será, penso eu, a aposta essencial do governo. Isto já era assim no século XVI, e o será ainda no século XVIII. No artigo "Économie politique" de Jean-Jacques Rousseau, vê-se bem como Rousseau apresenta ainda o problema nesses mesmos termos, dizendo, esquematicamente: a palavra "economia" designa originariamente o "sensato governo da casa para o bem comum de toda família".[14] O problema, diz Rousseau, é: como esse sensato governo da família poderá, *mutatis mutandis*, e com as descontinuidades que se observará, ser introduzido no interior da gestão geral do Estado? Governar um Estado será, então, lançar mão da economia, uma economia no nível do Estado todo, quer dizer, ter para com os habitantes, as riquezas, a conduta de todos e de cada um uma forma de vigilância, de controle, não menos atenta do que a do pai de família para com os familiares e seus bens.

---

14 "Economia ou *œconomia*, esta palavra vem de *oikos*, casa, e de *nomos*, lei, e, originalmente, não significa senão o sensato e legítimo governo da casa, para o bem comum de toda a família" (Rousseau [J.-J.], *Discours sur l'économie politique* [1755], in *Œuvres complètes*, t. III, *Du contrat social. Écrits politiques*, Paris, Gallimard, col. "Bibliothèque de la Pléiade", 1964, p. 241).

Uma expressão aliás importante no século XVIII caracteriza bem isso. Quesnay fala de um bom governo como de um "governo econômico". Encontramos em Quesnay o momento em que aparece essa noção de governo econômico que é, no fundo, uma tautologia, já que a arte de governar é, precisamente, a arte de exercer o poder na forma e segundo o modelo da economia. Mas se Quesnay diz "governo econômico" é porque a palavra "economia", por razões que tentarei esclarecer, já está prestes a tomar seu sentido moderno, e parece, nesse momento, que a própria essência desse governo, quer dizer, da arte de exercer o poder na forma da economia, terá como objeto principal o que chamamos, hoje, de economia. O termo "economia" designava, no século XVI, uma forma de governo. No século XVIII, ela designará um nível de realidade, um campo de intervenção, e isso através de uma série de processos complexos e, penso eu, absolutamente capitais para nossa história. Eis aqui, então, o que é governar e ser governado.

Em segundo lugar, ainda no livro de Guillaume de La Perrière, encontramos o seguinte texto: "Governo é a íntegra disposição das coisas, das quais se toma o encargo de conduzi-las até um fim conveniente."[15] É a esta segunda frase que gostaria de anexar uma nova série de observações diferentes das que concerniam à própria definição do governante e do governo.

"Governo é a íntegra disposição das coisas", gostaria de me deter nessa palavra "coisas". Quando vemos em *O príncipe* de Maquiavel o que caracteriza o conjunto dos objetos sobre os quais incide o poder, percebemos que, para Maquiavel, de algum modo, o objeto, o alvo do poder, são duas coisas: de um lado, um território e, do outro, as pessoas que habitam nesse território. Nisso, aliás, Maquiavel não faz nada além do que retomar, para seu uso próprio e para as finalidades particulares de sua análise, um princípio jurídico que é aquele mesmo através do qual se definiria a soberania no direito público da Idade Média, no século XVI: a soberania não se exerce sobre as coisas, ela se exerce primeiro sobre um território, e, por conseguinte, sobre os sujeitos que nele habitam. Nesse sentido, pode-se dizer que o território é, na realidade, o elemento fundamental do principado de Maquiavel e da soberania jurídica do soberano, tal como a definem os filósofos ou os teóricos

---

15 De La Perrière (G.), *op. cit.*, 1567, p. 46.

do direito. Certamente, esses territórios podem ser férteis ou estéreis, podem ter uma população densa ou, ao contrário, dispersa, as pessoas podem ser ricas ou pobres, ativas ou preguiçosas, mas todos esses elementos não são senão variáveis em relação ao território que é o fundamento mesmo do principado ou da soberania.

Ora, no texto de La Perrière, vê-se que a definição do governo não se refere de nenhum modo ao território: governam-se as coisas. Quando La Perrière diz que o governo governa "as coisas", o que ele quer dizer? Não acho que se trate de opor as coisas aos homens, mas, antes, de mostrar que aquilo a que o governo se reporta não é, portanto, o território, mas uma espécie de complexo constituído pelos homens e as coisas. Quer dizer que essas coisas das quais o governo deve encarregar-se são os homens, mas em suas relações, seus laços, seus emaranhamentos com essas coisas que são as riquezas, os recursos, as substâncias, o território, com certeza, em suas fronteiras, com suas qualidades, seu clima, sua aridez, sua fertilidade; são os homens em suas relações com essas outras coisas que são os costumes, os hábitos, as maneiras de fazer ou de pensar e, enfim, são os homens em suas relações com outras coisas, ainda, que podem ser os acidentes ou as desgraças, como a fome, as epidemias, a morte.

Que o governo dirige as coisas entendidas assim como emaranhamentos dos homens e das coisas, acho que se encontraria facilmente a confirmação disso na metáfora inevitável, à qual sempre se referem nesses tratados do governo: a metáfora do barco. O que é governar um barco? Com certeza é encarregar-se dos marinheiros, mas é encarregar-se, ao mesmo tempo, do navio, da carga; governar um barco é também levar em conta os ventos, os baixios, as tempestades, as intempéries. E é esse relacionar-se aos marinheiros que é preciso salvar junto com o navio, que é preciso salvaguardar junto com a carga que é preciso levar até o posto, e suas relações com todos esses acontecimentos que são os ventos, os baixios, as tempestades, as intempéries. É este pôr em relação que caracteriza o governo de um barco. O mesmo vale para uma casa: governar uma família, no fundo, não é essencialmente ter como finalidade salvar as propriedades da família, é, essencialmente, ter como alvo os indivíduos que a compõem, sua riqueza, sua prosperidade. É levar em conta acontecimentos que podem ocorrer: as mortes, os nascimentos; é levar em conta as coisas que se podem fazer, por exemplo, as alianças com outras famílias. É toda essa gestão geral que caracteriza o governo, e em relação à qual o problema da propriedade territorial para a família, ou a aquisição da soberania sobre um território não são, afinal, senão elementos relativamente secundários para o Príncipe. O essencial é, portanto, esse complexo de homens e de coisas, o território, a propriedade, não sendo, de algum modo, senão uma espécie de variável.

Aqui, também, esse tema que se vê aparecer em La Perrière, nessa curiosa definição do governo como governo das coisas, se encontra nos séculos XVII e XVIII. Frederico II, em seu *Anti-Maquiavel*,[16] tem páginas absolutamente significativas. Ele diz, por exemplo: comparemos a Holanda e a Rússia. A Rússia é um país que bem pode ter as mais extensas fronteiras de todos os Estados europeus; de que ela é feita? De alagadiços, florestas, desertos. Ela é apenas povoada por alguns bandos de pessoas pobres, miseráveis, sem atividades, sem indústrias. Comparem com a Holanda: ela também é feita de alagadiços, é muito pequena, mas há, na Holanda, contrariamente à Rússia, uma população, uma riqueza, uma atividade comercial, uma frota que fazem com que a Holanda seja um país importante na Europa, o que a Rússia está apenas começando a ser. Portanto, governar é governar as coisas.

Retorno ainda ao texto que lhes citei há pouco, quando La Perrière dizia: "Governo é a íntegra disposição das coisas das quais se toma o encargo de conduzi-las até um fim conveniente." O governo tem, portanto, uma finalidade, "uma disposição das coisas a conduzir a um fim conveniente", e nisto também penso que o governo se opõe, muito claramente, à soberania. Com certeza, a soberania, nos textos filosóficos, nos textos jurídicos também, nunca foi apresentada como um direito puro e simples. Nunca foi dito nem por juristas nem, *a fortiori*, por teólogos, que o soberano legítimo estaria fundamentado para exercer seu poder, ponto e basta. O soberano deve sempre, para ser um bom soberano, propor-se a um fim, quer dizer, "o bem comum e a salvação de todos".

---

16 Frederico II, *op. cit.* (*in L'anti-Machiavel*, ed. crítica por C. Fleischauer, *in Studies on Voltaire and the eighteenth century*, Genebra, E. Droz, 1958, vol. V, p. 199-200).

Tomo, por exemplo, um texto do final do século XVII; Pufendorf diz: "Nós só lhes conferimos [aos soberanos] a autoridade soberana a fim de que eles se sirvam dela para ocasionar e manter a utilidade pública." Um soberano não deve considerar nada como vantajoso para si mesmo se isso também não o for para o Estado. Ora, esse bem comum ou ainda essa salvação de todos, de que falam os juristas, e que se encontram regularmente invocados, apresentados como a própria finalidade da soberania, em que consistem? Se vocês observarem o conteúdo real dado por juristas e teólogos a esse bem comum, vocês verão que existe bem comum quando todos os sujeitos obedecem, sem esmorecimento, a tais leis, exercem bem os cargos que lhes são dados, praticam bem os ofícios aos quais se dedicam, respeitam a ordem estabelecida à medida, ao menos, que essa ordem é conforme à lei que Deus impôs à natureza e aos homens. Quer dizer que o bem público é, essencialmente, a obediência à lei, à lei do soberano, sobre esta terra, ou à lei do soberano absoluto, Deus. Porém, de todo modo, o que caracteriza a finalidade da soberania, esse bem comum, esse bem geral, não é, no fim das contas, nada além do que a submissão absoluta. Isso quer dizer que a finalidade da soberania é circular: ela remete ao próprio exercício da soberania. O bem é a obediência à lei, portanto o bem que a soberania se propõe é que as pessoas lhe obedeçam. Circularidade essencial que, quaisquer que sejam evidentemente a estrutura teórica, a justificação moral ou os efeitos práticos, não está tão afastada do que dizia Maquiavel quando declarava que o objetivo principal do Príncipe deveria ser o de manter seu principado. Continuamos bem dentro do círculo da soberania em relação a ela própria, do principado em relação a ele mesmo.

Ora, com a nova definição de La Perrière, com suas pesquisas de definição do governo, penso que se vê aparecer um outro tipo de finalidade. O governo é definido por La Perrière como uma maneira íntegra de dispor das coisas para conduzi-las, não à forma do "bem comum", como diziam os textos dos juristas, mas a um "fim conveniente" para cada uma dessas coisas que são, precisamente, para se governar. O que implica, primeiro, uma pluralidade de objetivos específicos; por exemplo, o governo terá de fazer de modo que se produza o máximo de riquezas possível, que se forneça às pessoas substâncias suficientes, ou até o máximo de substâncias possível. O governo, enfim, terá de fazer de modo que a população possa se multiplicar. Portanto, toda uma série de finalidades específicas que se tornarão o próprio objetivo do governo. E, para alcançar essas diferentes finalidades, dispor-se-á das coisas. Esta palavra "dispor" é importante. O que, de fato, permitia à soberania alcançar seu fim, a obediência às leis, era a própria lei; lei e soberania faziam então, de modo absoluto, uma com a outra, um só corpo. Aqui, ao contrário, não se trata de impor uma lei aos homens, trata-se de dispor das coisas, quer dizer, de utilizar mais táticas do que leis, ou, no limite, de utilizar ao máximo as leis como táticas; fazer de tal modo que, através de um certo número de meios, tal ou tal finalidade possa ser alcançada.

Penso termos, aqui, uma ruptura importante: enquanto a finalidade da soberania se encontra nela própria, e ela retira seus instrumentos dela própria sob a forma da lei, a finalidade do governo está nas coisas que ele dirige. Esta deve ser procurada na perfeição, na maximização ou na intensificação dos processos que o governo dirige, e os instrumentos do governo, em vez de serem leis, vão ser táticas diversas. Por conseguinte, regressão da lei, ou melhor, na perspectiva do que deve ser o governo, a lei não é certamente o instrumento maior. Aqui também encontramos o tema que se propagou durante todo o século XVII, e que está manifestamente explícito no século XVIII em todos os textos dos economistas e fisiocratas, quando explicam que, certamente, não é através da lei que se podem, de modo efetivo, alcançar as finalidades do governo.

Quarta observação, enfim: Guillaume de La Perrière diz que alguém que sabe governar deve possuir "paciência, sabedoria e diligência".[17] O que ele entende por "paciência"? Para explicar a palavra "paciência", ele toma o exemplo do que ele chama "o rei das abelhas", quer dizer, o zangão, e ele diz: "O zangão reina na colmeia sem precisar de ferrão."[18] Deus quis mostrar, através disso – "de um modo místico", diz ele –, que o verdadeiro governante não deve precisar de um ferrão, quer dizer,

---

17 "Todo governante de Reino ou República deve ter em si necessariamente sabedoria, paciência e diligência" (op. cit., 1567, p. 46).
18 "Deve ter também, todo governante, paciência, a exemplo do rei das abelhas que não tem ferrão, no que a natureza quis mostrar misticamente que os reis e governantes de República devem, para com seus súbitos, usar de muito mais clemência do que de severidade e de equidade mais do que de rigor" (ibid).

de um instrumento para matar, de um gládio, para exercer seu governo; ele deve ter paciência mais do que cólera, ou, ainda, não é o direito de matar, de fazer valer sua força, que deve ser o essencial na personagem do governante. E essa ausência de ferrão, que conteúdo positivo lhe dar? Será "a sabedoria e a diligência". A "sabedoria" não quer dizer exatamente, como dizia a tradição, o conhecimento das leis humanas e divinas, o conhecimento da justiça e da equidade, mas precisamente o conhecimento das coisas, dos objetivos que se podem alcançar, que se deve fazer de modo a alcançar, a "disposição" que se deve utilizar para alcançá-los, é esse conhecimento que vai constituir a sabedoria do soberano. E, quanto à sua "diligência", é precisamente o que faz com que o soberano, ou melhor, o que governa, só deva governar à medida que ele irá se considerar e agir como se estivesse a serviço daqueles que são governados. Aqui também, La Perrière se refere ao exemplo do pai de família: o pai de família é aquele que se levanta mais cedo do que todos os outros de sua casa, que se deita mais tarde que todos os outros, é ele que vela por tudo, pois se considera como estando a serviço de sua casa.

Essa caracterização do governo é bem diferente da caracterização do Príncipe, tal como a encontrávamos em Maquiavel. Certamente, essa noção de governo é ainda muito rude, apesar de alguns aspectos de novidade. Penso que esse primeiro pequeno esboço da noção e da teoria da arte de governar certamente não ficou no ar no século XVI; ela não era apenas assunto de teóricos políticos. Podem-se balizar suas correlações no real. De um lado, a teoria da arte de governar estava ligada, no século XVI, ao desenvolvimento das monarquias territoriais (aparecimento dos aparelhos, relés de governo etc.); ela também estava ligada a todo um conjunto de análises e de saberes que se desenvolveram depois do final do século XVI e tomaram toda sua amplidão no século XVII, essencialmente esse conhecimento do Estado em seus diferentes dados, em suas diferentes dimensões, nos diferentes fatores de sua potência, e que se chamou, precisamente, de "estatística" como ciência do Estado. Enfim, em terceiro lugar, essa busca de uma arte de governar não pode deixar de ser posta em correlação com o mercantilismo e com o cameralismo.

Para dizer as coisas muito esquematicamente, a arte de governar encontra, no final do século XVI e início do século XVII, uma primeira forma de cristalização: ela se organiza em torno do tema de uma razão de Estado, entendida não no sentido pejorativo e negativo que lhe dão hoje (destruir os princípios do direito, da equidade ou da humanidade pelo único interesse do Estado), mas em um sentido positivo e pleno. O Estado se governa segundo as leis racionais que lhe são próprias, que não se deduzem das únicas leis naturais ou divinas, nem dos únicos preceitos de sabedoria e de prudência. O Estado, tal como a natureza, tem sua própria racionalidade, mesmo se ela é de um tipo diferente. Inversamente, a arte de governar, em vez de ir buscar seus fundamentos nas regras transcendentais em um modelo cosmológico ou em um ideal filosófico e moral, deverá encontrar os princípios de sua racionalidade no que constitui a realidade específica do Estado. São esses elementos da primeira racionalidade estatal que retomarei nas próximas lições. Mas se pode dizer logo que essa razão de Estado foi para o desenvolvimento da arte do governo uma espécie de entrave que durou até o final do século XVIII.

Creio haver, para isso, um certo número de razões. Antes de tudo, razões históricas, no sentido estrito, bloquearam essa arte de governar. Foi a série das grandes crises do século XVII: em primeiro lugar a guerra dos Trinta Anos, com suas devastações e suas ruínas; em segundo lugar, durante toda a metade do século, as grandes rebeliões rurais e urbanas; e, enfim, no final do século, a crise financeira, a crise de subsistência igualmente, que onerou toda a política das monarquias ocidentais no final do século XVII. A arte de governar não podia se desdobrar, se refletir, tomar e multiplicar suas dimensões senão durante um período de expansão, quer dizer, fora das grandes urgências militares, econômicas e políticas que não cessaram de atormentar o século XVII do começo ao fim. Razões históricas maciças e grosseiras, se quiserem, bloquearam essa arte de governar.

Penso também que essa arte de governar, formulada no século XVI, se viu bloqueada no século XVII por outras razões que se poderiam chamar, nos termos que não gosto muito, de estruturas institucionais e mentais. Em todo caso, digamos que a primazia do problema do exercício da soberania, ao mesmo tempo como questão teórica e como princípio de organização política, foi um fator fundamental nesse bloqueio da arte de governar. Enquanto a soberania era o problema mais importante, enquanto as instituições de soberania eram instituições fundamentais, enquanto o exercício do poder era refletido como exercício da soberania, a arte de governar não podia se desenvolver de maneira específica e autônoma, e acho que se tem disso um belo exemplo, justamente, no mercantilismo. O mercantilismo foi bem o primeiro esforço, eu ia dizer a primeira sanção, dessa arte de governar, no nível, ao mesmo tempo, das práticas políticas e dos conhecimentos sobre o Estado. Nesse sentido, se pode dizer que o mercantilismo é, na verdade, um primeiro umbral de racionalização nessa arte de governar, de que o texto de La Perrière indicava simplesmente alguns princípios mais morais que reais. O mercantilismo é a primeira racionalização do exercício do poder como prática de governo; é, de fato, a primeira vez que se começa a constituir um saber do Estado que pudesse ser utilizável como tática do governo. Mas o mercantilismo se viu bloqueado e detido, penso eu, precisamente porque ele se deu como objetivo essencial a potência do soberano: como fazer de modo, não tanto, que o país seja rico, mas que o soberano possa dispor de riquezas, possa ter tesouros, possa constituir exércitos com os quais ele possa aplicar sua política? O objetivo do mercantilismo é a potência do soberano, e os instrumentos que o mercantilismo se dá são leis, ordens, regulamentos, quer dizer, as armas tradicionais do soberano. Objetivo: o soberano; instrumentos, os mesmos que os da soberania. O mercantilismo buscava fazer entrar as possibilidades dadas por uma arte refletida de governo, no interior de uma estrutura institucional e mental de soberania que o bloqueava.

    De modo que, durante todo o século XVII e até a grande liquidação dos temas mercantilistas no início do século XVIII, a arte de governar permaneceu, de algum modo, pisando no mesmo lugar, presa entre duas coisas. De um lado, um quadro muito amplo, demasiado abstrato, demasiado rígido, que era, precisamente, a soberania como problema e como instituição; a arte de governar tentou compor com a teoria da soberania: tentou-se bastante deduzir de uma teoria da soberania os princípios diretores de uma arte de governar. Foi aqui que os juristas do século XVII intervieram, ao formularem ou reatualizarem a teoria do contrato. A teoria do contrato será, precisamente, aquela com a qual o contrato fundador, o engajamento recíproco dos soberanos e dos súditos, será a espécie de matriz teórica a partir da qual se buscará ir ao encontro dos princípios gerais de uma arte de governar. Mas se a teoria do contrato, se essa reflexão sobre as relações do soberano e seus súditos, teve um papel extremamente importante na teoria do direito público – de fato, o exemplo do Hobbes o prova com absoluta evidência, embora, no fim das contas, ele quisesse chegar a encontrar os princípios diretores de uma arte de governar –, permaneceu-se, ainda, na formulação dos princípios gerais do direito público.

De um lado, portanto, um quadro demasiado amplo, demasiado abstrato, demasiado rígido da soberania e, do outro, um modelo demasiado estreito, demasiado fraco, demasiado inconsistente, que era o da família. A arte de governar ou bem tentava ir ao encontro da forma geral da soberania, ou bem, ou melhor, ao mesmo tempo, ela se restringia, por falta de outro, a essa espécie de modelo concreto que era o governo da família. Como fazer para que aquele que governa possa governar o Estado tão bem, de modo tão preciso, meticuloso, quanto se pode governar uma família? E, por isso mesmo, encontravam-se bloqueados por essa ideia da economia que, ainda nessa época, nunca se referia senão à gestão de um pequeno conjunto constituído pela família e pelos familiares. Os familiares e o pai de família, de um lado, o Estado e o soberano, do outro. A arte de governar não podia encontrar sua dimensão própria.

Como se fez o desbloqueio da arte de governar? Esse desbloqueio, tal como o bloqueio, é preciso reinscrevê-lo em um certo número de processos gerais: a expansão demográfica do século XVIII, ligada à abundância monetária, ela própria religada ao aumento da produção agrícola segundo processos circulares bem conhecidos pelos historiadores. Sendo tudo isso o quadro geral, pode-se dizer de modo mais preciso que o desbloqueio da arte de governar ligou-se à emergência do problema da população. Ou digamos ainda que se tem um processo bastante sutil – que se precisaria restituir detalhadamente – no qual se veria como a ciência do governo, o recentramento da economia sobre outra coisa diferente da família, e, enfim, o problema da população estão ligados uns aos outros.

Foi através do desenvolvimento da ciência do governo que a economia pôde se recentrar em um certo nível de realidade que, hoje, caracterizamos como "econômico", e foi também através do desenvolvimento da ciência do governo que se pôde recortar o problema específico da população. Mas se poderia dizer, do mesmo modo, que foi graças à percepção dos problemas específicos da população, e graças ao isolamento desse nível de realidade que chamamos de economia, que o problema do governo pôde, enfim, ser pensado, refletido e calculado fora do quadro jurídico da soberania. E esta mesma estatística que, no quadro do mercantilismo, nunca pôde funcionar senão no interior e, de algum modo, em benefício de uma administração monárquica, ela própria funcionando na forma da soberania, esta mesma estatística se tornará o fator técnico principal, ou um dos fatores técnicos principais desse desbloqueio.

Como, de fato, o problema da população vai permitir o desbloqueio da arte de governar? A perspectiva da população, a realidade dos fenômenos próprios à população vão permitir afastar definitivamente o modelo da família e recentrar esta noção de economia em alguma outra coisa. De fato, essa estatística que funcionara até então no interior dos quadros administrativos e, portanto, do funcionamento da soberania, essa mesma estatística descobre e mostra, pouco a pouco, que a população tem suas regularidades próprias: seu número de mortes, seu número de doenças, suas regularidades de acidentes. A estatística mostra igualmente que a população comporta efeitos próprios à sua agregação, e que esses fenômenos são irredutíveis àqueles da família: serão as grandes epidemias, as expansões endêmicas, a espiral do trabalho e da riqueza. A estatística mostra igualmente que, através desses deslocamentos, através de suas maneiras de fazer, através de sua atividade, a população tem efeitos econômicos específicos. A estatística, ao permitir quantificar os fenômenos próprios à população, faz aparecer sua especificidade irredutível ao pequeno quadro da família. Afora um certo número de temas residuais, que podem ser temas morais e religiosos, a família, como modelo de governo, desaparecerá.

Em contrapartida, o que vai aparecer, neste momento, é a família como elemento no interior da população e como relé fundamental de seu governo. Dito de outro modo, a arte de governar, até então a problemática da população, não podia ser pensada senão a partir do modelo da família, a partir da economia entendida como gestão da família. A partir do momento, ao contrário, em que a população aparecerá como sendo do absolutamente irredutível à família, de repente esta última passa para o segundo plano em relação à população; ela aparece como elemento no interior da população. Portanto, ela não é mais um modelo; ela é um segmento simplesmente privilegiado porque, quando se quiser obter alguma coisa da população quanto ao comportamento sexual, quanto à demografia, ao número de filhos, quanto ao consumo, é bem através da família que isso deverá passar. Mas a família, de modelo, vai se tornar instrumento, instrumento privilegiado para o governo das populações, e não modelo quimérico para o bom governo. Este deslocamento da família, do nível de modelo ao nível do instrumento, é absolutamente fundamental. E foi, na realidade, a partir da metade do século XVIII, que a família apareceu nessa instrumentação no que diz respeito à população: serão as campanhas sobre a mortalidade, as campanhas concernindo ao casamento, às vacinações, às inoculações. O que faz com que a população permita o desbloqueio da arte de governar é que ela elimina o modelo da família.

Em segundo lugar, a população aparecerá, por excelência, como sendo o objetivo último do governo: porque, no fundo, qual pode ser seu objetivo? Certamente, não o de governar, mas o de melhorar o destino das populações, de aumentar suas riquezas, sua duração de vida, ou sua saúde. E os instrumentos que o governo se dará para obter esses fins que são, de algum modo, imanentes ao campo da população serão essencialmente a população sobre o qual ele age diretamente através das campanhas, ou então, indiretamente, através das técnicas que permitirão, por exemplo, estimular, sem que as pessoas o percebam, a taxa de natalidade, ou dirigindo em tal ou tal região, para tal atividade, os fluxos de população. A população aparece então, mais do que como a potência do soberano, como a finalidade e o instrumento do governo. A população aparecerá como sujeito das necessidades, de aspirações, mas também como objeto entre as mãos do governo, consciente diante do governo, do que ela quer, e inconsciente, também, do que lhe fazem fazer. O interesse, como consciência de cada um dos indivíduos constituindo a população, e o interesse como interesse da população, quaisquer que sejam os interesses e as aspirações individuais dos que a compõem, é isto que será o alvo e o instrumento fundamental do governo das populações. Nascimento de uma arte, ou, em todo caso, de táticas e de técnicas absolutamente novas.

Enfim, a população será o ponto em torno do qual se organizará o que se chamava, nos textos do século XVI, de "paciência do soberano". Quer dizer que a população vai ser o objeto do qual o governo deverá ter em conta em suas observações, em seu saber, para chegar efetivamente a governar de modo racional e refletido. A constituição de um saber de governo é absolutamente indissociável da constituição de um saber de todos os processos que giram em torno da população em sentido amplo, o que chamamos precisamente de "economia". Na última vez eu lhes dizia que a economia política pôde se constituir a partir do momento em que, entre os diferentes elementos da riqueza, apareceu um novo sujeito: a população. É ao captar essa rede contínua e múltipla de relações entre a população, o território, a riqueza que se constituirá uma ciência que chamamos de "economia política" e, ao mesmo tempo, um tipo de intervenção característica do governo, que será a intervenção no campo da economia e da população. Em suma, a passagem de uma arte de governar para uma ciência política e a passagem de um regime dominado pelas estruturas de soberano a um regime dominado pelas técnicas do governo se fazem, no século XVIII, em torno da população e, por conseguinte, em torno do nascimento da economia política.

Ao dizer isto, não quero dizer, de modo algum, que a soberania cessou de desempenhar um papel, a partir do momento em que a arte de governar começa a se tornar ciência política. Eu diria mesmo o contrário: que nunca o problema da soberania se colocou com tanta acuidade quanto nesse momento, pois se tratava, precisamente, não mais – como nos séculos XVI ou XVII – de tentar deduzir de uma teoria da soberania uma arte de governar, mas – dado que havia uma arte de governar e que ela se desdobrava – de ver que forma jurídica, que forma institucional, que fundamento de direito se poderia dar à soberania que caracteriza um Estado.

Leiam os dois textos de Rousseau. No primeiro, cronologicamente, quer dizer, o artigo "Économie politique", da *Encyclopédie*, vocês verão como Rousseau apresenta o problema do governo e da arte de governar, registrando precisamente o seguinte – e o texto é muito característico deste ponto de vista: a palavra "economia" designa essencialmente a gestão dos bens da família pelo pai de família;[19] mas esse modelo não

---

19 "Esta palavra (...) não significa originariamente senão o sensato e legítimo governo da casa, para o bem comum de toda a família" (*op. cit.*, p. 241).

deve mais ser aceito, mesmo se a ele nos referíamos no passado. Em nossos dias, diz ele, sabemos bem que a economia política não é mais a economia familiar e, sem se referir explicitamente nem à fisiocracia, nem à estatística, nem ao problema geral da população, ele registra este corte e o fato de que economia – economia política – tem um sentido inteiramente novo, que não deve mais ser rebatido sobre o velho modelo da família.[20] De qualquer modo, neste texto, ele se dá a tarefa de definir uma arte do governo. Depois ele escreverá o *Contrato social*, cujo problema será precisamente o de saber de que modo, com noções como as de "natureza", "contrato", "vontade geral", se pode dar um princípio geral de governo que dará lugar, ao mesmo tempo, ao princípio jurídico da soberania e aos elementos através dos quais se pode definir e caracterizar uma arte do governo. Portanto, a soberania não é de modo algum eliminada pela emergência de uma arte nova de governar, uma arte de governar que, agora, ultrapassa o umbral de uma ciência política; o problema da soberania não é eliminado, ao contrário, ele é tornado mais agudo do que nunca.

Quanto à disciplina, ela tampouco é eliminada. Certamente sua organização, sua instalação, todas as instituições no interior das quais ela florescera no século XVII e no início do século XVIII: as escolas, os ateliês, os exércitos, tudo isso certamente não formava senão uma única coisa, e não se compreende senão através do desenvolvimento das grandes monarquias administrativas. Todavia, nunca, tampouco, a disciplina foi mais importante e mais valorizada do que a partir do momento em que se tentava gerir a população. Gerir a população não quer dizer gerir simplesmente a massa coletiva dos fenômenos ou geri-los simplesmente no nível de seus resultados globais. Gerir a população quer dizer geri-la igualmente em profundidade, em fineza, e no detalhe.

A ideia do governo da população torna mais agudo ainda o problema da fundamentação da soberania – pensemos em Rousseau – e mais aguda ainda a necessidade de desenvolver

---

20 "Como o governo do Estado poderia ser semelhante àquele da família cujo fundamento é tão diferente? (...) Com razão distinguiu-se *a economia pública* da *economia particular*, e o Estado não tendo nada em comum com a família (...), as mesmas regras de conduta não poderiam convir a todos os dois" (*ibid.*, p. 241 e 244).

as disciplinas (procuro analisar em outro lugar[21] essa história de disciplinas). De modo que é preciso compreender as coisas, não como a substituição de uma sociedade de soberania por uma sociedade de disciplina, depois de uma sociedade de disciplina por uma sociedade, digamos, de governo. Tem-se, de fato, um triângulo: soberania-disciplina-gestão governamental cujo alvo principal é a população, e cujos mecanismos essenciais são os dispositivos de segurança. Em todo caso, o que eu queria mostrar era um laço histórico profundo entre o movimento que faz bascular as constantes da soberania para trás do problema mais importante, agora, das escolhas de governo, o movimento que faz aparecer a população como um dado, como um campo de intervenção, como a finalidade das técnicas de governo e, em terceiro lugar, o movimento que isola a economia como domínio específico de realidade e a economia política, ao mesmo tempo como ciência e como técnica de intervenção do governo nesse campo de realidade. São estes três movimentos, eu acho: governo, população, economia política, dos quais se deve observar que constituem, a partir do século XVIII, uma série sólida que, ainda hoje, não está dissociada.

Acrescentaria, ainda, simplesmente uma palavra: se eu quisesse ter dado ao curso que realizei este ano um título mais exato, certamente, não teria escolhido "segurança, território e população". O que gostaria de fazer agora seria alguma coisa que chamaria de "história da 'governamentalidade'". Por essa palavra "governamentalidade", quero dizer três coisas. Por "governamentalidade", entendo o conjunto constituído pelas instituições, procedimentos, análises e reflexões, cálculos e táticas que permitem exercer essa forma bem específica, bem complexa, de poder, que tem como alvo principal a população, como forma mais importante de saber, a economia política, como instrumento técnico essencial, os dispositivos de segurança. Em segundo lugar, por "governamentalidade", entendo a tendência, a linha de força que, em todo o Ocidente, não cessou de conduzir, e há muitíssimo tempo, em direção à preeminência desse tipo de saber que se pode chamar de "governo" sobre todos os outros: soberania, disciplina. Isto, por um lado, levou ao desenvolvimento de toda uma série de aparelhos específicos

---

21 Foucault (M.), *Surveiller et punir. Naissance de la prison*, Paris, Gallimard, 1975.

de governo e, por outro, ao desenvolvimento de toda uma série de saberes. Enfim, por "governamentalidade", acho que se deveria entender o processo, ou melhor, o resultado do processo pelo qual o Estado de Justiça da Idade Média, tornado nos séculos XV e XVI Estado administrativo, encontrou-se, pouco a pouco, "governamentalizado".

Sabe-se que fascinação exerce, hoje, o amor ou o horror do Estado. Sabe-se o quanto nos ligamos ao nascimento do Estado, à sua história, aos seus avanços, ao seu poder, aos seus abusos. Encontramos essa supervalorização do problema do Estado essencialmente, acho, sob duas formas. Sob uma forma imediata, afetiva e trágica: é o lirismo do monstro frio diante de nós. Tem-se uma segunda maneira de supervalorizar o problema do Estado – e sob uma forma paradoxal, pois ela é aparentemente redutora –, é a análise que consiste em reduzir o Estado a um certo número de funções como, por exemplo, o desenvolvimento das forças produtivas, a reprodução das relações de produção. E esse papel redutor do Estado em relação a outra coisa torna o Estado, todavia, absolutamente essencial como alvo a ser atacado e, vocês bem o sabem, como posição privilegiada a ser ocupada. Mas o Estado não teve, não mais atualmente do que no curso de toda sua história, essa unidade, essa individualidade, essa funcionalidade rigorosa, e diria mesmo essa importância. Afinal, o Estado não é talvez senão uma realidade composta, uma abstração mitificada cuja importância é muito mais reduzida do que se crê. Talvez o importante para nossa modernidade, quer dizer, para nossa atualidade, não seja a utilização da sociedade; é o que eu chamaria, antes, de "governamentalização" do Estado.

Vivemos na era da "governamentalidade", a que foi descoberta no século XVIII. "Governamentalização" do Estado que é um fenômeno particularmente retorcido, já que, se efetivamente os problemas de "governamentalidade", as técnicas de governo se tornaram realmente a única aposta política e o único espaço real da luta e dos torneios políticos, essa "governamentalização" do Estado, todavia, foi o fenômeno que permitiu ao Estado sobreviver. E é verossímil que, se o Estado existe tal como existe hoje, foi graças precisamente a essa "governamentalidade" que é ao mesmo tempo interior e exterior ao Estado, já que são as táticas de governo que permitem, a cada instante, definir o que deve ou não ser referido ao Estado, o que é público e o que é privado, o que é estatal e o que é não estatal. Portanto, o Estado em sua sobrevida e o Estado em seus limites não devem ser compreendidos senão a partir das táticas gerais da "governamentalidade".

E talvez se possa de uma maneira inteiramente global, grosseira e, por conseguinte, inexata reconstituir as grandes formas, as grandes economias de poder no Ocidente, da seguinte maneira: primeiro, o Estado de justiça, nascido em uma territorialidade de tipo feudal e que correspondia, em geral, a uma sociedade da lei – leis costumeiras e leis escritas –, com todo um jogo de engajamento e de litígios. Em segundo lugar, o Estado administrativo nascido nos séculos XV e XVI, em uma territorialidade de tipo fronteiriça e não mais feudal. Estado administrativo que correspondia a uma sociedade de regulamentos e disciplinas. Enfim, um Estado de governo que não é mais especialmente definido por sua territorialidade, pela superfície ocupada, mas por uma massa: a massa da população, com seu volume, sua densidade, com, certamente, o território sobre o qual ela se estende, mas que não é dela senão um componente. E esse Estado de governo que se apoia essencialmente sobre a população e que se refere e utiliza a instrumentação do saber econômico corresponderia a uma sociedade controlada pelos dispositivos de segurança.

Eis aqui algumas formulações sobre a instalação deste fenômeno que acho importante: o da "governamentalidade". Tentarei, agora, mostrar como essa "governamentalidade" nasceu, de um lado, a partir de um modelo arcaico que foi o da pastoral cristã; em segundo lugar, tomando apoio de um modelo, ou melhor, de uma técnica diplomático-militar. Enfim, em terceiro lugar, como essa "governamentalidade" só pôde tomar as dimensões que ela tem graças a uma série de instrumentos bem particulares, cuja formação é contemporânea, precisamente, da arte de governar, e que chamamos, no sentido antigo do termo, o dos séculos XVII e XVIII, a polícia. A pastoral, a nova técnica diplomático-militar e, enfim, a polícia, eu acho, foram os três grandes elementos, a partir dos quais se pôde produzir este fenômeno fundamental na história do Ocidente que foi a "governamentalização" do Estado.

1978

M. Foucault. Conversação sem Complexos com um Filósofo que Analisa as "Estruturas do Poder"

"M. Foucault. Conversazione senza complessi con il filosofo che analizza le 'strutture del potere'" ("M. Foucault. Conversação sem complexos com um filósofo que analisa as 'estruturas do poder'"; entrevista com J. Bauer; trad. A. Ghizzardi), *Playmen*, 12º ano, n. 10, outubro de 1978, p. 21-23, 26, 29-30.

Filtrada por duas traduções (J. Bauer é um fotógrafo americano), esta entrevista recorre a conceitos pouco compatíveis com o estilo de análise de Foucault. A versão italiana continha erros grosseiros: o hospital Sainte-Anne de Paris tornou-se, assim, o hospital Saint-Ange de Morny, por exemplo...

– *Por que o senhor, que não é antropólogo, se interessa mais, de um ponto de vista filosófico, pela estrutura das instituições do que pelos mecanismos evolutivos?*

– O que procuro fazer – e que sempre procurei fazer desde meu primeiro livro verdadeiro, *História da loucura na Idade Clássica* – é contestar, através de um trabalho de intelectual, diferentes aspectos da sociedade, mostrando suas fraquezas e seus limites. Contudo, meus livros não são proféticos e tampouco um apelo às armas. Eu ficaria extremamente irritado se eles pudessem ser vistos sob essa luz. O objetivo a que eles se propõem é o de explicar, do modo mais explícito – mesmo se, às vezes, o vocabulário é difícil –, essas zonas da cultura burguesa e essas instituições que influem diretamente nas atividades e nos pensamentos cotidianos do homem.

– *A palavra-chave de todos os seus livros parece ser o "poder", quer ele seja entendido no sentido de poder disciplinar, de poder da medicina mental ou de poder todo-poderoso da pulsão sexual...*

– É sabido que procurei definir as estratégias do poder em alguns domínios. Por exemplo, *Vigiar e punir* se abre sobre um "teatro do terror", a encenação espetacular que acompanhava as execuções públicas até o século XIX. Esse *décor* estrepitoso, carnavalesco, no qual a todo-poderosa mão da justiça fazia executar a sentença sob os olhos dos espectadores, era suposto gravar sua mensagem de modo indelével em suas mentes. Com frequência, a punição excedia a gravidade do delito e, deste modo, ficavam reafirmados a supremacia e o poder absoluto da autoridade. Hoje, o controle é menos severo e mais refinado, sem ser, contudo, menos aterrorizador. Durante todo o percurso de nossa vida, todos nós somos capturados em diversos sistemas autoritários; logo no início na escola, depois em nosso trabalho e até em nosso lazer. Cada indivíduo, considerado separadamente, é normatizado e transformado em um caso controlado por um IBM. Em nossa sociedade, estamos chegando a refinamentos de poder os quais aqueles que manipulavam o teatro do terror sequer haviam sonhado.

– E o que podemos fazer?

– O ponto a que chegamos está além de qualquer possibilidade de retificação, porque o encadeamento desses sistemas continuou a impor esse esquema, até fazê-lo ser aceito pela geração atual como uma forma da normalidade. Não obstante, não é dito que isso seja um grande mal. O controle contínuo dos indivíduos conduz a uma ampliação do saber sobre eles, que produz hábitos de vida refinados e superiores. Se o mundo está a ponto de se tornar uma espécie de prisão, é para satisfazer as exigências humanas.

– Em suma, o senhor não é somente crítico, mas rebelde.

– Mas não um rebelde ativo. Nunca desfilei com os estudantes e com os trabalhadores, tal como fez Sartre. Acho que a melhor forma de protesto é o silêncio, a total abstenção. Durante muito tempo, não consegui suportar os ares que certos intelectuais franceses se davam e que flutuavam acima de sua cabeça, tal como as auréolas em alguns quadros de Rafael. Por isso é que abandonei a França. Eu parti para um exílio total e maravilhoso, primeiro na Suécia, onde ensinei na universidade de Upsala, depois, para um lugar inteiramente oposto, na Tunísia, onde morei em Sidi-Bou-Saïd. Dessa luz mediterrânea pode-se dizer, sem nenhuma dúvida, que ela acentua a percepção dos valores. Na África do Norte, cada um é tomado por aquilo que vale. Cada um deve se afirmar pelo que diz e faz, e não por aquilo que fez ou por sua fama. Ninguém se sobressalta quando se diz "Sartre"...

– *Doravante as pessoas o aclamam como sucessor de Sartre...*

– Sartre não tem sucessor, exatamente como eu não tenho predecessores. Seu tipo de intelectualismo é extremamente raro e particular. Ele é mesmo incomparável. Mas não é meu tipo. Eu não sinto nenhuma compatibilidade com o existencialismo tal como Sartre o definiu. O homem pode ter o controle completo de suas próprias ações e de sua própria vida, mas existem forças suscetíveis de intervir que não se podem ignorar. Francamente prefiro a sensibilidade intelectual de R. D. Laing. Em seu domínio de competência, Laing tem algo a dizer, e ele o lança no papel com clareza, espírito e imaginação. Ele fala em função de sua experiência pessoal, mas não faz profecias. Por que então se deveriam formular profecias quando estas raramente se realizam? Do mesmo modo, admiro Chomsky. Ele tampouco profetiza, mas age. Ele se engajou ativamente na campanha americana contra a guerra do Vietnã sacrificando seu trabalho, mas no quadro de sua profissão de linguista.

– *Aparentemente o senhor insiste muito sobre a vida mental oposta à vida física.*

– A vida mental abarca tudo. Platão não dizia mais ou menos: "Nunca sou tão ativo que quando não faço nada"? É claro que ele se referia às atividades intelectuais que não exigem, no plano físico, muito mais, talvez, do que se coçar a cabeça.

– *Seus interesses sempre foram filosóficos?*

– Tal como meu pai, me orientei para a medicina. Pensava em me especializar em psiquiatria e, assim, trabalhei três anos no Hospital Sainte-Anne de Paris. Eu tinha 25 anos, era extremamente entusiasta, idealista, por assim dizer, dotado de um bom cérebro e de um monte de ideias importantes. Mesmo naquela época! Foi então que entrei em contato com alguém, que chamarei Roger, um interno de 22 anos. Ele havia sido enviado para o hospital porque seus pais e amigos temiam que ele se fizesse mal e acabasse se autodestruindo, quando de uma de suas frequentes crises de angústia violenta. Nós nos tornamos bons amigos. Eu o via várias vezes ao dia durante minhas visitas ao hospital, e ele começou a simpatizar comigo. Quando ele estava lúcido e não tinha problemas, ele parecia muito inteligente e sensato, mas, em alguns outros momentos, sobretudo os mais violentos, devia ficar enclausurado. Ele era tratado com medicamentos, mas esta terapia se mostrou insuficiente. Um dia, me disse que sabia que nunca o deixariam partir do hospital. Esse terrível pressentimento provocava um estado de terror que, por sua vez, gerava angústia. A ideia de que podia morrer o inquietava muito, e ele até pediu um certificado médico que atestaria que nunca se iria deixá-lo morrer. É claro que esta súplica foi considerada ridícula. Seu estado mental deteriorou e, afinal, os médicos concluíram que, se não se interviesse, fosse de que modo fosse, ele se mataria. Assim, com o consentimento de sua família se procedeu a uma lobotomia frontal nesse rapaz excepcional, inteligente, mas incontrolável... Embora o tempo passe, não importa o que eu faça, não consigo esquecer seu rosto atormentado. Com frequência eu me perguntei se a morte não seria preferível a uma não existência, e se não deveriam nos conceder a possibilidade de fazer o que quisermos de nossa vida, seja qual for nosso estado mental. Para mim, a conclusão evidente é que mesmo a pior dor é preferível a uma existência vegetativa, já que o espírito tem realmente a capacidade de criar e embelezar ainda que partindo da existência mais desastrosa. Das cinzas surgirá sempre um fênix...

– *Eu acho o senhor otimista.*

– Em teoria. Mas a teoria é a prática da vida. No fundo de nós mesmos, sabemos que todos os homens devem morrer. O objetivo inevitável para o qual nos dirigimos a partir do momento em que nascemos é, dali em diante, demonstrado. Contudo, parece que a opinião comum é diferente: todos os homens se sentem imortais. Por que então os ricos continuariam a engordar sua conta bancária e a construir casas suntuosas? Parece que a imortalidade é a preocupação do momento. Por exemplo, alguns cientistas estão muitíssimo ocupados em calcular, graças a máquinas de alta tecnologia, acontecimentos que deveriam verificar-se daqui a milhares de anos. Na América, há um interesse crescente pela hibernação do corpo humano, que deveria ser trazido à temperatura normal em uma época ulterior. A cada ano, a preocupação com a imortalidade aumenta, embora um número cada vez maior de pessoas morram de infarto devido ao tabaco e à superalimentação. Os faraós nunca encontraram a solução para o problema da imortalidade, nem mesmo quando se fizeram enterrar com suas riquezas que esperavam poder levar com eles. Duvido muito que sejamos nós que resolveremos esse problema. Algumas palavras bem escolhidas podem ser mais imortais do que uma massa de ectoplasma congelada...

– *E estamos de novo falando do poder...*
– Alcançar a imortalidade é o auge do poder. O homem sabe que ele é destrutível e corruptível. São taras que mesmo o espírito mais lógico não poderia racionalizar. Por isso é que o homem se volta para outras formas de comportamento que o fazem sentir sua onipotência. Com frequência, elas são de natureza sexual.
– *O senhor falou disso no primeiro volume de sua* História da sexualidade.
– Alguns homens e algumas sociedades consideram que impondo controles às manifestações sexuais e ao ato sexual é possível obter-se a ordem geral. Muitos exemplos me vêm à mente. Há pouco tempo, na China, realizou-se nas escolas uma campanha contra a masturbação dos jovens. Essa iniciativa convida a estabelecer uma comparação com a campanha conduzida na Europa, pela Igreja, há praticamente dois séculos. Ousaria dizer que seria necessário um Kinsey chinês para descobrir qual foi o sucesso obtido. Desconfio que equivale a proibir um pato de se aproximar da água! Na Rússia, a homossexualidade é ainda um grande tabu, e se acaba na prisão, na Sibéria, se alguém for pego em flagrante delito de violação da lei. Contudo, na Rússia, há provavelmente tanta homossexualidade quanto em outros países, mas ela fica de lado. Objetivamente, é muito curioso desencorajar a homossexualidade colocando os culpados na prisão, em estreito contato com outros homens... Diz-se que, na rua Gorki, há tanta prostituição dos dois sexos quanto na praça Pigalle. Como sempre, a repressão simplesmente tornou mais sedutores os encontros sexuais, e ainda mais excitante o perigo quando corrido e vencido. A prostituição e a homossexualidade estão explodindo na Rússia, assim como em outras sociedades repressivas. É raro que semelhantes sociedades, sedentas de poder como o são, possuam, nesses domínios, visões intuitivas.
– *Por que escolher o sexo como bode expiatório?*
– E por que não? Ele existe, representa 90% das preocupações das pessoas durante a maior parte das horas de vigília. É o impulso mais forte que se conhece no homem; sob diferentes aspectos, mais forte que o da fome, da sede e do sono. Ele tem até uma certa mística. Dorme-se, come-se e bebe-se com outros, mas o ato sexual – ao menos na sociedade ocidental – é considerado como uma questão inteiramente pessoal. É claro

que em algumas culturas africanas e aborígenes ele é tratado com a mesma desenvoltura que os outros instintos. A Igreja herdou tabus das sociedades pagãs, manipulou-os e formulou doutrinas que nem sempre estão fundamentadas na lógica ou na prática. Adão, Eva e ao mesmo tempo a serpente perversa se tornaram imagens em preto e branco imediatamente compreensíveis que podiam constituir um ponto de referência, mesmo para os espíritos mais simples. O bem e o mal tinham uma representação essencial. A significação de "pecado original" pode ser gravada de modo indelével nas mentes. Quem poderia prever que a imagem que restou pudesse sobreviver durante tantos séculos?

– Em Vigiar e punir, *o senhor falou de tortura como um meio de controle, mas em* a História da sexualidade *o senhor pôs em evidência controles muitos mais finos.*

– Os controles psicológicos são sempre mais eficazes que os controles físicos. Nesse domínio, a Igreja foi também um precursor com suas visões de paraíso e de inferno, e sua promessa de um alívio abençoado e de uma gratificação com a confissão. E o que poderia haver de mais edificante que uma alma lavada e limpa ao sair do confessionário? Isso não é nada além de um refinamento do velho conceito pavloviano de punição e recompensa. Se escolhemos a porta certa – a do confessionário, evidentemente –, temos como recompensa um arquivo virgem até a semana seguinte. Demasiado irresistível para não se aceitar!

– *Ainda que, de modo cada vez mais fraco, a Igreja continue, de toda maneira, a controlar nossos hábitos sexuais.*

– Continuamos também a ler os contos de Grimm, embora ninguém os leve a sério. Quando Paulo VI proclamou sua oposição à contracepção, duvido que muitos dos católicos praticantes tenham jogado fora suas caixas de pílulas. Pelo menos em Paris, eu não vi muitas dessas caixas nas ruas. A Igreja perpetua essa fábulas sexuais, fundamentadas em conjecturas sobre o que se deve considerar como normal. A título de exemplo: só a posição convencional do coito é aprovada pela Igreja. Infelizmente, não se levam em consideração os pesos pesados, e alguma dama imprudente pode sair disso com uma costela quebrada. Mais uma vez, a Igreja insiste em sua orientação machista. Durante séculos, era marcado de heresia todo ato sexual que não fosse aprovado pela Igreja. Os sodomitas praticantes eram queimados na fogueira no século XV, e as lésbicas tinham o mesmo destino, pois elas eram consideradas bruxas. Contudo, hoje, em nossa sociedade de orientação psiquiátrica, se considera com benevolência qualquer coisa que possa propiciar prazer aos indivíduos. A psiquiatria tornou-se a nova religião.

– *A que ou a quem o senhor atribui a erosão da influência exercida pela Igreja e a maior compreensão para qualquer forma de prática sexual?*

– Não podemos subestimar a influência de um homem chamado Freud. Suas teorias não eram todas cem por cento corretas, mas, em cada uma delas, havia uma parte de verdade. Freud transferiu a confissão de rigidez retórica barroca da Igreja para o reconfortante divã do psicanalista. A imagem de Deus não veio mais resolver os conflitos, mas sim o próprio indivíduo através da compreensão de sensatos. Não era mais alguma coisa que se podia obter em cinco minutos, de alguém que se declarava superior porque estava a serviço de uma força mais elevada. Freud nunca teve essas pretensões. O indivíduo devia tornar-se seu próprio deus. Consequentemente, a responsabilidade da falta pesava inteiramente sobre seus ombros. E a responsabilidade é sempre a coisa mais difícil de aceitar!

– *O senhor não acha que a psicanálise se tornou um instrumento expiatório fácil para nossos problemas?*

– Há essa tendência, mas talvez o fato de que ela não seja mais um instrumento e sim uma fonte de motivação seja mais preocupante. Freud formulou uma teoria relativa à natureza precocemente sexual das crianças. É claro que os psiquiatras não esperavam que as crianças se prestassem a verdadeiros atos sexuais; contudo, não era tão fácil explicar a maneira como elas sugavam o seio ou buscavam automaticamente tal ou tal parte erógena de seus corpos. Infelizmente, logo depois, chegou-se a conotar em termos sexuais até o alimento que a criança comia, as histórias em quadrinhos que lia, ou os programas de televisão que via. Poder-se-ia facilmente concluir que, em tudo isso, os psicanalistas liam mais do que havia realmente. Assim, essas crianças são hoje enquadradas por um mundo orientado sexualmente – criado acidentalmente para eles e não por eles –, e trata-se de um mundo que, nessa fase de desenvolvimento, oferece-lhes bem poucas vantagens.

– *Em seu último livro,* Herculine Barbin dite Alexina B., *o senhor desenvolve o tema da mudança de sexo.*

– Eu estava pesquisando para a *História da sexualidade* nos arquivos da Charente-Maritime, quando me caiu nas mãos o relato extraordinário do caso de uma mulher cujo estado civil teve de ser retificado, tendo sido preciso registrá-la como homem. Casos de mudanças de sexo são comuns em nossa época, mas, em geral, trata-se de homens que se tornaram mulheres. Exemplos tais como o de Christine Jorgensen, que se tornou, logo depois, atriz, ou da célebre Jan Morris,[1] vêm imediatamente à cabeça. Todavia, a maioria das mulheres que se tornaram homens possuíam, parece, os órgãos dos dois sexos, e a transformação foi determinada pela preponderância do hormônio masculino ou do hormônio feminino. O caso de Alexina B.[2] foi extraordinário, não somente em razão do aspecto físico, mas também da massa de documentos investigados e imediatamente acessíveis: essencialmente relatórios de médicos e de advogados. Consequentemente, pude estudá-lo em seus textos mais importantes. Alexina B. descobriu a incongruência de sua própria personalidade quando se apaixonou por outra mulher. Se nos dermos conta do fato de que se estava, ainda, no século XIX, e mais ainda, em uma pequena cidade do interior, é interessante observar que ela não procurou reprimir seus sentimentos como desvios homossexuais, e largar tudo no estado em que estava. Se esse fosse o caso, não haveria nada a escrever sobre o assunto...

– *Poderia parecer que o senhor seria muito atingido pela fascinação de expor cronologicamente e de analisar um acontecimento real. O senhor publicou também* Eu, Pierre Rivière, *que degolei minha mãe, minha irmã e meu irmão...*

– Um meio-século, mas poucos quilômetros separam Pierre Rivière de Herculine Barbin. Em um certo sentido, todos os dois reagiam contra o meio e a classe social nos quais haviam nascido. Não considero que o ato de Pierre Rivière – embora

---

[1] George, que se tornou Christine Jorgensen logo após as intervenções realizadas em 1951 na Dinamarca por G. Hamburger, G. Stürup e E. Dahl-Iversen, escreveu, mais tarde, sua autobiografia (*A personal autobiography*, Nova Iorque, Paul Eriksson, 1967). O jornalista James Morris, que se tornou Jan Morris após operações realizadas em Casablanca, em 1972, fez um relato de sua experiência no *Conundrum*, Nova Iorque, 1974 (*L'énigme. D'un sexe à l'autre*, trad. G. Magnane, Paris, Gallimard, 1974; Gallimard, col. "Folio", n. 2.012, 1989).

[2] Ver n. 223, vol. III da edição francesa desta obra.

englobe um matricídio e três homicídios – seja a confirmação de uma mente atormentada de criminoso. É uma manifestação incrivelmente violenta se a compararmos com a de Herculine, mas a sociedade rural normanda na qual Pierre cresceu aceitava a violência e a degradação humana como um elemento da vida cotidiana. Pierre foi um produto de sua própria sociedade, tanto quanto Herculine foi um produto de sua própria sociedade burguesa, e nós os produtos de nosso meio sofisticado e mecânico. Depois de sua transgressão, Pierre poderia ter sido capturado muito facilmente pelos outros habitantes do vilarejo, mas estes tinham a impressão de que não era um dever da coletividade administrar, ela própria, a justiça. Eles estavam convencidos de que cabia ao pai de Pierre assumir o papel de vingador e retificar a situação. Alguns críticos consideram meu livro sobre Pierre Rivière como uma reafirmação da teoria existencial, mas, em minha opinião, é absurdo. Vejo Pierre como a imagem da fatalidade de seu tempo, exatamente como Herculine refletia o otimismo do final do século passado, quando o mundo era fluido e podia acontecer qualquer coisa, qualquer loucura.

– *Mas Pierre Rivière poderia facilmente tornar-se uma ilustração clínica extraída da* História da loucura na Idade Clássica....

– A psiquiatria contemporânea sustentaria que Pierre foi forçado a cometer seu horrível crime. Mas por que devemos situar qualquer coisa no limite entre saúde e loucura? Por que não poderíamos aceitar a ideia de que existem pessoas totalmente amorais que caminham nas ruas e são inteiramente capazes de cometer homicídios ou infligir mutilações sem experimentar nenhum sentimento de culpa, ou algum escrúpulo de consciência? Em que medida Charles Manson é louco, em que medida os assassinos de crianças que perambulam livremente na Inglaterra são loucos, ou então – em uma escala muito maior – qual era o grau de loucura de Hitler? A psiquiatria pode chegar a conclusões após os testes, mas mesmo o melhor dos testes pode ser falsificado. Eu sustento apenas que tudo deve ser julgado sob seu próprio ângulo e não em função de precedentes eventualmente verificados. Na *História da loucura*, procurei, em suma, pesquisar o aparecimento do conceito moderado de doença mental e das instituições psiquiátricas em geral. Tive a tendência a incluir minhas reflexões pessoais sobre a loucura e suas relações com a literatura, sobretudo quando ela atingia grandes figuras como Nietszche, Rosseau e Artaud. Uma forma de loucura poderia nascer da solidão que o ofício literário impõe? Será possível que a composição química de um escritor estimule metabolicamente as razões da loucura? Estas não são, certamente, questões que possam encontrar uma resposta através de uma simples pressão em um teclado de um computador IBM.

– *Qual é a sua posição para com os diferentes movimentos da liberação sexual?*

– O objetivo fundamental a que se propõem é digno de admiração: produzir homens livres e esclarecidos. Mas, justamente, o fato de que sejam organizados segundo categorias sexuais – a liberação da mulher, a liberação homossexual, a liberação da mulher no lar – é extremamente prejudicial. Como se podem liberar efetivamente pessoas que estão ligadas a um grupo que exige a subordinação a ideais e a objetivos específicos? Por que o movimento de liberação da mulher deve agrupar somente mulheres? Francamente, não tenho certeza de que se aceitaria a adesão de homens! Com frequência, as seções locais dos movimentos homossexuais são, na prática, clubes privados. A verdadeira liberação significa conhecer-se a si mesmo e não pode, frequentemente, ser realizada pela mediação de um grupo, seja ele qual for.

– *Até o momento, parece que a ação de massa tem sido eficaz.*

– Contudo, o pensamento individual pode deslocar montanhas... e até vergar colheres. E é o conhecimento que estimula o pensamento. Por isso é que em livros como *As palavras e as coisas* e *A arqueologia do saber* procurei estruturar organicamente o saber em esquemas imediatamente compreensíveis e acessíveis. A história é saber. Portanto, os homens podem conhecer, através de exemplos, a maneira como, no decorrer de períodos passados, se enfrentou a vida e se resolveram seus problemas. A própria vida é uma forma de autocrítica, pois, mesmo nas menores escolhas, devemos efetuar uma seleção em função de múltiplos estímulos. Em *A arqueologia do saber*, busquei analisar o sistema de pensamento que me é pessoal, e a maneira como cheguei a ele. É, todavia, uma operação que não poderia ter realizado sem a ajuda de um bom número de escritores e de filósofos estudados por mim ao longo dos anos.

– *Apesar de seus vastos conhecimentos, ou talvez por causa deles, muitas coisas o contrariam.*

– Olho meu país, olho os outros países e cheguei à conclusão de que nos falta imaginação sociológica e política, e isso em relação a tudo. No plano social, sentimos amargamente a falta de meios para conter e reter o interesse não dos intelectuais, mas o da maioria dos mortais. O conjunto da literatura comercial de massa é deploravelmente pobre e a televisão, longe de alimentar, aniquila. No plano político, existe atualmente bem poucos responsáveis que possuem grande carisma ou imaginação. E como podemos, então, pretender que as pessoas tragam uma contribuição válida à sociedade se os instrumentos que lhes propomos são ineficazes?

– *Qual seria a solução?*

– Devemos começar por reinventar o futuro mergulhando em um presente mais criativo. Deixemos cair Disneylândia e pensemos em Marcuse.

– *O senhor não disse nada sobre o senhor mesmo, sobre o lugar onde cresceu, sobre o modo como sua infância se desenvolveu.*

– Meu caro amigo, os filósofos não nascem... eles são, e isso basta!

1979

Foucault Estuda a Razão de Estado

"Foucault examines reason in service of State power" ("Foucault estuda a razão de Estado"; entrevista com M. Dillon; trad. F. Durand-Bogaert), *Campus report*, 12º ano, n. 6, 24 de outubro de 1979, p. 5-6. (Uma versão modificada desta entrevista foi publicada em *The Three Penny review*; ver n. 280, vol. IV, da edição francesa desta obra.)

– *Na França, seu trabalho é conhecido por um grande público, ele faz parte da cultura popular. Aqui, sua reputação não ultrapassa os círculos universitários. Este é, parece, o destino da maioria dos críticos intelectuais nos Estados Unidos. Como o senhor explica esta diferença?*

– Depois de 1964, a universidade francesa sofreu uma crise profunda, uma crise ao mesmo tempo política e cultural. Dois movimentos se esboçaram: um movimento assinado pelos estudantes para se livrarem do enquadramento da vida estritamente universitária, que se identificava também com outros movimentos, tais como o movimento feminista ou o movimento em favor dos direitos dos homossexuais. O segundo movimento produziu-se entre os professores fora da universidade. Houve, entre eles, uma tentativa para exprimir suas ideias em outros lugares: escrever livros, falar no rádio ou na televisão. Além disso, os jornais franceses sempre manifestaram um interesse maior por esse gênero de debates de ideias do que os jornais americanos.

– *O senhor falou, em suas conferências, da necessidade do indivíduo de se realizar. Nos Estados Unidos, vê-se naturalmente se desenvolver, há um certo tempo, um amplo movimento em favor da realização de si. É um movimento apolítico, próximo dos grupos de encontro ou de grupos como EST,*[1] *ou outros. Há uma diferença entre a "realização de*

---

1 *Ehrard Sensitivity Training*, psicoterapia de grupo na moda nos Estados Unidos.

si", *tal como a entendemos aqui, e o que essa noção recobre, para o senhor?*
– Na França, também, existe um movimento similar, que tem a mesma intensidade. De minha parte, tenho uma abordagem diferente da subjetividade. Considero que, depois dos anos 1960, a subjetividade, a identidade e a individualidade constituem um problema político importante. É perigoso, conforme penso, considerar a identidade e a subjetividade como componentes profundos e naturais, que não são determinados por fatores políticos e sociais. Devemos nos libertar do tipo de subjetividade de que tratam os psicanalistas, a saber, a subjetividade psicológica. Somos prisioneiros de algumas concepções de nós mesmos e de nossa conduta. Devemos libertar nossa subjetividade, nossa relação a nós mesmos.

– *O senhor disse alguma coisa em sua conferência sobre a tirania do Estado moderno em sua relação com a guerra e com o bem-estar social.*
– Sim, se pensamos na maneira como o Estado moderno começou a se interessar pelo indivíduo – a se preocupar com sua vida –, a história faz aparecer um paradoxo. Foi no momento mesmo em que o Estado começava a praticar seus maiores massacres que ele começou a se preocupar com a saúde física e mental dos indivíduos. O primeiro grande livro dedicado ao tema da saúde pública, na França, foi escrito em 1784, cinco anos antes da Revolução e 10 anos antes das guerras napoleônicas. Este jogo entre a vida e a morte é um dos principais paradoxos do Estado moderno.

– *A situação é diferente em outras sociedades, nos países socialistas ou comunistas, por exemplo?*
– Deste ponto de vista, ela não é diferente na União Soviética ou na China. O controle exercido sobre a vida individual na União Soviética é muito forte. Nada, aparentemente, na vida do indivíduo deixa o governo indiferente. Os soviéticos massacraram 16 milhões de pessoas para edificar o socialismo. O massacre das massas e o controle individual são duas características profundas de todas as sociedades modernas.

– *Há alguns críticos, nos Estados Unidos, que se preocupam também com o problema da manipulação dos indivíduos pelo Estado e por outras instituições. Penso em Thomas Szasz, por exemplo. Quais ligações o senhor vê entre seu trabalho e o dele?*

– Os problemas de que trato em meus livros não são problemas novos. Eu não os inventei. Uma coisa me chocou nos sumários que foram feitos dos meus livros nos Estados Unidos, em particular no que se escreveu sobre o livro que dediquei às prisões. Disseram que eu procurava fazer a mesma coisa que Erving Goffman em sua obra sobre os asilos,[2] a mesma coisa, mas não tão bem. Não sou um pesquisador em ciências sociais. Não procuro fazer a mesma coisa que Goffman. Ele se interessa pelo funcionamento de um certo tipo de instituição, a instituição total: o asilo, a escola, a prisão. De minha parte, procuro mostrar e analisar a relação que existe entre um conjunto de técnicas de poder e de formas: formas políticas como o Estado e formas sociais. O problema ao qual Goffman se prende é o da instituição mesma. O meu é o da racionalização da gestão do indivíduo. Meu trabalho não tem como objetivo uma história das instituições ou uma história das ideias, mas a história da racionalidade, tal como ela opera nas instituições e na conduta das pessoas.

A racionalidade é o que programa e orienta o conjunto da conduta humana. Há uma lógica tanto nas instituições quanto na conduta dos indivíduos e nas relações políticas. Há uma racionalidade mesmo nas formas as mais violentas. O mais perigoso, na violência, é sua racionalidade. É claro que a violência é, nela mesma, terrível. Mas a violência encontra sua ancoragem mais profunda e extrai sua permanência da forma de racionalidade que utilizamos. Pretendeu-se que, se vivêssemos em um mundo de razão, poderíamos nos livrar da violência. Isso é inteiramente falso. Entre a violência e a racionalidade não há incompatibilidade. Meu problema não é fazer o processo da razão, mas determinar a natureza dessa racionalidade que é tão compatível com a violência. Não é a razão em geral que combato. Não poderia combater a razão.

– *O senhor diz que não é um cientista. Alguns pretendem que o senhor é um artista. Mas eu estava presente na ocasião em que um estudante veio assistir ao senhor com um exemplar de* Vigiar e punir, *e lhe pediu uma dedicatória. O senhor respondeu: "Não, só os artistas devem assinar suas obras. E eu não sou um artista."*

---

2 Goffman (E.), *Asylums*, Nova Iorque, Double-day, 1961 (*Asiles. Études sur la condition sociale des malades mentaux*, Paris, Éd. de Minuit, 1968).

– Um artista? Quando eu era adolescente, nunca pensei em me tornar escritor. Quando um livro é uma obra de arte, é alguma coisa importante. Alguém como eu deve sempre fazer alguma coisa, mudar nem que seja uma pequena parcela da realidade: escrever um livro sobre a loucura, transformar a parte mais ínfima de nossa realidade, modificar as ideias das pessoas. Não sou um artista e não sou um cientista. Sou alguém que procura tratar a realidade através das coisas que estão sempre – ou ao menos, com frequência – afastadas da realidade.

– *Suponho que o senhor tenha trabalhado e ensinado na Suécia, na Polônia, na Alemanha e na Tunísia. Ter trabalhado nesses países teve grande influência sobre o senhor?*

– Por causa de meus interesses teóricos, o tempo que passei na Suécia, na Polônia e na Alemanha – países cujas sociedades, mesmo sendo próximas à minha, são um pouco diferentes – foi muito importante. Essas sociedades me pareceram, às vezes, como um exagero ou exacerbação da minha. Entre 1955 e 1960, a Suécia era, no plano do bem-estar social e político, muito avançada em relação à França. E um certo número de tendências que, na França, não eram perceptíveis apareceram lá, para mim: tendências para as quais os suecos mesmos estavam cegos. Eu tinha um pé 10 anos para trás e outro 10 anos para frente.

Vivi na Polônia durante um ano. De um ponto de vista psicológico e cultural, existe um elo profundo entre a Polônia e a França, mas os poloneses vivem em um sistema socialista. A contradição me surgiu muito claramente.

As coisas, no entanto, teriam sido diferentes se eu tivesse ido para a União Soviética. Lá, sob o efeito de um sistema político que se mantém há mais de 50 anos, a conduta das pessoas é muito mais modelada pelo governo.

– *Quando o senhor diz que a conduta das pessoas é modelada, devemos compreender que este é um fenômeno inevitável, ou o senhor acha que há alguma coisa, nos seres humanos, que resiste a essa modelagem?*

– Nas sociedades humanas, não há poder político sem dominação. Mas ninguém quer ser comandado, mesmo que os exemplos de situações nas quais as pessoas aceitam a dominação sejam numerosos. Se examinamos, de um ponto de vista histórico, a maioria das sociedades que conhecemos, constatamos que a estrutura política é instável. Não falo das sociedades não históricas – das sociedades primitivas. Sua história não se parece nada com a nossa. Mas todas as sociedades que pertencem à nossa tradição conheceram a instabilidade e a revolução.

– *Sua tese concernindo ao poder pastoral se fundamenta na ideia, desenvolvida no Antigo Testamento, de um Deus que vigia e protege um povo que obedece. Mas o que o senhor fez com a época em que os israelitas não obedeciam?*

– O fato de que o rebanho não siga o pastor é bastante normal. O problema é saber como as pessoas vivem sua relação com Deus. No Antigo Testamento, a relação dos judeus com Deus se traduz pela metáfora do Deus-pastor. Na cidade grega, a relação dos indivíduos com a divindade parece mais com a relação existente entre o capitão de um navio e seus passageiros.

– *É um fenômeno muito bizarro – e o que lhe direi talvez o surpreenda –, mas parece-me que, mesmo se um bom número de suas hipóteses parecem contraditórias, há alguma coisa de muito convincente em seu procedimento e em suas convicções.*

– Muito simplesmente, não sou historiador. E não sou romancista. Pratico uma espécie de ficção histórica. De certa maneira, sei muito bem que aquilo que digo não é verdade. Um historiador poderia muito bem dizer sobre o que escrevo: "Isto não é verdade." Para dizê-lo de outro modo: escrevi muito sobre a loucura, no início dos anos 1960 – fiz uma história do nascimento da psiquiatria. Sei muito bem que aquilo que fiz é, de um ponto de vista histórico, parcial e exagerado. Talvez eu tenha ignorado alguns elementos que me contradiriam. Mas meu livro teve um efeito sobre a maneira como as pessoas percebem a loucura. Portanto, meu livro e a tese que nele desenvolvo têm uma verdade na realidade de hoje.

Procuro provocar uma interferência entre nossa realidade e o que sabemos de nossa história passada. Se tenho sucesso, essa interferência produzirá reais efeitos em nossa história presente. Minha esperança é que meus livros tomem a sua verdade uma vez escritos, e não antes.

Como não me exprimo muito em inglês, o gênero da proposta que sustento aqui fará as pessoas dizerem: "Vejam, ele mente." Mas permitam-me formular esta ideia de outra maneira. Escrevi um livro sobre as prisões. Procurei evidenciar algumas tendências na história das prisões. "Uma única tendência", poderiam me acusar. "Então, o que o senhor diz não é inteiramente verdade."

Mas há dois anos, na França, houve agitação em várias prisões, os detentos se revoltaram. Em duas dessas prisões os prisioneiros liam meu livro. De suas celas, alguns detentos gritavam o texto de meu livro para seus companheiros. Sei que o que direi é pretensioso, mas é uma prova de verdade – de verdade política, tangível, uma verdade que começou uma vez escrito o livro.

Espero que a verdade de meus livros esteja no futuro.

1980

A Poeira e a Nuvem

"A poeira e a nuvem", in Perrot (M.), ed., *L'impossible prison. Recherches sur le système pénitentiaire au XIXᵉ siècle*, Paris, Éd. du Seuil, col. "L'Univers Historique", 1980, p. 29-39. (Resposta a um artigo de J. Léonard, "L'historien et le philosophe. À propos de *Surveiller et punir. Naissance de la prison*", *ibid.*, p. 9-28.)

Em 1976, a historiadora Michelle Perrot deu uma conferência sobre a história das prisões em 1848, na Assembleia Geral da Société d'Histoire de la Révolution de 1848. Disso decorreu, por iniciativa da sociedade, uma série de estudos sobre o sistema penitenciário no início do século XIX, que foram publicados nos *Annales historiques de la Révolution Française* (n. 2, 1977). Nestes, Jacques Léonard fazia uma sinopse crítica de *Vigiar e punir*, publicado em 1975, intitulada "L'historien et le philosophe", ao qual responde "A poeira e a nuvem". Embora J. Léonard reconhecesse em M. Foucault "um historiador que nós [os historiadores] temos interesse em escutar", ele opunha, à tese da "normalização maciça, a poeira dos fatos", e comparava M. Foucault a um "cavaleiro bárbaro que percorria três séculos a rédeas soltas". O artigo de M. Foucault retoma todos os pontos levantados por J. Léonard.

Entre outras coisas, o que dá força e originalidade ao artigo do Sr. Léonard é o vigor com que ele dispensa o estereótipo do "historiador" oposto ao "filósofo". O que exigia coragem, sem dúvida, e uma visão muito exata dos problemas. Ele conseguiu isso de duas maneiras. De um modo sério, fundamentando, melhor do que eu mesmo poderia fazê-lo, a possibilidade de uma análise histórica das relações entre poder e saber. De um modo irônico, trazendo à cena, na primeira parte de seu texto, um historiador fictício, uma "pessoa do ramo", como diz sorrindo. Com um pouco de crueldade, talvez, ele o faz desempenhar os grandes papéis ingratos do repertório: o cavaleiro virtuoso da exatidão ("Talvez eu não tenha muitas ideias, mas, ao menos, o que eu digo é verdade"), o doutor de conhecimentos inesgotáveis ("O senhor não disse isso, nem aquilo, e tampouco isto que sei e que o senhor certamente ignora"), a grande testemunha do Real, ele ("Nada de grandes sistemas, mas a vida, a vida real com todas as suas riquezas contraditórias"), o cientista desolado que chora por seu pequeno domínio que acaba de ser saqueado pelos selvagens: tal como depois de Átila, a erva não mais crescerá ali. Em suma, todos os clichês: os pequenos fatos verdadeiros contra as grandes ideias vagas; a poeira desafiando a nuvem.

Não sei qual é o grau de realismo dessa caricatura. Eu me sentiria tentado a pensar (única reserva a esse texto, ao mesmo tempo divertido e notável, do qual aprovo inteiramente o sentido profundo) que o Sr. Léonard forçou um pouco o tom. Ao atribuir a seu historiador imaginário muitos erros, ele, talvez, tenha tornado um pouco fácil demais a tarefa da réplica. Mas essa sátira do cavaleiro da exatidão, embaralhado em suas próprias aproximações, é feita com inteligência suficiente para que nela se reconheçam os três pontos de método que o Sr. Léonard quer propor para discussão, e que me parecem, a mim também, poderem servir de ponto de partida para um debate:

1) Da diferença de procedimento entre a análise de um problema e o estudo de um período.

2) Do uso do princípio de realidade em história.

3) Da distinção a ser feita entre a tese e o objeto de uma análise.

Problema ou período? A divisão do bolo

Depois de Beccaria, os reformadores elaboraram programas punitivos caracterizados por sua variedade, sua preocupação de corrigir, a publicidade dos castigos, a correspondência cuidadosa entre a natureza do delito e a forma da pena – toda uma arte de punir inspirada pela Ideologia.

Ora, desde 1791, optou-se por um sistema punitivo monótono: o encarceramento, seja como for, nele é preponderante. Surpresa de alguns contemporâneos. Mas surpresa transitória: a penalidade de encarceramento foi logo aceita como uma inovação a aperfeiçoar, mais do que a contestar, de alto a baixo. E ela assim permanece por muito tempo.

Daí um problema: por que essa substituição apressada? Por que essa aceitação sem dificuldade? Daí também a escolha dos elementos pertinentes para a análise.

1) Trata-se de estudar a aclimatação, no novo regime penal, de um mecanismo punitivo, imediatamente convocado a se tornar dominante. Isso quanto ao *objeto*.

2) Trata-se de explicar um fenômeno, cuja manifestação primeira e mais importante se situa nos últimos anos do século XVIII e nos primeiros do século XIX. Isso quanto ao *tempo* forte da análise.

3) Trata-se, enfim, de verificar que essa dominância do encarceramento e a aceitação de seu princípio se mantiveram bem, mesmo na época das primeiras grandes constatações de fracasso (1825-1835). Isso quanto aos *limites* últimos da análise.

Nessas condições, a questão a ser formulada para um tal trabalho não é: a Grande Revolução foi convenientemente honrada? As divisões foram de fato iguais entre os séculos XVIII e XIX? Os especialistas de cada período, tal como crianças bochechudas que se acotovelam em torno de um bolo de aniversário, foram equitativamente tratados?

Seria mais razoável se perguntar:

1) Quais são os documentos necessários e suficientes para fazer aparecer os programas punitivos previstos, as decisões efetivamente tomadas e as considerações que puderam motivar uns e outros?

2) Onde buscar a explicação do fenômeno? Do lado do que o precede, ou do lado do que o segue? Do mesmo modo, as decisões de 1791 devem ser explicadas pela maneira como se pensara até então, ou pela maneira como se matou em seguida?

3) Os acontecimentos ulteriores (a experiência dos tribunais populares, a guilhotina em sessão permanente, os massacres de setembro de 1792), sobre que parte do sistema penal tiveram um efeito? Sobre a organização das instituições judiciárias? Sobre a definição das regras de procedimento? Sobre o peso das sanções tomadas pelos tribunais? (Podemos supô-lo, pois tudo isso foi modificado no final da Revolução.) Mas o que aconteceu com o "cárcero-centrismo" das punições previstas que não se mexeu e não foi novamente posto em questão por nenhum dos artesãos das legislações e dos códigos ulteriores?

4) No funcionamento judiciário dos anos 1815-1840, quais são os elementos que manifestam a questão do encarceramento penal? Como se faz a crítica disso? Por quais razões e em que limites?

Em relação a essas questões que organizam a pesquisa, o cavaleiro da exatidão, o douto de saber infinito imaginado pelo Sr. Léonard, pode muito bem acumular as recriminações de omissão; elas manifestam, de fato:

– ausência de rigor cronológico: o que faz a supressão, em 1848, da pena de morte por crime político, neste estudo que se interrompe em 1840?;

– percepção confusa do objeto tratado: a "sociologia dos advogados" ou a tipologia dos criminosos sob Louis-Philippe concernem à forma das punições escolhidas em 1791?;

– ignorância da regra de pertinência: pois não se trata de "esperar" por um desenvolvimento sobre os massacres de setembro, mas de precisar em que eles teriam podido ter um efeito sobre as decisões de 1791 ou, em todo caso, sobre sua transformação ulterior;

– faltas de leitura ("ausências" de elementos que estão presentes), apreciações arbitrárias (tal coisa não seria "bastante" realçada) e grosseiros contrassensos (se foi afirmado que a escolha em favor do encarceramento penal era um truque de mágica, assim o foi por alguns contemporâneos que puderam ter esta impressão; todo o livro procura mostrar que *assim não era*).

E, no entanto, essa aparente miscelânea retoma forma, tão logo se queira reconhecer nela os princípios de um trabalho, muito legítimo, mas de um tipo completamente diferente da análise de um problema.

Para quem, de fato, gostaria de estudar um *período*, ou ao menos uma instituição durante um dado período, duas regras entre outras se imporiam: tratamento exaustivo de todo o material e equitativa repartição cronológica do exame.

Quem, em contrapartida, quer tratar de um *problema*, surgido em um dado momento, deve seguir outras regras: escolha do material em função dos dados do problema; focalização da análise sobre os elementos suscetíveis de resolvê-lo; estabelecimento das relações que permitem essa solução. E, portanto, indiferença para com a obrigação de tudo dizer, mesmo para satisfazer o júri dos especialistas convocados. Ora, é de um problema que procurei tratar: aquele que indiquei no começo. O trabalho assim concebido implicava um recorte segundo pontos determinantes, e uma extensão segundo relações pertinentes: o desenvolvimento das práticas de adestramento e de vigilância nas escolas do século XVIII me pareceu, deste ponto de vista, mais importante do que os efeitos da lei de 1832 sobre a aplicação da pena de morte. Só se podem denunciar as "ausências" em uma análise quando se compreendeu o princípio das presenças que nela figuram.

A diferença, o Sr. Léonard bem observou, não está entre duas profissões, uma votada às tarefas sóbrias da exatidão e a outra à grande confusão das ideias aproximativas. Mais do que fazer representar pela milionésima vez esse estereótipo, não vale mais a pena debater sobre as modalidades, os limites e as exigências próprias às duas maneiras de fazer? Uma que consiste em se dar um objeto e em tentar resolver os problemas que ele pode causar. A outra que consiste em tratar um problema e em determinar, a partir daí, o domínio de objeto que é preciso percorrer para resolvê-lo. Neste ponto, o Sr. Léonard tem toda razão de se referir a uma intervenção muito interessante de Jacques Revel.[1]

Realidade e abstração. Os franceses são obedientes?

Neste "nascimento da prisão", de que se trata? Da sociedade francesa em um dado período? Não. Da delinquência nos séculos XVIII e XIX? Não. Das prisões na França entre 1760 e 1840? Nem isso. De alguma coisa mais firme: a intenção refletida, o tipo de cálculo, a *ratio* de que se lançou mão na reforma do sistema penal, quando se decidiu introduzir nele, não sem modificação, a velha prática do internamento. Trata-se, em suma, de um capítulo na história da "razão punitiva". Por que a prisão e a reutilização de um internamento desacreditado?

Podem-se tomar duas atitudes:
– recorrer ao princípio de "comodidade-inércia". E dizer: o internamento era uma realidade adquirida há muito tempo. Ele era utilizado fora da penalidade regular e às vezes nela. Bastou integrá-lo completamente ao sistema penal para que este se be-

---

[1] "Foucault et les historiens", *Magazine littéraire*, n. 101, junho de 1975, p. 10-13.

neficiasse de uma instituição toda preparada e para que esta instituição, em troca, perdesse o arbitrário que se lhe censurava. Explicação pouco satisfatória, se pensamos nas pretensões da reforma penal e nas esperanças que a sustentavam;
– recorrer ao princípio de "racionalidade-inovação". Essa novidade do encarceramento penal (sem dúvida nenhuma percebida como novidade), a qual cálculo ela obedecia? O que se esperava dela? Sobre quais modelos se apoiava? A que forma de pensamento ela estava referida?

Podem-se ver as objeções: ao fazer assim a história da razão punitiva, você não capta nada, ou quase nada, da realidade, plena, viva, contraditória. Quando muito, uma história das ideias e assim mesmo uma história bem flutuante, já que o contexto real não aparece nunca.

Aqui, também, tentemos evitar as aproximações às quais condena o uso de esquemas críticos preparados de antemão. A que exigências deveria então responder uma análise histórica da razão punitiva no final do século XVIII?

1) Não construir o quadro de tudo o que se pode saber hoje sobre a delinquência nessa época; mas, comparando o que se pode saber hoje (graças a trabalhos como os de Chaunu e de seus alunos) e o que os contemporâneos diziam quanto à necessidade, aos objetivos, aos meios eventuais da reforma, estabelecer quais foram os elementos de realidade que desempenharam um papel operatório na constituição de um novo projeto penal. Em suma, fixar os pontos de ancoragem de uma estratégia.

2) Determinar por que tal estratégia e tais instrumentos táticos foram escolhidos, de preferência sobre tais outros. É preciso, portanto, inventariar os domínios que puderam informar sobre tais escolhas:
– maneiras de pensar, conceitos, teses que puderam construir, na época, um consenso mais ou menos restritivo – um paradigma teórico (neste caso, o dos "filósofos" ou dos "ideólogos");
– modelos de que efetivamente se lançou mão e que foram experimentados alhures (Países Baixos, Inglaterra, América);
– o conjunto dos procedimentos racionais e das técnicas pensadas, através das quais, na época, se pretendia agir sobre a conduta dos indivíduos, adestrá-los, reformá-los...

3) Determinar, enfim, quais efeitos de retorno se produziram: o que, dos inconvenientes, desordens, prejuízos,

consequências imprevistas e incontroladas, foi percebido, e em que medida esse "fracasso" pôde suscitar uma reconsideração da prisão.

Concebo muito bem e acho excelente que se faça a sociologia histórica da delinquência, que se busque reconstituir o que era a vida cotidiana dos detentos ou suas revoltas. Mas já que se trata de fazer a história de uma prática racional, ou melhor, da racionalidade de uma prática, é preciso proceder a uma análise dos elementos que atuaram realmente em sua gênese e em sua instalação.

É preciso desmistificar a instância global *do* real como totalidade a ser restituída. Não há "o" real do qual se iria ao encontro sob a condição de falar de tudo ou de certas coisas mais "reais" que as outras, e que falharíamos, em benefício de abstrações inconsistentes, se nos restringíssemos a fazer aparecer outros elementos e outras relações. Seria preciso, talvez, interrogar também o princípio, com frequência implicitamente admitido, de que a única *realidade* a que a história deveria aspirar é a própria *sociedade*. Um tipo de racionalidade, uma maneira de pensar, um programa, uma técnica, um conjunto de esforços racionais e coordenados, objetivos definidos e perseguidos, instrumentos para alcançá-lo etc., tudo isso é algo do real, mesmo se isso não pretende ser a própria "realidade", nem "a" sociedade inteira. E a gênese dessa realidade, do momento em que nela fazemos intervir os elementos pertinentes, é perfeitamente legítima.

É o que o historiador encenado pelo Sr. Léonard não *entende*, no sentido estrito do termo. Para ele, só há uma realidade que é, ao mesmo tempo, "a" realidade e "a" sociedade.

Por isso é que, quando se fala de programas, de decisões, de regulamentos, e que se os analisa a partir dos objetivos que se lhes dava e dos meios dos quais lançavam mão, ele acredita fazer uma objeção ao dizer: mas esses programas nunca funcionaram realmente, nunca atingiram seus objetivos. Como se nunca se tivesse dito algo que não fosse isso; como se isso não estivesse sublinhado cada vez que se trata de tentativas, de instrumentos, de dispositivos, de técnicas para... Como se a história da prisão, central nesse estudo, não fosse justamente a história de alguma coisa que nunca "funcionou", pelo menos se consideramos seus fins afirmados.

Quando falo de sociedade "disciplinar", não se deve entender "sociedade disciplinada". Quando falo da difusão dos métodos de disciplina, não é afirmar que "os franceses são obedientes"! Na análise dos procedimentos ajustados para normalizar, não há "a tese de uma normalização maciça". Como se, justamente, todos esses desenvolvimentos não fossem a medida de um insucesso perpétuo. Conheço um psicanalista que compreende que se afirma a *onipotência do poder*, quando falamos da *presença das relações do poder*, pois ele não vê que sua multiplicidade, seu entrecruzamento, sua fragilidade e sua reversibilidade estão ligados à inexistência de um poder onipotente e onisciente!

Mas deixemos todos esses erros (seria preciso citar todas as linhas), e consideremos o problema extremamente difícil que o próprio Sr. Léonard nos sugere: o que acontece com esse real que é, nas sociedades ocidentais modernas, a racionalidade? Essa racionalidade que não é simplesmente princípio de teoria e de técnicas científicas, que não produz simplesmente formas de conhecimento ou tipos de pensamento, mas que está ligada por laços complexos e circulares a formas de poder. O que acontece com essa racionalidade, como se pode fazer a análise dela, captá-la em sua formação e sua estrutura?[2] (Tudo isso, é claro, não tendo nada a ver com pôr as Luzes sob acusação: a que leitor eu surpreenderia, ao afirmar que a análise das práticas disciplinares do século XVIII não é uma maneira subreptícia de tornar Beccaria responsável pelo *Gulag*?)

O objeto e a tese. O problema da estratégia

O Sr. Léonard compreendeu perfeitamente que ali estavam, sem dúvida, os problemas mais importantes que se deviam levantar a propósito deste gênero de estudo. E acho que ele faz aparecer sua dimensão principal com muita lucidez. Isto ao fazer seu historiador imaginário cometer duas grosseiras séries de erros. Eis aqui dois deles entre os mais significativos.

1) *Leitura do texto*. Ele se surpreende que se possam descrever os projetos dos reformadores com verbos empregados

---

2 (N.A.) Poderíamos nos reportar ao livro notável de G. Vigarello, *Le corps redressé* (Paris, J. P. Delarge, 1978 (N.E.)). Encontraremos nele não uma história global do corpo, mas uma análise específica de um conjunto de técnicas estruturais que o autor descreve como táticas e estratégias.

no infinitivo: "deslocar", "definir", "apresentar", "diminuir", como se se tratasse de procedimentos anônimos e automáticos, uma pura maquinaria sem maquinista. Ora, o que o historiador não diz é que estas 10 linhas em questão resumem 15 páginas que precedem e esboçam 10 páginas que se seguem; e nessas 25 páginas as principais ideias diretrizes da reforma penal no fim do século XVIII estão caracterizadas, a cada vez, com referências e nomes de autor. (Uma boa vintena.) Ausência de estratégia? Aqui também é, antes, o por demais cheio que seria preciso temer.

2) *Sentido das palavras*. Seria uma "curiosa estratégia" aquela que não teria "um ponto de origem único", que poderia servir a "muitos interesses diferentes" e que permitira "combates múltiplos". Será que se imagina, se pergunta ele, uma semelhante estratégia? Não vejo senão uma resposta: será que se imagina uma estratégia que não seja justamente *essa*? Uma estratégia que não tenha nascido de muitas ideias formuladas ou propostas a partir de pontos de vista ou de objetivos diferentes? Uma estratégia que não encontraria seu motivo em vários resultados pesquisados conjuntamente, com diversos obstáculos a contornar e diferentes meios a combinar? Pode-se imaginar uma estratégia (militar, diplomática, comercial) que não deva seu valor e suas chances de sucesso à integração de um certo número de interesses? Não deve ela, por princípio, cumular as vantagens e multiplicar os benefícios? É bem neste sentido, admitido por todos, que, não muito longe dali, uma excelente historiadora fala da "estratégia da melhoria" no pensamento dos filantropos do século XIX.

De fato, sob esses erros benignos, trata-se de uma confusão importante dos planos: o dos mecanismos propostos para garantir uma repressão penal eficaz, mecanismos que são previstos para atingir certos resultados, graças a certos dispositivos etc.; e o dos autores desses projetos, autores que podiam ter para esses projetos motivações diversas mais ou menos visíveis ou escondidas, individuais ou coletivas.

Ora, o que é automático? O que anda sozinho, sem ninguém para fazê-lo funcionar, ou melhor, com maquinistas cujo rosto e nome importam pouco? Pois bem, justamente, as máquinas previstas, pensadas, imaginadas, sonhadas talvez, por pessoas que têm uma identidade bem precisa e que são efetivamente nomeadas.

"O aparelho disciplinar produz poder"; "pouco importa quem exerce o poder"; o poder "tem seu princípio em uma certa distribuição combinada dos corpos, das superfícies, das luzes, dos olhares": nenhuma dessas frases constitui minha concepção pessoal do poder. Todas, e da maneira mais explícita, descrevem projetos ou manejos, concebidos ou ajustados, com seus objetivos e o resultado que deles se esperava: em particular, trata-se do que Bentham esperava do pan-óptico,[3] tal como ele próprio o apresentou (que se queira reportar ao texto citado: sem nenhum equívoco possível, é a análise do programa benthamiano).

A automaticidade do poder, o caráter mecânico dos dispositivos em que ele toma corpo, não é absolutamente a *tese* do livro. Mas é a ideia, no século XVIII, de que um tal poder seria possível e almejável, é a pesquisa teórica e prática de tais mecanismos, é a vontade incessantemente manifestada, então, de organizar semelhantes dispositivos que constituem o *objeto* da análise. Estudar a maneira como se quis racionalizar o poder, como se concebeu, no século XVIII, uma nova "economia" das relações de poder, mostrar o papel importante que nele ocupou o tema da máquina, do olhar, da vigilância, da transparência etc., não é dizer nem que o poder é uma máquina, nem que tal ideia nasceu maquinalmente. É estudar o desenvolvimento de um tema tecnológico que acho importante na história da grande reavaliação dos mecanismos de poder no século XVIII, na história geral das técnicas de poder e, mais globalmente ainda, das relações entre racionalidade e exercício do poder, importante também no nascimento de estruturas institucionais próprias às sociedades modernas, importante enfim para compreender a gênese ou o crescimento de certas formas de saber, como as ciências humanas, em particular.

---

3 Bentham (J.), Panopticon, or the inspection house, containing the idea of a new principle of construction applicable to any sort of establishment, in which persons of any description are to be kept under inspection; and in particular to penitentiary-houses, prisons, houses of industry and schools, Londres, T. Payne, 1791 (Le Panoptique. Mémoire sur un nouveau principe pour construire des maisons d'inspection et nommément des maisons de force, adaptado por E. Dumont, Paris, Imprimerie Nationale, 1791; reed. Paris, Belfond, 1977).

Ficando entendido, é claro, que permanece aberta toda uma série de domínios conexos: o que aconteceu com os efeitos dessa tecnologia quando se tentou fazê-la funcionar? Ou, ainda, quem afinal eram esses homens que a imaginaram, que a propuseram? Qual era sua origem social ou, como se diz classicamente, "quais interesses eles representavam"? Sobre esse ponto, e de uma maneira mais geral sobre todos os grupos ou indivíduos que tentaram repensar menos os fundamentos jurídicos do poder do que as técnicas detalhadas de seu exercício, é preciso dizer que os trabalhos históricos são ainda pouco numerosos. Mas, sem dúvida, esses estudos de sociologia histórica demandariam que se fizesse a análise precisa do que foram, nelas mesmas, essas tentativas de racionalização do poder.

Querer tratar de maneira específica as relações entre tecnologia e genealogia dos saberes não é uma maneira de proibir os outros de analisar domínios vizinhos; é, antes, convidá-los a isso. Mas não acho que seja legítimo impor a um trabalho uma exigência de exaustividade, se não se compreendeu do que ele falava. Não mais do que não se pode fazer-lhe objeções em termos de "realidade" ou de "verdade" se se confundiu o que ele afirma com aquilo sobre o que ele fala, sua tese e seu objeto.

Por isso é que se deve agradecer ao Sr. Léonard por ter feito aparecer esses problemas com uma tal lucidez. Ele captou perfeitamente a importância metodológica de todo um lote de noções de que se faz um uso cada vez mais extenso: estratégia, tática, objetivo etc. Aqui também o livro recente de G. Vigarello deve ser lido de perto (e ele permite ampliar o debate um pouco além das prisões). Está-se muito longe de ter extraído todas as consequências do uso dessas noções, e sem dúvida de ter medido tudo o que ele implica. Mas me parece que vale a pena tentá-las (com o risco de abandoná-las um dia) desde que se queira fazer uma análise:

1) das formações das racionalidades práticas;
2) da gênese dos saberes e das técnicas que o homem aplica à sua própria conduta (à maneira de se conduzir e à maneira de conduzir os outros);
3) de seu lugar no jogo das relações de forças e das lutas. Desde que, do mesmo modo, se pôde fazer concretamente a experiência dos limites da noção de ideologia. O princípio de inteligibilidade das relações entre saber e poder passa mais

pela análise das estratégias do que pela das ideologias. Sobre isso, devem-se ler as páginas de Paul Veyne.[4] Parece-me que é essa noção e seu uso possível que poderiam permitir não um "encontro interdisciplinar" entre "historiadores" e "filósofos", mas um trabalho em comum de pessoas que buscam se "des-disciplinarizar".

---

4 Veyne (P.), *Comment on écrit l'historie. Essai d'épistémologie*, Paris, Éd. du Seuil, col. "L'Univers Historique", 1971, cap. IX: "La conscience n'est pas à la racine de l'action", p. 225-229.

1980

Mesa-Redonda em 20 de Maio de 1978

"Mesa-redonda em 20 de maio de 1978", in Perrot (M.), ed., *L'impossible prison. Recherches sur le système pénitentiaire au XIXe siècle*, Éd. du Seuil, col. "L'Univers Historique", 1980, p. 40-56.

O ponto de partida deste encontro era a discussão de dois textos: o de Jacques Léonard, "L'historien et le philosophe", e o de Michel Foucault, que constituía uma primeira resposta, "A poeira e a nuvem".[1]

Estavam presentes: Maurice Agulhon, Nicole Castan, Catherine Duprat, François Ewald, Arlette Farge, Alexandre Fontana, Michel Foucault, Carlo Ginzburg, Remi Gossez, Jacques Léonard, Pascal Pasquino, Michelle Perrot, Jacques Revel.

O texto da mesa-redonda foi revisado por Michel Foucault e, para clareza das coisas, juntamos as intervenções dos historiadores a uma série de questões de um historiador coletivo.

Por que a prisão?

– Por que o nascimento da prisão e sobretudo esse processo de "substituição apressada" de que o senhor fala, que a coloca, no início do século XIX, no centro da penalidade, parecem-lhe fenômenos tão importantes?

O senhor não tem a tendência de exagerar a importância da prisão na penalidade, já que, do mesmo modo, no decorrer do século XIX, subsistem muitos outros modos de punir (pena de morte, trabalhos forçados e deportação...)? No plano do método histórico, parece que o senhor se desafia a dar explicações em termos de "causalidades" ou em termos estruturais, para privilegiar, às vezes, um processo puramen-

---

[1] Ver *A Poeira e a Nuvem*, neste volume.

te relativo aos acontecimentos. Quanto ao "social", é verdade que ele, sem dúvida, invadiu abusivamente o campo dos historiadores. Mas, mesmo se não nos referimos ao social como único nível de explicação, é preciso eliminá-lo completamente do "diagrama interpretativo"?

– Não gostaria de que aquilo que pude escrever ou dizer apareça como trazendo em si uma pretensão à totalidade. Não quero universalizar o que digo: e, inversamente, o que não digo, não o recuso, não o tenho forçosamente como não essencial. Meu trabalho está entre pedras de espera e pontos de suspensão. Gostaria de abrir um canteiro, tentar, e se eu falhar, recomeçar de outro modo. Sobre muitos pontos – e penso em particular nas relações entre dialética, genealogia e estratégia –, estou trabalhando, não sei se me livrarei deles. O que digo deve ser considerado como proposições, "ofertas de jogo", às quais aqueles a quem isso possa interessar estão convidados a participar; não são afirmações dogmáticas a tomar em bloco. Meus livros não são tratados de filosofia nem estudos históricos; no máximo fragmentos filosóficos em canteiros históricos.

Vou tentar responder às questões que foram feitas. Inicialmente, sobre a prisão. Os senhores se perguntam se ela foi uma coisa tão importante quanto pretendi e se ela focaliza bem o sistema penal. Não quis dizer que a prisão era o núcleo essencial de todo o sistema penal; não digo tampouco que seria impossível abordar os problemas da penalidade – e por mais razão ainda da delinquência em geral – através de outros caminhos diferentes do da prisão. Pareceu-me legítimo tomar a prisão como objeto por duas razões. Em primeiro lugar, porque ela foi bastante negligenciada até então nas análises; quando se queria estudar os problemas da "penalidade" – termo, aliás, confuso –, escolhiam-se de preferência duas vias: seja o problema sociológico da população delinquente, seja o problema jurídico do sistema penal e de seu fundamento. A própria prática da punição só foi estudada por Kirschheimer e Rusche na linha da escola de Frankfurt.[2] É verdade que houve estudos sobre as prisões como instituições; mas muito pouco sobre o aprisionamento como prática punitiva geral em nossas sociedades.

---

2 Kirschheimer (O.) e Rusche (G.), *Punishment and social structure*, Nova Iorque, Columbia University Press, 1939.

Eu tinha uma segunda razão para estudar a prisão: retomar o tema da genealogia da moral, mas seguindo o fio das transformações do que se poderia chamar de "tecnologias morais". Para melhor compreender o que é punido e por que se pune, introduzi a questão: como se pune? Nisto, não faço outra coisa senão seguir o caminho tomado a propósito da loucura: mais do que se perguntar o que, em uma dada época, é considerado como loucura e o que é considerado como não loucura, como doença mental e como comportamento normal, perguntar-se como se opera a divisão. O que me parece trazer, não digo toda luz possível, mas uma forma de inteligibilidade bastante fecunda.

Havia também, na época em que escrevi isso, um fato da atualidade; a prisão e mais geralmente numerosos aspectos da prática penal estavam sendo postos novamente em questão. Esse movimento não era somente observável na França, mas também nos Estados Unidos, na Inglaterra, na Itália. Entre parênteses, seria interessante saber por que todos esses problemas do internamento, do fechamento, do adestramento dos indivíduos, de sua repartição, de sua classificação de sua objetivização nos saberes foram colocados com essa intensidade, e bem antes de 1968: foi em 1958-1960 que os temas da antipsiquiatria foram levantados. A relação com a prática concernente aos campos de concentração é evidente – vejam Bettelheim.[3] Mas seria preciso analisar mais de perto o que se passou por volta de 1960.

Neste trabalho sobre as prisões, assim como em outros, o alvo, o ponto de ataque da análise, eram não as "instituições", não as "teorias" ou uma "ideologia", mas as "práticas" – e isto para captar as condições que, em um dado momento, as tornam aceitáveis: a hipótese sendo a de que os tipos de práticas não são apenas comandados pela instituição, prescritos pela ideologia ou guiados pelas circunstâncias – seja qual for o papel de uns e de outros –, mas que eles têm, até certo ponto, sua própria regularidade, sua lógica, sua estratégia, sua evidência, sua "razão". Trata-se de fazer a análise de um "regime de práticas" – as

---

3 Bettelheim (B.), Individual and mass behavior in extreme situation, Indianápolis, Bobbs-Merrill, 1943. The informed heart: autonomy in a mass age, Nova Iorque, The Free Press, 1960 (Le coeur conscient. Comment garder son autonomie et parvenir à l'accomplissement de soi dans une civilisation de masse, trad. L. Casseau, Paris, Robert Laffont, col. "Réponses", 1972).

práticas sendo consideradas como o lugar de encadeamento do que se diz e do que se faz, das regras que se impõem e das razões que se dão, dos projetos e das evidências.

Analisar "regimes de práticas" é analisar programações de conduta que têm, ao mesmo tempo, efeitos de prescrição em relação ao que se deve fazer (efeitos de "jurisdição") e efeitos de codificação em relação ao que se deve saber (efeitos de "veridicidade").

Quis, portanto, fazer a história não da instituição prisão, mas da "prática de aprisionamento". Mostrar sua origem ou, mais exatamente, mostrar como essa maneira de fazer, muito antiga, é claro, pôde ser aceita em um momento como peça principal no sistema penal. A ponto de aparecer como uma peça inteiramente natural, evidente, indispensável.

Trata-se de abalar a falsa evidência, de mostrar sua precariedade, de fazer aparecer não o seu arbitrário, mas a complexa ligação com processos históricos múltiplos e, para muitos dentre eles, recentes. Deste ponto de vista, posso dizer que a história do aprisionamento penal me superou – foi além de minha expectativa. Todos os textos, todas as discussões do início do século XIX o testemunham; surpreendemo-nos com o fato de que a prisão seja utilizada como meio geral de punir, enquanto não era nada disso que se tinha em mente no século XVIII. Essa mudança brusca, percebida pelos próprios contemporâneos, para mim, não é de modo algum um resultado no qual se deveria parar. Parti dessa descontinuidade que era, de algum modo, a mutação "fenomenal", e procurei, sem apagá-la, dar conta dela. Não se trata, portanto, de reencontrar uma continuidade escondida, mas de saber qual é a transformação que tornou possível essa passagem tão apressada.

Vocês bem sabem que não há ninguém mais continuísta que eu: o balizamento de uma descontinuidade nunca é senão a constatação de um problema a resolver.

"Acontecimentalizar"

– O que o senhor acaba de dizer esclarece muitas coisas. Contudo, não se pode negar que os historiadores estão incomodados com uma espécie de equívoco, de que haveria em suas análises um tipo de oscilação entre, por um lado, um hiper-racionalismo e, por outro, uma sub-racionalidade.

– Procuro trabalhar no sentido de uma "acontecimentalização". Se o acontecimento foi, durante um tempo, uma categoria pouco avaliada dos historiadores, pergunto-me se, compreendida de uma certa maneira, a "acontecimentalização" não é um procedimento de análise útil. O que se deve entender por "acontecimentalização"? Uma ruptura absolutamente evidente, em primeiro lugar. Ali onde se estaria bastante tentado a se referir a uma constante histórica, ou a um traço antropológico imediato, ou ainda a uma evidência se impondo da mesma maneira para todos, trata-se de fazer surgir uma "singularidade". Mostrar que não era "tão necessário assim"; não era tão evidente que os loucos fossem reconhecidos como doentes mentais; não era tão evidente que a única coisa a fazer com um delinquente fosse interná-lo; não era tão evidente que as causas da doença devessem ser buscadas no exame individual do corpo etc. Ruptura das evidências, essas evidências sobre as quais se apoiam nosso saber, nossos consentimentos, nossas práticas. Tal é a primeira função teórico-política do que chamaria de "acontecimentalização".

Além disso, a "acontecimentalização" consiste em reencontrar as conexões, os encontros, os apoios, os bloqueios, os jogos de força, as estratégias etc., que, em um dado momento, formaram o que, em seguida, funcionará como evidência, universalidade, necessidade. Ao tomar as coisas dessa maneira, procedemos, na verdade, a uma espécie de desmultiplicação causal.

O que isso quer dizer? Que se vai apresentar a singularidade que se analisa como um fato a ser constatado sem mais nada a acrescentar, como uma ruptura sem razão em uma continuidade inerte? Evidentemente, não, pois isso seria admitir, ao mesmo tempo, que a continuidade é legítima e que contém nela própria sua razão de ser.

1) A desmultiplicação causal consiste em analisar o acontecimento segundo os processos múltiplos que o constituem. Assim, analisar a prática do encarceramento penal como "acontecimento" (e não como um fato de instituição ou um efeito de ideologia) é definir os processos de "penalização" (quer dizer, de inserção progressiva nas formas da punição legal) das práticas precedentes de internamento; os processos de "carcerialização" de práticas da justiça penal (quer dizer, o movimento pelo qual o aprisionamento se tornou, como forma de castigo e como técnica de correção, uma peça central na penalidade); esses pro-

cessos maciços devem ser eles próprios decompostos: o processo de penalização do internamento é ele próprio constituído de processos múltiplos, como a constituição de espaços pedagógicos fechados, funcionando por recompensa e punição etc.

2) A diminuição do peso causal consistirá em construir, em torno do acontecimento singular analisado como processo, um "polígono", ou melhor, "poliedro de inteligibilidade", cujo número de faces não é previamente definido e nunca pode ser considerado como legitimamente concluído. Há que proceder por saturação progressiva e forçosamente inacabada. E é preciso considerar que, quanto mais se decompõe, desde o interior, o processo a analisar, mais se poderá e se deverá construir relações de inteligibilidade externa (concretamente: quanto mais se analisa o processo de "carceralização" da prática penal, até em seus menores detalhes, mais se é conduzido a se referir a práticas como as da escolarização ou da disciplina militar etc.). Decomposição interna de processos e multiplicação das "sacadas" analíticas caminham juntas.

3) Essa maneira de fazer implica, portanto, um polimorfismo crescente, à medida que a análise avança:
– polimorfismo dos elementos que são postos em relação: a partir da "prisão", serão postos em jogo as práticas pedagógicas, a formação dos exércitos como carreira, a filosofia empírica inglesa, a técnica das armas de fogo, os novos procedimentos da divisão do trabalho;
– polimorfismo das relações descritas: pode se tratar das transferências de modelos técnicos (as arquiteturas de vigilância), pode se tratar de um cálculo tático respondendo a uma situação particular (crescimento do banditismo ou desordens provocadas pelos suplícios públicos, ou o inconveniente do banimento), pode se tratar da aplicação de esquemas teóricos (concernindo à gênese das ideias, à formação dos signos, à concepção utilitarista do comportamento etc.);
– polimorfismo nos domínios de referência (sua natureza, sua generalidade etc.): tratar-se-á, ao mesmo tempo, de mutações técnicas sobre pontos de detalhes, mas também das técnicas novas de poder que se buscam ajustar em uma economia capitalista, e em função dessas exigências.

Perdoem esse longo desvio. Mas não posso responder melhor à sua questão sobre o hiper e o hiporracionalismo que, com frequência, me é objetado.

Há muito tempo que os historiadores não gostam muito dos acontecimentos, e fazem da "desacontecimentalização" o princípio da inteligibilidade histórica. Eles o fazem ao referir o objeto de sua análise a um mecanismo, ou a uma estrutura, que deve ser o mais unitário possível, o mais necessário, o mais inevitável possível, enfim, o mais exterior à história possível. Um mecanismo econômico, uma estrutura antropológica, um processo demográfico, como ponto culminante da análise – eis aí, enfim, a história "desacontecimentalizada". (Certamente não indico aqui, e grosseiramente, senão uma tendência.)

É evidente que no que proponho, em relação a um tal eixo de análise, há muito e muito pouco. Muitas relações diversas, muitas linhas de análise. E, ao mesmo tempo, insuficiente necessidade unitária. Pletora do lado das inteligibilidades. Falta do lado da necessidade.

Mas, para mim, é bem isso o que a análise histórica e a crítica política têm em comum. Nós não estamos e não temos de nos colocar sob o signo da necessidade única.

O problema das racionalidades

– *Gostaria de me deter, justo por um momento, nesse problema da "acontecimentalização" porque acho que ele está no centro de um certo número de mal-entendidos em torno do senhor – não retomo esta ideia que fez do senhor, abusivamente, um pensador da descontinuidade. Por trás do balizamento dessas rupturas e do inventário detalhado, precavido, do ajustamento dessas redes que produzirão o real, o histórico, há alguma coisa de um livro a outro que é uma dessas constantes históricas, ou um desses traços antropológico-culturais que o senhor recusou há pouco, e que é: por três séculos, por quatro séculos, a história de uma racionalização, ou de uma das racionalizações possíveis de nossa sociedade. Não é por acaso que seu primeiro livro tenha sido uma história da razão, ao mesmo tempo que uma história da loucura, e acho que o referente de todos os outros, a análise das diferentes técnicas do isolamento, as taxinomias sociais etc., remetem a esse processo geral meta-antropológico ou meta-histórico, que é esse processo racionalizador. Neste sentido, sua definição da "acontecimentalização" como no centro de seu trabalho me parece sustentar só uma das pontas de sua próxima corrente.*

– Se são chamados de "weberianos" aqueles que quiseram substituir a análise marxista das contradições do capital pela da racionalidade irracional da sociedade capitalista, não acho que eu seja weberiano, pois meu problema não é, finalmente, o da racionalidade, como invariante antropológica. Não creio que se possa falar de "racionalização" em si, sem, de uma parte, supor um valor razão absoluto e sem se expor, de outra, a pôr um pouco de qualquer coisa sob a rubrica das racionalizações. Penso que é preciso limitar essa palavra a um sentido instrumental e relativo. A cerimônia dos suplícios públicos não é mais irracional em si que o encarceramento em uma cela; mas ela é irracional em relação a um tipo de prática penal que fez aparecer uma nova maneira de visar, através da pena, a certos efeitos, de calcular sua utilidade, de lhe encontrar justificações, de graduá-la etc. Digamos que não se trata de aferir práticas com a medida de uma racionalidade que as faria apreciar como formas mais ou menos perfeitas de racionalidade; mas, antes, de ver como formas de racionalizações se inscrevem em práticas, ou sistemas de práticas, e que papel elas desempenham ali. Pois é verdade que não há "práticas" sem um certo regime de racionalidade. Porém este, mais do que medi-lo por um valor razão, gostaria de analisá-lo segundo dois eixos: a codificação prescrição, de uma parte (no que ele forma um conjunto de regras, de receitas, de meios em vista de um fim etc.), e a formulação verdadeiro ou falso, de outra (no que ele determina um domínio de objetos em relação aos quais é possível articular proposições verdadeiras ou falsas).

Se eu estudei "práticas" como as do sequestro de loucos, ou da medicina clínica, ou da organização das ciências empíricas, ou da punição legal, foi para estudar este jogo entre um "código" que regula maneiras de fazer (que prescreve como selecionar as pessoas, como educar os indivíduos etc.) e uma produção de discursos verdadeiros que servem de fundamento, de justificação, de razões de ser e de princípio de transformações a essas mesmas maneiras de fazer. Para dizer as coisas claramente: meu problema é saber como os homens se governam (eles próprios e os outros) através da produção de verdade (eu o repito, ainda, por produção de verdade: não entendo a produção de enunciados verdadeiros, mas a disposição de domínios em que a prática do verdadeiro e do falso pode ser, ao mesmo tempo, regulamentada e pertinente).

"Acontecimentalizar" conjuntos singulares de práticas, para fazê-las aparecer como regimes diferentes de jurisdição e de veredicto, eis aí, em termos extremamente bárbaros, o que eu gostaria de fazer. Vocês veem que isso não é nem uma história dos acontecimentos, nem uma análise da racionalidade crescente que dominam nossa sociedade, nem uma antropologia das codificações que regem, sem que o saibamos, nosso comportamento. Eu gostaria, em suma, de recolocar o regime de produção do verdadeiro e do falso no coração da análise histórica e da crítica política.
– *O senhor fala de Max Weber. Não é por acaso. Há, em suas formulações, em um sentido que o senhor, sem dúvida, não aceitaria, alguma coisa como um "tipo ideal", que paralisa e deixa mudo quando se quer dar conta da realidade. Não foi isso que o coagiu a decidir não fazer comentários quando da publicação de* Pierre Rivière?
– Não acho que sua comparação com Max Weber seja exata. Pode-se dizer esquematicamente que o "tipo ideal" é uma categoria da interpretação historiadora; é uma estrutura da compreensão para o historiador que se esforça, *a posteriori*, em ligar entre si um certo número de dados: ela permite retomar uma "essência" (do calvinismo, ou do Estado, ou da empreitada capitalista) a partir de princípios gerais que não estão ou que não mais estão presentes no pensamento dos indivíduos, cujo comportamento concreto se compreende, entretanto, a partir deles.

Quando me esforço em analisar a racionalidade própria ao aprisionamento penal, ou à psiquiatrização da loucura ou à organização do domínio da sexualidade, e insisto sobre o fato de que, em seu funcionamento real, as instituições não se restringem a desenvolver esse esquema racional em estado puro, será que isso é uma análise em termos de tipo ideal? Acho que não, por muitas razões.

1) O esquema racional da prisão, o do hospital ou do asilo não são princípios gerais que unicamente o historiador poderia encontrar através da interpretação retrospectiva. São *programas* explícitos; trata-se de conjuntos de prescrições calculadas e pensadas, e segundo as quais se deveriam organizar instituições, dispor espaços, regrar comportamentos. Se eles têm uma idealidade, é a de uma programação à qual ocorre

permanecer em suspenso, não é a de uma significação geral que teria permanecido escondida.

2) Certamente, essa programação está referida a formas de racionalidade muito mais gerais do que aquelas empregadas por elas diretamente. Procurarei mostrar que a racionalidade buscada no aprisionamento penal não era o resultado de um cálculo de interesse imediato (o mais simples, o menos custoso ainda é internar), mas que ela estava referida a toda uma tecnologia do adestramento humano, da vigilância do comportamento, da individualização dos elementos do corpo social. A "disciplina" não é a expressão de um "tipo ideal" (o do "homem disciplinado"); ela é a generalização e a conexão de técnicas diferentes que devem responder a objetivos locais (aprendizagem escolar, formação de tropas capazes de manejar o fuzil).

3) Esses programas nunca passam integralmente nas instituições; são simplificados, escolhem-se uns e não outros; e isso não acontece nunca como era previsto. Mas o que eu gostaria de mostrar é que essa diferença não é a que opõe o ideal puro à impureza desordenada do real, mas que, na realidade, estratégias diferentes vinham se opor, se compor, se superpor e produzir efeitos permanentes e sólidos que se poderiam perfeitamente compreender em sua própria racionalidade, embora não sejam conformes à programação primeira: esta é a solidez e a maleabilidade do dispositivo.

Programas, tecnologias, dispositivos: nada de tudo isto é o "tipo ideal". Procuro ver o jogo e o desenvolvimento de realidades diversas que se articulam umas com as outras: um programa, o laço que o explica, a lei que lhe dá valor coativo etc. são tanto realidades (embora de um outro modo) quanto as instituições que lhe dão corpo, ou os comportamentos que nele se reúnem mais ou menos fielmente.

Vocês me dirão: nada acontece como nos "programas". Estes não são nada além de sonhos, de utopias, uma espécie de produção imaginária que o senhor não tem o direito de substituir pela realidade. O *pan-óptico* de Bentham não é uma boa descrição da "vida real" das prisões do século XIX.[4]

Ao que eu responderei: se eu quisesse descrever a "vida real" das prisões, não teria, de fato, me dirigido a Bentham. Mas que essa vida real não seja a forma ou o esquema dos

---

4 Cf. *supra*, p. 332.

teóricos não quer dizer, por isso, que esses esquemas sejam utópicos, imaginários etc. Isso seria fazer-se do real uma ideia bem pobre. Por um lado, sua elaboração responde a toda uma série de práticas ou de estratégias diversas: assim, a pesquisa de mecanismos eficazes, contínuos, bem avaliados que é, com toda certeza, uma resposta à inadequação entre as instituições do Poder Judiciário e as novas formas da economia, da urbanização etc.; ou ainda a tentativa, muito sensível em um país como a França, de reduzir o que havia de autonomia e de insalubridade na prática judiciária e no pessoal de justiça, em relação ao conjunto do funcionamento do Estado; ou ainda a vontade de responder ao aparecimento de novas formas de delinquência etc. Por outro lado, essas programações induzem toda uma série de efeitos no real (o que não quer dizer, evidentemente, que elas podem valer em seu lugar e seu espaço): elas se cristalizam nas instituições, informam o comportamento dos indivíduos, servem de grade para a percepção e apreciação das coisas. É inteiramente exato que os delinquentes foram recalcitrantes a toda a mecânica disciplinar das prisões; é inteiramente exato que a maneira mesma como as prisões funcionavam nos prédios improvisados em que foram construídas, com os diretores e os guardas que as administravam, fazia delas caldeirões de bruxas ao lado da bela mecânica benthamiana. Mas, justamente se elas pareceram assim, se os delinquentes foram percebidos como incorrigíveis, se aos olhos da opinião pública e mesmo da "justiça" desenhou-se uma raça de "criminosos", e se a resistência dos prisioneiros e o destino de reincidente tomaram a forma que conhecemos, é, na verdade, porque esse tipo de programação não permaneceu somente uma utopia na cabeça de alguns fazedores de projeto.

Essas programações de conduta, esses regimes de jurisdição/veredicto não são projetos de realidade que fracassam. São fragmentos de realidade que induzem esses efeitos de real tão específicos, que são aqueles da divisão do verdadeiro e do falso na maneira como os homens se "dirigem", se "governam", se "conduzem" eles próprios e os outros. Captar esses efeitos em sua forma de acontecimentos históricos – com o que isso implica para a questão da verdade (que é a própria questão da filosofia) – é, mais ou menos, meu tema. Vocês veem que isso nada tem a ver com o projeto (muito belo, aliás) de captar uma "sociedade" no "todo" de sua "realidade vivente".

A questão à qual não chegarei a responder, mas que é a que eu me fiz desde o começo, é mais ou menos esta: "O que é a história, do momento em que nela se produz sem cessar a divisão do verdadeiro e do falso?" E, com isso, quero dizer quatro coisas:
1) Em que a produção e a transformação da divisão do verdadeiro/falso são características e determinantes de nossa historicidade?
2) De quais maneiras específicas essa relação atuou nas sociedades "ocidentais" produtoras de um saber científico de forma perpetuamente cambiante e de valor universal?
3) O que pode ser o saber histórico de uma história que produz a divisão verdadeiro/falso da qual decorre esse saber?
4) O problema político mais geral não é o da verdade? Como ligar uma à outra, a maneira de dividir o verdadeiro e o falso e a maneira de governar-se a si mesmo e os outros? A vontade de fundar uma e outra como algo inteiramente novo, uma através da outra (descobrir uma divisão completamente diferente através de uma outra maneira de se governar, e se governar de modo inteiramente diferente a partir de uma outra divisão), esta é a "espiritualidade política".

O efeito anestesiante

– *Poderíamos, justamente, formular-lhe uma questão prática sobre a transmissão de suas análises. Se, por exemplo, se trabalha com educadores penitenciários, constata-se que a chegada de seu livro teve sobre eles um efeito absolutamente esterilizante, ou melhor, anestesiante, no sentido de que, para eles, sua lógica tinha uma implacabilidade da qual eles não conseguem sair. O senhor dizia, há pouco, ao falar da "acontecimentalização", que o senhor quisera e quer trabalhar sobre a ruptura das evidências e sobre o que faz com que, a um só tempo, isso se produza e isso não seja estável: parece-me que a segunda parte – o que não é estável – não é percebida.*
– O senhor tem toda razão de colocar esse problema da "anestesia". Ele é capital.
É inteiramente exato que não me sinto capaz de efetuar essa "subversão de todos os códigos", essa "deslocação de todas as ordens de saber", essa "afirmação revolucionária da violência",

essa "reversão de toda a cultura contemporânea" cuja esperança em forma de publicidade sustenta, atualmente, tantos empreendimentos notáveis; esses empreendimentos eu os admiro ainda mais porque o valor e a obra já feita daqueles que a eles se apegam garantem – não é verdade? – sua saída. Meu projeto está longe de ter uma tal envergadura. Ajudar, de uma certa maneira, para que se escamem algumas "evidências", ou "lugares-comuns", no que se refere à loucura, à normalidade, à doença, à delinquência e à punição; fazer, juntamente com muitos outros, de modo que certas frases não possam mais ser ditas tão facilmente, ou que certos gestos não mais sejam feitos sem, pelo menos, alguma hesitação; contribuir para que algumas coisas mudem nos modos de perceber e nas maneiras de fazer; participar desse difícil deslocamento das formas de sensibilidade e dos umbrais de tolerância etc. – não me sinto em condições de fazer muito mais que isso. Se apenas o que procurei dizer pudesse, de uma certa maneira, e para uma parte limitada, não ser inteiramente estranho a alguns desses efeitos no real... E, além do mais, sei o quanto tudo isso pode ser frágil, precário, e cair novamente no sono.

Mas o senhor tem razão, deve-se ser mais desconfiado que isso. Talvez o que eu disse tenha um efeito anestesiante. Mas é preciso ainda distinguir em quem.

Se julgo pelo que disseram as autoridades psiquiátricas francesas, se julgo pela coorte de direita que me acusava de me opor a qualquer poder, e a de esquerda que me designava como "última muralha da burguesia" (isto não é uma frase de Kanapa, muito ao contrário), se julgo pelo bravo psicanalista que me aproximava do Hitler de *Mein Kampf*, se julgo pelo número de vezes em que, há 15 anos, fui "autopsiado", "enterrado" etc., pois bem, tenho a impressão de ter tido sobre muita gente um efeito mais irritador que anestesiante. As sensibilidades crepitam com uma constância que me encoraja. Uma revista, em um estilo deliciosamente petainista, advertia seus leitores contra o perigo de transformar em credo o que eu dizia sobre a sexualidade ("a importância do assunto", "a personalidade do autor" tornavam minha empreitada "perigosa...").

Deste lado, nenhum risco de anestesia. Mas estou de acordo com o senhor: são ninharias, divertidas de assinalar, cansativas de juntar. O único problema importante é o que acontece no campo de batalha.

A partir do século XIX, pelo menos, sabe-se bem distinguir entre anestesia e paralisia.
1) Paralisia. Quem foi paralisado? O senhor acredita que o que eu escrevi sobre a história da psiquiatria tenha paralisado aqueles que, já há algum tempo, sentiam um mal-estar para com a instituição? E, ao ver o que se passou nas prisões e em torno delas, não acho que o efeito de paralisia seja muito manifestado. Do lado das pessoas na prisão, isto anda. Em contrapartida, é verdade que um certo número de pessoas – tal como os que trabalham no quadro institucional da prisão, o que não é exatamente estar na prisão – não devem encontrar em meus livros conselhos ou prescrições que lhes permitiriam saber "o que fazer". Mas meu projeto é justamente fazer de tal modo que eles "não saibam mais o que fazer": que os atos, os gestos, os discursos que até então lhes pareciam andar sozinhos tornem-se problemáticos, perigosos, difíceis. Esse efeito é desejado. E, depois, vou anunciar-lhes uma grande novidade: o problema das prisões não é, aos meus olhos, o dos "assistentes sociais", é o dos prisioneiros. E, deste lado, não tenho certeza de que o que foi dito, há uma dezena de anos, tenha sido – como dizer? – imobilizante.

2) Mas paralisia não é sinônimo de anestesia, ao contrário. Foi na medida em que houve despertar para todo um conjunto de problemas que a dificuldade de agir pôde aparecer. Não que seja uma finalidade em si. Mas parece-me que "o que há a fazer" não deve ser determinado do alto, por um reformador com funções proféticas ou legislativas. Mas por um longo trabalho de vaivém, de trocas, de reflexões, de tentativas, de análises diversas. Se os educadores dos quais o senhor me fala não sabem como sair disso, é bem a prova de que procuram sair, e de que, portanto, não estão nada anestesiados, nem esterilizados, ao contrário. E é para não ligá-los e imobilizá-los que não poderia tratar-se de lhes ditar "o que fazer".

Para que as questões apresentadas pelos educadores dos quais o senhor me falava tomem toda sua amplidão, não se devem sobretudo esmagá-las sob uma fala prescritiva e profética. Sobretudo, não é preciso que a necessidade da reforma sirva de chantagem para limitar, reduzir e parar o exercício da crítica. Em nenhum caso se devem ouvir aqueles que dizem: "Não critiquem, vocês que não são capazes de fazer uma reforma." Estes são ditos de gabinetes ministeriais. A crítica não deve ser a premissa de um raciocínio que se concluiria por: eis aqui, portanto, o que lhes resta fazer. Ela deve ser um instrumento para aqueles que lutam, resistem e não querem mais as coisas como estão. Ela deve ser utilizada nos processos de conflitos, de enfrentamentos, de tentativas de recusa. Ela não tem de impor a lei à lei. Ela não é uma etapa em uma programação. Ela é um desafio em relação ao que é.

O problema, vejam, é o do sujeito da ação – da ação através da qual o real é transformado. Se as prisões, se os mecanismos punitivos são transformados, não será porque se terá posto um projeto de reforma na cabeça dos assistentes sociais; será quando aqueles que têm de se haver com esta realidade, todos eles tiverem se chocado entre si e consigo mesmos, quando tiverem encontrado impasses, embaraços, impossibilidade, quando tiverem atravessado conflitos e enfrentamentos, quando a crítica tiver sido atuada no real, e não quando os reformadores tiverem realizado suas ideias.

– *Essa anestesia atuou sobre os próprios historiadores. Se eles não lhe responderam é porque, para eles, o famoso "esquema foucaultiano" se tornava tão estorvador quanto um esquema marxista. Não sei se esse "efeito" que o senhor produz sobre nós lhe interessa. Mas as explicações que o senhor deu aqui não resultavam, certamente, de* Vigiar e punir.

– Decididamente, não estou certo de que entendamos a palavra "anestesiar" do mesmo modo. Estes historiadores me pareceram mais "estesiados", "irritados" – no sentido de Broussais, é claro.

Irritados com quê? Com um esquema? Não acho, pois, justamente, não há "esquema". Se há "irritação" (e algo me diz que, em tal ou tal revista, alguns sinais disso foram discretamente dados, não é?), é, antes, por causa da ausência de esquema. Nada que se pareça com um esquema como infra e superestrutura do ciclo malthusiano, ou oposição entre sociedade civil e Estado: nenhum desses esquemas que garantem, explícita ou implicitamente, as operações comuns dos historiadores há 50, 100 ou 150 anos.

Daí, sem dúvida, o mal-estar e as questões que me colocam, ao imporem que eu me situe em um esquema: "O que o senhor faz com o Estado? Qual a sua teoria sobre ele? O senhor negligencia seu papel", objetam uns; "o senhor o vê em toda parte", dizem outros, "e o senhor imagina que ele é capaz de enquadrar a existência cotidiana dos indivíduos". Ou ainda: "O senhor faz descrições das quais estão ausentes todas as infraestruturas", mas outros dizem que faço da sexualidade uma infraestrutura! Que estas objeções sejam totalmente contraditórias umas com as outras prova que aquilo que faço não entra nesses esquemas.

Talvez porque meu problema não é construir algo novo ou validar o já feito. Talvez porque meu problema não é propor um princípio de análise global da sociedade. E é nisto que meu projeto era, de partida, diferente daquele dos historiadores. Estes (se eles se enganam ou têm razão, é uma outra questão) fazem da "sociedade" o horizonte geral de sua análise e a instância em relação à qual devem situar tal ou tal objeto particular ("sociedade, economia, civilização"). Meu tema geral não é a sociedade, é o discurso verdadeiro/falso: quero dizer, é a formação correlativa de domínios, de objetos e de discursos verificáveis e falsificáveis que lhe são aferentes; não é simplesmente essa formação que me interessa, mas os efeitos de realidade que lhe estão ligados.

Eu me dou conta de que não sou claro. Vou dar um exemplo. É inteiramente legítimo para o historiador se perguntar se os comportamentos sexuais, em uma dada época, foram controlados, e quais, dentre eles, foram severamente sancionados. (Seria, é claro, inteiramente superficial acreditar que se explicou tal intensidade particular da "repressão" pelo retardar da idade para o casamento; apenas delineou-se um problema: como ocorreu que o retardar da idade para o casamento tenha se traduzido assim e não de um modo inteiramente diferente?) Porém o problema que me formulei é completamente diferente: trata-se de saber como se transformou a colocação em discurso do comportamento sexual, a quais tipos de jurisdição e de "veredicto" ele foi submetido, como se formaram os elementos constitutivos deste domínio que se chamou – muito tarde, aliás – de sexualidade? Domínio cuja organização teve, certamente, efeitos muito numerosos – entre os quais o de oferecer aos historiadores uma categoria bastante "evidente" para que eles acreditem que se pode fazer a história da sexualidade e de sua repressão.

Fazer a história da "objetivação" desses elementos considerados pelos historiadores como dados objetivamente (a objetivação das objetividades, se ouso dizer), é este tipo de círculo que gostaria de percorrer. Uma "embrulhada", em suma, da qual não é cômodo sair: eis aí, sem dúvida, o que incomoda e irrita, muito mais do que um esquema que seria fácil reproduzir. Problema de filosofia, sem dúvida, ao qual todo historiador tem o direito de permanecer indiferente. Mas, se formulo esse problema nas análises históricas, não é porque eu peça à história para me fornecer uma resposta; gostaria apenas de balizar quais efeitos essa questão produz no saber histórico. Paul Veyne o viu bem: trata-se dos efeitos, sobre o saber histórico, *de uma crítica nominalista* que se formula, ela própria, através de uma análise histórica.[5]

---

5 Veyne (P.), *Comment on écrit l'histoire. Essai d'épistémologie*, Paris, Éd. du Seuil, col. "L'Univers Historique", 1971.

1980

Posfácio de L'impossible Prison

Posfácio, in Perrot (M.), ed., *L'impossible prison. Recherches sur le système pénitentiaire au XIXe siècle*, Paris, Éd. du Seuil, col. "L'Univers Historique", 1980, p. 316-318. (Resposta ao posfácio de M. Agulhon, *ibid.*, p. 313-316.)

A resposta de M. Foucault a Jacques Léonard (ver *A Poeira e a Nuvem*, neste volume) suscitara um debate epistemológico entre as duas maneiras de fazer, a do historiador e a do filósofo, por ocasião de uma mesa-redonda, em 20 de maio de 1978 (ver *Mesa-Redonda em 20 de Maio de 1978*, neste volume). Os artigos da revista *Annales historiques de la Révolution Française* e essa mesa-redonda foram publicados nas edições Seuil em 1980, sob o título "*L'impossible prison...*", com um posfácio de M. Agulhon, presidente da Société d'Histoire de la Révolution de 1848, e uma resposta de M. Foucault, aqui apresentada. Sintetizando o debate, M. Agulhon formula duas críticas:
1ª) Nada permite pensar que o racionalismo dos liberais das Luzes e dos filantropos tenha cogitado estender ao mais importante, ao ser normal, ao homem honesto, o controle imposto aos menos importantes, ao louco, ao delinquente. Ao procurar as origens do totalitarismo na herança das Luzes, contribui-se para a crítica do racionalismo.
2ª) Será horrível reconhecer graus no horror? Por exemplo, entre o espetáculo da leva de forçados do qual Victor Hugo descreveu "o horror incomparável" e a pardacenta e secreta viatura celular que M. Foucault opõe como uma mutação técnica na passagem de uma arte de punir para uma outra, na quarta parte, capítulo II de *Vigiar e punir*?

Os dois pontos levantados por Maurice Agulhon me parecem, de fato, importantes.

Comecemos pelo segundo: a questão do "abominável". Os umbrais de intolerância, em uma sociedade, merecem uma grande atenção, tanto do ponto de vista da reflexão histórica como da análise política. Pois não é questão simplesmente de "sensibilidade", é também questão de resistência, de capacidade de rejeição e de vontade de combate. Toda a história desses deslocamentos de umbral é extremamente instrutiva: em 1836, a leva era abominável, mas, meio século antes, os reformadores mais moderados viam no espetáculo dos prisioneiros partindo para o trabalho uma maneira inteiramente legítima de tornar úteis os castigos penais. A frase de Hugo, consequentemente, não poderia ser um ponto de conclusão para o historiador, mas, ao contrário, o motivo de uma inquirição: quando foi que a coisa se tornou "abominável", a partir de que fatos? Para qual forma de olhar, de sensibilidade, ou de percepção política? Em quais grupos sociais etc.? Essa mesma frase de Hugo deve ser também o ponto de partida de uma análise sobre as transformações que essa "intolerância" suscita ou assinala: o aprisionamento não é nada mais do que o suplício abrandado? E a viatura celular seria uma espécie de leva de prisioneiros mais discreta e mais "humana"? Supô-lo seria simplificar singularmente a realidade histórica (e, portanto, a tarefa do historiador). É ao mesmo tempo histórica e politicamente importante fazer aparecer o sistema positivo que sustenta práticas, que o hábito e uma análise insuficiente arriscam fazer passar por "brandas" ou, em todo caso, por um "abrandamento".

No caso, a política não prolonga a história. Elas fazem um corpo, em uma única e mesma atividade de decifração. É preciso se dizer que os umbrais de intolerância mudam. Mas é preciso se dizer também que a prisão é abominável, hoje, como o era a leva de forçados de ontem. Fazer aparecer o sistema que sustentava a prática da leva de forçados não é uma maneira de negar que ela era abominável, não mais do que dizer que o internamento é diferente de uma penalidade "humana" dispensa compreender em quais mecanismos ele se inscreve. É preciso então retornar à frase de Jacques Valette: *partamos da frase de Hugo e busquemos analisar o antes e o depois*. A intolerância ao abominável de ontem e de hoje não se apagará por isso, ao contrário.

O primeiro ponto é mais delicado. Ele concerne ao racionalismo, e à *Aufklärung*. As teses que Maurice Agulhon critica não são as minhas. Não procurei, de maneira alguma, conduzir a crítica do racionalismo por três razões. Uma razão de fato: o racionalismo teve muitas dificuldades em se restabelecer dos elogios que sofreu por parte dos marxistas ortodoxos nos anos 1950 e nos que se seguiram; ele mal se põe de pé, exangue e titubeante, do uso que se fez dele para justificar Lyssenko contra a genética, assim como o "materialismo científico" contra a ciência, simplesmente. Deixemo-lo portanto restabelecer-se, se fazê-lo é possível. Uma razão de método: procurei mostrar as formas de racionalidade, empregadas em certas práticas institucionais, administrativas, judiciárias, médicas etc. Ver, nessa análise, uma crítica da razão em geral seria postular que da razão não pode vir senão o bem, e que o mal só pode vir da recusa da razão. Isto não teria muito sentido. A racionalidade do abominável é um feito da história contemporânea. Nem por isso o irracional adquire direitos imprescritíveis. Uma razão de princípio: o respeito do racionalismo como ideal nunca deve constituir uma chantagem para impedir a análise das racionalidades realmente empregadas.

O liberalismo não é evidentemente uma ideologia nem um ideal. É uma forma de governo e de "racionalidade" governamental extremamente complexa. É, eu acho, dever do historiador estudar como ele pôde funcionar, a que preço, com quais instrumentos – isso, evidentemente, em uma época e em uma situação dadas.

Quanto à *Aufklärung*, não conheço ninguém, entre aqueles que fazem análises históricas, que veja aí *o* fator responsável do totalitarismo. Penso, aliás, que uma semelhante maneira de apresentar o problema não teria interesse. Agulhon emprega a palavra, muito interessante, "herança". Ele tem mil vezes razão. A Europa, há quase dois séculos, mantém uma relação extremamente rica e complexa com o acontecimento da *Aufklärung*, sobre o qual Kant e Mendelssohn se interrogavam já em 1784. Essa relação não cessou de se transformar, porém sem jamais se apagar. A *Aufklärung* é, para utilizar uma expressão de G. Canguilhem, nosso mais "atual passado". Então, faço uma proposta a Agulhon e a seus colaboradores: por que não começar uma grande inquirição histórica sobre a maneira como a *Aufklärung* foi percebida, pensada, vivida, imaginada, conjurada, anatemizada, reativada na Europa dos séculos XIX e XX? Este poderia ser um trabalho "histórico-filosófico" interessante. As relações entre historiadores e filósofos poderiam nele ser "experimentadas".

1981

"Omnes et Singulatim": uma Crítica da Razão Política

"'Omnes et singulatim': towards a criticism of political reason" ("'Omnes et singulatim': uma crítica da razão política"; trad. P. E. Dauzat; Universidade de Standford, 10 e 16 de outubro de 1979), in McMurrin (S.), ed., *The tanner lectures on human values*, t. II, Salt Lake City, University of Utah Press, 1981, p. 223-254.

I

O título parece pretensioso, sei disso. Mas a razão é precisamente sua própria desculpa. A partir do século XIX, o pensamento ocidental nunca cessou de trabalhar na crítica do papel da razão – ou da falta de razão – nas estruturas políticas. Por conseguinte, é totalmente deslocado lançar-se ainda uma vez em um tão vasto projeto. A própria quantidade de tentativas anteriores é, entretanto, a garantia de que toda nova empreitada será tão coroada de sucesso quanto as precedentes e, seja como for, provavelmente tão feliz.

Por conseguinte, eis-me no embaraço de quem não tem senão delineamentos e esboços inacabáveis a propor. Há muitos anos que a filosofia renunciou a tentar compensar a impotência da razão científica, e que não tenta mais concluir seu edifício.

Uma das tarefas das Luzes era multiplicar os poderes políticos da razão. Mas os homens do século XIX logo iriam se perguntar se a razão não estava a ponto de tornar-se demasiado potente em nossas sociedades. Eles começaram a se inquietar com a relação que eles confusamente conjeturavam entre uma sociedade propensa à racionalização e algumas ameaças pesando sobre o indivíduo e suas liberdades, a espécie e sua sobrevivência.

Dito de outro modo, a partir de Kant, o papel da filosofia foi o de impedir a razão de ultrapassar os limites do que é dado na experiência; mas, desde essa época – quer dizer, com o desenvolvimento dos Estados modernos e a organização política da sociedade –, o papel da filosofia foi também o de vigiar os abusos do poder da racionalidade política, o que lhe dá uma esperança de vida bastante promissora.

Ninguém ignora essa banalidades. Mas o próprio fato de elas serem banais não significa que elas não existam. Perante fatos banais, cabe a nós descobrir – ou tentar descobrir – os problemas específicos e talvez originais que lhes estão atados.

O laço entre a racionalização e os abusos do poder político é evidente. E ninguém precisa esperar a burocracia ou os campos de concentração para reconhecer a existência de tais relações. Mas o problema é então saber o que fazer com um dado tão evidente.

Faremos nós o "processo" da razão? Em minha opinião, nada seria mais estéril. Em primeiro lugar, porque não se trata nem de culpabilidade nem de inocência nesse domínio. Em seguida, porque é absurdo invocar a "razão" como a entidade contrária à não razão. Enfim, porque um tal processo nos armaria uma armadilha obrigando-nos a representar o papel arbitrário e enfadonho do racionalista ou do irracionalista.

Sondaremos nós esta espécie de racionalismo que parece ser específica de nossa cultura moderna, e que remonta às Luzes? Esta é, penso eu, a solução escolhida por alguns membros da Escola de Frankfurt. Meu propósito não é abrir uma discussão de suas obras – e elas são das mais importantes e das mais preciosas. Eu sugeriria, de minha parte, uma outra maneira de estudar os laços entre a racionalização e o poder:

1) É sem dúvida prudente não tomar como objeto de estudo a racionalização da sociedade ou da cultura como um todo, mas analisar esse processo em vários domínios – cada um deles enraizando-se em uma experiência fundamental: loucura, doença, morte, crime, sexualidade etc.

2) Considero perigosa a própria palavra racionalização. Quando algumas pessoas tentam racionalizar alguma coisa, o problema essencial não é procurar saber se elas se conformam ou não com os princípios da racionalidade, mas descobrir a que tipo de racionalidade elas recorrem.

3) Ainda que as Luzes tenham sido uma fase extremamente importante em nossa história, e no desenvolvimento da tecnologia política, acho que devemos nos referir a processos bem

mais recuados, se quisermos compreender como nos deixamos pegar na armadilha de nossa própria história.

Tal foi minha "linha de conduta" em meu precedente trabalho: analisar as relações entre experiências como a loucura, a morte, o crime ou a sexualidade, e diversas tecnologias do poder. Doravante, meu trabalho incide sobre o problema da individualidade – ou, deveria dizer, da identidade em relação ao problema do "poder individualizante".

*

Todos sabem que, nas sociedades europeias, o poder político evoluiu para formas cada vez mais centralizadas. Historiadores estudam essa organização do Estado, com sua administração e sua burocracia, há muitas décadas.

Gostaria de sugerir, aqui, a possibilidade de analisar uma outra espécie de transformação acerca dessas relações de poder. Essa transformação é, talvez, menos conhecida. Mas penso que ela não seja sem importância, sobretudo para as sociedades modernas. Aparentemente, essa evolução é oposta à evolução para um Estado centralizado. Penso, de fato, no desenvolvimento das técnicas de poder voltadas para os indivíduos e destinadas a dirigi-los de maneira contínua e permanente. Se o Estado é a forma política de um poder centralizado e centralizador, chamemos de pastorado o poder individualizador.

Meu propósito aqui é apresentar, em grandes traços, a origem dessa modalidade pastoral do poder, ou ao menos alguns aspectos de sua história antiga. Em uma segunda conferência, tentarei mostrar como esse pastorado se viu associado ao seu contrário, o Estado.

*

A ideia de que a divindade, o rei ou o chefe é um pastor seguido por um rebanho de ovelhas não era familiar aos gregos e romanos. Houve exceções, eu sei, as primeiríssimas na literatura homérica, depois em alguns textos do Baixo Império. Retornarei a isso depois. Grosseiramente falando, podemos dizer que a metáfora do rebanho está ausente nos grandes textos políticos gregos ou romanos.

Este não é caso nas sociedades orientais antigas, no Egito, na Assíria e na Judeia. O faraó egípcio era um pastor. De fato, no dia de sua coroação ele recebia ritualmente o cajado do pastor; e o monarca da Babilônia tinha direito, entre outros títulos, ao de "pastor dos homens". Mas Deus também era um pastor conduzindo os homens à sua pastagem e provendo seu alimento. Um hino egípcio invocava Ra do seguinte modo: "Oh, Ra, que velas quando todos os homens dormem, Tu que buscas o que é bom para teu gado..." A associação entre Deus e o rei vem naturalmente, já que todos os dois desempenham o mesmo papel: o rebanho que vigiam é o mesmo; o pastor real tem a guarda das criaturas do grande pastor divino. "Ilustre companheiro de pastagem, Tu que cuidas da terra e a alimenta, pastor de toda abundância."[1]

Mas, como sabemos, foram os hebreus que desenvolveram e ampliaram o tema pastoral com, todavia, uma característica muito singular: Deus, e somente Deus, é o pastor de seu povo. Há só uma exceção positiva: em sua qualidade de fundador da monarquia, David é invocado sob o nome de pastor.[2] Deus lhe confiou a missão de reunir um rebanho.

Mas há também exceções negativas: os maus reis são uniformemente comparados a maus pastores; eles dispersam o rebanho, o deixam morrer de sede, e só o tosquiam em seu único benefício. Yahvé é o único e verdadeiro pastor. Ele guia seu povo pessoalmente, ajudado por seus únicos profetas. "Como um rebanho, tu guiaste teu povo pela mão de Moisés e de Aarão", diz o salmista.[3] Não posso tratar, é claro, nem de problemas históricos concernindo à origem dessa comparação, nem de sua evolução no pensamento judeu. Desejo unicamente abordar alguns temas típicos do poder pastoral. Gostaria de pôr em evidência o contraste com o pensamento político grego, e mostrar a importância que, em seguida, esses temas tomaram no pensamento cristão e nas instituições.

---

1 Hino a Amon-Ra (Le Caire, por volta de 1430 a.C.), in Barucq (A.) e Daumas (F.), *Hymnes et prières de l'Egypte ancienne*, n. 69, Paris, Éd. du Cerf, 1980, p. 198.
2 Salmo LXXVIII, 70-72, in Antigo Testamento. Tradução ecumênica da Bíblia, Paris, Éd. du Cerf, 1975, p. 1.358.
3 Salmo LXXVII, 21, *op. cit.*, p. 1.358.

1) O pastor exerce o poder sobre um rebanho, mais do que sobre uma terra. Provavelmente, é muito mais complicado do que isso, mas, de um modo geral, a relação entre a divindade, a terra e os homens difere da relação dos gregos. Seus deuses possuíam a terra, e essa posse original determinava as relações entre os homens e os deuses. Nesse caso, ao contrário, é a relação do Deus-pastor com seu rebanho, que é original e fundamental. Deus dá, ou promete, uma terra a seu rebanho.

2) O pastor reúne, guia e conduz seu rebanho. A ideia de que cabia ao chefe político apaziguar as hostilidades no seio da cidade e fazer prevalecer a unidade sobre o conflito está presente, sem dúvida alguma, no pensamento grego. Mas o que o pastor reúne são indivíduos dispersos. Eles se reúnem ao som de sua voz: "Eu assobiarei e eles se reunirão." Inversamente, basta que o pastor desapareça para que o rebanho se espalhe. Dito de outro modo, o rebanho existe pela presença imediata e pela ação direta do pastor. Tão logo o bom legislador grego, tal como Sólon, tenha regrado os conflitos, ele deixa atrás de si uma cidade forte dotada de leis que lhe permitem durar sem ele.

3) O papel do pastor é o de assegurar a salvação de seu rebanho. Os gregos diziam também que a divindade salvava a cidade; e jamais cessaram de comparar o bom chefe a um timoneiro mantendo seu navio afastado dos recifes. Mas a maneira como o pastor salva seu rebanho é bem diferente. Não se trata somente de salvá-los todos, todos juntos, ao aproximar-se o perigo. Tudo é uma questão de benevolência constante, individualizada e final. Benevolência constante, pois o pastor vela pelo alimento de seu rebanho; ele provê cotidianamente à sua sede e à sua fome. Ao deus grego, era pedido uma terra fecunda e colheitas abundantes. Não se lhe pedia para sustentar um rebanho no dia a dia. E benevolência individualizada também, pois o pastor vela para que todas essas ovelhas, sem exceção, sejam recuperadas e salvas. Mais tarde, os textos hebraicos, notadamente, enfatizaram esse poder individualmente benfazejo. Um comentário rabínico sobre o Êxodo explica por que Yahvé fez de Moisés o pastor de seu povo: ele devia abandonar seu rebanho para partir em busca de uma única ovelha perdida.

Last and not least trata-se de uma benevolência final. O pastor tem um desígnio para seu rebanho. É preciso conduzi-lo a uma boa pastagem ou reuni-lo no curral.

4) Há ainda uma outra diferença que provém da ideia de que o exercício do poder é um "dever". O chefe grego devia naturalmente tomar suas decisões no interesse de todos; tivesse ele preferido seu interesse pessoal e ele teria sido um mau chefe. Mas seu dever era dever glorioso; mesmo se ele devesse dar sua vida no decorrer de uma guerra, seu sacrifício era compensado por um dom extremamente precioso: a imortalidade. Ele nunca perdia. A benevolência pastoral, em contrapartida, é muito mais próxima do "devotamento". Tudo o que o pastor faz ele o faz pelo bem de seu rebanho. É sua preocupação constante. Quando eles dormem, *ele* vela.

O tema da vigília é importante. Ele faz ressaltar dois aspectos do devotamento do pastor. Em primeiro lugar, ele age, trabalha e contrai despesas para aqueles que ele alimenta e estão dormindo. Em segundo lugar, ele vela por eles. Ele presta atenção em todos, sem perder de vista nenhum deles. Ele é levado a conhecer seu rebanho no conjunto, e em detalhe. Ele deve conhecer não somente a localização das boas pastagens, as leis das estações e a ordem das coisas, mas também as necessidades de cada um em particular. Uma vez mais, um comentário rabínico sobre o Êxodo descreve nos seguintes termos as qualidades pastorais de Moisés: ele enviava para pastar cada ovelha por sua vez – primeiro as mais jovens, para dar-lhes de comer a erva mais tenra; depois as mais velhas e enfim as mais antigas, capazes de triturar a erva mais coriácea. O poder pastoral supõe uma atenção individual a cada membro do rebanho.

Estes não são senão temas associados pelos textos hebraicos às metáforas do Deus-pastor e de seu povo-rebanho. Não pretendo de modo algum que o poder político se exercia efetivamente assim na sociedade judaica antes da queda de Jerusalém. Nem mesmo pretendo que essa concepção do poder político seja um pouco coerente.

São apenas temas. Paradoxais e mesmo contraditórios. O cristianismo devia dar-lhes uma importância considerável, tanto na Idade Média quanto nos tempos modernos. De todas as sociedades da história, as nossas – quero dizer, aquelas que apareceram no final da Antiguidade, na vertente ocidental do continente europeu – talvez tenham sido as mais agressivas e as mais conquistadoras; elas foram capazes da violência a mais assombrosa contra elas próprias, assim como contra as outras. Elas inventaram um grande número de formas políticas diferentes. Várias vezes seguidas elas modificaram em profundidade suas estruturas jurídicas. É preciso manter na lembrança que só elas desenvolveram uma estranha tecnologia do poder ao tratarem a imensa maioria dos homens como rebanho com um pulso de pastor. Assim, elas estabeleceram entre os homens uma série de relações complexas, contínuas e paradoxais.

Isso é com certeza alguma coisa de singular no curso da história. Com toda a evidência, o desenvolvimento da "tecnologia pastoral" na direção dos homens abalou de alto a baixo as estruturas da sociedade antiga.

*

Ademais, a fim de melhor explicar a importância dessa ruptura, gostaria agora de retomar brevemente o que eu disse dos gregos. Adivinho as objeções que podem ser dirigidas a mim.

Uma delas é que os poetas homéricos usam a metáfora pastoral para designar os reis. Na *Ilíada* e na *Odisseia*, a expressão *poimên laôn* retorna muitas vezes seguidas. Ela designa os chefes e acentua a grandeza de seu poder. Além disso, trata-se de um título ritual, frequente mesmo na literatura indo-europeia tardia. Em *Beowulf*, o rei é também considerado como pastor.[4] Mas que se reencontre o mesmo título nos poemas épicos arcaicos, como nos textos assírios, não tem nada de realmente surpreendente.

O problema se coloca mais no que concerne ao pensamento grego; há ao menos uma categoria de textos que comportam referências aos modelos pastorais: são os textos pitagóricos. A metáfora da pastagem aparece nos *Fragmentos* de Arquitas, citados por Estobeu.[5] O termo *nomos* (a lei) está ligado à palavra *nomeus* (pastor): o pastor divide, a lei prescreve. E Zeus é chamado *Nomios* e *Némeios* porque ele vela pelo alimento de suas ovelhas. Enfim, o magistrado deve ser *philanthrôpos*,

---

4 *Beowulf: roi des Gètes* (século VI), conhecido pelo poema escrito no século VIII em dialeto anglo-saxão: *Beowulf, épopée anglo-saxonne* (primeira tradução francesa por L. Botkine), Havre, Lepelletier, 1877.
5 Archytas de Tarente, *Fragments*, § 22 (citados por Jean Stobeé, *Florilegium*, 43, 120, Leipzig, B. G. Teubner, 1856, t. II, p. 138), *in* Chaignet (A. E.), *Pythagore et la philosophie pythagoricienne, contenant les fragments de Philolaüs et d'Archytas*, Paris, Didier, 1874.

quer dizer, desprovido de egoísmo. Ele deve mostrar-se pleno de ardor e de solicitude, tal como um pastor.

Gruppe, o editor alemão dos *Fragmentos* de Arquitas, sustenta que isso revela uma influência hebraica única na literatura grega.[6] Outros comentadores, a exemplo de Delatte, afirmam que a comparação entre os deuses, os magistrados e os pastores era frequente na Grécia.[7] Por conseguinte, é inútil insistir nisso.

Restringir-me-ei à literatura política. Os resultados da pesquisa são claros: a metáfora política do pastor não aparece nem em Isócrates, nem em Demóstenes, nem em Aristóteles. É bastante surpreendente quando se pensa que em seu *Areopagítico* Isócrates insiste sobre os deveres dos magistrados: ele enfatiza com veemência que eles devem mostrar-se devotados e preocupar-se com os jovens.[8] E, no entanto, não há a mínima alusão pastoral.

Platão, em contrapartida, fala com frequência do pastor-magistrado. Ele evoca sua ideia em *Crítias*, *A república*[9] e *As leis*, e a discute a fundo em *O político*. Na primeira obra, o tema do pastor é bastante secundário. Encontram-se, às vezes, em *Crítias*, algumas evocações dos dias felizes em que a humanidade era diretamente governada pelos deuses e pastava em abundantes pastagens. Às vezes, ainda, Platão insiste sobre a necessária virtude do magistrado – em oposição ao vício de Trasímaco (*A república*). Enfim, o problema é, às vezes, definir o papel subalterno dos magistrados: na verdade, tal como os cães de guarda, eles só devem obedecer "àqueles que se encontram no alto da escala" (*As leis*).[10]

---

6 Gruppe (O. F.), Ueber die Fragments des Archytas und der älteren Pythagoreer, Berlim, G. Eichler, 1840.
7 Delatte (A.), *Essai sur la politique pythagoricienne*, Paris, Honoré Champion, 1922.
8 Isócrates, *Aréopagitique*, in *Discours*, t. III (trad. G. Mathieu), Paris, Les Belles Lettres, "Collection des Universités de France", 1942, § 36, p. 72; § 55, p. 77; § 58, p. 78.
9 Platão, *Critias* (trad. A. Rivaud), Paris, Les Belles Lettres, "Collection des Universités de France", 1925, 109 b, p. 257-258; 111 c-d, p. 260-261. *La république* (trad. É Chambry), Paris, Les Belles Lettres, "Collection des Universités de France", 1947, livro I, 343 b, p. 29 e 345 c-d, p. 32.
10 Platão, *Les lois*, livro X, 906 b (trad. É des Places), Paris, Les Belles Lettres, "Collection des Universités de France", 1951, t. XI, 1ª parte, p. 177.

Mas em *O político*[11] o poder pastoral é o problema central e o objeto de longos desenvolvimentos. Pode-se definir aquele que toma as decisões da cidade, o comandante, como uma espécie de pastor? A análise de Platão é bem conhecida. Para responder a essa questão, ele procede por divisão. Ele estabelece uma distinção entre o homem que transmite ordens às coisas inanimadas (*e.g.*, o arquiteto) e o homem que dá ordens aos animais; entre o homem que dá ordens aos animais isolados (a uma junta de bois, por exemplo) e aquele que comanda rebanhos; e, enfim, entre aquele que comanda rebanhos de animais e aquele que comanda rebanhos humanos. E aqui encontramos o chefe político: o pastor de homens.

Mas essa primeira divisão permanece pouco satisfatória. Convém impeli-la mais adiante. Opor os *homens* a todos os outros animais não é um bom método. Deste modo, o diálogo torna a partir de zero para propor novamente toda uma série de distinções: entre os animais selvagens e os animais domésticos; os que vivem nas águas e os que vivem sobre a terra; os que têm chifres e os que não os têm; os que têm o casco da pata fendido e aqueles nos quais ela é um único pedaço; os que podem reproduzir-se por cruzamento e os que não o podem. E o diálogo se perde nessas intermináveis subdivisões.

Ademais, o que mostram o desenvolvimento inicial do diálogo e seu fracasso subsequente? Que o método da divisão não pode provar nada quando ele não é corretamente aplicado. Isso mostra também que a ideia de analisar o poder político como a relação entre um pastor e seus animais era, provavelmente, bastante controvertida na época. De fato, é a primeira hipótese que vem à mente dos interlocutores quando eles procuram descobrir a essência do político. Isto era, então, um lugar-comum? Ou Platão discutia, antes, um tema pitagórico? A ausência da metáfora pastoral nos outros textos políticos contemporâneos parece advogar em favor da segunda hipótese. Mas podemos, provavelmente, deixar a discussão aberta.

Minha pesquisa pessoal incide sobre a maneira como Platão ataca esse tema no resto do diálogo. Ele o faz, em primeiro lu-

---

11 Platão, *Le politique*, 261 b-262 a (trad. A. Diès), Paris, Les Belles Lettres, "Collection des Universités de France", 1950, p. 8-9.

gar, mediante argumentos metodológicos, depois invocando o famoso mito do mundo que gira em torno de seu eixo.

Os argumentos metodológicos são extremamente interessantes. Não é decidindo quais espécies podem formar um rebanho, mas é analisando o que faz o pastor que se pode dizer se o rei é ou não uma espécie de pastor. O que caracteriza sua tarefa? Primeiramente, o pastor está sozinho à frente de seu rebanho. Em segundo lugar, seu trabalho é velar pelo alimento de seus animais; tratá-los quando estão doentes; tocar música para reuni-los e guiá-los; organizar sua reprodução com a preocupação de obter a melhor progenitura. Assim nós reencontramos, sem dúvida alguma, os temas típicos da metáfora pastoral presentes nos textos orientais.

E qual é a tarefa do rei a respeito de tudo isso? Tal como o pastor, ele está sozinho à frente da cidade. Mas, quanto ao resto, quem fornece à humanidade seu alimento? O rei? Não. O agricultor, o padeiro. Quem se ocupa dos homens quando adoecem? O rei? Não. O médico. E quem os guia pela música? O mestre do ginásio, e não o rei. Deste modo, muitos cidadãos poderiam, bem legitimamente, pretender o título de "pastor de homens". O político, tal como o pastor do rebanho humano, tem na conta numerosos rivais. Por conseguinte, se quisermos descobrir o que é real e fundamentalmente o político, devemos afastar dele "todos aqueles cuja vaga o circunda", e assim fazendo demonstrar em que ele *não é* um pastor.

Platão recorre então ao mito do universo girando em torno de seu eixo em dois movimentos sucessivos e de sentido contrário.

Em um primeiro tempo, cada espécie animal pertencia a um rebanho conduzido por um gênio-pastor. O rebanho humano era conduzido pela divindade em pessoa. Ele podia dispor em profusão dos frutos da terra; ele não precisava de nenhum abrigo; e, depois da morte, os homens retornavam à vida. Uma frase capital acrescenta: "A Divindade sendo seu pastor, os homens não tinham necessidade de constituição política."[12]

Em um segundo tempo, o mundo girou na direção oposta. Os deuses não mais foram os pastores dos homens, que se viram, desde então, abandonados a eles próprios. Pois eles tinham recebido o fogo. Qual seria então o papel do político? Tornar-se-ia

---

12 *Ibid.*, 271 e, p. 25.

ele pastor no lugar da divindade? De modo algum. Seu papel seria, doravante, tecer a tela sólida para a cidade. Ser um homem político não queria dizer alimentar, cuidar e criar sua progenitura, mas associar: associar diferentes virtudes; associar temperamentos contrários (impetuosos ou moderados), servindo-se da "naveta" da opinião popular. A arte real de governar consistia em reunir os vivos "em uma comunidade que repousa sobre a concórdia e a amizade", e em tecer assim "o mais magnífico de todos os tecidos". Toda a população, "escravos e homens livres, envoltos em suas dobras".[13]

Assim, *O político* aparece como a reflexão da Antiguidade clássica a mais sistemática sobre o tema do pastorado, convocado a tomar tanta importância no Ocidente cristão. Que nós o discutamos parece provar que um tema, de origem oriental, talvez, era suficientemente importante no tempo de Platão para merecer uma discussão; mas não esqueçamos que ele era contestado.

Contudo, não inteiramente. Platão reconhecia, sem dúvida alguma, no médico, no agricultor, no ginasta e no pedagogo a qualidade de pastores. Em contrapartida, ele recusava que eles se intrometessem nas atividades políticas. Ele o diz explicitamente: como o político teria, alguma vez, tempo para ir ver cada pessoa em particular, dar-lhe de comer, oferecer-lhe concertos e tratá-la em caso de doença? Só um deus da idade do ouro poderia se conduzir assim; ou então, tal como um médico ou um pedagogo, ser responsável pela vida e pelo desenvolvimento de um pequeno número de indivíduos. Mas, situados entre os dois – os deuses e os pastores –, os homens que detêm o poder político não são pastores. Sua tarefa não consiste em manter a vida de um grupo de indivíduos. Ela consiste em formar e assegurar a unidade da cidade. Em suma, o problema político é o da relação entre o um e a multidão no quadro da cidade e de seus cidadãos. O problema pastoral concerne à vida dos indivíduos.

Tudo isso parece, talvez, muito longínquo. Se insisto sobre esses textos antigos é porque eles nos mostram que esse problema – ou melhor, essa série de problemas – se colocou muito cedo. Eles recobrem a história ocidental em sua totalidade, e são ainda da mais alta importância para a sociedade

---

13 *Ibid.*, 311 c, p. 88.

contemporânea. Eles se reportam às relações entre o poder político operando no seio do Estado como quadro jurídico da unidade, e um poder que podemos chamar de "pastoral", cujo papel é velar permanentemente pela vida de todos e de cada um, ajudá-los, melhorar seu destino.

O famoso "problema do Estado-providência" não evidencia somente as necessidades ou as novas técnicas de governo do mundo atual. Ele deve ser reconhecido por aquilo que ele é: uma das extremamente numerosas reaparições do delicado ajustamento entre o poder político exercido sobre sujeitos civis e o poder pastoral que se exerce sobre indivíduos vivos.

Naturalmente, não tenho a menor intenção de retraçar a evolução do poder pastoral através do cristianismo. Os imensos problemas que isso apresentaria se deixam facilmente imaginar: dos problemas doutrinais, tais como o título de "bom pastor" dado ao Cristo, aos problemas institucionais, tais como a organização paroquial, ou a divisão das responsabilidades pastorais entre padres e bispos.

Meu único propósito é trazer à luz dois ou três aspectos que considero importantes na evolução do pastorado, isto é, na tecnologia do poder.

Para começar, examinemos a construção teórica desse tema na literatura cristã dos primeiros séculos: Crisóstomo, Cipriano, Ambrósio, Jerônimo e, para a vida monástica, Cassiano ou Bento. Os temas hebraicos se encontram consideravelmente transformados em, ao menos, quatro planos.

1) Em primeiro lugar, no que concerne à responsabilidade. Vimos que o pastor devia assumir a responsabilidade do destino do rebanho em sua totalidade e de cada ovelha em particular. Na concepção cristã, o pastor deve dar conta não somente de cada uma das ovelhas, mas de todas as suas ações, de todo o bem ou do mal que elas são suscetíveis de fazer, de tudo o que lhes acontece.

Além disso, entre cada ovelha e seu pastor, o cristianismo concebe uma troca e uma circulação complexas de pecados e méritos. O pecado da ovelha é também imputável ao pastor. Ele deverá responder por esse pecado no dia do Julgamento Final. Inversamente, ao ajudar seu rebanho a encontrar a salvação, o pastor encontrará também a sua. Mas, ao salvar suas ovelhas, ele corre o risco de se perder; se ele quer salvar a si próprio, ele deve então necessariamente correr o risco de ser perdido para os outros. Se ele se perde, é o rebanho que estará exposto aos maiores perigos. Mas deixemos esse paradoxo de lado. Meu objetivo era unicamente enfatizar a força e a complexidade dos laços morais associando o pastor a cada membro de seu rebanho. E, sobretudo, queria lembrar com veemência que esses laços não concerniam somente à vida dos indivíduos, mas também aos seus atos em seus mais ínfimos detalhes.

2) A segunda alteração importante concerne ao problema da obediência ou da desobediência. Na concepção hebraica, Deus sendo um pastor, o rebanho que o segue se submete à sua vontade, à sua lei.

O cristianismo, por seu lado, concebeu a relação entre o pastor e suas ovelhas como uma relação de dependência individual e completa. É com certeza um dos pontos sobre os quais o pastorado cristão diverge radicalmente do pensamento grego. Se um grego devia obedecer, ele o fazia porque era a lei, ou a vontade da cidade. Se lhe acontecia seguir a vontade de alguém em particular (médico, orador ou pedagogo), é porque essa pessoa o persuadira racionalmente a fazê-lo. E isso devia estar em um desígnio estritamente determinado: curar-se, adquirir uma competência, fazer a melhor escolha.

No cristianismo, o laço com o pastor é um laço individual, um laço de submissão pessoal. Sua vontade é realizada não porque ela é conforme à lei, mas, principalmente, porque tal é sua *vontade*. Nas *Instituições cenobíticas* de Cassiano, encontramos várias historietas edificantes nas quais o monge encontra sua salvação executando as ordens mais absurdas de seu superior.[14] A obediência é uma virtude. O que quer dizer que ela não é, como para os gregos, um meio provisório para alcançar um fim, mas antes um fim em si. É um estado permanente; as ovelhas devem permanentemente submeter-se a seus pastores: *subditi*. Como dizia São Bento, os monges não vivem segundo seu livre-arbítrio; seu voto é o de serem submetidos à autoridade de um abade: *ambulantes alieno judicio et imperio*.[15] O cristianismo grego denominava *apatheia* esse estado de obediência. E a evolução do sentido dessa palavra é signifi-

---

14 Cassiano (J.), *Institutions cénobitiques* (trad. J.-C. Guy), Paris, Éd. du Cerf, col. "Sources Chrétiennes", n. 109, 1965.
15 *Regula Sancti Benecditi* (*La règle de Saint Benoît*, trad. A. de Vogüe, Paris, Éd. du Cerf, col. "Sources Chrétiennes", n. 181, 1972, cap. V: "De l'obéissance des disciples", p. 465-469).

cativa. Na filosofia grega, *apatheia* designa o império que o indivíduo exerce sobre suas paixões graças ao exercício da razão. No pensamento cristão, o *pathos* é a vontade exercida sobre si e para si. A *apatheia* nos livra de uma obstinação.

3) O pastorado cristão supõe uma forma de conhecimento particular entre o pastor e cada uma de suas ovelhas. Esse conhecimento é particular. Ele individualiza. Não basta saber em que estado se encontra o rebanho. É preciso também conhecer o de cada ovelha. Esse tema existia muito antes do pastorado cristão, mas foi consideravelmente ampliado em três sentidos diferentes: o pastor deve ser informado das necessidades materiais de cada membro do rebanho, e provê-las quando necessário. Ele deve saber o que se passa, o que faz cada um deles – seus pecados públicos. *Last and not least*, ele deve saber o que se passa na alma de cada um deles, conhecer seus pecados secretos, sua progressão na via da santidade.

A fim de assegurar-se desse conhecimento individual, o cristianismo apropriou-se de dois instrumentos essenciais que operavam no mundo helênico: o exame de consciência e a direção de consciência. Ele os retomou, mas não sem alterá-los consideravelmente.

O exame de consciência, nós o sabemos, era difundido entre os pitagóricos, os estoicos e os epicuristas, que viam nele um meio de fazer a contabilidade cotidiana do bem ou do mal realizado em relação a seus deveres. Assim se podia medir sua progressão sobre a via da perfeição, isto é, a mestria de si e o império exercido sobre suas próprias paixões. A direção de consciência era também predominante em alguns ambientes cultos, mas tomava a forma de conselhos dados – e às vezes retribuídos – em circunstâncias particularmente difíceis: na aflição, ou quando se sofria de um revés da sorte.

O pastorado cristão associou estreitamente essas duas práticas. A direção de consciência constituía um laço permanente: a ovelha não se deixava conduzir com o fim único de ultrapassar vitoriosamente alguma passagem perigosa; ela se deixava conduzir a cada instante. Ser guiado era um estado, e você estava fatalmente perdido se tentasse escapar. Quem não admite nenhum conselho murcha como uma folha morta, diz a eterna lengalenga. Quanto ao exame de consciência, seu propósito não era cultivar a consciência de si, mas permitir-lhe abrir-se inteiramente a seu diretor – revelar-lhe as profundezas da alma.

Existem vários textos ascéticos e monásticos do primeiro século sobre o laço entre a direção e o exame de consciência, e estes mostram a que ponto essas técnicas eram capitais para o cristianismo, e qual já era seu grau de complexidade. O que eu gostaria de enfatizar é que elas traduzem o aparecimento de um fenômeno muito estranho na civilização greco-romana, quer dizer, a organização de um laço entre a obediência total, o conhecimento de si e a confissão a um outro.

4) Há uma outra transformação – a mais importante, talvez. Todas essas técnicas cristãs de exame, de confissão, de direção de consciência e de obediência têm um objetivo: levar os indivíduos a trabalhar por sua própria "mortificação" neste mundo. A mortificação não é a morte, é claro, mas uma renúncia a este mundo e a si mesmo: uma espécie de morte cotidiana. Uma morte que é suposta dar a vida em um outro mundo. Não é a primeira vez que encontramos o tema pastoral associado à morte, mas seu sentido é diferente daquele na ideia grega do poder político. Não se trata de um sacrifício pela cidade; a mortificação cristã é uma forma de relação de si para si. É um elemento, uma parte integrante da identidade cristã.

Podemos dizer que o pastorado cristão introduziu um jogo que nem os gregos nem os hebreus haviam imaginado. Um estranho jogo cujos elementos são a vida, a morte, a verdade, a obediência, os indivíduos, a identidade; um jogo que parece não ter nenhuma relação com aquele da cidade que sobrevive através do sacrifício de seus cidadãos. Ao conseguir combinar estes dois jogos – o jogo da cidade e do cidadão e o jogo do pastor e do rebanho – no que chamamos os Estados modernos, nossas sociedades se revelaram verdadeiramente demoníacas.

Como vocês podem observar, procurei, aqui, não resolver um problema, mas sugerir uma abordagem desse problema. Este é da mesma ordem que aqueles sobre os quais eu trabalho desde meu primeiro livro sobre a loucura e a doença mental. Como já o disse anteriormente, ele concerne às relações entre experiências (tais como a loucura, a doença, a transgressão das leis, a sexualidade, a identidade), saberes (tais como a psiquiatria, a medicina, a criminologia, a sexologia e a psicologia) e o poder (como o poder que se exerce nas instituições psiquiátricas e penais, assim como em todas as outras instituições que tratam do controle individual).

Nossa civilização desenvolveu o sistema de saber o mais complexo, as estruturas de poder as mais sofisticadas: o que faz de nós essa forma de conhecimento, esse tipo de poder? De que maneira essas experiências fundamentais da loucura, de sofrimento, da morte, do crime, do desejo e da individualidade estão ligadas, mesmo se disso não temos consciência, ao conhecimento e ao poder? Estou certo de nunca encontrar a resposta, mas isso não quer dizer que devamos renunciar a formular a questão.

II

Procurei mostrar como o cristianismo primitivo deu forma à ideia de uma influência pastoral se exercendo continuamente sobre os indivíduos e através da demonstração de sua verdade particular. E procurei mostrar o quanto essa ideia de poder pastoral era estranha ao pensamento grego, apesar de um certo número de empréstimos tais como o exame de consciência prática e a direção de consciência.

Gostaria agora, à custa de um salto de muitos séculos, de descrever um outro episódio que se revestiu de uma importância particular na história desse governo dos indivíduos por sua própria verdade.

Esse exemplo se reporta à formação do Estado no sentido moderno do termo. Se estabeleço essa aproximação histórica, não é, evidentemente, para deixar entender que o aspecto pastoral do poder desapareceu no decorrer dos 10 grandes séculos da Europa cristã, católica e romana, mas parece-me que, contrariamente a toda expectativa, esse período não foi o do pastorado triunfante. E isso por diversas razões: algumas são de natureza econômica – o pastorado das almas é uma experiência tipicamente urbana, dificilmente conciliável com a pobreza e a economia rural extensiva dos começos da Idade Média. Outras razões são de natureza cultural: o pastorado é uma técnica complicada, que requer um certo nível de cultura – tanto da parte do pastor como da parte de seu rebanho. Outras razões ainda concernem à estrutura sociopolítica. O feudalismo desenvolveu entre os indivíduos um tecido de laços pessoais de um tipo muito diferente do pastorado.

Não que eu pretenda que a ideia de um governo pastoral dos homens tenha desaparecido inteiramente na Igreja medieval. Na verdade, ela permaneceu, e se pode mesmo dizer que ela ostentou uma grande vitalidade. Duas séries de fatos tendem a prová-lo. Em primeiro lugar, as reformas que foram realizadas no próprio seio da Igreja, em particular nas ordens monásticas – as diferentes reformas operando sucessivamente no interior dos mosteiros existentes –, tinham como objetivo restabelecer o rigor da ordem pastoral entre os monges. Quanto às ordens recentemente criadas – dominicanos e franciscanos –, elas se propuseram antes de tudo a efetuar um trabalho pastoral entre os fiéis. Ao longo de suas crises sucessivas, a Igreja tentou incansavelmente reencontrar suas funções pastorais. Porém, há mais. Na própria população assiste-se, ao longo da Idade Média, ao desenvolvimento de uma longa sequência de lutas nas quais o que estava em jogo era o poder pastoral. Os adversários da Igreja que falta com suas obrigações rejeitam sua estrutura hierárquica e partem em busca de formas mais ou menos espontâneas de comunidade, na qual o rebanho poderia encontrar o pastor do qual precisava. Essa busca de uma expressão pastoral revestiu numerosos aspectos: às vezes, como no caso dos valdenses, ela deu lugar a lutas de uma extrema violência; em outras ocasiões, como na comunidade dos Irmãos da Vida, essa busca permaneceu pacífica. Ora ela suscitou movimentos de grande amplidão, tais como o dos hussitas, ora ela fermentou grupos limitados, como o dos Amigos de Deus de Oberland. Trata-se ora de movimentos próximos da heresia (tais como os Béghards), ora de movimentos ortodoxos turbulentos, fixados no próprio seio da Igreja (assim como os oratorianos italianos no século XV).

Evoco tudo isso de maneira bastante alusiva com o fim único de enfatizar que, se não era instituído como um governo efetivo e prático dos homens, o pastorado foi, na Idade Média, uma preocupação constante e um movimento de lutas incessantes. Ao longo desse período, manifestou-se um ardente desejo de estabelecer relações pastorais entre os homens, e essa aspiração afetou tanto a corrente mística quanto os grandes sonhos milenaristas.

*

Certamente, não pretendo tratar aqui do problema da formação dos Estados. Não pretendo tampouco explorar os diferentes processos econômicos, sociais e políticos dos quais procedem.

Enfim, tampouco pretendo analisar os diferentes mecanismos e instituições dos quais os Estados se dotaram a fim de assegurar sua sobrevida. Gostaria simplesmente de dar algumas indicações fragmentárias sobre alguma coisa que se encontra a meio caminho entre o Estado, como o tipo de organização política, e seus mecanismos, a saber, o tipo de racionalidade de que se lançou mão no exercício do poder do Estado. Eu o evoquei na minha primeira conferência. Melhor do que se perguntar se as aberrações do poder de Estado são devidas a excessos de racionalismo ou de irracionalismo, seria mais judicioso, acho, deter-se no tipo específico de racionalidade política produzido pelo Estado.

Afinal, ao menos a esse respeito, as práticas políticas se assemelham às científicas: não é a "razão em geral" que se aplica, mas sempre um tipo específico de racionalidade.

O que é surpreendente é que a racionalidade do poder de Estado era pensada e perfeitamente consciente de sua singularidade. Ela não estava aprisionada em práticas espontâneas e cegas, e não foi alguma análise retrospectiva que a trouxe à luz. Ela foi formulada, em particular, em dois corpos de doutrina: a *razão de Estado* e a *teoria da polícia*. Essas duas expressões logo adquiriram sentidos restritos e pejorativos, eu sei. Mas, durante alguns 150 ou 200 anos que a formação dos Estados modernos durou, elas guardaram um sentido bem mais amplo do que hoje.

A doutrina da razão de Estado tentou definir em que os princípios e os métodos do governo estatal diferiam, por exemplo, da maneira como Deus governava o mundo, o pai, a sua família, ou um superior, a sua comunidade.

Quanto à doutrina da polícia, ela definiu a natureza dos objetos da atividade racional do Estado; ela definiu a natureza dos objetivos que ele persegue, a forma geral dos instrumentos que ele emprega.

Portanto, é desse sistema de racionalidade que gostaria de falar agora. Mas é preciso começar por duas preliminares:

1) Meinecke, tendo publicado um livro dos mais importantes sobre a razão de Estado,[16] falarei essencialmente da teoria da polícia.

---

16 Meinecke (F.), *Die Idee der Staatsräson in der neueren Geschichte*, Berlim, Oldenbourg, 1924 (*L'idée de la raison d'État dans l'histoire des temps modernes*, trad. M. Chevallier, Genebra, Droz, 1973).

2) A Alemanha e a Itália foram de encontro às maiores dificuldades para se constituir em Estados, e foram esses dois países que produziram o maior número de reflexões sobre a razão de Estado e a polícia. Portanto, remeterei com frequência a textos italianos e alemães.

*

Comecemos pela razão de Estado, da qual eis aqui algumas definições:
Botero: "Um conhecimento perfeito dos meios através dos quais os Estados se formam, se reforçam, duram e crescem."[17]
Palazzo (*Discours sur le gouvernement et la véritable raison d'État*, 1606): "Um método ou uma arte permitindo-nos descobrir como fazer reinar a ordem e a paz no seio da República."[18]
Chemnitz (*De ratione status*, 1647): "Alguma consideração política necessária para todas as questões públicas, os conselhos e os projetos, cujo único objetivo é a preservação, a expansão e a felicidade do Estado; para cujo fim se empregam os meios os mais rápidos e os mais cômodos."[19]
Detenhamo-nos em alguns traços comuns dessas definições.

1) A razão de Estado é considerada como uma "arte", quer dizer, uma técnica se conformando a algumas regras. Essas regras não dizem respeito simplesmente aos costumes ou às tradições, mas também ao conhecimento – o conhecimento racional. Nos dias de hoje, a expressão *razão de Estado* evoca o "arbitrário" ou a "violência". Mas, na época, entendia-se com isso uma racionalidade própria à arte de governar os Estados.

---

17 Botero (G.), *Della ragione di Stato dieci libri*, Roma, V. Pellagallo, 1590 (*Raison et gouvernement d'État en dix livres*, trad. G. Chappuys, Paris, Guillaume Chaudière, 1599, livro I: "Quelle chose est la raison d'État", p. 4).
18 Palazzo (G. A.), *Discorso del governo e della ragione vera di Stato*, Veneza, G. de Franceschi, 1606 (*Discours du gouvernement et de la raison vraie d'État*, trad. A. de Vallières, Douay, Baltazar Bellère, 1611, 1ª parte: "Des causes et parties du gouvernement", cap. III: "De la raison d'État", p. 14).
19 Chemnitz (B. P. von), *Dissertatio de Ratione Status in Imperio nostro romano-germanico* (panfleto publicado sob o pseudônimo de Hippolithus a Lapide, Paris, 1647; *Intérêts des princes d'Allemagne, où l'on voit ce que c'est que cet empire, la raison d'État suivant laquelle il devrait être gouverné*, trad. Bourgeois du Chastenet, Paris, 1712, t. I: *Considérations générales sur la raison d'État. De la raison d'État en général*, § 2, p. 12).

2) De onde essa arte de governar retira sua razão de ser? A resposta a essa questão provoca o escândalo do pensamento político nascente. E, no entanto, ela é muito simples: a arte de governar é racional se a reflexão a conduz a observar a natureza do que é governado – no caso, o *Estado*.

Ora, proferir uma tal vulgaridade é romper com uma tradição ao mesmo tempo cristã e judiciária, uma tradição que pretendia que o governo fosse profundamente justo. Ele respeitava todo um sistema de leis: leis humanas, lei natural, lei divina.

Neste sentido, existe um texto muito revelador de São Tomás.[20] Ele lembra que "a arte em seu domínio deve imitar o que a natureza realiza no seu"; ela só é razoável nessa condição. No governo de seu reino, o rei deve imitar o governo da natureza por Deus; ou, ainda, o governo do corpo pela alma. O rei deve fundar cidades exatamente como Deus criou o mundo ou como a alma dá forma ao corpo. O rei deve também conduzir os homens para sua finalidade, como Deus o faz para os seres naturais, ou como a alma o faz ao dirigir o corpo. E qual é a finalidade do homem? O que é bom para o corpo? Não. Ele só necessitaria de um médico, não de um rei. A riqueza? Tampouco. Um administrador bastaria. A verdade? Nem isso. Para tanto, um mestre sozinho resolveria o assunto. O homem precisa de alguém capaz de abrir a via para a felicidade celeste ao se conformar, aqui na terra, ao que é *honestum*.

Como podemos ver, a arte de governar toma como modelo Deus, que impõe suas leis às suas criaturas. O modelo do governo racional aventado por São Tomás não é político, enquanto, sob a apelação "razão de Estado", os séculos XVI e XVII pesquisaram princípios suscetíveis de guiar um governo prático. Eles não se interessam pela natureza nem por suas leis em geral. Eles se interessam pelo que é o Estado, pelo que são suas exigências.

Assim podemos compreender o escândalo religioso provocado por esse tipo de pesquisa. Isso explica por que a razão de Estado foi assimilada ao ateísmo. Na França, notadamente,

---

20 São Tomás de Aquino, *De regimine Principium ad regem Cypri* (1266), Utrecht, N. Ketelaer e G. de Leempt, 1473 *(Du gouvernement royal*, trad. C. Roguet, Paris, Éd de la Gazette Française, col. "Les Maîtres de la Politique Chrétienne", 1926, p. 96-98).

essa expressão, aparecida em um contexto político, foi comumente qualificada de "ateia".

3) A razão de Estado se opõe também a uma outra tradição. Em *O príncipe*, o problema de Maquiavel é saber como se pode proteger, contra os adversários internos ou externos, uma província ou um território adquirido por herança ou pela conquista.[21] Toda a análise de Maquiavel tenta definir o que mantém ou reforça o laço entre o príncipe e o Estado, enquanto o problema apresentado pela razão de Estado é o da existência mesma e da natureza do Estado. É bem por isso que os teóricos da razão de Estado se esforçaram para permanecer tão longe quanto possível de Maquiavel; este tinha má reputação, e aqueles não podiam reconhecer o problema de Maquiavel como deles. Inversamente, os adversários da razão de Estado tentaram comprometer essa nova arte de governar, denunciando nela a herança de Maquiavel. Apesar das querelas confusas que se desenvolveram um século depois da redação de *O príncipe*, a *razão de Estado* marca, contudo, o aparecimento de um tipo de racionalidade extremamente – embora só em parte – diferente daquele de Maquiavel.

O desígnio de uma tal arte de governar é precisamente o de não reforçar o poder que um príncipe pode exercer sobre seu domínio. Seu objetivo é reforçar o próprio Estado. Este é um dos traços mais característicos de todas as definições aventadas nos séculos XVI e XVII. O governo racional se resume, por assim dizer, nisto: dada a natureza do Estado, ele pode aterrorizar seus inimigos durante um período indeterminado. Ele só pode fazê-lo aumentando sua própria potência. E seus inimigos farão o mesmo. O Estado, cuja única preocupação seria durar, acabaria muito certamente em catástrofe. Essa ideia é da mais alta importância e se liga a uma nova perspectiva histórica. De fato, ela supõe que os Estados são realidades que devem forçosamente resistir durante um período histórico de uma duração indefinida, em uma área geográfica contestada.

4) Enfim, podemos ver que a razão de Estado, no sentido de um governo racional capaz de aumentar a potência do Estado de acordo com ele próprio, passa pela constituição prévia de um certo tipo de saber. O governo só é possível se a força do Estado

---

21 Maquiavel (N.), *Il principe*, Roma, Blado, 1532 (*Le prince*, trad. R. Naves, seguido de o *Anti-Machiavel*, de Frederico II, Paris, Garnier, 1960).

for conhecida; assim ela pode ser mantida. A capacidade do Estado e os meios de aumentá-la devem também ser conhecidos, tal como a força e a capacidade dos outros Estados. O Estado governado deve, de fato, resistir contra os outros. O governo não poderia, portanto, limitar-se à única aplicação dos princípios gerais de razão, de sabedoria e de prudência. Um saber é necessário: um saber concreto, preciso e medido reportando-se à potência do Estado. A arte de governar, característica da razão de Estado, está intimamente ligada ao desenvolvimento do que se chamou *estatística* ou *aritmética* política – quer dizer, ao conhecimento das forças respectivas dos diferentes Estados. Um tal conhecimento era indispensável ao bom governo.

Para resumir, a razão de Estado não é uma arte de governar segundo as leis divinas, naturais ou humanas. Esse governo não tem de respeitar a ordem geral do mundo. Trata-se de um governo em concordância com a potência do Estado. É um governo cujo objetivo é aumentar essa potência em um quadro extensivo e competitivo.

*

O que os outros autores dos séculos XVII e XVIII entendem por "polícia" é muito diferente do que colocamos sob esse termo. Valeria a pena estudar por que a maioria desses autores são italianos ou alemães, mas em que isso importa? Por "polícia" eles não entendem uma instituição ou um mecanismo funcionando no seio de Estado, mas uma técnica de governo própria ao Estado; domínios, técnicas, objetivos que apelam a intervenção do Estado.

Para ser claro e simples, ilustrarei minha exposição com um texto que tem ao mesmo tempo algo da utopia e do projeto. É uma das primeiras utopias-programas de Estado policiado. Turquet de Mayerne a compôs e apresentou em 1611 aos estados gerais da Holanda.[22] Em *Science and rationalism in the government of Louis XIV*,[23] J. King chama a atenção sobre a

---

22 Mayerne (L. Turquet de), *La monarchie aristodémocratique, ou le gouvernement composé des trois formes de légitimes républiques*, Paris, J. Berjon, 1611.
23 King (J.), *Science and rationalism in the government of Louis XIV*, Baltimore, The Johns Hopkins Press, 1949.

importância dessa estranha obra cujo título, *Monarchie aristodémocratique*, basta para mostrar o que conta aos olhos do autor: trata-se menos de escolher entre esses diferentes tipos de constituição do que de lhes abastecer em vista de um fim vital: o Estado. Turquet a denomina também Cidade, República, ou, ainda, Polícia.

Eis a organização proposta por Turquet. Quatro grandes dignatários secundam o rei. Um se encarrega da justiça; o segundo, do exército; o terceiro, das letras do tesouro, quer dizer, dos impostos e dos recursos do rei; e o quarto, da *polícia*. Parece que o papel desse grande funcionário deve ter sido essencialmente moral. Segundo Turquet, ele devia inculcar na população "a modéstia, a caridade, a fidelidade, a assiduidade, a cooperação amiga e a honestidade". Reconhecemos aqui uma ideia tradicional: a virtude do sujeito é o penhor da boa administração do reino. Mas, quando entramos nos detalhes, a perspectiva é um pouco diferente.

Turquet sugere a criação, em cada província, de conselhos encarregados de manter a ordem pública. Dois cuidariam das pessoas; dois outros, dos bens. O primeiro conselho se ocupando das pessoas devia cuidar dos aspectos positivos, ativos e produtivos da vida. Dito de outro modo, ele se ocuparia da educação, determinaria os gostos e as aptidões de cada um e escolheria os ofícios – os ofícios úteis: toda pessoa com mais de 25 anos devia ser inscrita em um registro indicando sua profissão. Os que não eram utilmente empregados eram considerados como a escória da sociedade.

O segundo conselho devia se ocupar dos aspectos negativos da vida: dos pobres (viúvas, órfãos, velhos) necessitados; das pessoas sem emprego; daqueles cujas atividades exigiam uma ajuda pecuniária (e aos quais não se pedia juro nenhum); mas também da saúde pública – doenças, epidemias – e de acidentes tais como incêndios e inundações.

Um dos conselhos encarregados dos bens devia especializar-se nas mercadorias e produtos manufaturados. Ele devia indicar o que produzir e como fazê-lo, mas também controlar os mercados e o comércio. O quarto conselho velaria pelo "domínio", isto é, pelo território e pelo espaço, controlando os bens privados, os legados, as doações e as vendas; reformando os direitos senhoriais; e se ocupando das estradas, dos rios, dos prédios públicos e das florestas.

Em muitos aspectos, esse texto se assemelha às utopias políticas tão numerosas na época. Mas ele é também contemporâneo das grandes discussões teóricas sobre a razão de Estado e a organização administrativa das monarquias. Ele é altamente representativo do que deviam ser, no espírito da época, as tarefas de um Estado governado segundo a tradição.

O que demonstra esse texto?

1) A "polícia" aparece como uma administração dirigindo o Estado em concorrência com a justiça, com o exército e o tesouro. É verdade. No entanto, de fato, ela abarca todo o resto. Como explica Turquet, ela estende suas atividades a todas as situações, a tudo o que os homens fazem ou empreendem. Seu domínio compreende a justiça, as finanças e o exército.

2) A *polícia* engloba tudo, mas de um ponto de vista extremamente particular. Homens e coisas são considerados em suas relações: a coexistência dos homens sobre um território; suas relações de propriedade; o que produzem; o que se troca no mercado. Ela se interessa também pela maneira como eles vivem, pelas doenças e pelos acidentes aos quais estão expostos. É um homem vivo, ativo e produtivo que a polícia vigia. Turquet usa uma expressão notável: o homem é o verdadeiro objeto da polícia, afirma ele, em suma.[24]

3) Uma tal intervenção nas atividades dos homens poderia muito bem ser qualificada de totalitária. Quais são os objetivos perseguidos? Eles provêm de duas categorias. Em primeiro lugar, a polícia tem de se haver com tudo o que faz a ornamentação, a forma e o esplendor da cidade. O esplendor não se refere unicamente à beleza de um Estado organizado com perfeição, mas também à sua potência, ao seu vigor. Assim, a polícia assegura o vigor do Estado e o coloca em primeiro plano. Em segundo lugar, o outro objetivo da polícia é desenvolver as relações de trabalho e de comércio entre os homens, ao mesmo título que a ajuda e a assistência mútua. Aqui também a palavra empregada por Turquet é importante: a política deve assegurar a "comunicação" entre os homens, no sentido amplo do termo. Sem isso, os homens não poderiam viver; ou sua vida seria precária, miserável e perpetuamente ameaçada.

Podemos reconhecer aqui, penso eu, o que é uma ideia importante. Como forma de intervenção racional exercendo o po-

---

24 Mayerne (L. Turquet de), *op. cit.*, livro III, p. 208.

der político sobre os homens, o papel da polícia é de lhes dar um pequeno suplemento de vida; e, assim fazendo, de dar ao Estado um pouco mais de força. Isso se faz através do controle da "comunicação", quer dizer, das atividades comuns dos indivíduos (trabalho, produção, troca, comodidades).

Vocês objetarão: mas isso não passa da utopia de algum autor obscuro. Não se pode deduzir dela a menor consequência significativa! De minha parte, *eu* pretendo que essa obra de Turquet não é senão um exemplo de uma imensa literatura circulando na maioria dos países europeus da época. O fato de que seja excessivamente simples, e no entanto muito detalhada, põe em evidência, e não podia ser de modo mais claro, características que se podiam reconhecer em toda parte. Antes de tudo, diria que essas ideias não foram natimortas. Elas se difundiram pelos séculos XVII e XVIII, seja sob a forma de políticas concretas (tais como o cameralismo ou o mercantilismo), seja como matérias para ensino (a *Polizeiwissenschaft* alemã; não esqueçamos que foi sob esse título que era ensinada na Alemanha a ciência da administração).

Há duas perspectivas que gostaria não de estudar, mas ao menos sugerir. Começarei por me referir a um *compendium* administrativo francês, depois a um manual alemão.

1) Todo historiador conhece o *compendium* de De Lamare.[25] No início do século XVIII, esse administrador realizou a compilação dos regulamentos de polícia de todo o reino. É uma fonte inesgotável de informações do mais alto interesse. Minha proposta é mostrar aqui a concepção geral da polícia que uma tal quantidade de regras e regulamentos podia fazer nascer em um administrador como De Lamare.

De Lamare explica que há 11 coisas sobre as quais a polícia deve velar, no interior do Estado: 1) a religião; 2) a moralidade; 3) a saúde; 4) as provisões; 5) as estradas, pontes, calçadas e edifícios públicos; 6) a segurança pública; 7) as artes liberais (no todo, as artes e as ciências); 8) o comércio; 9) as fábricas; 10) os empregados domésticos e carregadores; 11) os pobres.

A mesma classificação caracteriza todos os tratados relativos à polícia. Como no programa utópico de Turquet, com exceção do exército, da justiça propriamente dita e das contribuições diretas, a polícia vela aparentemente por tudo. Pode-se dizer

---

25 Lamare (N. de), *Traité de la police*, Paris, Jean Cot, 1705, 2 vol.

a mesma coisa de um modo diferente: o poder real se afirmou contra o feudalismo graças ao apoio de um exército, assim como desenvolvendo um sistema judiciário e estabelecendo um sistema fiscal. Foi assim que o poder real se exerceu tradicionalmente. Ora, a "polícia" designa o conjunto do novo domínio no qual o poder político e administrativo centralizado pode intervir.

Mas qual é então a lógica operando por trás da intervenção nos ritos culturais, nas técnicas de produção em pequena escala, na vida intelectual e na rede de estradas?

A resposta de De Lamare parece um tanto hesitante. A polícia, precisa ele em suma, vela por tudo o que diz respeito à *felicidade* dos homens, depois do que ele acrescenta: a polícia vela por tudo o que regulamenta a *sociedade* (as relações sociais), que prevalece entre os homens.[26] E, enfim, ele confirma, a polícia vela pelo *vivo*.[27] É nessa definição que vou me deter. É a mais original e esclarece as duas outras; e o próprio De Lamare insiste nisso. Eis aqui quais são suas observações sobre os 11 objetos da polícia. A polícia se ocupa da religião, não do ponto de vista da verdade dogmática, é claro, mas do ponto de vista da qualidade moral da vida. Velando pela saúde e pelas provisões, ela se aplica em preservar a vida; no que tange ao comércio, às fábricas, aos operários, aos pobres e à ordem pública, ela se ocupa das comodidades da vida. Velando pelo teatro, pela literatura, pelos espetáculos, seu objetivo não é outro senão os prazeres da vida. Em suma, a vida é o objeto da polícia: o indispensável, o útil e o supérfluo. Cabe à polícia permitir aos homens sobreviver, viver e fazer melhor ainda.

Assim, encontramos as outras definições propostas por De Lamare: o único e exclusivo desígnio da polícia é o de conduzir o homem à maior felicidade da qual ele possa gozar nesta vida. Ou, ainda, a polícia cuida do conforto da alma (graças à religião e à moral), do conforto do corpo (alimento, saúde, vestimenta, habitação) e da riqueza (indústria, comércio, mão de obra). Ou, enfim, a polícia vela pelas vantagens que só se podem tirar da vida em sociedade.

2) Lancemos agora uma olhada sobre os manuais alemães. Eles deviam ser utilizados um pouco mais tarde para ensinar a ciência da administração. Esse ensino foi dispensado nas di-

---

26 *Ibid.*, livro I, cap. I, p. 2.
27 *Ibid.*, p. 4.

versas universidades, em particular em Göttingen, e revestiu-se de extrema importância para a Europa continental. Ali foram formados os funcionários prussianos, austríacos e russos – os que deviam realizar as reformas de Joseph II e de Catarina, a Grande. Alguns franceses, do séquito de Napoleão sobretudo, conheciam muito bem as doutrinas da *Polizeiwissenschaft*. O que se encontrava nesses manuais?

Em seu *Liber de politia*,[28] Hohenthal distingue as rubricas seguintes: o número dos cidadãos; a religião e a moralidade; a saúde; a alimentação; a segurança das pessoas e dos bens (em particular em relação aos incêndios e às inundações); a administração da justiça; as ornamentações e os prazeres dos cidadãos (como procurá-los, como moderá-los). Segue-se então toda uma série de capítulos sobre os rios, as florestas, as minas, as salinas e a habitação e, enfim, muitos capítulos sobre os diferentes meios de adquirir bens pela agricultura, pela indústria ou negócio.

Em seu *Abrégé de la police*,[29] Willebrandt aborda sucessivamente a moralidade, as artes e os ofícios, a saúde, a segurança e, por último, os edifícios públicos e o urbanismo. No que concerne aos sujeitos, pelo menos, não há grande diferença com a lista de De Lamare.

Mas, de todos esses textos, o mais importante é o de Justi, *Éléments de police*.[30] O objeto específico da polícia permanece definido como a vida em sociedade dos indivíduos vivos. Contudo, von Justi organiza sua obra de modo um pouco diferente. Ele começa por estudar o que ele chama de "bens imobiliários do Estado", quer dizer, seu território. Ele o considera sob dois aspectos: como ele é povoado (cidades e campos), e depois quem são seus habitantes (número, crescimento demográfico, saúde, mortalidade, imigração). Depois, von Justi analisa os "bens e os títulos", isto é, as mercadorias, os produtos manufaturados, assim como sua circulação que levanta problemas concernentes a seu custo, ao crédito e à moeda.

---

28 Hohenthal (P. C. W.), *Liber de politia, adspersis observationibus de causarum politiae et justitiae differentiis*, Leipzig, G. Hilscherum, 1776.
29 Willebrandt (J. P.), *Abrégé de la police, accompagné de réflexions sur l'accroissement des villes*, Hamburgo, Estienne, 1765.
30 Justi (J. H. Gottlobs von), *Grundsätze der Policey-Wissenschaft*, Göttingen, A. Van den Hoecks, 1756 (*Éléments généraux de police*, trad. M. Einous, Paris, Rozet, 1769).

Enfim, a última parte é dedicada à conduta dos indivíduos: sua moralidade, suas capacidades profissionais, sua honestidade e seu respeito à lei.

Na minha opinião, a obra de Justi é uma demonstração muito mais rebuscada da evolução do problema da polícia do que a introdução de De Lamare em seu compêndio de regulamentos. Há quatro razões para isso.

Primeiro, von Justi define em termos bem mais claros o paradoxo central da *polícia*. A polícia, explica ele, é o que permite ao Estado aumentar seu poder e exercer sua potência em toda sua amplidão. Por outro lado, a polícia deve manter as pessoas felizes – a felicidade sendo compreendida como uma sobrevida, a vida e uma vida melhorada.[31] Ele define perfeitamente o que considera como o objetivo da arte moderna de governar, ou da racionalidade estatal: desenvolver esses elementos constitutivos da vida dos indivíduos de tal forma que seu desenvolvimento reforce também a potência do Estado.

Depois, von Justi estabelece uma distinção entre essa tarefa que, semelhante a seus contemporâneos, denomina *Polizei*, e a *Politik*, *Die Politik*. *Die Politik* é essencialmente uma tarefa negativa. Ela consiste, para o Estado, em se defrontar com seus inimigos, tanto internos como externos. A *Polizei*, em contrapartida, é uma tarefa positiva: ela consiste em favorecer ao mesmo tempo a vida dos cidadãos *e* o vigor do Estado.

Tocamos, aqui, em um ponto importante: von Justi insiste, muito mais do que o faz De Lamare, sobre uma noção que deveria tomar uma importância crescente no decorrer do século XVIII – a população. A população era definida como um grupo de indivíduos vivos. Suas características eram aquelas de todos os indivíduos pertencendo a uma mesma espécie, vivendo lado a lado. (Assim, eles se caracterizavam pelas taxas de mortalidade e fecundidade; estavam sujeitos às epidemias e aos fenômenos de superpopulação; apresentavam um certo tipo de repartição territorial.) Certamente, De Lamare empregava a palavra "vida" para definir o objeto da polícia, mas não insistia nisso desmedidamente. Ao longo do século XVIII, e sobretudo na Alemanha, é a população – isto é, um grupo de indivíduos vivendo em uma área dada – que é definida como o objeto da polícia.

---

31 *Ibid*. Introdução: "Principes généraux de police", §§ 2-3, p. 18.

Enfim, basta ler von Justi para se perceber que não se trata somente de uma utopia, como em Turquet, nem de um compêndio de regulamentos sistematicamente catalogados. Von Justi pretende elaborar uma *Polizeiwissenschaft*. Seu livro não é uma simples lista de prescrições. É também uma grade através da qual se pode observar o Estado, quer dizer, seu território, seus recursos, sua população, suas cidades etc. Von Justi associa a "estatística" (a descrição dos Estados) e a arte de governar. A *Polizeiwissenschaft* é ao mesmo tempo uma arte de governar e um método para analisar uma população vivendo em um território.

Tais considerações históricas devem parecer muito longínquas; devem parecer inúteis em relação às preocupações atuais. Não iria tão longe quanto Hermann Hesse, quando afirma ser a "referência constante à história, ao passado e à Antiguidade" a única fecunda. Mas a experiência ensinou-me que a história das diversas formas de racionalidade é, as vezes, mais bem-sucedida em abalar nossas certezas e nosso dogmatismo do que uma crítica abstrata. Durante séculos, a religião não pôde suportar que se contasse sua história. Hoje, nossas escolas de racionalidade não apreciam que se escreva sua história, o que é sem dúvida significativo.

O que eu quis mostrar é uma direção de pesquisa. Esses não são senão rudimentos de um estudo sobre o qual trabalho há dois anos. Trata-se da análise histórica do que chamaríamos, usando uma expressão antiquada, de a arte de governar.

Esse estudo se assenta sobre um certo número de postulados de base, que eu resumiria da seguinte maneira:

1) O poder não é uma substância. Tampouco é um misterioso atributo do qual se precisaria escavar as origens. O poder não é senão um tipo particular de relações entre indivíduos. E essas relações são específicas: dito de outro modo, elas nada têm a ver com a troca, a produção e a comunicação, mesmo se elas lhe são associadas. O traço distintivo do poder é que alguns homens podem mais ou menos determinar inteiramente a conduta de outros homens – mas nunca de maneira exaustiva ou coercitiva. Um homem acorrentado e espancado é submetido à força que se exerce sobre ele. Não ao poder. Mas se se pode levá-lo a falar, quando seu último recurso poderia ter sido o de segurar sua língua, preferindo a morte, é porque o

impelimos a comportar-se de uma certa maneira. Sua liberdade foi sujeitada ao poder. Ele foi submetido ao governo. Se um indivíduo pode permanecer livre, por mais limitada que possa ser sua liberdade, o poder pode sujeitá-lo ao governo. Não há poder sem recusa ou revolta em potencial.

2) No que concerne às relações entre os homens, vários fatores determinam o poder. E, no entanto, a racionalização não cessa de perseguir sua obra e reveste formas específicas. Ela difere da racionalização própria aos processos econômicos, ou às técnicas de produção e de comunicação; ela difere também daquela do discurso científico. O governo dos homens pelos homens – quer eles formem grupos modestos ou importantes, quer se trate do poder dos homens sobre as mulheres, dos adultos sobre as crianças, de uma classe sobre uma outra, ou de uma burocracia sobre uma população – supõe uma certa forma de racionalidade, e não uma violência instrumental.

3) Consequentemente, os que resistem ou se rebelam contra uma forma de poder não poderiam contentar-se em denunciar a violência ou em criticar uma instituição. Não basta fazer o processo da razão em geral. O que é preciso recolocar em questão é a forma de racionalidade com que se depara. A crítica do poder exercido sobre os doentes mentais ou sobre os loucos não poderia limitar-se às instituições psiquiátricas; do mesmo modo, os que contestam o poder de punir não poderiam contentar-se em denunciar as prisões como instituições totais. A questão é: como são racionalizadas as relações de poder? Apresentá-la é a única maneira de evitar que outras instituições, com os mesmos objetivos e os mesmos efeitos, tomem seu lugar.

4) Durante séculos, o Estado foi uma das formas de governo humano das mais notáveis, uma das mais terríveis também.

Que a crítica política tenha censurado o Estado por ser simultaneamente um fator de individualização e um princípio totalitário é extremamente revelador. Basta observar a racionalidade do Estado nascente e ver qual foi seu primeiro projeto de polícia, para se dar conta de que, desde os seus primórdios, o Estado foi ao mesmo tempo individualizante e totalitário. Opor-lhe o indivíduo e seus interesses é tão fortuito quanto opor-lhe a comunidade e suas exigências.

A racionalidade política se desenvolveu e se impôs ao longo da história das sociedades ocidentais. Inicialmente, ela se enraizou na ideia do poder pastoral, depois, na da razão de Estado. A individualização e a totalização são seus efeitos inevitáveis. A liberação só pode vir do ataque não a um ou outros desses efeitos, mas às próprias raízes da racionalidade política.

Índice de Obras

A arqueologia do saber, 33, 46, 47, 170, 172, 223, 224
Abrégé de la police, 374
A história da loucura, 1, 34, 86, 168, 199, 219, 221, 222, 223, 229, 235, 269, 272, 307, 334
Anti-Dühring, 49
Anti-Machiavel, ou essai de critique sur "Le prince" de Machiavel, 278, 285
A odisseia, 234, 354
Aréopagitique, 355
A república, 355
As leis, 355
As palavras e as coisas, 33, 46, 47, 50, 51, 86, 174, 219, 221, 229, 308
A vontade de saber, 218, 265, 268

Beowulf: roi des Gètes, 354
Bouvard et Pécuchet, 54

Capitalisme et schizophrénie, 43
Contrato social, 295
Discours sur les moyens de bien gouverner contre Nicolas Machiavel, 277
Éléments de police, 374
Eu, Pierre Rivière, que degolei minha mãe, minha irmã e meu irmão, 306
Histoire naturelle générale et particulière, avec la description du cabinet du Roi, 230

História da sexualidade, 218, 219, 225, 230, 231, 303, 304, 306, 343
Ilíada, 234, 354
Instituições cenobíticas, 360
L'amour du censeur. Essai sur l'ordre dogmatique, 241
La crise des sciences européennes, 175
La cuisinière et le mangeur d'hommes, 239
La légende dorée, 205
La princesse de Clèves, 232
La république, 355
La tentation de Saint Antoine, 54
Le désordre des familles, 199
Le miroir politique, contenant diverses manières de gouverner et policier les républiques, 278
L'ordre du discours, 256
Le panoptique. Mémoire sur un nouveau principe pour construiredesmaisonsd'inspection et nommément des maisons de force, 151, 325
Le politique, 356
Les lois, 355
Les paravents, 54
Lire le Capital, 178
O nascimento da clínica, 50, 219, 221, 229
O pan-óptico, 69, 70, 151, 154, 249, 256, 265, 267, 269, 325, 337

O político, 355, 356, 357, 358
O príncipe, 276, 277, 278, 279, 280, 283, 285, 368
Science and rationalism in the government of Louis XIV, 369
Surveiller et punir. Naissance de la prison, 296, 316
Traité de la police, 372
Vigiar e punir, 164, 177, 179, 218, 219, 262, 264, 267, 299, 304, 312, 316, 342, 345
Vontade de saber, 218, 265, 268

Índice Onomástico

Agulhon (M.), 328, 345, 346, 347
Alexina (B.), 305, 306
Althusser (L.), 47, 178
Ambrósio, 359
Angeli (C.), 5
Aristóteles, 355
Arquimedes, 169
Artaud (A.), 53, 258, 308

Bachelard (G.), 229
Balzac (H. de), 211
Balibar (É.), 47, 48, 178
Barbin (H.), 305, 306
Barthes (R.), 34
Basaglia, 34
Bataille (G.), 53
Baudelaire (C.), 165
Bauer (J.), 299
Beccaria (C. de), 32, 34, 148, 149, 317, 323
Béguin (F.), 185
Bentham (J.), 40, 64, 69, 70, 77, 151, 154, 249, 256, 257, 265, 267, 325, 337
Bergson (A.), 179
Bertin, 32, 34
Bettelheim (B.), 330
Bichat (X.), 104, 181
Blanchot (M.), 34, 53
Bloch (M.), 250
Botero (G.), 366
Braudel (F.), 174
Brochier (J.-J.), 157
Broussais (F.), 342
Buffon (G.), 157, 230

Canguilhem (G.), 347
Cartouche, 206
Castan (N.), 328
Cassiano (J.), 359, 360
Céline (L. F.), 214, 234
Chemnitz (B. P. von), 366
Chéreau, 54
Chomsky (N.), 84, 85, 88, 90, 93, 95, 96, 98, 99, 100, 101, 102, 103, 104, 105, 107, 108, 109, 110, 111, 112, 113, 114, 115, 117, 118, 119, 120, 121, 122, 123, 124, 125, 127, 128, 301
Clausewitz (C. von), 277
Crébillon (C.), 214
Cuvier (G.), 50, 172, 230

Darwin (C.), 50, 254
Daubenton (L.), 230
Defert (D.), 1
Deleuze (G.), 36, 38, 40, 41, 43, 44, 45, 72, 79, 82, 244, 264, 265
Delatte (A.), 355
Demóstenes, 355
Derrida (J.), 50
Descartes, 91, 92, 97, 169, 175
Dillon (M.), 310
Domenach (J.-M.), 1, 25, 31, 32
Dreyfus (H.), 146
Duchesne de Boulogne, 207
Duprat (C.), 328

Einstein (A.), 171
Engels (F.), 49, 254

Estobeu (J.), 354
Ewald (F.), 328

Farge (A.), 328
Faye (J. P.), 158
Febvre (L.), 174, 250
Flaubert (G.), 53
Fontana (A.), 328
Fourquet (F.), 79
Frederico II, 278, 285, 368
Freud (S.), 14, 42, 88, 305

Galileu (G.), 50, 169
Genet (J.), 54, 55, 136
George (S.), 306
Gilles de Rais, 206
Ginzburg (C.), 328
Glucksmann (A.), 239
Goffman (E.), 312
Grimm (W.), 304
Guattari (F.), 79, 80
Guillery, 191, 206

Hafsia (J.), 31
Hasumi (S.), 46, 218
Hegel (G. W. F.), 172, 254, 259
Hesse (H.), 376
Hitler (A.), 188, 307, 340
Hobbes (T.), 291
Hugo (V.), 345
Humboldt (W. von), 91
Husserl (E.), 175

Isócrates, 355

Jaurès, 139
Jerônimo, 230, 359
Justi (J. H. G. von), 374, 375, 376

Kant (I.), 169, 172, 347, 348

Karol (K. S.), 186, 196
Kellermann, 277
Kirschheimer (O.), 329
Klossowski (P.), 53
Krywin (A.), 67

Lacenaire, 54, 164, 165, 167, 206
Lafargue, 257
Lamare (N. de), 372, 373, 374, 375
La Perrière (G. de), 278, 279, 280, 283, 284, 285, 286, 287, 288, 290
Leibniz (G.-W.), 92, 93
Lenin, 49, 237
Leo (H.), 277
Léonard (J.), 316, 317, 319, 320, 322, 323, 326, 328, 345
Lévi-Strauss, 219
Lyssenko (T.), 346

Mandrin, 160, 164, 191
Mao Tsé-Tung, 113
Maquiavel (N.), 276, 277, 278, 279, 280, 283, 285, 286, 288, 368
Marcuse, 309
Marx (K.), 42, 47, 48, 49, 50, 127, 170, 171, 180, 183, 184, 220, 237, 253, 257
Mauriac (C.), 142
Mauzi (R.), 223
Maxwell, 146
Mayerne (L. Turquet de), 369
Meinecke (F.), 365
Mendelssohn (M.), 347
Moisés, 351, 352, 353

Napoleão III, 160

Newton (I.), 50, 89, 91, 92, 96, 169, 171
Nietzsche (F.), 43, 171, 175, 254, 259

Palazzo (G. A.), 366
Pascal, 92, 328
Pasqualini (J.), 196, 197
Pasquino (P.), 264, 328
Perrot (M.), 316, 328, 345
Petit, 10
Platão, 56, 169, 263, 301, 355, 356, 357, 358
Politi (L.), 277
Proust (M.), 38, 54
Pufendorf, 286

Quesnay (F.), 283

Rabinovitch (A.), 84
Racine (J.), 214
Rancière (J.), 178, 236
Ranke (L. von), 277
Rehberg (A. W.), 277
Revel (J.), 320, 328
Ricardo, 157, 184
Ringelheim (F.), 67
Rivière (P.), 167, 168, 306, 307, 336
Rousseau (J.-J.), 233, 282, 294, 295

Russel (B.), 121
Rusche (G.), 329

Sade (D. A. F. de), 16, 54, 206
Sartre (J.-P.), 1, 36, 258, 300, 301
Simon (J. K.), 12, 129
Soljenitsyne, 177, 189
Sólon, 352
Spinoza (B.), 118
Stalin, 188, 192, 196, 221
Stern (M.), 238
Szasz (T.), 311

Tomás de Aquino (São), 367
Treilhard, 70
Trotski, 48

Valéry (P.), 52,
Veyne (P.), 327, 344
Vidal-Naquet (P.), 5
Vidocq, 155, 164
Vigarello (G.), 323, 326

Wade (S.), 247
Weber, 336

Zola (E.), 139

Índice de Lugares

África, 133, 300
Alemanha, 12, 261, 277, 313, 366, 372, 375
América, 18, 19, 54, 113, 134, 135, 142, 161, 162, 167, 302, 321
Argélia, 60, 71, 75, 133, 138, 221
China, 194, 195, 196, 197, 303, 311
Dinamarca, 306
Espanha, 252
EUA (Estados Unidos), 12, 17, 18, 19, 113, 114, 116, 124, 126, 133, 134, 143, 146, 218, 257, 264, 277, 310, 311, 312, 330
Europa, 19, 20, 66, 68, 71, 133, 134, 137, 145, 146, 176, 188, 191, 197, 221, 223, 229, 242, 256, 257, 285, 303, 347, 363
Extremo Oriente, 57
França, 12, 16, 17, 18, 19, 21, 31, 32, 33, 39, 52, 53, 59, 62, 65, 70, 71, 72, 73, 74, 75, 76, 77, 117, 129, 133, 134, 135, 136, 137, 146, 155, 159, 176, 181, 186, 189, 190, 210, 218, 219, 221, 226, 232, 234, 238, 250, 256, 261, 263, 270, 300, 310, 311, 313, 315, 320, 330, 338, 367

Grã-Bretanha, 250
Grécia, 355

Indochina, 113
Itália, 34, 261, 264, 265, 277, 330

Japão, 46, 47, 55, 218, 220, 223, 229, 232, 233, 263

Ocidente, 51, 56, 57, 58, 103, 104, 175, 186, 189, 194, 208, 212, 216, 217, 231, 232, 233, 234, 269, 296, 298, 358

Países Baixos, 65, 113, 114, 321
Polônia, 313

Suécia, 65, 300, 313

Tunísia, 300, 313

URSS, 186, 187, 188, 189, 190, 191, 192, 194, 195, 196, 197, 198, 236, 237, 262

Vietnã, 44, 113, 114, 116, 125, 135, 301

Índice de Períodos Históricos

1. Séculos

VI, 354
VIII, 354
XIII, 171, 205
XIV, 4, 171
XV, 297, 298, 304, 364
XVI, 12, 33, 56, 169, 223, 229, 269, 275, 276, 277, 282, 283, 288, 289, 293, 294, 297, 298, 367, 368
XVII, 46, 51, 56, 74, 87, 89, 90, 91, 92, 93, 97, 105, 166, 183, 191, 207, 209, 215, 216, 221, 223, 230, 249, 261, 270, 272, 285, 286, 287, 288, 289, 290, 294, 295, 298, 367, 368, 369, 372
XVIII, 12, 34, 40, 46, 67, 68, 69, 74, 87, 89, 90, 92, 93, 95, 97, 104, 139, 149, 151, 158, 159, 160, 161, 162, 164, 166, 167, 169, 180, 182, 183, 184, 188, 191, 193, 199, 200, 207, 215, 223, 229, 242, 245, 249, 250, 258, 261, 267, 270, 271, 275, 276, 277, 282, 283, 285, 287, 289, 290, 291, 293, 294, 295, 296, 297, 298, 318, 320, 321, 323, 324, 325, 331, 369, 372, 375
XIX, 11, 12, 15, 17, 24, 27, 32, 36, 42, 46, 51, 59, 61, 62, 63, 64, 65, 66, 68, 69, 70, 72, 74, 75, 103, 112, 113, 132, 137, 138, 139, 144, 145, 146, 150, 157, 158, 160, 161, 162, 163, 164, 165, 166, 167, 183, 188, 189, 191, 194, 198, 220, 229, 233, 234, 240, 245, 250, 251, 257, 272, 277, 300, 306, 316, 318, 320, 324, 328, 331, 337, 341, 345, 347, 348
XX, 59, 75, 103, 112, 160, 167, 191, 220, 245, 257, 347

2. Eras, períodos

Antiguidade, 193, 353, 376
Antiguidade clássica, 358
Antiguidade greco-romana, 275
Idade clássica, 49, 208, 237, 299, 307
Idade média, 56, 67, 101, 182, 275, 283, 297, 353, 363, 364
Revolução, 13, 41, 45, 59, 112, 118, 121, 123, 124, 138, 140, 192, 196, 197, 211, 231, 245, 256, 259, 277, 311, 314, 318
Revolução francesa, 69, 138, 211, 231
Revolução islâmica, VII

Organização da Obra
Ditos e Escritos

Volume I

1954 – Introdução (*in* Binswanger)
1957 – A Psicologia de 1850 a 1950
1961 – Prefácio (*Folie et déraison*)
       A Loucura só Existe em uma Sociedade
1962 – Introdução (*in* Rousseau)
       O "Não" do Pai
       O Ciclo das Rãs
1963 – A Água e a Loucura
1964 – A Loucura, a Ausência da Obra
1965 – Filosofia e Psicologia
1970 – Loucura, Literatura, Sociedade
       A Loucura e a Sociedade
1972 – Resposta a Derrida
       O Grande Internamento
1974 – Mesa-redonda sobre a *Expertise* Psiquiátrica
1975 – A Casa dos Loucos
       Bancar os Loucos
1976 – Bruxaria e Loucura
1977 – O Asilo Ilimitado
1981 – Lacan, o "Libertador" da Psicanálise
1984 – Entrevista com Michel Foucault

Volume II

1961 – "Alexandre Koyré: a Revolução Astronômica, Copérnico, Kepler, Borelli"
1964 – Informe Histórico
1966 – A Prosa do Mundo
       Michel Foucault e Gilles Deleuze Querem Devolver a Nietzsche sua Verdadeira Cara
       O que É um Filósofo?
1967 – Introdução Geral (às Obras Filosóficas Completas de Nietzsche)
       Nietzsche, Freud, Marx
       A Filosofia Estruturalista Permite Diagnosticar o que É "a Atualidade"

Sobre as Maneiras de Escrever a História
As Palavras e as Imagens
1968 – Sobre a Arqueologia das Ciências. Resposta ao Círculo de Epistemologia
1969 – Introdução (*in* Arnauld e Lancelot)
Ariadne Enforcou-se
Michel Foucault Explica seu Último Livro
Jean Hyppolite. 1907-1968
Linguística e Ciências Sociais
1970 – Prefácio à Edição Inglesa
(Discussão)
A Posição de Cuvier na História da Biologia
Theatrum Philosophicum
Crescer e Multiplicar
1971 – Nietzsche, a Genealogia, a História
1972 – Retornar à História
1975 – Com o que Sonham os Filósofos?
1980 – O Filósofo Mascarado
1983 – Estruturalismo e Pós-Estruturalismo
1984 – O que São as Luzes?
1985 – A Vida: a Experiência e a Ciência

Volume III

1962 – Dizer e Ver em Raymond Roussel
Um Saber tão Cruel
1963 – Prefácio à Transgressão
A Linguagem ao Infinito
Distância, Aspecto, Origem
1964 – Posfácio a Flaubert (*A Tentação de Santo Antão*)
A Prosa de Acteão
Debate sobre o Romance
Por que se Reedita a Obra de Raymond Roussel?
Um Precursor de nossa Literatura Moderna
O *Mallarmé* de J.-P. Richard
1965 – "As Damas de Companhia"
1966 – Por Trás da Fábula
O Pensamento do Exterior
Um Nadador entre duas Palavras
1968 – Isto não É um Cachimbo
1969 – O que É um Autor?
1970 – Sete Proposições sobre o Sétimo Anjo
Haverá Escândalo, Mas...

1971 – As Monstruosidades da Crítica
1974 – (Sobre D. Byzantios)
       Antirretro
1975 – A Pintura Fotogênica
       Sobre Marguerite Duras
       Sade, Sargento do Sexo
1977 – As Manhãs Cinzentas da Tolerância
1978 – Eugène Sue que Eu Amo
1980 – Os Quatro Cavaleiros do Apocalipse e os Vermes Cotidianos
       A Imaginação do Século XIX
1982 – Pierre Boulez, a Tela Atravessada
1983 – Michel Foucault/Pierre Boulez – a Música Contemporânea e
       o Público
1984 – Arqueologia de uma Paixão
       Outros Espaços

Volume IV

1971 – (Manifesto do GIP)
       (Sobre as Prisões)
       Inquirição sobre as Prisões: Quebremos a Barreira
       do Silêncio
       Conversação com Michel Foucault
       A Prisão em toda Parte
       Prefácio a *Enquête dans Vingt Prisons*
       Um Problema que me Interessa Há muito Tempo
       É o do Sistema Penal
1972 – Os Intelectuais e o Poder
1973 – Da Arqueologia à Dinástica
       Prisões e Revoltas nas Prisões
       Sobre o Internamento Penitenciário
       Arrancados por Intervenções Enérgicas de nossa
         Permanência Eufórica na História, Pomos as
         "Categorias Lógicas" a Trabalhar
1974 – Da Natureza Humana: Justiça contra Poder
       Sobre a Prisão de Attica
1975 – Prefácio (*in* Jackson)
       A Prisão Vista por um Filósofo Francês
       Entrevista sobre a Prisão: o Livro e o seu Método
1976 – Perguntas a Michel Foucault sobre Geografia

Michel Foucault: Crimes e Castigos na URSS e em outros
Lugares...
1977 – A Vida dos Homens Infames
Poder e Saber
Poderes e Estratégias
1978 – Diálogo sobre o Poder
A Sociedade Disciplinar em Crise
Precisões sobre o Poder. Resposta a Certas Críticas
A "Governamentalidade"
M. Foucault. Conversação sem Complexos com um Filósofo
que Analisa as "Estruturas do Poder"
1979 – Foucault Estuda a Razão de Estado
1980 – A Poeira e a Nuvem
Mesa-Redonda em 20 de Maio de 1978
Posfácio de *L'impossible Prison*
1981 – "*Omnes et Singulatim*": uma Crítica da Razão Política

Volume V

1978 – A Evolução do Conceito de "Indivíduo Perigoso"
na Psiquiatria Legal do Século XIX
Sexualidade e Política
A Filosofia Analítica da Política
Sexualidade e Poder
1979 – É Inútil Revoltar-se?
1980 – O Verdadeiro Sexo
1981 – Sexualidade e Solidão
1982 – O Combate da Castidade
O Triunfo Social do Prazer Sexual: uma Conversação
com Michel Foucault
1983 – Um Sistema Finito diante de um Questionamento Infinito
A Escrita de Si
Sonhar com seus Prazeres. Sobre a "Onirocrítica" de
Artemidoro
O Uso dos Prazeres e as Técnicas de Si
1984 – Política e Ética: uma Entrevista
Polêmica, Política e Problematizações
Foucault
O Cuidado com a Verdade
O Retorno da Moral
A Ética do Cuidado de Si como Prática da Liberdade
Uma Estética da Existência

1988 – Verdade, Poder e Si Mesmo
A Tecnologia Política dos Indivíduos

Volume VI

1968 – Resposta a uma Questão
1971 – O Artigo 15
Relatórios da Comissão de Informação sobre o Caso Jaubert
Eu Capto o Intolerável
1972 – Sobre a Justiça Popular. Debate com os Maoístas
Encontro Verdade-Justiça. 1.500 Grenoblenses Acusam
Um Esguicho de Sangue ou um Incêndio
Os Dois Mortos de Pompidou
1973 – Prefácio (*De la prison à la revolte*)
Por uma Crônica da Memória Operária
A Força de Fugir
O Intelectual Serve para Reunir as Ideias, mas seu Saber
É Parcial em Relação ao Saber Operário
1974 – Sobre a "A Segunda Revolução Chinesa"
"A Segunda Revolução Chinesa"
1975 – A Morte do Pai
1977 – Prefácio (*Anti-Édipo*)
O Olho do Poder
Confinamento, Psiquiatria, Prisão
O Poder, uma Besta Magnífica
Michel Foucault: a Segurança e o Estado
Carta a alguns Líderes da Esquerda
"Nós nos Sentimos como uma Espécie Suja"
1978 – Alain Peyrefitte se Explica... e Michel Foucault lhe Responde
A Grande Política Tradicional
Metodologia para o Conhecimento do Mundo: como se
Desembaraçar do Marxismo
O Exército, Quando a Terra Treme
O Xá Tem Cem Anos de Atraso
Teerã: a Fé contra o Xá
Com o que Sonham os Iranianos?
O Limão e o Leite
Uma Revolta a Mãos Nuas
A Revolta Iraniana se Propaga em Fitas Cassetes
O Chefe Mítico da Revolta do Irã
Carta de Foucault à "Unità"

1979 – O Espírito de um Mundo sem Espírito
Um Paiol de Pólvora Chamado Islã
Michel Foucault e o Irã
Carta Aberta a Mehdi Bazargan
Para uma Moral do Desconforto
"O problema dos refugiados é um presságio da grande migração do século XXI"
1980 – Conversa com Michel Foucault
1981 – Da Amizade como Modo de Vida
É Importante Pensar?
Contra as Penas de Substituição
Punir É a Coisa mais Difícil que Há
1983 – A Propósito daqueles que Fazem a História
1984 – Os Direitos do Homem em face dos Governos
O Intelectual e os Poderes

Volume VII

1 – Estética da existência
1963 – Vigia da Noite dos Homens
Espreitar o Dia que Chega
Um "Novo Romance" de Terror
1964 – Debate sobre a Poesia
A Linguagem do Espaço
Palavras que Sangram
Obrigação de Escrever
1969 – Maxime Defert
1973 – Foucault, o Filósofo, Está Falando. Pense
1975 – A Festa da Escritura
1976 – Sobre "História de Paul"
O Saber como Crime
Entrevista com Michel Foucault
Por que o Crime de Pierre Rivière?
Eles Disseram sobre Malraux
O Retorno de Pierre Rivière
1977 – Apresentação
1978 – Uma Enorme Surpresa
1982 – O Pensamento, a Emoção
Conversa com Werner Schroeter

2 – Epistemologia, genealogia
1957 – A Pesquisa Científica e a Psicologia

1966 – Michel Foucault, *As palavras e as coisas*
       Entrevista com Madeleine Chapsal
       O Homem Está Morto?
1968 – Entrevista com Michel Foucault
       Foucault Responde a Sartre
       Uma Precisão de Michel Foucault
       Carta de Michel Foucault a Jacques Proust
1970 – Apresentação
       A Armadilha de Vincennes
1971 – Entrevista com Michel Foucault
1975 – Carta
1976 – A Função Política do Intelectual
       O Discurso não Deve Ser Considerado como...
1978 – A Cena da Filosofia
1981 – A Roger Caillois
1983 – Trabalhos
1984 – O Estilo da História
       O que São as Luzes?

3 – Filosofia e história da medicina

1968 – Os Desvios Religiosos e o Saber Médico
1969 – Médicos, Juízes e Bruxos no Século XVII
       Títulos e Trabalhos
1972 – As Grandes Funções da Medicina em nossa Sociedade
1973 – O Mundo É um Grande Hospício
1975 – Hospícios. Sexualidade. Prisões
       Radioscopia de Michel Foucault
       Michel Foucault, as Respostas do Filósofo
1976 – A Política da Saúde no Século XVIII
       Crise da Medicina ou Crise da Antimedicina?
       A Extensão Social da Norma
       Bio-história e Biopolítica
1977 – O Nascimento da Medicina Social
1978 – Introdução por Michel Foucault
       Uma Erudição Estonteante
       A Incorporação do Hospital na Tecnologia Moderna
1979 – Nascimento da Biopolítica
1983 – Troca de Cartas com Michel Foucault
1984 – A Preocupação com a Verdade

Volume VIII

1972 – Armadilhar sua Própria Cultura
Teorias e Instituições Penais
1973 – À Guisa de Conclusão
Um Novo Jornal?
Convocados à PJ
Primeiras Discussões, Primeiros Balbucios: a Cidade É uma Força Produtiva ou de Antiprodução?
1974 – Loucura, uma Questão de Poder
1975 – Um Bombeiro Abre o Jogo
A Política É a Continuação da Guerra por outros Meios
Dos Suplícios às Celas
Na Berlinda
Ir a Madri
1976 – Uma Morte Inaceitável
As Cabeças da Política
Michel Foucault, o Ilegalismo e a Arte de Punir
Pontos de Vista
1977 – Prefácio
O Pôster do Inimigo Público n. 1
A Grande Cólera dos Fatos
A Angústia de Julgar
Uma Mobilização Cultural
O Suplício da Verdade
Vão Extraditar Klaus Croissant?
Michel Foucault: "Doravante a segurança está acima das leis"
A Tortura É a Razão
1978 – Atenção: Perigo
Do Bom Uso do Criminoso
Desafio à Oposição
As "Reportagens" de Ideias
1979 – Prefácio de Michel Foucault
Maneiras de Justiça
A Estratégia do Contorno
Lutas em torno das Prisões
1980 – Prefácio
Sempre as Prisões
Le Nouvel Observateur e a União da Esquerda (Entrevista)
1981 – Prefácio à Segunda Edição
O Dossiê "Pena de Morte". Eles Escreveram contra

As Malhas do Poder (Conferência)
Michel Foucault: É Preciso Repensar tudo, a Lei e a Prisão
As Respostas de PierreVidal-Naquet e de Michel Foucault
Notas sobre o que se Lê e se Ouve
1982 – O Primeiro Passo da Colonização do Ocidente
Espaço, Saber e Poder
O Terrorismo aqui e ali
Michel Foucault: "Não há neutralidade possível"
"Ao abandonar os poloneses, renunciamos a uma parte de nós mesmos"
Michel Foucault: "A experiência moral e social dos poloneses não pode mais ser apagada"
A Idade de Ouro da *Lettre de Cachet*
1983 – Isso não me Interessa
A Polônia, e Depois?
"O senhor é perigoso"
...eles declararam... sobre o pacifismo: sua natureza, seus perigos, suas ilusões
1984 – O que Chamamos Punir?